Gustav Mahler
Erinnerungen seiner Zeitgenossen

SERIE MUSIK
PIPER · SCHOTT
Band 8282

Über dieses Buch

Vielen gilt er als der größte Sinfoniker des zwanzigsten Jahrhunderts. Alle, die ihn gekannt und erlebt haben, waren von seiner Persönlichkeit fasziniert. Er wurde leidenschaftlich geliebt, bewundert und beneidet, vergöttert und gehaßt, kaum jemanden aber ließ er gleichgültig: Gustav Mahler.

Anhand von zum Teil bisher unveröffentlichten Texten von Zeitgenossen, Dokumenten und Fotos zeichnet Norman Lebrecht ein lebendiges und komplexes Bild des Menschen und Künstlers Gustav Mahler. Mehr als achtzig Kollegen, Kritiker, Sänger, Musiker und Familienmitglieder – unter ihnen Rudolf Bing, Sigmund Freud, Otto Klemperer, Alma Mahler, Thomas Mann, Sergej Rachmaninow, Arnold Schönberg und Stefan Zweig – beschreiben, wie sie den großen Komponisten und Dirigenten auf seinem Lebensweg vom bescheidenen Elternhaus in Böhmen bis zur Wiener Hofoper erlebt haben.

Aus Briefen und Kritiken, Gesprächsprotokollen und autobiographischen Skizzen erschließt sich dem Leser das authentische und faszinierende Lebensbild eines großen Künstlers, der wie kein zweiter die Musik unseres Jahrhunderts geprägt hat.

Norman Lebrecht, geboren 1948, lebt als freier Publizist in London. Er veröffentlichte eine Reihe von Musik-Büchern und schreibt regelmäßig für die *Sunday Times* über Kunst und Musik.

Norman Lebrecht

Gustav Mahler

Erinnerungen seiner Zeitgenossen

Schott Mainz · Piper München

SERIE MUSIK
PIPER · SCHOTT

In Memoriam
Anna Mahler
(Wien, 15. Juni 1904 – London, 3. Juni 1988)

ISBN 3-7957-8282-1 (Schott)
ISBN 3-492-18282-8 (Piper)
März 1993
B. Schott's Söhne, Mainz · BSS 47616
Lizenzausgabe mit Genehmigung des M & T Verlags,
Zürich/St. Gallen
© 1987 Norman Lebrecht
© 1990 der deutschen Ausgabe M & T Verlag AG, Zürich/St. Gallen
Umschlaggestaltung: Federico Luci
Satz: Gasser AG, Chur
Druck und Bindung: Clausen & Bosse, Leck
Printed in Germany

Inhalt

Präludium
Annäherung an Gustav Mahler

Kein Komponist hat die Musik des zwanzigsten Jahrhunderts so beeinflußt wie Gustav Mahler – und niemand hat soviel seiner selbst in seine
Musik hineingelegt.

Mahler war der erste Komponist, der in der Musik nach persönlichen
Lösungen suchte. Während es Beethoven um universelles Leiden und
Wagner um die Veränderung künstlerischer und gesellschaftlicher Werte
ging, vertiefte sich Mahler von seiner ersten Symphonie an in seine ganz
persönlichen Erfahrungen und Traumata. In seinem eigenen Inneren
suchte er nach einem Ausweg aus der Conditio Humana.

Diese Suche ist der Schlüssel zum Verständnis der bemerkenswerten
Auferstehung von Mahlers Musik – jetzt, mehr als ein halbes Jahrhundert
nach seinem Tod. Die erste Welle der Mahler-Renaissance in den sechziger Jahren wurde durch das Streben der damaligen Generation nach
Selbsterfahrung und ihre introspektive Haltung begünstigt. Mahlers
Schöpfungen drangen jedoch tiefer in die kulturellen Fundamente ein als
irgendeiner der zahlreichen Individual-Kulte dieses Jahrzehnts.

Eine Übersicht über die Orchesterkonzerte in London (wo Mahler vor
1960 nur sehr sporadisch gespielt worden war) zeigt, daß er 1962 bereits
zu den zehn meistgespielten Komponisten gehörte. Im Jahre 1987 wurde
die Zahl der Aufführungen seiner Symphonien nur noch von Mozart und
Beethoven übertroffen.

Die erste Schallplatten-Gesamtaufnahme von Mahlers Symphonien wurde im Herbst 1967 von Leonard Bernstein vollendet. In den folgenden
zwanzig Jahren wurde nicht weniger als acht Dirigenten das Gesamtwerk
eingespielt; Bernard Haitink, Václav Neumann und Bernstein sogar schon
zum zweitenmal. Die Nachfrage nach Mahler-Schallplatten scheint un-
stillbar.

Die Begeisterung für Mahler greift zum Erstaunen vieler vor allem in der
Generation der Zwanzigjährigen um sich. Angesichts einer Vielzahl bunter Punk-Frisuren bei einer Aufführung der Sechsten Symphonie in London versuchte Klaus Tennstedt, das Phänomen zu erklären: «Junge Leute
suchen wieder nach Werten, die bereits zerstört waren. Lange nach
seinem Tod kämpft Mahler weiter gegen eine schreckliche Welt. Er gibt
den Menschen den Sinn für Gefühl, Furcht und Unrecht zurück.»[1] «Vielleicht», so vermutet Claudio Abbado, «finden die jungen Leute all die
großen Themen von Liebe und Tod bei Mahler wieder.»[2]

Wie Sigmund Freud sah Mahler sich weniger als Individuum, denn als
Vertreter der gequälten Menschheit. «Jedes Unrecht, das mir angetan
wird», erklärte er, «ist ein Unrecht am ganzen Universum und muß den
Weltgeist schmerzen.»[3] «Die Welt geht mich was an!»[4] donnerte er einem

---

[1] Aus einem Interview mit dem Herausgeber, *Sunday Times*-Magazin, 15.9.1985.
[2] Zitiert nach *Barbican*, Dezember 1986.
[3] Richard Specht, *Gustav Mahler*, Stuttgart 1913, S. 39.
[4] Siehe Seite 235.

engstirnigen Musiker entgegen, der nach diesem Ausbruch zu folgendem Schluß kam: «Er war stets auf der Suche im Menschen, in einem jeden, nach dem Göttlichen.»[5]
Mahlers Anhänger bezeichneten seinen Missionseifer als messianisch, seine Gegner sahen darin eher Größenwahn. Seine Musik rief extreme Reaktionen hervor, weil sie alle Extreme umfaßt. Reichtum und Widersprüche seiner Persönlichkeit sind untrennbar mit seiner Musik verbunden – was strenggenommen auf alle Musik nach Mahler zutrifft. Nahezu alle wichtigen Kompositions-Strömungen des zwanzigsten Jahrhunderts, mit Ausnahme der Debussy-Linie, der nationalistischen und der stalinistischen, hat Gustav Mahler durch seine eigenen Werke, die seiner Schüler Schönberg, Webern und Berg, oder mittelbar durch Komponisten wie Busoni, Varèse und Casella beeinflußt. «An Mahler,» schreibt Pierre Boulez, «kommt niemand, der heute über die Zukunft der Musik nachdenkt, vorbei.»[6]
So gut wie alle Komponisten nach Mahler haben (bewußt oder unbewußt) zumindest Teile seiner utilitaristischen Haltung übernommen, indem sie Musik als Mittel der Selbstanalyse oder als Weg zu moralischer Erneuerung begreifen. Niemand von Mahlers Zeitgenossen hatte seine Kunst auf solche Ziele abgestellt. Richard Strauss war ehrlich befremdet, als Mahler von seiner Suche nach Erlösung in der Musik sprach. «Ich weiß nicht, von was ich erlöst werden sollte», reagierte Strauss verständnislos.[7]
«Die Symphonie muß sein wie die Welt. Sie muß alles umfassen!»[8] Diese Maxime setzte Mahler in seinen Symphonien um. Sie umfassen die gewaltigen Gegensätze sowohl seiner Außen-, als auch der impulsiven Innenwelt. Mit vielen großen Künstlernaturen teilte er das Schicksal, immer am Rande manischer Depressionen zu leben.
Die Vielschichtigkeit seiner Persönlichkeit zog Psychiater,[9] Biographen und Romanciers[10] gleichermaßen an. Das vorliegende Buch ist als kleiner Führer durch diese Persönlichkeit gedacht, als Führer durch einen nur zur Hälfte erschlossenen Kontinent mit ehrfurchtgebietenden topographischen Konturen.

Mahler-Bilder

Das gängige Bild von Gustav Mahler ist von drei wichtigen Dokumenten geprägt: Von der Briefsammlung, die seine Witwe Alma 1924 veröffentlicht hat,[11] von ihren Memoiren, die sechzehn Jahre später erschienen,[12]

---

[5] Siehe Seite 172.
[6] Pierre Boulez, *Orientations*, London 1986, S. 303.
[7] Siehe Seite 67.
[8] Siehe Seite 210.
[9] Unter anderen Theodor Reik (*The haunting melody*, New York 1953) und David Holbrook (*Mahler and the courage to be*, London 1975).
[10] Thomas Mann z.B. holte sich von der Person Mahlers Anregungen für seine Novelle *Tod in Venedig* und den Roman *Doktor Faustus*. Marcia Davenport, die Tochter Alma Glucks, verarbeitete Elemente seiner Biographie in ihrem Buch *Of Lena Geyer* (New York 1936).
[11] GMB – *Gustav Mahler Briefe*, 1879–1911, hrsg. von Alma Mahler, Berlin/Wien 1924. Für die Abkürzungen der häufig zitierten Literatur siehe Seite 21.
[12] AMF – Alma Mahler, *Gustav Mahler, Erinnerungen und Briefe*, Wien 1949.

und von den Aufzeichnungen seiner vertrauten Verehrerin Natalie Bauer-Lechner.[13] In ihrer Lebendigkeit haben diese drei Bände nicht nur Fakten vermittelt, sondern auch die Phantasie ihrer Leser beflügelt. Viele Konzertbesucher sind der Überzeugung, in Mahler den glücklosen Helden aus Ken Russels Film vor sich zu haben – einem Werk, das aus der phantasievollen Destillation von Almas Erinnerungen, stimmungsvollen englischen Landschaften und sehr persönlichen Vorlieben des Regisseurs entstanden ist.[14]

Alma Mahlers berühmte *Erinnerungen* erschienen 1940 in Amsterdam, zu einer Zeit, als «Deutschland . . . auf seine Musik verzichten mußte, und die Erinnerung an sein Wesen und Schaffen . . . sorgfältig ausgemerzt wurde.»[15] Diesen Satz hatte sie zwar schon «viele Jahre zuvor» niedergeschrieben (dem Manuskript zufolge 1921), jetzt aber wiederholte sie ihn, weil sie noch eine offene Rechnung zu begleichen hatte: «Ich fühle mich daher nicht mehr behindert, von Erlebnissen mit Menschen offen zu berichten, die heute noch im Dritten Reiche wirken und eine Rolle spielen. Die Türen sind zugefallen. Von beiden Seiten her. Alles, was von Richard Strauss erzählt wird, beruht auf den frischen Eintragungen meines Tagebuches.»[16]

Ihre Anmerkungen zu Strauss sind – wie vieles in ihren Erinnerungen – eine subtile Mischung aus Wahrheit und böswilligem Klatsch. Ihre ursprüngliche Abneigung gegen Strauss und seine Frau Pauline erhielt durch die Anpassung des Komponisten an das nationalsozialistische Regime und durch seine Weigerung, ihr seine Korrespondenz mit Mahler zur Veröffentlichung zu überlassen, neue Nahrung.

Strauss ist ein Beispiel für jene zahlreichen Fälle, in denen Almas langgehegter Groll schwerer wiegt als historische Genauigkeit. Viele Passagen ihres Buches sind von persönlicher Abneigung diktiert. Wenn es darum geht, Schuldgefühle zu verdrängen und Entschuldigungen für ihre eheliche Untreue zu finden, nimmt es die Autorin mit der Chronologie der Ereignisse nicht so genau – und schreckt im Notfall selbst vor Unwahrheiten nicht zurück.

Von Anfang an erscheint Mahler in Almas Schilderung als frühzeitig gealterter, kränklicher und sexuell völlig unerfahrener Mann. Tatsächlich war er erst 41 Jahre alt, als sie sich kennenlernten, Herrscher über das wohl schwierigste Opernhaus der Welt, auf dem Weg zum Gipfel seines Komponisten-Ruhmes und in erstaunlich guter körperlicher Verfassung. Auch hatte er bereits einige Affären mit diversen Sängerinnen hinter sich. Zwanzig Jahre später gestand Alma in ihrer Biographie,[17] daß sie Mahler und seine Musik hin und wieder nicht ertragen konnte. Häufig schickte sie ihre kleine Tochter, die die Mutter bei Konzerten vertrat.[18] Die gängige Meinung, daß Alma meist zuverlässig sei, wenn es um ästhetische Urteile und emotionale Reaktionen gehe, daß es jedoch riskant sei, ihr bei

---

[13]   NBL – Natalie Bauer-Lechner, *Erinnerungen an Gustav Mahler,* Leipzig/Wien 1923.
[14]   Ken Russels Film *Mahler* (1974) wurde im Lake District und in einem Haus in der Portobello Road, West-London, gedreht.
[15]   AME, S. 5.
[16]   AME, S. 5.
[17]   AML – Alma Mahler-Werfel, *Mein Leben,* Frankfurt/M. 1960.
[18]   Aussage Anna Mahlers gegenüber dem Herausgeber im Dezember 1985.

Fakten und Fragen der Chronologie zu trauen,[19] ist nicht länger haltbar. Zu häufig führt ihr Buch den Leser absichtlich in die Irre, als daß es noch als grundlegende Darstellung des Charakters von Gustav Mahler dienen könnte. «Ich habe zwar viel von Mahler gewußt», bekennt sie später aufrichtig, «aber sein tiefstes Wesen habe ich nicht begriffen.»[20]

Auch dem Bericht Natalie Bauer-Lechners darf man nicht vorbehaltlos trauen. Einige seiner Freunde nannte Mahler gern «mein lieber Eckermann», wohl wissend, daß sie wie Goethes ergebener Chronist jedes seiner Worte zum Zwecke einer späteren Veröffentlichung festhielten. Kurz vor seinem dreißigsten Lebensjahr legte er ein Bewußtsein von seiner historischen Bedeutung an den Tag, das bei jedem anderen als Eitelkeit mißbilligt worden wäre. Den anwesenden Chronisten diktierte er einige goldene Worte in die Feder – zur Überlieferung an die Nachwelt.

Natalies Erinnerungen zirkulierten in Wien jahrelang in einer Schreibmaschinen-Fassung, bevor ihr Neffe 1923 eine stark gekürzte Auswahl veröffentlichte. Auch die später von der Familie herausgegebene erweiterte Ausgabe ist nicht annähernd so ausführlich wie das Original-Typoskript, das sich in Paris im Besitz von Baron Henry-Louis de La Grange befindet. Der bedeutendste aller Mahler-Biographen gewährte mir großzügigerweise Einsicht und gestattete den Abdruck bisher unveröffentlichter Passagen.

Die wenigen anderen Bücher von Autoren aus dem näheren Umfeld Mahlers sind mehr oder minder unbefriedigend. Bruno Walter verfaßte 1936 ein zurückhaltendes Portrait; seine eigene Autobiographie und die Ausgabe seiner Briefe sind ungleich interessanter. Walters lebendigster Bericht, den er Monate nach Mahlers Tod für die Musikzeitschrift *Der Merker* schrieb, ist seitdem nie wieder gedruckt worden.[21] Der Musikwissenschaftler Guido Adler, ein treuer Freund und Förderer Mahlers, konzentrierte sich in seiner Biographie auf eine Analyse der Musik. Die beiden frühen Studien der Kritiker Paul Stefan und Richard Specht sind deutlich von Guido Adler beziehungsweise Alma Mahler beeinflußt.

Die anschaulichsten Beschreibungen Mahlers finden sich vor 1921 in österreichischen und deutschen Zeitschriften. Daraus habe ich die Texte ausgewählt, in denen die Erinnerung an Mahler noch möglichst frisch war; abgesehen von zwei längeren Passagen aus den Autobiographien von J. B. Foerster und Ludwig Karpath. Deren Portraits sind aus größerem Abstand geschrieben, dafür aber um so ausdrucksvoller.

Zudem erhielt ich Zugang zu verschiedenen Berichten von Zeitungen, die bisher in keiner Form abgedruckt worden sind. Dazu gehören Manuskripte von Arnold Schönberg, Carl Moll, Julius Korngold und Berta Zuckerkandl, sowie verschiedene Tonband-Interviews mit Mitarbeitern Mahlers.

---

[19] Kurt Blaukopf, *Gustav Mahler,* Wien 1969, S. 312.
[20] Alma Mahler-Werfel, *And the Bridge is Love,* London 1959, S. 271. Dieses Eingeständnis taucht nur in der englischen Übersetzung ihrer Memoiren auf, nicht jedoch in der deutschen Fassung (AML).
[21] Siehe S. 92ff. und 134ff.

Mahler und seine Freunde

Menschen, die das Privileg der Freundschaft eines Genies genossen haben, neigen dazu, dessen Tugenden noch zu erhöhen und die Fehler herunterzuspielen. Die Mitglieder des engeren Kreises um Mahler waren jedoch von seinem kompromißlosen Geist und seiner Hingabe an die absolute, unerreichbare Wahrheit so geprägt, daß sie mit einer Aufrichtigkeit berichteten, die seine Fehler und Widersprüche nicht aussparte. Die unkritischen Lobgesänge auf Mahler stammen fast immer von denjenigen, die ihn am wenigsten gekannt haben, und sie können daher getrost übergangen werden.[22]

Mahlers Persönlichkeit weist erstaunliche Widersprüche auf: Er konnte mitfühlend sein und herzlos, hilfsbereit und tyrannisch. Kindliche Unschuld wechselte mit machiavellistischer Gerissenheit, Pantheismus mit dem Glauben an den einzigen Gott. Sogar die Beschreibungen seines Äußeren widersprechen sich. Viele haben ihn klein, schwach und häßlich in Erinnerung; in Alfred Rollers Augen erscheint er dagegen kräftig gebaut und gut durchtrainiert.

Immer wieder wird Mahler mit dem Kapellmeister Kreisler, E. T. A. Hoffmanns sardonischer, überzeichneter Karikatur eines romantischen Dirigenten, verglichen. Dieser Vergleich wird allerdings sofort zurückgenommen, wenn an Mahlers Askese und seine Gottsuche erinnert wird. Die Gegenpole von Hochstimmung und Trauer, Idealismus und Ironie kennzeichnen auch seine Werke. «Welche Eigenschaften sich auch immer in seiner Musik entdecken lassen, die diametral entgegengesetzten sind auch darin enthalten. Von welchem anderen Komponisten kann man das schon sagen?» fragt Leonard Bernstein.[23]

Selbst Richard Specht und Paul Stefan, die beiden Schriftsteller, die Mahler gut kannten, müssen passen, wenn es um eine Beschreibung des Wesens dieses Mannes geht. «Ich glaube nicht, daß es einen Menschen gegeben hat, der Mahler wirklich gekannt hat», leitet Specht sein Buch ein.[24] Und Stefan erklärt: «Mahler widersetzt sich jeder Beschreibung: Erst ist er so, wie man ihn portraitiert hat, dann plötzlich wieder ganz anders.»[25]

Schon als angehender Musiker in der Provinz hat Mahler einen Schwarm von Anhängern. Unterwürfige Duckmäuser zog er aber nicht an; seine Schüler waren Rebellen und Reformer, die der Versuchung hoher Ämter widerstanden. Mahler brauchte ihre Bestätigung. Die kämpferische Auseinandersetzung mit ihnen war ihm unverzichtbare Anregung; er liebte den lebhaften Austausch neuer Ideen.

Daß Mahler hin und wieder Menschen ohne Bedauern fallen ließ, ändert nichts an der Herzlichkeit, die er in seinen Freundschaften entwickeln konnte. Stefan fand ihn «ungewöhnlich schüchtern»,[26] guten Freunden vertraute er sich aber rückhaltlos an. Der tschechische Komponist J. B.

[22] Mit Ausnahme von Arnold Schönberg, dessen postume Glorifizierung (siehe S. 285) sich eher den Schuldgefühlen verdankt, dem Meister zu Lebzeiten nicht den gebührenden Respekt gezollt zu haben.
[23] High Fidelity, September 1967.
[24] Richard Specht, Gustav Mahler, Stuttgart 1913, S. 23.
[25] NBL, S. VIII.
[26] NBL, S. VIII.

Foerster erinnert sich, daß Mahler während einer ernsten schöpferischen Krise zwar offen über sein Intimleben sprach, aber nicht ein einziges Wort über seine Kompositionen verlor.[27] Zweifellos gehören einige der von seinen Freunden verfaßten Portraits zu den aufschlußreichsten Dokumenten, die der Musikwissenschaft je über einen der großen Komponisten zur Verfügung standen.

Siegfried Lipiner, ein alter Freund, der durch Almas Feindschaft aus dem inneren Freundeskreis verdrängt wurde, klagte ihn wegen «Verachtung seiner Mitmenschen» an: «Wir sind alle nur Objekte für dich.»[28] Ferdinand Pfohl, für den Mahler sich nach seinem Abschied aus Hamburg nicht mehr interessierte, schrieb: «Er war ein schlechter Freund, weil er im Ärger alle Freundschaft vergaß.»[29] Ähnlich urteilt Richard Specht: «Auch im gewöhnlichen Umgang galten ihm die meisten Menschen wohl nur so viel, als sie ihm etwas geben konnten.»[30] Aber seine Freundschaft konnte auch intensiv und unvergänglich sein, sogar für diejenigen, die er möglicherweise ungerecht behandelte. Der Komponisten-Kollege Hans Pfitzner faßte es so zusammen: «In ihm ist Liebe.»[31]

Paul Stefan stellte in einem Aufsatz unter dem Titel *Mahlers Freunde*[32] eine Art Rangliste auf, die von Anton Bruckner («nicht sein Lehrer, aber ein väterlicher Freund»), Mahlers Studienfreunden Adler und Lipiner sowie dem Archäologen Friedrich Löhr und dem Anwalt Emil Freund angeführt wird. Danach folgen Natalie Bauer-Lechner, Bruno Walter und J. B. Foerster, die Stützen seiner Hamburger Zeit. Die Heirat mit Alma bescherte ihm dann die Bekanntschaft mit führenden Wiener Künstlern: Gustav Klimt, Alfred Roller, Carl Moll und den jungen Musikern Alexander von Zemlinsky und Arnold Schönberg.

Andere rechneten auch noch die Komponisten Richard Strauss, Josef Marx, Alfredo Casella und Julius Bittner, die Dirigenten Willem Mengelberg und Oskar Fried, verschiedene Kritiker, seinen letzten Verleger Emil Hertzka und die Sängerinnen Selma Kurz, Anna von Mildenburg und Marie Gutheil-Schoder zu seinem Freundeskreis. Die ruhenden Pole seines Lebens aber waren – nach Stefan – seine Lieblingsschwester Justine und Alma, seine Frau.

Paul Stefan hat sich – ebenfalls in den *Musikblättern des Anbruch* – aber auch die Mühe gemacht, *Mahlers Feinde* aufzulisten. In dieser direkten Gegenüberstellung wird deutlich, daß seine Freunde fast ausnahmslos zu den Verfechtern von Fortschritt und Menschlichkeit zählten, während seine Gegner in der Mehrzahl eines Geistes Kinder waren, der zum Wegbereiter von Krieg und Völkermord in Europa werden sollte.

---

[27] Siehe Seite 88.
[28] Brief im Besitz von Henry-Louis de La Grange; siehe HLG 1, S. 697.
[29] Ferdinand Pfohl, *Gustav Mahler*, Hamburg 1973, S. 20.
[30] Siehe Seite 182.
[31] Beitrag zu Paul Stefans Festschrift zum 50sten Geburtstag Mahlers.
[32] *Mahlers Freunde* in *Musikblätter des Anbruch*, Band 2, April 1920 (Gustav Mahler-Heft), S. 287 ff.

Mahler und seine Wurzeln

Mahlers Judentum liefert bis heute den Stoff für Auseinandersetzungen, viele der Argumente beruhen jedoch auf falschen Prämissen und subjektiven Einschätzungen. Obwohl Mahler selbst über seine Herkunft nur selten sprach, machte er keinen Hehl aus ihrer Bedeutung: «Die Lieder und Weisen, die ein Mensch als Kind aufnimmt, prägen auch die musikalische Welt des Erwachsenen.»[33] Guido Adler, der in derselben böhmischen Kleinstadt aufgewachsen war, unterstreicht die Bedeutung der Volkslieder und Militärmärsche, die beide als Kinder hörten: «Wie ein roter Faden gehen die Eindrücke seiner Jugend durch sein Schaffen während des ganzen Lebens.»[34]

Adler war sehr darum bemüht, alle Spuren jüdischen Einflusses in Mahlers Kompositionen zu vertuschen, sei es aus persönlichem Unbehagen, sei es, weil er fürchtete, daß es in dem herrschenden sozialen Klima der Anerkennung von Mahlers Musik hinderlich sein könnte. Wie auch immer, in den letzten Jahren sind genug neue Informationen ans Licht gekommen, die einen besseren Eindruck von Mahlers Herkunft vermitteln können. Obwohl sich Max Brods These, daß Mahlers Symphonien unbewußt von jüdischer Musik durchdrungen seien,[35] sicher nicht halten läßt, ist es offensichtlich, daß Mahler sich seines kulturellen Erbes bewußt war. Zu den Melodien, die er «in der Jugend aufgenommen» hatte, gehörten auch traditionelle hebräische Lieder und Gesänge.

Als Sohn jüdischer Eltern wurde er am 7. Juli 1860 in Kalischt, Böhmen, geboren. Man kann als sicher annehmen, daß sieben Tage nach seiner Geburt die rituelle Beschneidung stattgefunden hat. Zu dieser Zeremonie gehört auch die Vergabe eines eigenen hebräischen Namens, der jedoch bis heute nicht bekannt wurde.

Die einzige Spur einer musikalischen oder religiösen Berufung in der Familie Mahler führt zu Gustavs Ururgroßvater Abraham Mahler (1720–1800), der Kantor gewesen sein soll und auch auf die Einhaltung der Ernährungsregeln zu achten hatte.[36] Gustavs Großvater und Vater lebten von Schnapsbrennerei und -ausschank; beide waren der jüdischen Gemeinde noch eng verbunden. Der Vater, Bernhard Mahler, zog im Dezember 1860 nach Iglau und freundete sich schnell mit dem Kantor der neu gestalteten Synagoge an. Dieser Kantor, Leiter der Gottesdienste und Schriftgelehrter, wurde 1868 auch Taufpate von Bernhard Mahlers achtem Kind, der Tochter Justine.

Einige Chronisten charakterisieren Mahlers Vater als assimilierten Juden; dem widersprechen aber seine enge Beziehung zum Kantor, Gustavs Teilnahme an synagogalen Diensten[37] und Bernhards mit großer Mehrheit erfolgte Wahl in den Bildungs-Ausschuß der jüdischen Gemeinde von Iglau im Jahre 1878.

---

[33]   Zeitungs-Interview von 1910, siehe Seite 265.
[34]   Guido Adler, *Gustav Mahler*, Wien 1916, S. 10.
[35]   Max Brod stellt diese These in einem Artikel der Zeitschrift *Der Jude* (Nr. 51, 1915) auf; Wiederabdruck in: Max Brod, *Israel's Music*, Tel Aviv 1951. Zu den jüdischen Einflüssen in Mahlers Musik siehe auch Henry A. Lea, *Gustav Mahler, Man on the Margin*, Bonn 1985.
[36]   Siehe Jaroslav Sanda, *The family history of Gustav Mahler*, in *Jewish Quarterly*, Nr. 33/3, 1986, S. 53 f.
[37]   Siehe Seite 33; de La Grange schreibt von «einem seiner ersten Besuche in der Synagoge» (HLG I, S. 15), was weitere Besuche impliziert.

Die religiöse Erziehung Gustavs lag in den Händen der frommen Mutter. Das übersensible Kind wuchs in einer häuslichen Atmosphäre auf, die von religiöser Überwachung und festem Glauben einerseits und unmoralischer, erbärmlicher Heuchelei andererseits bestimmt war (der Vater interessierte sich eher für weltliche Genüsse und hübsche Hausmädchen). Mahler bewahrte sich den festen Glauben an die allmächtige Gottheit ebenso wie sein Mißtrauen gegenüber jeder etablierten Religionsausübung. Sein Kinderglaube muß der leidgeprüften Mutter ein kleiner Trost gewesen sein; in seinem ersten Schulzeugnis aus dem Jahre 1870 ist das Fach Religion (mosaisch) als einziges mit «sehr gut» benotet.

Unklar bleiben Einzelheiten von Mahlers Bar-Mizwa, der feierlichen Aufnahme in die jüdische Glaubensgemeinschaft mit dem dreizehnten Geburtstag. Dieser bedeutendste jüdische Initiations-Ritus ist ein großer, stolzer Tag für die ganze Familie, der auch bei assimilierten Juden gefeiert wurde, wie es zum Beispiel zu dieser Zeit von Theodor Herzl in Budapest und Arthur Schnitzler in Wien belegt ist.

Als Sohn einer frommen Mutter und eines prominenten Mitglieds der Gemeinde muß es für Mahler eine Bar-Mizwa-Feier gegeben haben. Im April 1873, also einige Wochen vor Gustavs dreizehntem Geburtstag, berichtet eine Lokalzeitung über einen Hochzeits-Gottesdienst für die Erzherzogin Gisela in der Iglauer Synagoge und meldet weiter, daß «der junge Virtuose» Mahler bei einem Fest-Konzert Klavier gespielt habe.[38] Seine Verbindungen zur Gemeinde und zur Synagoge sind also unleugbar.

Daß man nicht mehr darüber weiß, liegt an der Zerstörung der Gemeinde-Archive durch die Nationalsozialisten, an Almas Bestreben, das offizielle Mahler-Bild zu «christianisieren», und an der Zurückhaltung seiner frühen Freunde, die fast ausnahmslos zum Christentum konvertierte Juden waren.

Mahler selbst dachte nie daran, seine jüdischen Ursprünge zu verbergen oder gar zu verleugnen. Wie Alma schreibt, hat er sie sogar «eher betont».[39] Mahler nannte die Juden «kolossale Leute».[40] Seine übrigen Aussagen sind von einer Mischung aus Stolz und Schmerz geprägt: «Ein Künstler, der Jude ist, muß doppelt soviel leisten wie andere, ähnlich einem Schwimmer mit kurzen Armen, der auch die doppelte Anstrengung aufbringen muß um voranzukommen.»[41] «Ich bin dreifach heimatlos: als Böhme unter den Österreichern, als Österreicher unter den Deutschen und als Jude in der ganzen Welt. Überall ist man Eindringling, nirgends ‹erwünscht›.»[42]

Wann Mahler sich gedanklich vom jüdischen Glauben löste, ist nicht genau zu bestimmen; anscheinend geschah dies in zwei Phasen. Als Mahler 1875 zum Studium nach Wien ging (auch um sich den kosmopolitischen Lebensstil der Großstadt anzueignen), entzog er sich damit zunächst einmal jeglicher formeller Kontrolle.

---

[38] KBD – Kurt Blaukopf, *Gustav Mahler: Sein Leben, sein Werk und seine Welt in zeitgenössischen Bildern und Texten*, Wien 1976, S. 150.

[39] AME, S. 129.

[40] NBL, S. 60.

[41] Max Graf, *Legende einer Musikstadt*, Wien 1949.

[42] AME, S. 139.

Um 1879 wurde der Student Gustav Mahler von einer Welle deutschen Nationalismus' und der Wagner-Vergötterung erfaßt, die den Glauben seiner Vorfahren in den Hintergrund drängte. Am 2. November 1880 beging er «den ersten Allerseelen-Tag meines Lebens»,[43] indem er einer katholischen Freundin gedachte, die sich selbst das Leben genommen hatte. Vielen gilt dieses Ereignis als Indiz für die endgültige Hinwendung zum Christentum. Im selben Jahr aber lehnte Mahler trotz schlechter beruflicher Aussichten «wegen meiner Familie»[44] das Angebot ab, in Iglau Kapellmeister zu werden. Er wollte in der Stadt, in der seine Eltern lebten, die Sabbath-Ruhe nicht öffentlich entweihen müssen.

Der Tod seiner Eltern entband Mahler 1889 seiner letzten Verpflichtungen gegenüber dem Judentum. Zwei seiner Geschwister, für deren Auskommen und Erziehung er sich jetzt verantwortlich fühlte, gab er in die Obhut eines katholischen Priesters. Aber noch immer weigerte er sich, den leichten Weg zum Christentum einzuschlagen, den die meisten seiner Freunde gegangen waren.

Vier Jahre später, bei der Komposition der Auferstehungsverse seiner Zweiten Symphonie, schreckte er nach den ersten vier Stanzen von Klopstocks Ode plötzlich vor der Zeile zurück, in der zum erstenmal das Wort «Jesus» auftaucht. Die Macht der alten Religion war noch nicht gebrochen. In der Dritten Symphonie sind zahlreiche christliche Muster verarbeitet. Mahler konvertierte jedoch erst, als es absolut unumgänglich wurde.

Am 23. Februar 1897 ließ er sich in Hamburg römisch-katholisch taufen, um die noch fehlende Qualifikation für die Stelle des Kapellmeisters der Wiener Hofoper zu erwerben. Er hatte erkannt, daß höhere Ämter im Einflußbereich der Habsburger denjenigen vorbehalten waren, die die Staatsreligion besaßen. Einem Freund vertraute er an, daß er aus «Selbsterhaltungstrieb» gehandelt und daß es ihn «große Überwindung gekostet» habe.[45]

Eine Konversion aus derart pragmatischen Gründen kann kaum von Herzen kommen. Alma nannte Mahler einen «christgläubigen Juden».[46] Aber Mahler ging nie in die Kirche, nie zur Beichte und kümmerte sich nie um kirchliche Feiertage. Die Gottheit, zu der er betete – in extremis in den verzweifelten Randnotizen auf der Partitur seiner Zehnten Symphonie –, war keine Dreifaltigkeit, sondern der alte, monotheistische Gott.

«Niemals,» erinnert sich Alma, «durfte man vor Mahler jüdische Witze erzählen; er konnte sich darüber ernsthaft erbosen.»[47] Er selbst war, seit er beim Sommertheater in Bad Hall zum erstenmal öffentlich den Taktstock erhoben hatte, immer wieder zur Zielscheibe rassistischen Spotts geworden.

Antisemitische Verleumdung verfolgte ihn in der deutsch-österreichischen Provinz von Stelle zu Stelle. Zum traurigen Höhepunkt wurde die Kampagne in Wien. Zwei Tage nach seinem Amtsantritt protestierten die

[43] GMB, S. 14.
[44] HLG I, S. 78.
[45] Ludwig Karpath, *Begegnung mit dem Genius*, Wien 1934, S. 62.
[46] AME, S. 129.
[47] AME, S. 129.

nationalistischen Blätter *Deutsche Zeitung* und *Deutsches Volksblatt* gegen die «Judifizierung» der Oper.[48] Die *Reichspost* stellte ihren Kommentar über «diesen nicht erwachsen gewordenen Juden» großzügig zurück, bis «Herr Mahler seine Judenjungen-Possen am Pult» begonnen hatte.[49] Es ist verschiedentlich behauptet worden, daß Mahlers Radikalität und sein unsensibles Verhalten die antisemitischen Reaktionen ausgelöst hätten; es gibt jedoch reichlich Beweise dafür, daß der rassistisch motivierte Widerstand in Wien bereits vorhanden war, lange bevor Mahler überhaupt Gelegenheit hatte, die geheiligte Tradition mit Füßen zu treten.

Daß die gängigen Klischees der antisemitischen Propaganda auf Mahler und seine Musik nicht zutrafen, hinderte seine Gegner nicht daran, sie trotzdem ununterbrochen zu wiederholen. Arthur Schnitzler brachte in seinen Tagebüchern diese Ungereimtheiten durch eine Gegenüberstellung von Mahler und Strauss auf den Punkt. Während Strauss mit der überbordenden Sinnlichkeit und orientalischen Phantasie seiner Musik sowie der geschäftstüchtigen Vermarktung seiner Talente semitischen (bzw. richtiger antisemitischen) Klischees entsprach, mußte Mahler, der mystische Grübler, Asket, Idealist und Verwender von Volksweisen geradezu als der Inbegriff des «deutschen» Künstlers erscheinen.

Mahler ertrug die Angriffe gelassen. «Und – vergessen Sie nicht – unseren Hauptfehler die Race, können wir nicht ändern. Da müssen wir wenigstens trachten, die wirklich störenden Äußerlichkeiten unseres angeborenen Wesens ein wenig zu mildern»,[50] schrieb er 1906 an Oskar Fried. Neun lange Wiener Jahre voller versteckter Angriffe waren offenbar auch an ihm nicht spurlos vorübergegangen.

Erstaunlich bleibt allerdings, daß eine Persönlichkeit wie Mahler nichts gegen die ständigen Verleumdungen unternahm. Immerhin begann sich damals in Wien mit Theodor Herzls Zionismus-Konzept eine politische Antwort auf den tief-verwurzelten Antisemitismus herauszubilden. Herzl, dessen Stimme als Feuilleton-Chef der *Neuen Freien Presse,* als Romancier und Dramatiker öffentliches Gewicht besaß, erkannte die Notwendigkeit seiner Lösung, als er aus Paris über die widerwärtige Dreyfus-Affäre berichtete. Mahler, der sich später mit dem Dreyfus-‹Retter› Oberst Picquart anfreundete, verfolgte sie aufmerksam.

Mahler und Herzl waren gleich alt und hatten zur selben Zeit an der Wiener Universität studiert. 1878 wurden sie praktisch Nachbarn: Herzl lebte komfortabel bei seinen Eltern in der Praterstraße 25, Mahler in einer kärglichen Studentenbude ganz in der Nähe. Beide verkehrten in deutschen Bruderschaften. Beide teilten schon damals viele gemeinsame Vorlieben, etwa die für Arthur Schnitzler, Hermann Bahr und Stefan Zweig.[51]

[48] HLG I, S. 418.
[49] KBD, S. 210.
[50] Brief an Oskar Fried, August 1906, in GMUB – *Gustav Mahler, Unbekannte Briefe,* hrsg. von Hertha Blaukopf, Wien 1983, S. 55.
[51] Bahr ließ sich zunächst von der antisemitischen Stimmung der frühen achtziger Jahre mitreißen und sorgte dafür, daß Herzl aus seiner studentischen Verbindung ausgeschlossen wurde. Später besann er sich und wurde sogar zu einem Anhänger und täglichen Besucher des zionistischen Visionärs. Schnitzler sympathisierte zumindest mit Herzls Zielen, und Zweig unternahm seine ersten journalistischen Schritte als Herzls Protégé bei der *Neuen Freien Presse.*

In dem Jahr, in dem Herzls *Der jüdische Staat* veröffentlicht wurde, präsentierte Mahler seine *Auferstehungs*-Symphonie: Der eine proklamierte die nationale, der andere die individuelle Erlösung.

Dem Theatermann Herzl konnte die Rolle, die Mahler an der Oper spielte, kaum entgangen sein. Umgekehrt muß auch Mahler, der sich immer für neue politische Ideen interessierte, das Konzept einer eigenstaatlichen Lösung für das jüdische Dilemma zur Kenntnis genommen haben. Trotzdem hat – soweit bekannt – keiner von beiden je den anderen auch nur erwähnt.

Das Wien der Jahrhundertwende wird gewöhnlich als ein kulturelles Zentrum dargestellt, in dem all die großen Geister durch ein Netz kreativer Beziehungen miteinander verbunden waren. Tatsächlich trafen sich zwar alle regelmäßig in den Caféhäusern und prunkvollen Salons der Mäzene, der künstlerische Austausch und die gegenseitige Anregung waren jedoch minimal. Hofmannsthal und Herzl, Schönberg und Freud, Wittgenstein und Klimt, sie alle haben auf den ersten Blick nicht viel gemein. Der kulturelle Schnittpunkt, der sie verband, war Gustav Mahler.

Mahler und die Wiener Renaissance

In dem Jahrzehnt seiner Herrschaft über die Hofoper war Mahler – nach dem Kaiser – der bekannteste Mann in Wien. Taxifahrer hielten am Straßenrand, um ehrfurchtsvoll «Der Mahler!» zu raunen.[52] Ein Mann von Schnitzlers Format ertappte sich dabei, wie er ihm, fasziniert von Mahlers Gang, unwillkürlich auf der Straße gefolgt war.[53] «Die Intensität seines Wesens schien die ganze Stadt zu füllen», notierte der Schriftsteller Felix Salten.[54]

Da jeglicher politischer Fortschritt von einer trägen und anachronistischen Oligarchie unterdrückt wurde, schuf sich gesellschaftlicher Veränderungsdrang auf intellektuellem und künstlerischem Gebiet Bahn. Es war eine Epoche, «die ausschließlich im Dienst künstlerischer Ziele zu stehen schien.»[55] Geprägt wurde diese Epoche von Gustav Mahler – den engstirnigen Traditionalisten ein lebendes Ärgernis, den Jungen ein Lichtblick. Ein Café voller Mahler-Hasser konnte sich in Sekundenschnelle leeren, weil alle ans Fenster stürzten, um einen Blick auf den vorbeieilenden Meister zu werfen.[56] Noch ehe Mahler das Parkett betrat, wußte bereits das ganze Opernhaus, daß er da war. «Für die Generation meiner Eltern», schreibt eine heutige Wiener Autorität, «war die Mahler-Ära die große Erfahrung, das große Ereignis.»[57]

Mahler drängte sich als die allgegenwärtige kulturelle Erscheinung einer Gesellschaft, der Kultur über alles ging, als Vorlage für die Heldenfigur in Gustav Klimts *Beethoven-Fries* geradezu auf. Während der Planungs-

---

[52] Walter GM – Bruno Walter, *Gustav Mahler – Ein Porträt*, Wien 1936, S. 35.
[53] Siehe Seite 281.
[54] Siehe Seite 129.
[55] Jacob Burckhardt in: Walter TV – Bruno Walter, *Thema und Variationen*, Stuttgart 1947, S. 56.
[56] Siehe Seite 243.
[57] Marcel Prawy in: Sigrid Wiesmann, *Gustav Mahler in Wien*, Stuttgart 1976, S. 77.

phase dieses Werkes kannte Klimt den Komponisten nur vom Hörensagen; Mahlers Bekanntschaft mit den führenden bildenden Künstlern kam erst durch seine Heirat mit Alma zustande. Zu diesem Kreis gehörten auch die Architekten Otto Wagner und Adolf Loos, die Wiens Neubauten aus der verkrusteten Tradition übermäßiger Ornamentierung befreiten und so Mahlers musikalischem Beispiel folgten.

Nicht weniger verehrt wurde er auch von führenden Schriftstellern wie Arthur Schnitzler, Stefan Zweig, Felix Salten, Hermann Bahr und Hugo von Hofmannsthal. Die jungen Musiker Schönberg und Zemlinsky wünschten sich Mahler als Präsidenten ihrer neugegründeten Konzertvereinigung. Mahler stand im Epizentrum aller künstlerischen Aktivitäten. Die kleinstädtische Inzucht des intellektuellen Lebens war in der Hauptstadt des österreich-ungarischen Reiches tief verwurzelt. Mahler sorgte für eine Atmosphäre, die Dynamik und freies Atmen zuließ. Viele profitierten davon. So auch der Philosoph Ludwig Wittgenstein, der die Grenzen der Sprache erkundete, wie Mahler die Grenzen der Tonalität.

Mahlers Wiener Ära gilt allgemein mit dem 9. Dezember 1907 für beendet, dem Tag, an dem er nach Amerika abreiste. Sein Einfluß blieb bis zum Ende seines Lebens erhalten, immer wieder aufgefrischt durch die Sommer-Aufenthalte, während derer er komponierte, dirigierte und jene ermutigte, die seine Ideale teilten. Solange Mahler am Leben war, erhielt sich Wien seine musikalische Energie. Sein Todestag bedeutete das Ende Wiens als Quelle der Musik. Innerhalb von nur sechs Monaten verlor die Stadt einen Großteil ihrer musikalischen Kreativität. Arnold Schönberg zog im Oktober 1911 nach Berlin, wo ihm zum erstenmal aufrichtige Anerkennung zuteil wurde. Sein Schwager Zemlinsky, vielleicht Mahlers ergebenster Schüler, übersiedelte nach Prag und bot auch Webern dort eine Stelle an. Webern folgte jedoch zunächst Schönberg nach Berlin und ging von dort nach Stettin. Nur Alban Berg blieb in Wien, war aber so entmutigt, daß er kaum noch in der Lage war zu komponieren.

Die literarische und künstlerische Erneuerung kam etwas langsamer zum Stillstand. Sie wurde vom Ersten Weltkrieg, der auch die widerspenstigsten Wiener Musen zum Schweigen brachte, endgültig erstickt. Wenn das Wien der Jahrhundertwende jetzt als die Wiege unserer zeitgenössischen Kultur angesehen wird, müssen wir anerkennen, daß die damaligen Entwicklungen und Ideen sowie die Möglichkeit, diese auch öffentlich zu diskutieren, sich einem einzigartigen Klima verdanken. Einem Klima, das Gustav Mahler in dem revolutionären Jahrzehnt seiner Hofopern-Regentschaft mitgeschaffen hat.

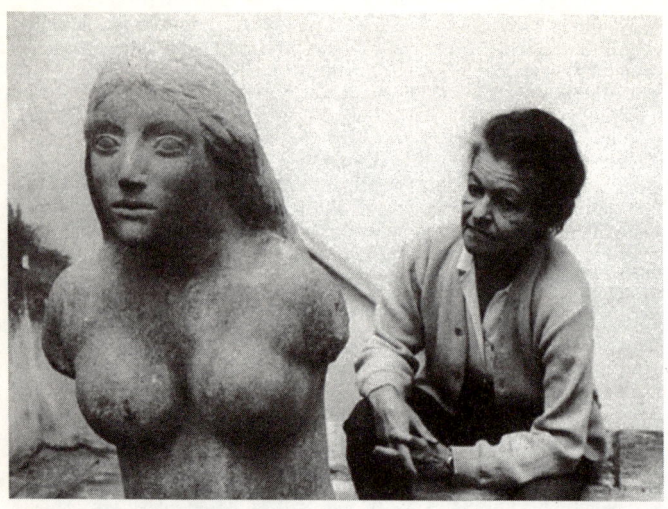

Anna Mahler mit einer ihrer Skulpturen.

Vorwort zur deutschen Ausgabe

Während meiner Arbeit an diesem Buch war ich Mahlers Tochter Anna freundschaftlich verbunden. Sie, die zeitlebens im Schatten ihres Vaters stand und um ihre Anerkennung als Bildhauerin kämpfen mußte, war verständlicherweise auf diejenigen, die sie nur als Anhängsel Mahlers betrachteten, nicht gut zu sprechen. Glücklicherweise war unser Gedankenaustausch von Beginn an sehr fruchtbar; zwischen Sozialismus und Sensualismus ließen wir kein Thema aus. Wir schrieben uns manchmal zwei- oder dreimal die Woche, sei es über einen Artikel von George Orwell oder über ein Thema der jüngsten europäischen Vergangenheit. Mahler kam in unseren Gesprächen nur selten vor. Als ich ihr die soeben erschienene englische Ausgabe dieses Buches in Los Angeles überreichte, bedauerte sie es, nicht mehr von dem, was sie über ihren Vater wußte, preisgegeben zu haben. Ihre Reaktion auf mein Buch, der ich mit gemischten Gefühlen entgegensah, war dann typisch für ihre einfühlsame und aufmerksame Art: «Sie haben es tatsächlich geschafft, nur mit den Worten anderer Menschen ein sehr persönliches Buch zu schreiben!» Ihre übrigen Anmerkungen dazu sind zu persönlich, um hier veröffentlicht zu werden. Während der Salzburger Festspiele im Sommer 1988 sollte eine große Retrospektive ihres künstlerischen Werks eröffnet werden. Obwohl sie zu dieser Zeit bereits schwerkrank war, konnte sie das Verpacken und Verladen ihrer Arbeiten noch persönlich überwachen, bevor ihr Körper den bis zuletzt hellwachen Geist im Stich ließ. Als sie zu ihrer Tochter nach London flog, war sie noch höchst aufmerksam interessiert an allem, was um sie herum vorging, obwohl sie bereits völlig ausgezehrt und kaum noch in der Lage war, zumindest etwas Wasser zu sich zu nehmen.
Als ich sie zum letztenmal besuchte, griff sie sofort eine brieflich begonnene Debatte über die Nahost-Problematik wieder auf, verlangte einen ausführlichen Bericht meiner letzten Israel-Reise und brachte mit schwacher Stimme ihre treffenden Argumente vor. Einen Geist wie den ihren kann der Tod nicht auslöschen. Anna war es nicht vergönnt, die langersehnte Anerkennung für ihr Lebenswerk in Salzburg noch zu erleben. Auf dem Weg dorthin starb sie in der Nacht des 3. Juni 1988, vierzehn Tage vor ihrem vierundachtzigsten Geburtstag. Beerdigt wurde sie auf dem Londoner Highgate-Friedhof, unter einer Weide, in der Nachbarschaft von Karl Marx.
In diesem Buch soll nicht nur Gustav Mahler die Reverenz erwiesen werden.

London, im Februar 1989

Danksagung

Vielen Spezialisten bin ich für Rat und Tat zu Dank verpflichtet, allen voran Henry-Louis de la Grange und Donald Mitchell. Weitere Anregungen sowie praktische und moralische Unterstützung wurde mir von folgenden Personen und Institutionen zuteil:

Großbritannien: John Amis, Hermann Baron, Eileen Bell, David Chesterman, David Cummings, Irene Fröhlich-Wiener, Berthold Goldschmidt, Judy Grahame, Jane Krivine, Ginny Macbeth, Mark Ottaway, Dieter Pevsner, Eleanor Rosé, Eric Shanes, Clive Sinclair, Daniel Snowman, Richard Stoker, Christel Wallbaum, Christine Walker, Dr. Michael Weitzmann.
Frankreich: René and Gusti Klein, Marie-Jo Blavette, Thérèse Beutz (Bibliothèque Gustav Mahler, Paris), Annie Neuburger.
Bundesrepublik Deutschland: Inge and Klaus Tennstedt (Kiel), Antony Beaumont (Köln), Reiss-Museum / Theatersammlung (Mannheim).
Österreich: Herta Blaukopf, Emmy Hauswirth, Gerda Hanf, Alma Zsolnay (Internationale Gustav Mahler Gesellschaft, Wien), Professor Erwin Ringel (Wien), Gasthaus Föttinger (Steinbach am Attersee), Dr. Adolf Lex (Klagenfurt), Franz-Schmidt-Haus (Perchtoldsdorf).
Tschechoslowakei: Professor Jiří Rychetský (Humpolec), Dr. Jitka Slavíková, Libor Pešek, Věra Hlaváčová (Prag).
Schweiz: Lotte Klemperer, Neue Zürcher Zeitung.
Italien: Nuria Schoenberg-Nono (Venedig); Dr. Herbert Santer (Dobbiaco).
Niederlande: Desi Halban.
Dänemark: Knud Martner.
USA: Gilbert E. Kaplan, Jerry Bruck, Gerald S. Fox, Louise Zemlinsky (New York); Professor Elliot Galkin (Johns Hopkins University, Baltimore), Professor Edward Reilly (Vassar College), Dr. Kay Jamison (UCLA Neuropsychiatric Institute), Lawrence Schoenberg, Jerry McBride (Arnold Schoenberg Institute), William Malloch (Kalifornien).
Kanada: Professor K. Pringsheim.

Ausgewählte Literatur

Die wichtigsten Titel werden im Text unter folgenden Abkürzungen geführt:

AME	Alma Mahler, *Gustav Mahler*, Erinnerungen und Briefe, Wien 1949 (erste Ausgabe: Amsterdam 1940).
AML	Alma Mahler-Werfel, *Mein Leben*, Frankfurt 1960.
DM 1	Donald Mitchell, *Gustav Mahler: the early years*, London 1958.
DM 1r	(überarbeitete Ausgabe von DM 1), London (Faber and Faber), 1980.
DM 2	Donald Mitchell, *Gustav Mahler: the Wunderhorn years*, London 1975.
DM 3	Donald Mitchell, *Gustav Mahler: songs and symphonies of love and death*, London 1985.
GMB	*Gustav Mahler Briefe, 1879–1911*, herausgegeben von Alma Maria Mahler, Berlin und Wien 1924.
GMBR	*Gustav Mahler Briefe*, herausgegeben von Herta Blaukopf, Berlin und Wien 1982.
GMRS	Herta Blaukopf (Hrsg.), *Gustav Mahler – Richard Strauss Briefwechsel 1888–1911*, München 1988.
GMUB	Herta Blaukopf (Hrsg.), *Gustav Mahler, unbekannte Briefe*, Wien 1983.
HLG 1	Henry-Louis de La Grange, *Mahler*, Band 1, London 1974.
HLG 2	Henry-Louis de La Grange, *Mahler, L'âge d'or de Vienne*, Band 2, Paris 1983.
HLG 3	Henry-Louis de La Grange, *Mahler, Le génie foudroyé*, Band 3, Paris 1984.
KBD	Kurt Blaukopf (Hrsg.), *Gustav Mahler: Sein Leben, sein Werk und seine Welt in zeitgenössischen Bildern und Texten*, Wien 1976.
Mahlerthon	Achtstündiges Radioprogramm von William Malloch mit Beiträgen verschiedener Musiker, die sich an Mahler erinnern. Ausgestrahlt am 7. 7. 1960 (Pacifica KPFK), am 4./5. 5. 1974 (KFAC Los Angeles) sowie zweimal von CBC Canada. Mit Auszügen aus diesem Programm wurde die 4. Plattenseite von Leonard Bernsteins CBS-Aufnahme von Mahlers 6. Symphonie gefüllt.
NBL	Natalie Bauer-Lechner, *Erinnerungen an Gustav Mahler*, Leipzig und Wien 1923.
NBLg	Herbert Killian (Hrsg.), *Gustav Mahler in der Erinnerungen von Natalie Bauer-Lechner*, Hamburg 1984. Erweiterte Fassung von NBL; mit Anmerkungen von Knud Martner.
Roller	Alfred Roller (Hrsg.), *Die Bildnisse von Gustav Mahler*, Leipzig und Wien 1922.
Stefan Studie	Paul Stefan, *Gustav Mahler: eine Studie über Persönlichkeit und Werk*, München 1910, 2. Auflage 1913.
Walter GM	Bruno Walter, *Gustav Mahler: ein Porträt*, Wien 1936.
Walter TV	Bruno Walter, *Thema und Variationen*, Stuttgart 1947.

I

Lieder eines fahrenden Gesellen
1860–88

Zeittafel Gustav Mahler

1860   Gustav Mahler wird am 7. Juli in Kalischt (Böhmen) geboren.
        Im Oktober Umzug der Familie nach Iglau.

1868   Geburt der Lieblingsschwester Justine (Justi).

1870   Erster öffentlicher Auftritt als Pianist, am 13. 10. in Iglau.
1871/72 September bis Februar Gymnasium in Prag.

1875   Am 13. April stirbt der Lieblingsbruder Ernst im Alter von dreizehn
        Jahren.
        Erste Opernversuche mit *Ernst von Schwaben*.
        Eintritt ins Wiener Konservatorium am 20. September.

1876   Im Juni Gewinn des Klavierpreises des Konservatoriums mit Schuberts
        a-Moll Sonate.
        Im Juli Kompositionspreis für ein Klavier-Quintett.

1877   Klavierauszug von Bruckners Dritter Symphonie.
        Freundschaft mit Hugo Wolf.

1878   Abschluß des Konservatoriums und Abitur in Iglau.
        Beginn eines Studiums der Philosophie und der Kunstgeschichte an der
        Universität Wien.
        Das klagende Lied wird begonnen.

1879   Am 31. August wird Alma Schindler, Mahlers spätere Frau, in Wien
        geboren.

1880   Erste Stelle als Kurkapellmeister in Bad Hall.
        Mahler wird Vegetarier und Wagnerianer.

1881/82 Theaterkapellmeister in Laibach.
        Beginn der Arbeit an der Oper *Rübezahl*.

Zeitgeschichtlicher Hintergrund

1860	Abraham Lincoln wird zum Präsidenten der Vereinigten Staaten gewählt. Theodor Herzl wird am 2. Mai in Pesth geboren. Am 21. September stirbt Arthur Schopenhauer 72jährig in Frankfurt. In Wien wird der Wettbewerb für den Entwurf der neuen Hofoper ausgeschrieben.
1861	Proklamation der Republik Italien.
1864	Richard Strauss wird am 11. Juni in München geboren.
1865	Abraham Lincoln wird erschossen. Richard Wagner, *Tristan und Isolde.*
1866	Österreichs Niederlage im Deutschen Krieg gegen Preußen. Friedrich Rückert stirbt am 31. Januar bei Coburg.
1867	Bildung der Doppel-Monarchie Österreich-Ungarn. Henrik Ibsen, *Peer Gynt.*
1869	Eröffnung des Suez-Kanals. Tolstoi beendet *Krieg und Frieden.* Fertigstellung der neuen Hofoper in Wien.
1870	Deutsch-Französischer Krieg.
1871	Proklamation des Deutschen Reiches in Versailles; die preußische Armee belagert Paris. *Aida* wird in Kairo aufgeführt.
1872	Rückerts *Kindertotenlieder* werden postum veröffentlicht.
1873	Zusammenbruch der österreichischen Börse.
1875	In Paris Uraufführung der *Carmen* von Georges Bizet, der drei Monate später 36jährig stirbt. Alexander Graham Bell erfindet das Telefon.
1876	In Bayreuth wird Wagners *Ring*-Zyklus erstmals aufgeführt. Mark Twain, *Tom Sawyer.*
1877	Thomas A. Edison läßt sich das Grammophon patentieren.
1878	Leo Tolstoj, *Anna Karenina.*
1880	Fjodor M. Dostojewski, *Die Brüder Karamasow.* Die New Yorker Straßen werden mit elektrischer Beleuchtung ausgestattet.
1881	Zar Alexander II. fällt in St. Petersburg einem Attentat zum Opfer. James Garfield, der Präsident der Vereinigten Staaten, wird erschossen.
1882	Österreich-Ungarn, Deutschland und Italien schließen den Dreibund-Vertrag.

26

1883   Januar bis März Kapellmeister in Olmütz.
        Im Juli Besuch in Bayreuth.
        Ab August Chor- und Musikdirektor in Kassel.

1884   *Lieder eines fahrenden Gesellen.*

1885   Wechsel von Kassel nach Prag als zweiter Kapellmeister ans Deutsche
        Landestheater.

1886   Seit August zweiter Kapellmeister in Leipzig (neben Arthur Nikisch).

1887   Vervollständigung der Oper *Die drei Pintos* von Carl Maria von Weber.
        Währenddessen Affäre mit der Frau von Webers Enkel.
        Erstes Treffen mit Richard Strauss am 13. Oktober.

1888   Leitung der Premiere *Die Drei Pintos* am 20. Januar.
        Abschluß der Ersten Symphonie (1. Fassung).
        Im Mai Rücktritt in Leipzig.
        Im August Abschluß der *Totenfeier*, Kernstück der späteren Zweiten
        Symphonie.
        Im Oktober Ernennung zum musikalischen Direktor der königlich-unga-
        rischen Oper in Budapest.

1882   Georg von Schönerer organisiert in Österreich den politischen Antisemi-
        tismus.
        Richard Wagner, *Parsifal.*
        Gründung des Berliner Philharmonischen Orchesters.

1883   Richard Wagner stirbt am 13. Februar in Venedig.
        In Prag wird das Tschechische Nationaltheater gebaut.
        Franz Kafka wird am 3. Juli in Prag geboren.

1886   Gottlieb Daimler baut das erste Automobil.

1887   Zur Weltausstellung in Paris (1889) wird der Bau des Eiffelturms in
        Auftrag gegeben.

1888   Wilhelm II. wird Kaiser des Deutschen Reiches.
        In Wien wird das neue Burgtheater eingeweiht.

Natalie Bauer-Lechner
(1858–1921)

Mahler sprach nur ungern über seine Kindheit. Lediglich zwei liebenden Frauen hat er sich offenbart: seiner Ehefrau, die einige seiner Erinnerungen notiert und später (nicht immer ganz verläßlich) wiedergegeben hat, und Natalie Bauer-Lechner, seiner Vertrauten der frühen Jahre, die seine Darstellungen mehr oder weniger wörtlich dokumentiert hat. Natalie Lechner wurde am 9. Mai 1858 als Tochter eines Verlagsbuchhändlers in Wien geboren. Sie lernte Mahler während ihres Studiums auf dem Konservatorium kennen und war vom Beginn der neunziger Jahre bis 1901 (dem Jahr, in dem Mahler seine spätere Frau Alma traf) seine engste Freundin. Sie war zehn Jahre (1875–85) mit dem Lehrer Alexander Bauer verheiratet gewesen und verdiente sich danach ihren Lebensunterhalt als Violinistin des Soldat-Röger-Quartetts. Sie hätte Mahler gerne geheiratet. Zumindest einmal hat sie versucht, Mahler zu verführen, aber er fand sie äußerlich nicht sehr anziehend und lebte seine Leidenschaften anderswo aus. Seine Hamburger Affäre mit Anna von Mildenburg sah sie ihm nach; sie blieb der Sängerin gegenüber trotz allem sehr zuvorkommend.

Natalie sah sich erst gezwungen, ihre Hoffnung auf eine Heirat aufzugeben, als Mahler Alma Schindler kennenlernte, die einundzwanzig Jahre jünger als Natalie war. Trotz des schmerzhaften Verlustes verabschiedete sie sich mit großer Würde aus seinem Leben. Am 8. Juni 1921, genau zehn Jahre nach Mahlers Tod, starb sie völlig verarmt in Wien. Sie hatte zu den ersten gehört, die Mahlers Größe erkannt hatten, obwohl sie mit ihrer Einschätzung der wahren Bedeutung ihrer Freunde nicht immer richtig lag. In ihrem Testament (datiert vom 10 Juni 1918) schreibt sie: «Wofür ich dem Himmel am meisten danke, ist, daß es mir vergönnt war, diesen beiden großen Geistern zu begegnen, Lipiner und Mahler.»[1] In dieser Reihenfolge! Auszüge aus ihren Mahler-Erinnerungen erschienen erstmals in den Zeitschriften *Der Merker* (April 1913) und in *Musikblätter des Anbruch* (April 1920). Nach ihrem Tode veröffentlichte ihr Neffe diese Texte stark gekürzt in Buchform.[2] Ihr Manuskript, von dem sie mehrere Abschriften angefertigt hatte, war jahrelang unter Freunden in der Wiener Musikszene zirkuliert, und «verschiedene unbekannte Personen hatten zahlreiche Seiten herausgerissen».[3] Eine ausführlichere Fassung ihres Buches wurde 1984 von einem anderen Verwandten veröffentlicht,[4] aber auch diese Version ist nicht annähernd so aussagekräftig und lebendig wie der vollständig überlieferte Text, der sich im Besitz von Henry-Louis de La Grange befindet. Die folgenden Auszüge wurden bisher nicht veröffentlicht.

> In unseren Schwatzstunden erzählte mir G. manches aus seiner Kindheit. Das erste, was er mit 6 Jahren komponierte und zu Papier brachte, war eine Polka, wozu er einen Trauermarsch als Einleitung schrieb. Er tat es auf das Versprechen seiner Mutter, 2 kr. dafür zu bekommen, woran aber noch ganz besonders die Bedingung geknüpft war, es dürfe das Papier nicht verklext sein. (Im Klexen war unser G. nämlich groß!). Er betete daher, ehe er an die Arbeit ging, zu Gott, daß er ihn keinen Patzen machen lasse und war nun überzeugt, Gott werde ihn davor bewahren. So tunkte er die Feder

---

[1] NBLg, S. 13.
[2] J. Killian (Hrsg.), *Erinnerungen an Gustav Mahler von Natalie Bauer-Lechner*, Wien/ Zürich 1921 (NBL).
[3] HLG1, S. 400.
[4] Herbert Killian, *Gustav Mahler in der Erinnerung von Natalie Bauer-Lechner*, Hamburg 1984 (NBLg).

ERINNERUNGEN AN
GUSTAV MAHLER

VON

NATALIE BAUER-LECHNER

1923
E. P. TAL & CO. VERLAG
LEIPZIG   WIEN   ZÜRICH

Frontispiz von Natalie Bauer-Lechners 1923 veröffentlichten Erinnerungen.

höchst herzhaft und ohne jede Vorsicht ein – hatte ohnedies ein
Sicherheits-Tintenzeug zur Vermeidung der ärgsten Schäden –,
aber, o weh, bei den allerersten Noten schon fiel ein Riesenpatzen,
daß das schöne Papier und alle Vorbereitungen zum Anfang vertan
waren, und der kleine Schmierfink von Neuem beginnen musste.
«Mein Gottesglauben aber erlitt damit einen erheblichen Stoß»
schloß G. lachend.–
Als zweites trug mir mein Vater auf, ein Lied in Musik zu setzen.
Es wurden auch wieder ein paar kr. als Lohn ausgesetzt – denn um
so gemeinen Sold verrichtete ich meine vielen künstlerischen Taten.
Ich fiel auf ein seltsames Lessingsches Gedicht, das ungefähr so
lautet:

Die Türken haben schöne Töchter,
die hüten strenge Keuschheitswächter,
ein Türke darf viel Mädchen freien.
Ich möchte wohl ein Türke sein.
Der Liebe ganz ergeben,
der Liebe nur zu leben.
Doch: Türken trinken keinen Wein,
nein, nein, ich will kein Türke sein!

«Da hast Du eine schöne Wahl als kleines Bürschel getroffen», sagte ich lachend, «die paßt ja auf Dich – der heut kaum je Wein trinkt und so ein Asket in bezug auf die Weiblein ist – wie die Faust aufs Auge!»

«Weiß Gott, wie ich darauf geraten bin, und was ich mir dabei gedacht haben mag. Wahrscheinlich nahm ich es, weil es kurz war. Ja, und dann schien es mir schrecklich poetisch, «der Liebe nur zu leben!»

«Später komponierte ich dann schon fleißiger aus eigenem Antrieb: eine Klavier-Violin-Sonate, ein Nocturno für Cello; für das Klavier alles mögliche, und endlich eine Oper, zu der ein Schulkollege den Text mit mir schrieb. Auf Grund dieses Bruchstückes (denn ich kam nie dazu, sie zu vollenden) wurde ich später am Wiener Konservatorium von Hellmesberger (diesem Schaf) mit Überspringung von Harmonielehre und Kontrapunkt zu meinem größten Schaden in die Kompositions-Klasse aufgenommen.

Früher noch, als ich als 10jähriger Junge zu Grünfelds nach Prag kam, setzte ich dadurch meine Hausgenossen in großes Erstaunen, daß ich alles, auch das Schwierigste, was man mir auf dem Klavier vorspielte, im Stande war, augenblicklich fehlerlos nach dem Gehör aufzuschreiben: Etwas, das so schwer ist, daß es mich heute selbst noch wundert.»

Bernhard Mahler, Gustavs Vater.

G. erzählte mir wohlgelaunt, daß er die ersten Beweise seiner musikalischen Begabung auf einer Fahrt gegeben habe, die seine Eltern mit ihm, als neuen Weltbürger zu den, eine Tagreise entfernten Großeltern unternahmen. «Da schrie ich, der offenbar lieber gewiegt, als auf der Landstraße im großen Wagen gefahren sein wollte, so fürchterlich, daß Vater und Mutter gezwungen wurden, mich fortwährend auf ihren Armen zu schaukeln, und da mir das alles nicht genügte, abwechselnd aus dem Fuhrwerk zu steigen und neben demselben mit mir wiegend und singend einherzugehen, bis wir auf so kurzweilige Art zu Fuß am Ziele ankamen.»

«Ich soll noch auf dem Arm gewesen sein, als ich schon jedes Liedl nachsang. Dann, vielleicht mit 3 Jahren, bekam ich eine Ziehharmonika, auf der ich alles, was ich hörte, mir zusammensuchte, und bald ganz fertig spielte.

Eines Tages, ich war noch nicht 4 Jahre alt, trug sich eine komische Geschichte zu: Die Militärmusik – mein Entzücken die ganze Kindheit hindurch – marschierte morgens an unserem Haus vorbei. Ich dies hören und aus der Stube entwischen, war eins. Mit kaum mehr als dem Hemdl bekleidet – man hatte mich noch nicht angezogen –, lief ich mit meiner Harmonika hinter den Soldaten drein, bis mich, erst eine geraume Weile später, ein paar Nachbarsfrauen auf dem Markte aufgriffen. Sie versprachen, mich, dem es mittlerweile doch ängstlich geworden war, nur unter der Bedingung heimzubringen, wenn ich auf meiner Harmonika ihnen vorspielen wollte, was die Soldaten gespielt hatten. Das tat ich denn auch gleich, auf einen Obststand gesetzt, zum Ergötzen der Marktweiber, Köchinnen und anderen Straßenpublikums. Darauf wurde ich unter großem Hallo und Gelächter zu den, über meinen Abgang bereits in großem Entsetzen begriffenen Eltern, zurückgetragen.

Auch später einmal hatte ich auf dem Heimwege von der Schule Militärmusik angetroffen und war fasziniert weiß Gott wie lange stehen geblieben und konnte mich nicht entschließen fortzugehen, trotz dringendster Bedürfnisse, die ins Höschen gingen, daß alles voll Entsetzen vor mir floh und ein großer leerer Kreis um mich entstand.

Die erste Bekanntschaft mit dem Klavier machte ich wieder bei einem Besuch meiner Großeltern in Ledec. Da stand ein alter Klapperkasten auf dem Boden, wo ich bei einer Entdeckungsreise und Kletterpartie in die höheren Regionen des Hauses zufällig darüber kam, und das klingende Monstrum mein höchstes Interesse erregte. Ich war noch so klein, daß ich nur mit den über den Kopf erhobenen Armen die Tasten erreichen konnte. Aber in dieser unbequemen Position und mit den winzigen Handeln stümperte ich mir doch allerhand Gehörtes so rein und richtig zusammen, daß Eltern und Großeltern, die es unten belauschten und – als den Urheber dann mich entdeckten – in großes Erstaunen gerieten. Als mich dann Großpapa fragte, ob mir so ein großes Spielzeug Freude machen würde, bejahte ich es begeistert, und schon am nächsten Tage kam das Ungetüm auf einem Ochsenwagen zu meinem unbeschreiblichen Jubel in Iglau für mich angefahren.

Mahlers Großeltern mütterlicherseits, Abraham und Theresia Herrmann aus Ledec.

Man nahm mir auch bald einen Meister, und ich erinnere mich genau, um meiner Mutter eine Freude zu machen, die immer beim Üben neben mir saß, war ich auch fleißig. Ich machte so rapide Fortschritte, daß ich mit 6 Jahren schon in einem Konzert öffentlich spielte, wo man – damit ich das Pedal treten konnte – eine eigene Vorrichtung anbringen musste, da es meine kurzen Beine nicht erreichten.[5]

Von diesem und den folgenden ersten Konzerten erzählte man mir auch, daß ich nicht dazu zu bringen war, eine Verbeugung zu machen, sondern schnurstraks zum Klavier lief und zu spielen begann, und ebenso trotz alles Applauses wieder aus dem Saal nach getaner Arbeit hinaus rannte.

Sehr früh begann ich schon, Klavierunterricht zu erteilen, und um meinen Schüler, der vielleicht 1 Jahr jünger als ich, ein Bürschchen von 6-7 Jahren war, zum richtigen Spielen zu bringen, hielt ich ihm während der Stunden meinen Arm auf die Achsel, die offene Hand gegen die Wange, und im Augenblick, wo er einen falschen Ton griff, hatte er schon seine Ohrfeige! Auch ließ ich ihn zur Strafe für solche Sünden z.B. 100 mal schreiben: ich soll cis und nicht c spielen. Natürlich hatte es bei meinem so drakonischen Verfahren meinerseits mit diesem Unterricht bald ein Ende.

---

[5]   Über diesen Auftritt ist nichts bekannt; das erste nachweisbare Konzert gab Mahler im Alter von zehn Jahren.

Bei der Lektion, die ich einem anderen Knaben gab, geriet ich eines Tages so in Wut über sein schlechtes Spielen, daß ich vor Zorn in lautes Weinen ausbrach und schreiend zur Mutter nach Hause lief. Als sie erschreckt fragte, was geschehen sei, rief ich fußstampfend und übergossen von Tränen: «Ich will diesen Eselsbuben, der so schlecht spielt, nicht länger Klavierspielen lehren, nein, nein, nein!» Gleichwohl war der Junge noch jahrelang bis ich nach Prag kam, mein Schüler und der Unterricht (für 5 kr. die Stunde) trug so gute Früchte, dass man über die Fortschritte im hohen Grade mit mir zufrieden war.»

Eine Kindheitsgeschichte, die G. erzählte, fällt mir noch ein: Er war vielleicht 8 Jahre alt. Eines Tages, es war nach dem Abendessen, schickte Emma, das 7jährige Töchterchen des Schullehrers, der im Mahlerschen Hause wohnte, das Dienstmädchen herunter mit dem Auftrage, G. möchte ihr sagen lassen, wie man komponiert. Bereitwillig und in vollem Ernste setzte er der Magd auseinander: Emma solle sich nur ans Klavier setzen und spielen, was ihr einfiele. Die Hauptmelodie müsse sie sich merken und aufschreiben und sie dann ein bißchen umwandeln, verzieren und verändern, bis ein Stück daraus geworden sei. Das richtete das Mädchen getreulich aus und an einem der nächsten Abende kam sie wieder gelaufen: ich solle schnell hinaufkommen, Emma habe jetzt etwas komponiert, sie kann es aber nicht aufschreiben. G. rannte also eiligst ihr zu Hilfe, ließ sich vorspielen, was sie gemacht hatte, und brachte es zu Papier (wahrscheinlich war ihr irgendwas aus ihren Klavierstückeln oder sonst woher hängengeblieben) und das war das erste und letzte Mal, dass Emma komponierte. «Nach dem Rezepte aber, das ich ihr mit 8 Jahren gab, verfahren ihr Leben lang die meisten Herren Komponisten», sagte G.

G. wurde, vielleicht 3 Jahre alt, von seinen Eltern in den Tempel mitgenommen, als er plötzlich aufs Gewaltsamste den Gesang der Gemeinde durch Schreien und Rufen unterbrach: *Still sein, still sein, das ist nicht schön!»* Und als er die ganze konsternierte Versammlung von den Armen seiner Mutter aus unterbrochen hatte, und wirklich alle schwiegen, verlangte er, sie sollten singen – und er sang es vor –: Eits a binkel Kasi (Hrasi?), eines der Lieblingslieder seiner frühesten Kindheit.[6]

Zu Gustavs Kinderphotographie:
Über das Zustandekommen des kleinen Bildes, das G. als 5 oder 6jähriges Bürschel mit dem Notenblatt in der Hand zeigt, erzählte mir G.: «Die Aufnahme wäre um ein Haar daran gescheitert, daß ich meinte, um auf den Karton zu gelangen, würde ich, der G., wenn ich mich vor den unheimlichen Apparat stelle – rutsch! durch

---

[6]   Welches Lied er hier gemeint hat, bleibt unklar. Mahler hat diese Geschichte einem österreichischen Nicht-Juden erzählt, der weder Tschechisch noch Hebräisch konnte. Möglicherweise handelte es sich um den Synagogen-Gesang *Etz Hayyim Hi* (Die Thora ist ein Lebensbaum), der beim Zurücklegen der Thorarolle in den Schrein leise gesungen wird, oder um das zu der Zeit in Prag sehr populäre böhmische Lied *At'se pinkl házi* (Das Bündel, das schwingt hin und her). Siehe dazu: «News about Mahler Research», Nr. 17, April 1987, Internationale Gustav Mahler Gesellschaft, Wien.

einen mystischen Vorgang von dem verhüllten Manne dahinter in den Kasten gezaubert und auf das Papier festgebannt. Es setzte heisse Tränen, weil ich mich um keinen Preis dazu verstehen wollte. So musste mein Vater auch das 1. Mal unverrichteter Dinge mit mir heimgehen. Erst als er am nächsten Tage sich selbst vor mir photographieren liess und ich sah, dass er mit heilem Leib und Leben trotz des Abbildes, welches man mir auf dem Blatt zeigte, nach der gefürchteten Procedur vor mir stand – konnte ich dazu gebracht werden, mich dem Schwarzkünstler-Photographen zu stellen.»

Als bezeichnend für sein Wesen erinnerte sich G. eines Zuges aus der Schulzeit: Er stand am Tore vor dem Gymnasium, wo die Schüler auf die Verteilung der Zeugnisse warten mussten. Eine unbeschreibliche Ungeduld peinigte ihn, zu erfahren, was ihm sein Testimonium brächte, dass er, als es ihm länger und längst zu dauern schien, bis die Entscheidung kam, schier aus der Haut fahren wollte. Da nahm sich mein G. aber beim Schopf und sagte zu seiner unmutigen Seele: jetzt wirst Du Dich bezähmen und den Teufel der Ungeduld Dir austreiben! Die Stunde wird längst vorüber sein, Du wirst erwachsen geworden sein und wirst noch oft etwas sehnlichst Erwartetes vor Ungeduld nicht zu erleben meinen. Dann erinnere Dich dieses Augenblicks und sage dir: wie der zu Ende ging, wird auch das Unangenehmste vorbei gehen.

G. erzählte mir:

Wenn die Mutter Kopfweh hatte, stellte er sich – als kleiner Junge von 3 oder 4 Jahren – versteckt hinter ihr Bett und betete, daß ihr bald besser werden möchte. Dann ging er zu ihr und fragte, ob es schon gut sei. Und weil sie es bejahte, um ihn zu erfreuen, betete er gleich wieder voll Eifer weiter.

G. stellte sich von frühester Kindheit an unter allen Kompositionen ganz anschaulich etwas vor. Dazu deutete und erdichtete er sich ganze Romane, die er zuweilen seinen Eltern und deren Freunden, die zu Besuch kamen, vorerzählte und vormusizierte. Er verhängte dann die Fenster, damit es geheimnisvoll-feierlich war, und wurde von seinen eigenen Geschichten oft so gerührt, daß er bitterlich weinen musste. So malte er sich in dem Klarinettentrio von Beethoven (zum Thema vom Schneider Kakadu) des Schneiders ganzen Lebenslauf bis zum Grabe aus: Armut, Not und Leiden und zuletzt sein Begräbnis – mit parodistischem Trauermarsch –, der ihm sagte: «Jetzt ist er, der Bettler, jedem König gleich!»

Mahleriana, Manuskript im Besitz von H.-L. de La Grange, Paris

Rechte Seite:
Gustav Mahler als Sechsjähriger.

Theodor Fischer
(1859–1934)

Mahlers Nachbar und Spielgefährte der Kindheit war Theodor Fischer, der Sohn
Heinrich Fischers (1828–1917), des Iglauer Chorleiters und zeitweiligen Musik-
Direktors des örtlichen Theaters. Heinrich Fischer war einer von Mahlers ersten
Musiklehrern. Er unterrichtete ihn in Harmonielehre und dirigierte die Chor-
Aufführungen in der St. Johannes-Kirche[7] sowie die städtischen Konzerte, an
denen Mahler teilnahm. Mahler erinnerte sich stets mit großer Zuneigung an ihn
und telegrafierte 1908 zu Fischers goldenem Jubiläum im Amt des Chorleiters
Glückwünsche aus New York.
Fischers Sohn Theodor war acht Monate älter als Mahler. Er wurde sein Klassen-
kamerad in der Schule und später Kommilitone auf der Wiener Universität.
Theodor Fischer kehrte als Rechtsanwalt nach Iglau zurück, wo er es bis zum
obersten Friedensrichter brachte. Seine Erinnerungen an Mahler trug er anläßlich
einer Gedenkveranstaltung für Mahler am 21.3.1931 im städtischen Theater vor.

Mahler selbst hat oft betont, daß vor allem die Eindrücke der
Jugend auf den künstlerisch begabten Menschen bestimmend sind.
Es wird daher zum Verständnisse der Persönlichkeit Mahlers und
seines künstlerischen Schaffens beitragen, wenn man die geistige
Atmosphäre und die Lebensverhältnisse, in denen er aufgewachsen
ist, näher kennen lernt, da die ersten Eindrücke des Jugendlebens im
Unterbewußtsein des Künstlers fortleben und bei seiner schöpferischen Tätigkeit ihren Einfluß geltend machen.
Im Dezember desselben Jahres, in dem Gustav Mahler geboren
war, übersiedelten seine Eltern Bernhard und Marie Mahler nach
Iglau.
Im Hause C-Nr. 265 (Or. Nr. 4) der Pirnitzergasse (jetzt Znaimer-
gasse benannt), betrieb sein Vater in den sechziger Jahren, und
anfangs der siebziger Jahre des vorigen Jahrhunderts die Erzeugung
und den Ausschank von Likören; im 1. Stocke dieses Hauses war
auch die Wohnung der kinderreichen Familie, bestehend aus einer
großen Küche, einem Vorzimmer und zwei Zimmern. Das größere
Zimmer war im Stile der damaligen Zeit als «Salon» mit der
stereotypen Ripsgarnitur eingerichtet; dort hing eingerahmt unter
Glas der Bürgerbrief des Vaters, der Bürger von Iglau war, dort
stand ein Glaskasten mit Glas und Porzellansachen und aus allerlei
Raritäten angefüllt, dann ein verglaster Bücherkasten, der Werke
der klassischen und der damaligen modernen Literatur enthielt, die
Gustav Mahler früh genug kennen lernte, und dort stand auch der
Flügel, auf dem er übte und studierte, als er bereits im Klavierspiele
unterrichtet wurde.
Mahler besuchte mit mir die k. k. Hauptschule in der Brünnergasse
und vom Jahre 1869 bis 1875 das deutsche Gymnasium, das sich
damals in dem aus der Jesuitenzeit stammenden Gebäude hinter der

---

[7]   Es wurde in dem verhältnismäßig toleranten Iglau nicht als unnormal angesehen, daß ein
      jüdischer Junge in die Kirche ging, oder im Kirchenchor sang. Nach Fischer besuchte
      Mahler in der Iglauer Kirche zumindest Aufführungen von Mozarts *Requiem*, Haydns
      Sieben letzte Worte, Beethovens *Christus auf dem Ölberg* und Rossinis *Stabat Mater*.

Mahlers Geburtshaus in Kalischt (Böhmen).

St. Ignazkirche befand. Ein Semester (1871) studierte er in Prag.[8]
In dem dem Mahlerschen Wohnhause benachbarten Hause, das
meiner Großmutter gehörte, wohnte mein Vater, der nach Absol-
vierung des Konservatoriums in Prag sich in Iglau ansässig gemacht
hatte und zuerst artistischer Leiter des Deutschen Männergesang-
vereines, später städtischer Musikdirektor und Chordirektor an den
beiden Pfarrkirchen Iglaus war, mit seiner Familie. Die Pirnitzergasse, der Hof unseres Hauses, die in diesem Hause befindlichen,
stillgelegten Werkstätten mit ihrem Winkelwerk und die ober ihnen
befindlichen, vom Hofe aus mittelst einer Holztreppe zugänglichen
Dachböden, in deren geheimnisvollem Dunkel man Abenteuer erleben und so schön das Gruseln lernen konnte, waren der Schauplatz
der Knabenspiele des kleinen Gustav. Auf unserem Hofe versam-
melten sich die Buben aus der Pirnitzergasse, um dort «Räuber und
Soldaten» und «Spalschker» (ein auf beiden Seiten zugespitztes
Holzpflöckchen, das mit dem «Palester» getrieben wurde) zu spielen. Bei diesen Spielen fehlte Gustav und sein jüngerer Lieblingsbruder Ernst,[9] den er förmlich bemutterte, aber, wenn er nicht folgsam
war, auch gehörig «koramisierte», nie.

---

[8] 1871 waren Mahlers schulische Leistungen so schwach, daß sein ehrgeiziger Vater ihn nach
Prag an das Neustädter Gymnasium schickte. Untergebracht wurde er im Hause des
Leder-Händlers Moritz Grünfeld. Zwei der elf Grünfeld-Kinder, Alfred und Heinrich,
wurden hervorragende Musiker. Mahler berichtete seiner Frau später, man habe ihn dort
hungern und frieren lassen, und ihm die Schuhe und Kleider abgenommen. Auch das
unfreiwillige Miterleben einer brutalen Liebesszene zwischen dem Stubenmädchen und
einem der Grünfeld-Söhne hat offenbar einen traumatischen Eindruck hinterlassen (AME,
S. 15). Der Vater holte Gustav dann zurück nach Iglau, als er die Notlage seines Sohnes
erkannte.

[9] Der ein Jahr jüngere Bruder Ernst war ein kränkliches Kind. Sein Tod im Jahre 1875
(Herzbeutelentzündung) war für Gustav ein traumatisches Ereignis.

Das Haus der Familie Mahler in Iglau (Pirnitzergasse).

In meiner Familie war eine Kindsmagd, die «Nanni», die viele
Märchen wußte; an regnerischen Nachmittagen, an denen man
nicht im Freien herumtollen konnte, lauschten wir, Gustav und ich,
mit Begier ihren Erzählungen. Unter den Märchen war, wie ich
mich genau erinnere, auch das Märchen vom «Klagenden Lied»,
das möglicherweise später den Anstoß zu einer der Kompositionen
Mahlers gab.
Als wir heranwuchsen, war die städt. Schwimmschule der Tummel-
platz für uns, wo wir frühzeitig das Schwimmen erlernten und mit
Leidenschaft das Kahnfahren betrieben. Gustav war ständiger Gast
in unserem Hause: Aus der Spiel- und Schulkameradschaft erwuchs
mit der Zeit eine Jugendfreundschaft zwischen Mahler und mir, die
bis in die Universitätsjahre vorhielt; später brachte uns freilich der
Beruf auseinander. Frühzeitig entwickelte sich das musikalische
Talent Gustav Mahlers; schon in frühester Jugend spielte er auf der
Ziehharmonika[10] allerlei Weisen und Lieder, wie er sie auf der
Gasse oder von Gästen im Schanklokale seines Vaters hörte, mit
verblüffender Begabung nach dem Gehör und erhielt schon im Alter
von 6 Jahren Klavierunterricht, zuerst kurze Zeit von einem Meister der Stadtkapelle, dann vom Theaterkapellmeister Viktorin und
in der Folge vom Klavierlehrer Brosch. [. . .]
Im Klavierspielen macht Gustav Mahler solche Fortschritte, daß er
bald als Wunderkind gilt und sich bereits im Jahre 1870 als jugendlicher Virtuose auf dem Klavier in einem öffentlichen Konzerte im
Stadttheater produziert.
Der «Vermittler», ein Iglauer Wochenblatt, schreibt über dieses
Konzert: «Am 13. Oktober 1870 war ausnahmsweise ein Abonne-
ment suspendu und zwar deshalb, weil ein 9jähriger Knabe,[11] der
Sohn eines israelitischen Geschäftsmannes namens Mahler, zum
erstenmale auf dem Klavier sich vor einem großen Publikum hören
ließ. Der Erfolg, den der zukünftige Klaviervirtuose bei seinen
Zuhörern errang, war ein großer und für ihn auch ehrenvoller; nur
wäre zu wünschen gewesen, es wäre zu seinem guten Spiel ein
ebenso gutes Instrument zur Verfügung gestanden.
Wenn des angehenden Künstlers früherer Lehrer, Herr Kapellmeister Viktorin, von dem gestrigen Succes hören wird, kann er sich
seines Zöglings freuen.» [. . .]
In Iglau stand immer ein Infanterieregiment in Garnison; selbstverständlich waren wir Buben immer dabei, wenn das Militär unter
klingendem Spiel ausmarschierte oder von Übungen einrückte, oder
wenn es «Platzmusik» oder ein militärisches Leichenbegräbnis gab,
und ahmten in kindlichem Nachahmungstrieb die militärischen
Signale, die wir erklingen hörten, nach, die, wie Guido Adler[12] in
seiner Studie über Mahler bemerkt, symbolische Bedeutung bei ihm
gewannen, da sie später in seinen Liedern und Instrumentalwerken
immer wieder anklingen.

[10] Ein Geschenk zu seinem dritten Geburtstag (HLG1, S. 14).
[11] Mahler war zu diesem Zeitpunkt schon zehn Jahre alt; um die Attraktion zu erhöhen,
      wurde aber im 19. Jahrhundert bei der Altersangabe von «Wunderkindern» gerne nach
      unten abgerundet.
[12] Siehe Seite 41.

Bei den häufigen Ausflügen in die waldreiche Umgebung Iglaus
lernte Mahler die Natur lieben und dieser Liebe bewahrte er die
Treue sein lebenlang.

Oft beteiligten wir Buben uns als Zuschauer an den Volksbelusti-
gungen der Städter und der Bauern, die im Sommer auf Tanzplätzen
im Walde, im Herbst und im Winter in den Wirtshäusern der
Umgebung mit Tanz, Musik und Gesang abgehalten wurden. Zum
Tanz spielte da häufig die originelle Iglauer Bauernkapelle auf, ein
Streichquartett, bestehend aus der Klarfiedel, der Grobfiedel, der
Bratsche und dem «Plaschperment»; letzteres war eine kleine mit
einer Schnarrschraube versehene Baßgeige, die der «Baßmon» (Baß-
mann) auf den Schenkeln liegen hat, und in dieser Lage mit dem
Bogen streicht. Unter den Bauerntänzen ist es besonders der «Hat-
schô», der durch seine Originalität hervorsticht.

Die musikalischen Eindrücke, die Mahler beim Anhören dieser
Volksmusik und der Volkslieder, die bei diesen Gelegenheiten gesungen wurden, empfing, mögen bei ihm fortgelebt und in seinen
Werken Ausdruck gefunden haben. Insbesondere sollen die Themen im dritten Satze seiner ersten Symphonie gewisse Verwandt-
schaft mit der Tanzweise des «Hatschô» aufweisen. [. . .]

In der Schule war Gustav fahrig, zerstreut, einer seiner Lehrer am
Gymnasium nannte ihn das leibhaftige Quecksilber, oft in seine
eigenen Gedanken vertieft, wie versonnen und der Wirklichkeit
entrückt, was ihm den Tadel seiner Lehrer zuzog. Wenngleich er es
oft, wie ein kleiner Tyrann, verstand, seinen Willen den Geschwi-
stern und den Spielkameraden aufzuzwingen, war der Grundzug
seines Wesens ein hoher Gerechtigkeitssinn, der ihn weder Unrecht
tun, noch leiden ließ, andererseits aber wieder Duldsamkeit, Men-
schenliebe und Mitleid mit Armut und Elend; er konnte in den
späteren Jahren seiner Jugendzeit keinem Bettler begegnen, ohne
ihm Almosen zu spenden. Diese Charakterzüge, die sich bei ihm
schon in der Jugend zeigten, blieben ihm sein ganzes Leben zu
eigen.

Theodor Fischer, *Aus Gustav Mahlers Jugendzeit*, in «Deutsche Heimat»,
Heft 7, 1931, S. 264–268

Guido Adler
(1855–1941)

Obwohl Adler und Mahler in derselben Kleinstadt, in Iglau, aufgewachsen waren,
lernten sie sich erst als Studenten in Wien kennen, irgendwann zwischen 1875 und
1878. Guido Adler, der Vater der modernen Musikwissenschaft in Österreich,
bemühte sich von Beginn an, Mahlers Karriere diskret zu fördern. Mahlers Heirat
belastete ihre Freundschaft, und sein Abschied von Wien (1907) war ein schwerer
Schlag für Adler. Dennoch geriet seine Ergebenheit nie ernsthaft ins Wanken. In
seinen Schriften, u. a. einer kurzen Mahler-Biographie, die 1916 im Wiener Musik-
verlag *Universal Edition* erschien, brachte Adler seine Wertschätzung für Mahlers
Musik zum Ausdruck.

Blick auf Iglau.

Wir betreten eine kleine Provinzstadt an der Grenze von Mähren und Böhmen: eine deutsche, national umbrandete Sprachinsel mit alter Kultur, mit einem Bergrecht und einer Tuchmacherinnung aus dem Mittelalter, in friedlichem Nebeneinander der verschiedenen Konfessionen, mit stets wachsenden Aspirationen der tschechischen Minderheit gegenüber den erbgesessenen Deutschen, die die Verwaltung innehaben und gewissenhaft führen. Ein großer, weiter Platz mit altertümlichen Gebäuden ist mitten in der Stadt. Dort in der Ecke steht die katholische Kirche und daneben die Kaserne, deren wechselnde Garnisonen die spießbürgerliche Gesellschaft beleben und besonders die jungen Offiziere verleihen dem Bilde am Stadtkorso Farbe und bringen die Gemüter der jungen Mädchen in Schwingung. Dazu tragen auch in den Universitätsferien die Studierenden mit ihren bunten Kappen bei – die Mitglieder der Landsmannschaft Iglavia –. In dieser Stadt verbrachten Gustav Mahler und ich die Kindheit, er um 5 Jahre jünger als ich. Die Eindrücke dieses kleinstädtischen Lebens hafteten fürs Leben: Das kleine Theater mit den mäßigen Mitteln, so ähnlich wie sie Mahler zur Verfügung standen, als er seine ersten Anstellungen in Provinztheatern hatte. Für Mahler blieben deutsche und tschechische Volkslieder seiner Heimat ein fester Ankerpunkt tonkünstlerischer Arbeit. Die militärischen Signale, der Morgen- und Abendappell, Exerziermotive setzten sich bei ihm in Klangbilder um, die sich um die Gestalt des alten deutschen Landsknechts verdichteten. Marsch-

rhythmen begleiteten zeitlebens seine Phantasie. Tiefen Eindruck
gewährte die anmutige Umgebung mit den hügeligen Wäldern und
einzelnen sagenumwobenen Stätten. Der große Park Heilos und der
baumumränderte, weite Exerzierplatz waren beliebte Tummel-
plätze der Jugend. Frische Luft wehte auf der Hochebene, die der
Boden von Iglau ist. [. . .]
So wuchs der Junge im engsten Familienkreise heran, behielt durch
sein ganzes Leben seine Anhänglichkeit an Geschwister und Freunde. Sein Lebenskampf stählte seine Nerven; er mußte an seiner
Person die Wahrheit des Sprichwortes Ihrer Nation erfahren: «De
armoede is de moeder van alle kunsten».

Gustav Mahlers Persönlichkeit, Vortrag beim Mahler-Fest in Amsterdam,
Mai 1920; abgedruckt in *Das Mahler-Fest*, herausgegeben von Rudolf Mengelberg,
Wien 1920.

Julius Epstein (mit Gewehr) auf Talentjagd.

Julius Epstein
(1832–1926)

Julius Epstein war von 1867 bis 1901 Professor für Klavier am Konservatorium der Gesellschaft der Musikfreunde in Wien und Herausgeber der Gesamtausgabe der Schubert-Sonaten. Aus Sympathie für Mahler engagierte Epstein den mittellosen Studenten als Klavierlehrer für seinen Sohn Richard.

Ich weiß mich noch sehr gut des Tages zu erinnern, an dem der Vater Gustav Mahlers zu mir ins Konservatorium kam, sich mir als Herr Mahler aus Iglau vorstellte und mich bat, seinen Sohn zu prüfen, ob er Talent genug hätte, sich der Kunst zu widmen. Ich fragte den Vater, ob der junge Mann – Gustav Mahler war damals kaum fünfzehn Jahre alt – Begeisterung genug für die Musik zeige, worauf mir Herr Mahler sagte: «Gewiß. Ich aber möchte, daß er die Handelsakademie in Wien besucht, um später einmal meine Spiritusfabrik zu übernehmen.» «Ich soll also über seine Zukunft entscheiden,» sagte ich. «Das ist eine Gewissenssache und nicht so leicht als Sie glauben. Nun, ich werde es versuchen.» Ich forderte Mahler auf, sich ans Klavier zu setzen, um mir etwas vorzuspielen. Er hatte damals schon Verschiedenes komponiert, wie er sagte, ohne vorher Studien gemacht zu haben, und ich ersuchte ihn, mir eine seiner Kompositionen vorzutragen. Ich ließ ihn kaum wenige Minuten spielen; die Komposition war unfertig, und er hat sie später selbst vernichtet. Aber ich empfand sofort, daß ich den geborenen Musiker vor mir hatte. Das sagte ich auch dem Vater und setzte hinzu: «Der wird Ihre Fabrik nicht übernehmen.» Kurz darauf wurde Mahler Schüler des Wiener Konservatoriums, nahm Klavierunterricht bei mir und studierte Theorie bei Professor Krenn.[13] Mir war an dem Fünfzehnjährigen sofort die große, schon damals etwas nervöse Intelligenz und die Reife seiner Ausdrucksfähigkeit aufgefallen. Nun, mich hat gottlob meine damalige Ansicht über das ganz hervorragende Talent Gustav Mahlers nicht getäuscht.

«Neues Wiener Journal», 19. 5. 1911

---

[13] Franz Krenn (1816–97) war Mahlers Kompositionslehrer, Robert Fuchs (1847–1927) unterrichtete ihn in Harmonielehre.

Theodor Fischer[14]

Während des ersten Universitätsjahres in Wien bildeten Mahler,
sein nachmaliger Rechtsanwalt Dr. Emil Freund, sein Cousin, der
Kupferstecher Gustav Frank und ich einen literarischen Klub; bei
unseren Zusammenkünften gab es Debatten über literarische und
Tagesfragen; gewöhnlich endeten sie mit einem Bummel, der die
halbe Nacht währte und bei dem wir uns dem Zauber, den die
Herrlichkeiten der Bauten Altwiens bei Mondenschein auf uns
übten, in romantischer Schwärmerei ganz hingaben. Mahler wohnte damals auf der Wieden (4. Bez.), Margaretenstraße Nr. 7 im
4. Stock, Tür 40. Soweit ich mich erinnern kann, gab damals Mahler in Wien auch Klavierunterricht und fungierte häufig als Klavierbegleiter bei den Solistenkonzerten im Bösendorfer Saal. Ich selbst
war bei einigen dieser Konzerte anwesend; bei dem einen trat
Mahler der voranschreitenden Sängerin auf die Schleppe ihres Klei-
des, was ihm wütende Blicke eintrug; bei einem anderen Konzerte
eines polnischen Violinvirtuosen, mag Mahler während der Klavierbegleitung an Gott weiß was gedacht haben; erst das Aufstampfen des Virtuosen, der mit dem Fuße den Takt zu schlagen begann,
weckte Mahler aus seiner Versunkenheit.

Theodor Fischer, *Aus Gustav Mahlers Jugendzeit*, in «Deutsche Heimat»,
Heft 7, 1931, S. 267

Friedrich Eckstein
(1861–1939)

Der Musiker und Bruckner-Schüler Friedrich Eckstein war eine bekannte Figur der
Wiener Gesellschaft des Fin de Siècle.

Mitten in dem vornehmsten Viertel von Wien, zwischen alten
Adelspalästen und prunkvollen Staatskanzleien, an der Ecke der
träumerisch stillen Wallnerstraße und der kaum zwei Meter breiten
finsteren Fahnengasse, lag unser verborgenes Vegetarierrestaurant.
Eine schmale Glastür führte von der Straße über Steinstufen hinab
zu dem halbdunklen Kellergewölbe, welches durch kleine, knapp
über dem Pflaster gelegene vergitterte Fenster nur wenig Tageslicht
erhielt, so daß von Früh bis Abend die rötlichen Schmetterlings-
flammen an den armseligen Gaslustern brennen mußten. [...]
So kam der Herbst des Jahres 1880 heran, und dieser sollte uns ganz
unerwartet ein für uns wichtiges Ereignis bringen. Die «Bayreuther
Blätter», seit einigen Jahren das weithin tönende Sprachrohr Richard Wagners, brachten als Oktobernummer eine große Abhand-

---

[14] Siehe Seite 36.

lung des Meisters unter dem Titel «Religion und Kunst». In dieser
Schrift, die gänzlich im Bannkreise des eben vollendeten Parsifal
stand, trat nun Wagner in leidenschaftlich bewegten Worten für
den Vegetarismus ein, den er als die einzige noch übrige Rettung
und die alleinige Hoffnung bezeichnete, welche dem tief verderbten
Menschengeschlecht verbleibe. [...]
Die hier angeführten emphathischen Äußerungen Richard Wagners
hatten aber zur Folge, daß unser vegetarisch gesinnter Kreis sich
nun rasch erweiterte und daß ihm neue Mitglieder zuwuchsen. Es
waren vor allem junge Musiker, die, angeregt durch «Religion und
Kunst», sich uns und der Forderung nach unblutiger Ernährung
anschlossen.
Eines Tages erschien da ein schmächtiger Jüngling mit blondem
Haar, flaumigem Kinn und einem Anflug auf der Oberlippe, mit
blassem Gesicht und etwas stechendem Blick. Er sprach fast nie eine
Silbe und seine Äußerungen waren zumeist ein feindselig-scheues
Knurren. Sein Name war, wie ich später erfuhr, Hugo Wolf und es
wurde von ihm erzählt, er hätte schon vor Jahren einige schöne
Lieder komponiert. [...]
Und dann wieder erschienen einige junge Männer aus dem engeren
Freundeskreis von Heinrich und Otto Braun[15] und Lipiner.[16] Einer
von ihnen war eher klein von Gestalt; schon in der sonderbar
wippenden Art seines Ganges machte sich eine ungewöhnliche
Reizbarkeit bemerkbar, sein geistig gespanntes, überaus bewegtes
und schmales Gesicht war von einem braunen Vollbart umrahmt,
sein Sprechen stets sehr pointiert und von stark österreichischer
Klangfarbe. Er trug immer einen Pack Bücher oder Noten unter
dem Arm und die Unterhaltung mit ihm ging zumeist stoßweise vor
sich.
Sein Name war Gustav Mahler, er hatte Jus studiert und das
Wiener Konservatorium absolviert. Wir wurden auf ihn besonders
aufmerksam, weil er der erste gewesen ist, der zu einer Bruckner-
schen Symphonie den Klavierauszug gemacht hatte. Ich habe in
späteren Jahren oft mit Bruckner über Mahler gesprochen und von
ihm immer nur Worte der Freude über die hohe Begabung dieses
jungen Mannes vernommen.[17]
Gustav Mahler und Hugo Wolf kannten sich vom Konservatorium
her und sie verkehrten miteinander freundschaftlich wie alte Schul-
kollegen. Hugo Wolf hat mir viele Jahre später einmal erzählt, wie
er Mahler einst, als beide noch ganz jung gewesen, in der Herren-

---

[15] Der bedeutende Soziologe Heinrich Braun und sein Bruder Otto waren verschwägert mit
Dr. Viktor Adler, dem Begründer des österreichischen Sozialismus. Weitere Mitglieder
dieses studentischen Zirkels waren der Historiker Heinrich Friedjung (1851–1920), Thomas Masaryk (1850–1937), der spätere Staatspräsident der ČSSR, und der Schriftsteller
Hermann Bahr.
[16] Siegfried Lipiner (1856–1911), «dieser scheue, melancholische, sensible Poet» (Eckstein),
war 24 Jahre alt, als er Mahler kennenlernte. Wie Wagner und Nietzsche war auch Mahler
von seinen Schriften beeindruckt. Nach 1880 veröffentlichte Lipiner jedoch nichts mehr
und verbrachte sein Leben als Parlaments-Buchhändler in Wien.
[17] Bruckners Verleger, Theodor Rättig, berichtete, daß Bruckner von Mahler immer mit dem
größten Respekt gesprochen habe. Immer, wenn Mahler da war, bestand Bruckner darauf,
den jungen Mann die vier Treppen hinunter zu begleiten. (Stefan Studie, S. 13).

Mahler im Alter von achtzehn Jahren als Student in Wien.

gasse begegnet sei, eine Notenrolle unter dem Arm. Auf die Frage, was er da habe, erwiderte Mahler, es seien einige Lieder, die er soeben geschrieben, und er bat Wolf, sie anzusehen. Wolf las das Manuskript auf der Straße aufmerksam durch und sagte, befriedigt schmunzelnd: «Sehr schön! Famos! Gefällt mir außerordentlich!» Mahler, über dieses Urteil freudig erregt, senkte den Blick, zögerte etwas verlegen und sagte dann: «Nun, ich glaub', den Mendelssohn hätten wir!»

Einst veranstalteten wir, ich weiß nicht mehr, zu welcher Gelegenheit, ein vegetarisches Festessen mit Vorträgen und ein Konzert in dem Saale eines seither längst verschwundenen alten Hotels. Die Mitwirkenden waren durchwegs Vegetarier. Cyrill Hynais, ein Schüler Bruckners, trug am Klavier seine «Ozeansymphonie» vor, der junge Opernsänger Josef Reiff-Heissiger sang Loewe-Balladen und ich selbst gab «In diesen heiligen Hallen» zum besten. Am Klavier saß «Herr Gustav Mahler», damals einundzwanzig Jahre alt.[18]

«Alte unnennbare Tage!», Wien 1936, S. 105–113

Jacques Manheit
(Daten unbekannt)

Im Januar 1883 wurde Mahler mit 22 Jahren Kapellmeister am Städtischen Theater in Olmütz. Olmütz hatte damals 20 000 Einwohner, zwei Drittel davon Deutsche, und war damit die zweitgrößte Stadt seiner mährischen Heimat. Mahler unterstanden ein Orchester von 30 Musikern, ein Chor von 20 Sängern und ein Verwaltungsstab von lauter Nullen. Nach drei Monaten gab Mahler auf. Manheit, ein Bariton, der mit Mahler später in Budapest wieder zusammentraf, berichtet über seine Erinnerungen an die Zeit in Olmütz in einem Brief an den Journalisten Ludwig Karpath.

Es war am 10. Januar 1883 in Ölmütz. Unser Kapellmeister, ein Herr Kaiser, dirigierte die «Afrikanerin». Im vierten Akt war's so arg, daß er die Vorstellung nicht zu Ende dirigieren durfte. Den Grund will ich nicht angeben. Unser Direktor Emanuel Raul war in hellster Verzweiflung, wir hatten einfach keinen Kapellmeister mehr. Er telegraphierte nach allen Seiten, aber es schien fast unmöglich, mitten in der Saison eines geeigneten Dirigenten habhaft zu werden. Aber schon drei Tage später teilte uns der Direktor mit, er habe einen jungen Kapellmeister gefunden, der zwar im Rufe eines sehr eigentümlichen Menschen stehe, dem man aber doch

---

[18] Bei einem politischen Treffen des gleichen Kreises stimmten Adler und Friedjung *Deutschland, Deutschland über alles* an, was Mahler am Klavier «leidenschaftlich» mit dem Militärmarsch *O du Deutschland, ich muß marschieren* begleitete. Mit dem politischen Hintergrund dieser nationalistischen Wagnerianer-Gruppen befaßt sich einer der Beteiligten, Richard von Kralik, in seiner Autobiographie (Manuskript bei der Wiener Staatsbibliothek).

einige Genialität nachrühme. Er heißt Gustav Mahler. Am nächsten
Morgen um 9 Uhr war die erste Chorprobe. Die Chorsänger waren
verzweifelt, behaupteten, stockheiser zu sein und mit dem neuen
Kapellmeister nicht arbeiten zu können. Eine Stunde später war die
erste Solistenprobe. Mahler hatte sich niemandem vorgestellt. Man
begegnete ihm mit unverhohlener Antipathie, aber Mahler reagierte
auf alle Zwischenrufe nicht, sondern verlangte die strenge Befol-
gung seiner Anordnungen. Und merkwürdig: Niemand getraute
sich, dem jungen Menschen zu widersprechen. Zwei Tage später
sahen wir ihn zum erstenmal am Dirigentenpult. Wir gaben die
«Hugenotten». Der Darsteller des Marcell stürzte nach dem ersten
Akt atemlos in die Garderobe, immer schreiend: «Ich kann mit
diesem Menschen nicht singen, er hat den Taktstock einmal in der
rechten, dann wieder in der linken Hand, fährt mit der freien Hand
immer in sein Gesicht, ich sehe keine Zeichen!» Als Mahler die
schwere Anklage vernahm, erklärte er ganz gemütlich, daß das
Dirigieren ihn erhitze, sein Klemmer wolle immer abgleiten und er
muß ihn mit der freien Hand immer wieder erhaschen. Nun ließ er
sich ein breites Band holen, an das er den Klemmer befestigte,
während er das Band selbst um die Ohren schlang. Jetzt sah er aber
so komisch aus, daß die Darsteller, wenn sie ihn ansahen, in
krampfhaftes Lachen ausbrachen.
Nach der Vorstellung eilte man in die Stammkneipe, in die Restau-
ration «Zum Goliath», wo sich allabendlich die Mitglieder des
Theaters, Theaterfreunde, Offiziere und Journalisten versammel-
ten. Ich war der einzige, der mit Mahler sofort in Verkehr getreten
war. Er war mir dankbar dafür. Auch in der Kneipe stellte er sich
niemandem vor, die Vorstellung besorgte nun ich. Des Spottes der
bier- und weintrinkenden Tischgenossen nicht achtend, bestellte
Mahler zunächst eine Flasche Wasser und setzte dann dem Kellner
in weitschweifiger Weise auseinander, daß er ihm zwei Portionen in
Wasser gekochten Spinats und einige Äpfel bringen möge. Mahler
war damals Vegetarianer und schwärmte auch für die Wolltheorie
des Professors Jäger.[19] Über alle diese Dinge sprach er mit einer
solchen Leidenschaft, daß er mit allen Tischgenossen in den heftigsten Streit geriet und ich ihn in das nahegelegene Kaffeehaus ziehen
mußte, um Skandalen aus dem Wege zu gehen. Wir spielten Billard.
«Was machen Sie denn da für Übungen, lieber Kapellmeister»,
fragte ich ihn. «Ja», erwiderte Mahler, «spielen Sie nur ruhig weiter,
ich habe mir soeben den ganzen ersten Akt der «Hugenotten»
durchdirigiert, Ihre Kollegen sind ja sehr streng mit mir, ich übe mir
die Zeichen für die Herrschaften ein.»
Allmählich gewöhnte man sich in der kleinen Provinzstadt an die
Eigenheiten des jugendlichen Dirigenten, den man zwar nicht liebte,
aber fürchten gelernt hatte. Seine Art zu fordern, zu befehlen, war
eine so dezidierte, daß niemand wagte, ihm entgegenzutreten, dies
um so weniger, als die Vorstellungen unter seiner Leitung einen

---

[19]   Gustav Jäger veröffentlichte 1878 ein viel beachtetes Buch, das das Tragen von Wollstoffen
      auf der Haut propagierte.

Mittwoch den 14. März 1883.

Zum Benefice des Kapellmeisters Herrn

Gustav Mahler.

| OPER. | Neu einstudirt. | OPER. |

RIGOLETTO.

Oper in 3 Acten, nach Victor Hugo's Drama „le roi s'amuse" bearbeitet von F. M. Piave.
Musik von Giuseppe Verdi. — Regie: Herr Klaug. Dirigent: Herr Kapellmeister **Gustav Mahler.**

Werbeplakat für das Benefiz-Konzert in Olmütz. Die Titelrolle sang Jacques Manheit.

besonderen Aufschwung genommen hatten. Die meisten Opern lernte er selber erst während des Studiums kennen. Es schien ihm gleichgültig, daß man seine Gesellschaft nicht suchte, er hielt bloß darauf, daß man seine Pflicht erfülle. Um so glücklicher schätzte ich mich, mit ihm Verkehr pflegen zu dürfen. Ich wußte schon damals, wes Geisteskind er sei. Ungemein bezeichnend ist folgende Episode: Eines Tages treffe ich Mahler im Kaffeehaus ganz in sich versunken. Auf meine teilnehmende Frage, warum er betrübt sei, antwortete er, er habe schlechte Nachrichten vom Hause, der Vater sei krank. Am nächsten Morgen, auf dem Wege ins Theater, sehe ich einen Menschen ganz verstört, laut aufschluchzend, durch die Straße laufen. Mit Mühe erkenne ich Mahler. Mir fällt natürlich sofort seine gestern geäußerte Sorge um den Vater ein und ich frage kleinlaut: «Um Himmelswillen, ist Ihrem Vater etwas passiert?» – «Ärger, ärger, viel ärger!» heult nun Mahler laut auf, «das Ärgste ist eingetroffen: Der Meister ist gestorben!» Es war dies am 13. Februar, an dem Wagner von uns gegangen war. Und nun konnte man tagelang mit Mahler überhaupt nicht verkehren, er kam nur zu den Proben und Vorstellungen ins Theater und war lange Zeit für jedermann unsichtbar.

Gegen Schluß der Saison hatte Mahler seinen Benefizabend. Er wollte Méhuls «Josef und seine Brüder» aufführen. Unser Personal bestand aus zwölf Solisten, zehn Chorherren und zwölf Chordamen. Das Werk erforderte vierzehn Solosänger und großen Chor. Ungläubig schüttelte ich das Haupt und erklärte Mahler, die Ausführung seines Planes sei eine Unmöglichkeit. Aber er wurde ausgeführt, und zwar in geradezu genialer Weise. Wie der kleine Mann das Kunststück fertigbrachte, begriff ich nicht, ich erinnere mich nur an die Proben, die mir unvergeßlich blieben. Mahler sprang vom Dirigentenpult über die Kontrabassisten hinweg auf die Bühne, inszenierte, arrangierte und dirigierte. Der Aufführung wohnte auch ein Herr Überhorst bei, damals Oberregisseur der Dresdener

Hofoper, der gekommen war, um mich zu hören. Als wir nach der Vorstellung im Restaurant beisammen saßen, sagte mir Überhorst: « Der Mann, der eine solche Aufführung zustandegebracht hat, ist einfach anzustaunen.» Ich zeigte auf Mahler, der an einem anderen Tische saß und bemerkte Überhorst gegenüber, daß der junge Dirigent wohl gern nach Dresden ginge, Überhorst maß Mahler von oben bis unten und brach dann in Gelächter aus: «Nein, nein, diese Gestalt, dieses Aussehen. In Dresden ganz unmöglich!»[20]

Ludwig Karpath, *Aus Gustav Mahlers Anfängen*, «Wiener Journal», 5.2.1930

Hans Bruckmüller
(Daten unbekannt)

Nach der erfolgreichen Bewerbung um die Stelle des Chor- und Musikdirektors in Kassel kehrte Mahler im Sommer 1883 nach Iglau zurück und erklärte sich bereit, am 11. August an einem Wohltätigkeitskonzert des Roten Kreuzes zugunsten der Erdbebenopfer von Ischia teilzunehmen. Der junge Bruckmüller, ein Bekannter, mit dem er «stundenlang mit Leidenschaft, Begeisterung und Ausdauer» vierhändig Klavier gespielt hatte, bot sich an, ihm zu assistieren. Mahler konnte aber Dilettantismus nur noch schwer ertragen, und so sollte dies sein letzter öffentlicher Auftritt in seiner Heimatstadt werden.

Unter anderem sollte auch ein Singspiel «Das Kaffeekränzchen» aufgeführt werden, bei dem Mahler die Klavierbegleitung zu besorgen hatte.
Schon bei den Proben ging es schief. Die wirklich ganz unbedeutende Musik, für deren bißchen Humor Mahler wohl keinen Sinn hatte, interessierte ihn gar nicht, er war beim Spiel zerstreut, machte über Musik und über den Gesang der mitwirkenden Damen ironische Bemerkungen, hielt den Takt nicht ein, so daß bei den Proben bald gegen ihn eine arge Mißstimmung herrschte.
Das Klavier stand mitten im Orchesterraum auf einem Podium. Bei der öffentl. Generalprobe saß Mahler vor dem Flügel, ich neben ihm, denn ich hatte das «Umblättern» zu besorgen. Mahler spielte mißgelaunt. Kaum war man in der Mitte des Singspieles, als Mahler mit seiner angeborenen Heftigkeit aufsprang, den Sessel hinter sich umwarf, den Klavierdeckel zuschlug, den wohl recht dilettantenhaft singenden und spielenden Damen auf der Bühne einen wütenden Blick zuwarf und sodann zu mir gewendet so laut, daß es zum mindesten die Zuhörer in den ersten Sitzreihen hörten, sagte: «Sie,

---

[20] Trotzdem hat sich Karl Ueberhorst nachdrücklich, wenn auch letztlich erfolglos, für eine Verpflichtung Mahlers nach Dresden eingesetzt. – In einer ausführlicheren Fassung von Manheits Brief, die Karpath bereits 1908 veröffentlichte, findet sich noch eine Episode aus der Budapester Zeit: «Wir aßen zusammen zu Mittag. Und da mußte ich wirklich lachen; der Mann, dessen Ehrerbietung für Richard Wagner ihn einst zum Vegetarier gemacht hatte, aß mit großem Appetit Haxen in Merrettichsauce. Seine Begeisterung für Wagner zeigte er jetzt auf andere Weise.» (KBD, S. 166 f.)

Bruckmüller, begleiten Sie den Blödsinn selber, mir ist es zu schwer.» Sprach's und verließ dröhnenden Schrittes den Orchesterraum. Ich rettete die Situation dadurch, daß ich schleunigst die Begleitung des Singspiels dort, wo Mahler aufgehört hatte, aufnahm und zu Ende führte.

Am eigentlichen Konzertabend spielte G. Mahler mit der Violinvirtuosin Frl. Ott von Ottenfeld[21] die Beethovensche Kreutzersonate; auch hierbei besorgte ich an seiner Seite das Umblättern. In seiner Ungeduld wartete er niemals ab, bis der Moment des Umblätterns kam, sondern versetzte mir schon immer viel früher einen oder mehrere Fußtritte, offenbar um mich auf meine Pflicht aufmerksam zu machen. Ich ließ mir das ein oder zweimal gefallen, dann aber kam ich ihm jedesmal zuvor und versetzte ihm den Fußtritt.

Dabei spielte er mit herrlicher Bravour, ich blätterte tadellos um und das Publikum hatte von dem lieblichen Fußmatch unterm Klavier keine Ahnung.

Als nun die Sonate zu Ende war, rief mir Mahler, umtost von rauschendem Beifall, zu: «Sie Schweinehund!» Fräulein v. Ott bezog diesen Kosenamen auf sich und fragte, während sie vor dem Publikum ihre Dankesverbeugungen machte, unter dem Beifallsklatschen des Publikums: «Wer?» Mahler zeigte lachend auf mich: «Na, der!»[22]

Aus Gustav Mahlers Jugendzeit, Artikel in der Dezember-Ausgabe (1932) von «Igel-Land», Beilage des «Mährischen Grenzboten» und Zeitung der deutschsprachigen Bevölkerung in Iglau. Kopie aus dem Archiv der Internationalen Gustav Mahler-Gesellschaft, Wien.

Friedrich (Fritz) Löhr
(1859–1924)

Zu Mahlers Bekanntenkreis während der Wiener Studentenzeit gehörte auch der Archäologe und Philologe Friedrich Löhr, einer der Gründer und langjähriger Sekretär des Österreichischen Archäologischen Instituts. Er spielte später bei der Geburt der Achten Symphonie eine kleine Rolle[23] und leistete 1924 bei der ersten Veröffentlichung einer Sammlung von Briefen Mahlers Hilfestellung. Obwohl sie sich bereits als Studenten kennengelernt hatten, kam es erst im Juni 1883 zu einem engeren Kontakt. Löhrs Bruder, mit dem Mahler sich in Kassel, wo er soeben Chor- und Musikdirektor geworden war, angefreundet hatte, starb im Alter von sechsundzwanzig Jahren. Der gemeinsame Verlust brachte die beiden einander näher. Mahlers Besuch in Perchtoldsdorf, 1884, und der Gegenbesuch Löhrs in Iglau «bildeten wohl den Höhepunkt eines zweijährigen Verkehrs, dessen Intensität infolge unserer Lebensläufe sich so nicht mehr wiederholen konnte . . .»[24]

---

[21] Camilla Ott, Edle von Ottenfeld, kannte Mahler aus Studentenzeiten. Mit ihrer Heirat gab sie ihre Solisten-Karriere auf, wurde aber unter ihrem neuen Namen Camilla von Stefanovic-Viloska in Wien eine erfolgreiche Violinlehrerin.

[22] Bruckmüller berichtet, daß Mahler ihn noch 1906, als sie sich anläßlich der Aufführung der Zweiten Symphonie in Brünn trafen, lachend an ihr «Fußmatch» erinnerte.

[23] Siehe Seite 237.

[24] Friedrich Löhr, GMB, S. 474.

Dennoch blieben sich beide durch umfangreiche Korrespondenz und gemeinsame Urlaubswanderungen verbunden. Löhr entdeckte dabei Mahlers leidenschaftliche Verehrung für die Natur.

Mahler ist am 1. Juli bei uns in Perchtoldsdorf eingetroffen und bis über den 7. Juni, seinen Geburtstag, geblieben. [. . .]
Damals in Perchtoldsdorf gab's zweierlei im Vordergrund, unsre Wanderungen und viele Stunden lang Musik. Die Fenster meines Zimmers im ersten Stock des Eder-Hauses am Marktplatze waren trotz Sommerhitze geschlossen, aber drunten standen immer mehr Leute, die staunend lauschten. Wie wenige heut mehr gibt es, die es wissen, was das bedeutete, damals Mahler am Klavier. Freilich, er sagte, ja vor 5 bis 6 Jahren, da hätte er Klavier spielen können. Ich habe ähnliches von Entmaterialisierung eines menschlich-technischen Vorganges nie erlebt, Mahler wußte überhaupt gar nichts vom Werke seiner Hände, hätte nie Rechenschaft geben können, wie er seine Wiedergabe zustandebrachte, jeder Gedanke an technische Schwierigkeiten war restlos ausgeschaltet, entrückt, entkörpert, leidenschaftlich seelisch hingegeben dem, was aus den Notenköpfen ohne bewußte materielle Berührung in ihn überging, wie er es konnte, es erfassend und begabt mit der bis in jede Nuance, jeden Grad des Ausmaßes zwingenden Energie der Vollziehung ließ er es erklingen mit allen Gewalten, wie es aus der Seele des Schaffenden quoll. So brach in der Beethovensonate op. 111 das Ungewitter des Anfangs maestoso furchtbar und jäh gesteigert mit einer wilden Heftigkeit herein, wie ich's nie wieder gehört, und ebenso aufs äußerste verklärt verklang der Schluß in holdester Schönheit leis und leiser aus aller Erdennähe hin in die Ewigkeit. Doch was läßt mit Worten über die Wirkung dieses Spiels sich sagen – es schauert mich nur vor der Höhe des Glücks, das mir damals zuteil ward, denk ich daran zurück, was ich in diesen Jahren als alleiniger Zuhörer von Mahler empfing, alle Beethovensonaten darunter, Bachs Wohltemperiertes Klavier und manch andres Werk des geliebtesten Meisters und an einem nie vergessenen Nachmittag im langen Hause neben der Karlskirche, wo Mahler damals wohnte, Beethovens «Missa solemnis» ganz in einem Zug. Mahler hat bald nach dieser Zeit nicht mehr gerne Klavier gespielt, besonders nicht Klavierwerke, seitdem er ganz in der gleichen Art das Orchester zu meistern gewohnt war.

GMB, S. 473 f.

Friedrich Löhr.

Angelo Neumann
(1838–1910)

Nachdem der Tenor Angelo Neumann mit einem eigens zu diesem Zwecke zusammengestellten Tournee-Ensemble in verschiedenen europäischen Großstädten Wagners *Ring* aufgeführt hatte, wurde er zunächst Theaterdirektor in Leipzig und Bremen, ehe er 1885 das erfolglose Deutsche Landestheater in Prag übernahm. Mit seinem untrüglichen Blick für die Talente eines Dirigenten hatte er bereits die Karrieren von Arthur Nikisch und Anton Seidl[25] gefördert. Jetzt war Mahler an der Reihe, und obwohl die relativ kurze Zeit ihrer Zusammenarbeit von künstlerischen Auseinandersetzungen getrübt war, trennten sie sich in Freundschaft.

Als zu Anfang des Jahres 1885 die Journale die Nachricht brachten, daß ich zur Leitung der königlich deutschen Landesbühne in Prag berufen sei, war unter den einlaufenden Anerbietungen eine der allerersten ein Schreiben eines mir damals dem Namen nach völlig unbekannten, in Kassel angestellten Chordirektors, der sich mir zum Engagement in Prag als Kapellmeister antrug, indem er mir das Geständnis machte, daß er in Kassel nicht recht vorwärts komme; alles was er dort zu dirigieren bekam, war «Waffenschmied» und «Zar und Zimmermann». Ich wüßte heute nicht zu sagen, wie es kam, daß Form und Inhalt des Briefes auf mich Eindruck machte, so daß ich unter den vielen Einläufen, die ganz besonders die Kapellmeisterstelle begehrten,[26] gerade den Brief des Kasseler Chordirektors mit einer entgegenkommenden Antwort bedachte. Ich schrieb ihm, die Verhandlungen in Prag seien zwar noch nicht zum Abschlusse gediehen, sollte er aber durch die Blätter erfahren, daß ein solcher zustande gekommen sei, dann solle er sich bei mir melden und persönlich vorstellen. Das geschah. Nach einer Aussprache mit dem jungen Musiker engagierte ich ihn. Ich hatte Gelegenheit, noch bevor er selbst ans Dirigentenpult trat, seine Begeisterung für die Kunst bei einer Probe zu Lohengrin, die Anton Seidl dirigierte, kennen zu lernen. Ich selbst leitete diese Generalprobe des Lohengrin, der als erste Vorstellung meine Direktionsperiode inaugurieren sollte, als ich im zweiten Akt während des Kirchganges eine Stimme aus dem Parkett plötzlich laut rufen hörte: «Herrgott, das hätte ich ja gar nicht für möglich gehalten; so zu probieren, das ist ja etwas Herrliches!» Am Tage nach der Aufführung des Lohengrin wurde in einer Konferenz mit Seidl beschlossen, dem jungen Heißsporn die zum Geburtstag des Kaisers[27] bestimmte Aufführung von Cherubinis Wasserträger anzuvertrauen. Der neue Dirigent, der sich dieser Aufgabe mit dem ganzen Aufgebot seiner Fähigkeiten hingab, erschien uns nur etwas zu beweglich am Dirigentenpult und erinnerte in seiner Art sehr an Hans von Bülow. Auch als infolgedessen von mancher Seite die

---

[25] Der gebürtige Budapester Anton Seidl (1850–98) half bei den Vorbereitungen zur ersten *Ring*-Aufführung und wurde auf Empfehlung Wagners von Neumann engagiert.

[26] Anton Seidl hatte Prag verlassen, um an der Metropolitan Opera und später auch das New York Philharmonic Orchestra zu dirigieren. Er starb in New York an einer Lebensmittelvergiftung.

[27] Der 18. August – an diesem Tag hatte auch Angelo Neumann Geburtstag.

Angelo Neumann, 1883.

Frage aufgeworfen wurde, ob wir es wagen könnten, ihn die Kaiser-
vorstellung leiten zu lassen, beharrten wir auf unserer Anordnung.
Das Debut war glücklich verlaufen, und daraufhin wurde der junge
Musiker an die königliche deutsche Landesbühne auf ein Jahr
verpflichtet. Als ich nun an die Besetzung und Austeilung meines für
die Saison vorgesehenen Programmes ging, betraute ich den jungen
Dirigenten mit der Einstudierung von Rheingold und Walküre, die
damals erst dem Repertoire einverleibt wurden, und teilte seinem
seit 25 Jahren am Landestheater als ersten Kapellmeister wirkenden
Fachkollegen, dem Kapellmeister Slansky,[28] um diesen gleichsam zu
versöhnen und ihn nicht ganz aus seiner Stellung zu verdrängen,
den neu zu studierenden und zu inszenierenden Don Juan zu. Wie
mußte ich erstaunt sein, als nach wenigen Tagen, nachdem die
Proben zum Don Juan schon begonnen hatten, Kapellmeister Slansky in meinem Bureau erschien und mich folgendermaßen anredete:
«Herr Direktor, ist es Ihr Ernst, Sie wollen den Don Juan geben?»
«Selbstverständlich», sagte ich. «Aber schauen Sie», meinte er, «Sie
haben jetzt das Publikum wieder ins Theater hineingewöhnt: wollen Sie es denn wieder hinaustreiben?» Auf meine Frage, was dies
zu bedeuten habe, antwortete er: «Wir sind mit dem Don Juan in
Prag immer durchgefallen!» – Ich sagte: «Wie, Sie glauben also, daß
das Deutsche Theater in Prag – das Haus ist noch dasselbe, in dem
der Don Juan unter Mozarts Leitung in die Welt gekommen ist[29] –
ein Opernrepertoire führen könnte ohne Don Juan?» Worauf mir
Slansky antwortete, die Prager hätten sich nie was aus dem Don
Juan gemacht. Ich sagte darauf: «Also dann ist es Ihnen recht, wenn
ich Ihnen den Don Juan abnehme und Sie mit einem anderen Werk
entschädige?» «O ja», gab er lachend zurück. Und so geschah es,
daß ich den Don Juan dem jüngeren eben bei uns eingetretenen
Dirigenten, der sich mit Cherubinis Wasserträger schon so glücklich eingeführt hatte, übertrug. Dieser junge Feuerkopf nahm sich
des Don Juan mit Begeisterung an, ich selbst inszenierte das Werk
und wir brachten eine Aufführung zustande, die das Entzücken des
kunstsinnigen Publikums und der Kritik hervorrief.

Mahler in Prag, in: Paul Stefan, *Gustav Mahler: Ein Bild seiner Persönlichkeit*
in Widmungen, München 1910, S. 7–9

---

[28] Ludwig Slansky (1833–1905) war von 1863–89 Orchesterdirektor in Prag.
[29] Fast genau ein Jahrhundert zuvor, am 29. 10. 1787.

Max Steinitzer
(1864–1936)

Im Juli 1886 bekam Mahler die Stelle des Zweiten Kapellmeisters neben Arthur Nikisch[30] am Neuen Stadttheater in Leipzig, die er dann fast zwei Jahre innehatte. Neben der Bearbeitung und Aufführung von Carl Maria von Webers Opern-Fragment *Die drei Pintos* konnte Mahler in dieser Zeit seine eigene Erste Symphonie beenden. In der Stadt Johann Sebastian Bachs begegnete Mahler nicht nur ehrwürdigen Traditionen, sondern auch dem Senkrechtstarter Richard Strauss, der seinerseits bereits von Mahler gehört hatte: «Von Mahler [...] hatte mir schon Max Steinitzer, mein späterer Biograph und Jugendfreund, vorgeschwärmt.»[31] Steinitzer, Gesangslehrer an der Universität Freiburg (1903–11), auch Musikdirektor und -schriftsteller, verband seine akademische Karriere mit Auftritten als Kapellmeister und Pianist. 1892 machte er die Sopranistin Amalie Joachim, deren Klavierbegleiter er war, mit Mahlers Liedern vertraut. 1936 hat Steinitzer, der von den nationalsozialistischen Rassegesetzen bedroht war, seinem Leben selbst ein Ende gesetzt.

Es gab im Solopersonal, Chor, Orchester, in der musikalischen und unmusikalischen Gesellschaft Leipzigs viele Leute, die mit dem finsterblickenden jungen Österreicher nichts Rechtes anzufangen wußten. Nur wenige genossen in vollen Zügen die Wirkung einer Persönlichkeit, bei der jede Bewegung, jedes Wort durchaus bestimmt und eigenartig war. Der junge Mahler verkörperte den Menschen als Ausdruck, unter so vielen, für die der Mensch nur als Form existierte. Er hatte immer den guten Willen höflich zu bleiben, aber sein Blick, wenn jemand etwas Flaches, Gewöhnliches sagte, das im übrigen vielleicht den Anforderungen des Moments genügte, war gar zu sprechend. Ehe er sich besonnen und seine Miene wieder in die Falten der konventionellen Verbindlichkeit gelegt, hatte man seine Ansicht schon darin gelesen. Jeden Ernst des Strebens mit Wohlwollen anerkennend, war er ein warmer Freund Karl Perrons, ein interessierter Förderer Paul Knüpfers, ein Bewunderer der intuitiven Anlagen einer Josephine Artner.[32] Das war gegen Ende der achtziger Jahre in Leipzig; als ich dann später in Wiener Blättern von Mahlers Absolutismus, Despotie, ja Satanismus las, mußte ich oft an die humorvolle, stets mitempfindungsbereite, gleichmäßige Freundlichkeit und Gutherzigkeit denken, die unter Musikern seine Person im Privatleben charakterisierte.

---

[30] Arthur Nikisch (1855–1922), Dirigent ungarischer Herkunft, war 1882–89 erster Kapellmeister der Leipziger Oper und entwickelte sich zu dem herausragenden Dirigenten seiner Zeit. Er wurde ständiger Dirigent des Leipziger Gewandhauses und des Berliner Philharmonischen Orchesters; auch die Symphonie-Orchester in Boston und London wurden von ihm geprägt. Als Liebhaber von Kartenspiel und Frauen hatte er mit Mahler nur wenig gemein. Aber er bewunderte Mahlers frühe Symphonien und leitete 1896 in Berlin die Uraufführung des ersten Satzes der Dritten.

[31] GMRS, S. 135.

[32] Alle drei waren Sänger. Josephine Artner (1867–1932) folgte Mahler nach Hamburg und sang bei der Berliner Uraufführung der Zweiten Symphonie. Karl Perron (1858–1928) spielte den Baron Ochs im ersten Rosenkavalier in Dresden, eine Rolle, in der auch Paul Knüpfer (1866–1920) in Berlin und London auftrat.

Karl Perron.

Prätensionen, Halbheiten freilich, Kokettieren mit der Kunst war ihm so verhaßt, daß man ihm sein Urteil sofort anmerkte, er konnte so salonmäßig in der Form dabei bleiben als er wollte.

Ein berühmter Künstler glaubte ihm eine Höflichkeit zu erweisen, indem er ihn in Gesellschaft um seine Ansicht in einer Interpretationsfrage bat, wo er, der Sprecher, der Meinung Richard Wagners nicht beistimmen könne. Ehe Mahler sich zu einem verbindlichen Lächeln gesammelt hatte, war seinen Lippen schon der sachliche Ausdruck seiner Überzeugung entschlüpft: «Wo Wagner gesprochen hat, hält man den Mund.» In derselben Abendgesellschaft, die fast nur aus Musikern bestand, setzte sich ein Jüngling an das Klavier und spielte eine Komposition: «Im stillen Tal», derartig im verbotensten Salonstil gehalten, daß alles vor Entrüstung und Verlegenheit stumm war. Um die peinliche Pause zu enden, tänzelte Mahler an den Delinquenten heran und sagte mit unwiderstehlichem Lächeln: «Ganz, ganz echt! Ich kenne das Tal, glaube es wenigstens zu erkennen, Steiermark. Ich danke Ihnen.» Damit drückte er dem freudeerrötenden Jüngling die Hand, tat dem Hausherrn, der viel auf Form hielt, einen großen Gefallen, und bereitete seinen eigenen näheren Bekannten ein diabolisches Vergnügen. Außerdem befreite er Reinecke, den ältesten anwesenden Musiker,[33] von der unangenehmen Verpflichtung, etwas Verbindliches zu sagen, was der allezeit Liebenswürdige trotz schweren inneren Kampfes zuletzt doch getan hätte. Bei derartigen Gelegenheiten konnte Mahler ganz unheimlich der Schilderung gleichen, die Hoffmann im Kater Murr von Kapellmeister Kreisler gibt, besonders in dem charakteristischen Ineinanderspielen von offiziellem und unmittelbar persönlichem Wesen.

Eines Tages, nach dem täglichen Mittagsmahl bei Baarmann, das er mit Karl Perron und mir zusammen einnahm, erschien eine Deputation von Studenten, die Mahler zur Protektion eines neugebildeten akademisch-musikalischen Vereins fortschrittlicher Tendenz gewinnen wollten. Mahler hörte die mit Höflichkeiten reich garnierte Einleitung des norddeutschen Sprechers mit ernster und doch wohlwollender Miene an; als dieser jedoch zu dem Passus kam, man habe sich an die bedeutendsten Künstler der Stadt gewandt, nämlich an Reinecke und an ihn, geriet er über die ehrfürchtige Betonung der Namen Reinecke und Mahler in solche Heiterkeit, daß es mit dem Ernst der Situation rettungslos vorbei war. Als die Deputation sich etwas betufft empfohlen hatte, wurde es noch eine der heitersten Nachtischsitzungen in dem düsteren unterirdischen Lokal mit der berühmten langen Speisenkarte.

Die Bestimmtheit des Ausdrucks in jedem Moment, die Mahlers ganzes Wesen kennzeichnete, trat schon damals am interessantesten und wohltuendsten in seiner Art zu dirigieren hervor.

Im Orchester und einem diesem näherstehenden Teil des Publikums hörte man natürlich zahlreiche Aussprüche: «Als ob mer bis vor Herrn Mahler ganz dumm gewesen wäre, als ob der hätte von Brag gommen missen, um zu entdecken, was biano sei, ob man denn ohne echal neie Mätzchen gar nich ausgäme; wenn Nikisch nicht bald gesund wird, wird das ganze Orchester krank usw.»[34]

Den beiden andern Kapellmeistern Leipzigs, Reinecke, wie er damals schon, und Nikisch, wie er damals noch dirigierte, eignete ein Zug nach dem Formalen, wobei Reinecke am besten Mozart und Schumann, Nikisch in glänzender Weise die französische und italienische Musik beherrschte. Daher kannte vor allem die Freude von uns jungen Leuten über die Mahlerschen Crescendi und Ritenuti keine Grenzen. Es war ein Ereignis in unserem Leben, wie er z.B.

[33] Carl Heinrich Carsten Reinecke (1824–1910) war Kapellmeister, Komponist, Kompositionslehrer und ein konservatives Monument in Leipzig, wo u.a. Grieg und Albéniz zu seinen Schülern gehörten.

[34] Nikisch fiel im Februar 1887 wegen einer Lungenentzündung für drei Monate aus, und Mahler mußte als erster Kapellmeister einspringen.

im fortlaufenden Ritenuto die ersten vier Takte der großen Lenoren-Ouvertüre nahm; auf die einfachste Art wurde jede einzelne der absteigenden Oktaven zu einem inhaltsschweren Moment, bis endlich das tiefe Fis in majestätisch starrer Ruhe dalag, wie die Wasser, über denen der Geist Gottes schwebt. Das Männerterzett mit dem sterbenden Komtur im Don Juan fing Mahler in ziemlich belebtem Tempo an und erreichte durch gleichmäßiges Langsamerwerden innerhalb des kurzen Satzes eine so enorme Steigerung, daß die wenigen Takte des Nachspiels ein Adagio von ergreifendster Wirkung boten. Das Allegro der erwähnten Lenoren-Ouvertüre ließ Mahler mit einem wirklichen Pianissimo beginnen, wie es die wenigsten von uns überhaupt noch gehört hatten. Kurz, bei ihm bot sozusagen jeder Takt neues Interesse.

Im kleinsten Kreise steckte er uns durch die ebenso plastische Art seines Beethoven-Spiels am Klavier neue Lichter auf. Es war staunenswert, was er auch aus weniger dankbaren Stücken zu machen wußte; am Wiener Konservatorium hatte er durch den Prüfungsvortrag der für gänzlich undankbar geltenden D-Dur-Sonate von Schubert einhellige Bewunderung erregt.

Trotz seiner scheinbaren Ruhe und Kälte konnte man ihn gelegentlich auch bei Stunden überraschen, wo er, im eigenen Schaffen aufgehend, wie berauscht von der Schönheit der Tonwelt war, die ihn innerlich umgab. Es machte dann große Umstände, ihn trotz der vorgerückten Tageszeit zum Abendessen mitzubekommen; man mußte ihm heilig versprechen, ihn in ein Lokal zu führen, wo irgendwelche Leute, deren Gegenwart ihm diese gehobene Stimmung erfahrungsgemäß zu nehmen pflegte, ganz sicher um diese Zeit nicht verkehrten. Dann hieß es auf dem Wege ordentlich achtgeben, daß er nicht mit Fußgängern oder Wagen in Kollision kam.

Er hatte damals eine nach seiner Ansicht etwas süßliche Melodie aus einer verlorenen Jugendkomposition wieder für ein Orchesterstück verwendet; sie mißfiel ihm aber bald so sehr, daß er nicht nur die Partitur verbrannte, sondern mir auch das Wort abnahm, den Klavierauszug, den ich mir davon gemacht, zu vernichten. – Von allen Menschen, die ich kennen lernte, hatte tatsächlich Mahler die größte mündliche Ausdrucksfähigkeit. (. . .) Er wäre ohne Zweifel ein höchst origineller Schriftsteller geworden.

Mahler in Prag, in: Paul Stefan, *Gustav Mahler: Ein Bild seiner Persönlichkeit in Widmungen*, München 1910, S. 10–14

In einer weiteren Erinnerung an Mahler fügte Steinitzer neun Jahre später hinzu:

So lange ich nichts von Mahler kannte, als das klagende Lied, glaubte ich nicht recht an einen nachhaltigen künstlerischen Erfolg seiner von der Pintos-Bearbeitung fast fieberhaft einsetzenden Kompositionsarbeit. Ich sagte ihm einmal etwa: «Der Fall war ja nie da, daß eine wirklich geniale Begabung erst im 28. Lebensjahr hervorgebrochen wäre. Es wird ein akuter gehobener Zustand sein, wie damals beim klagenden Lied. Viel richtiger schiene mir, daß Sie niederschreiben, was Sie unter uns über künstlerische und menschliche Beziehungen und Zustände äußern. Ich wüßte niemand, der, unbeschwert von allen Schulausdrücken, mit dieser souveränen Beherrschung des Wortes und diesem durchdringenden Scharfblick über alles Psychologische sich ausspricht. In dieser Art haben Sie direkt etwas von Goethe, das sollte doch nicht auf die paar Menschen beschränkt bleiben, mit denen Sie verkehren! Komponisten haben wir genug!» – Da lachte Mahler und sagte: «Mein lieber Eckermann, das hilft alles nichts! Ich muß nun einmal komponieren!» – Nachdem ich die Entwürfe zur Ersten Symphonie gesehen, wurde ich freilich anderer Ansicht. Außerdem sang mir Mahler in seiner Wohnung mit köstlich lebhaftem Ausdruck die damals fertigen Wunderhornlieder vor.

Manchmal, wenn ich ihn bis an den Garteneingang der erwähnten Wohnung brachte, äußerte er später mit halb erwartungsvoller, halb ängstlicher Miene: «Sdeinidhä, – so hatte mich einmal zu seiner großen Belustigung ein Tscheche angesprochen und Mahler wiederholte es ungezählte Male – heut' kommt vielleicht der Teufel!» So nannte er jene Stimmung, aus welcher das erste Thema des Finales der Ersten und der erste Satz der Zweiten hervorging und die in jener Zeit seinen Zügen fast ihren bleibenden Ausdruck gab.

«Musikblätter des Anbruch», Heft 2/7-8 (1920), S. 297

Ethel Smyth
(1858–1944)

Während der Arbeit an Carl Maria von Webers *Die drei Pintos* pflegte Mahler engen Kontakt zu Webers Enkel, einem Hauptmann des Leipziger Regiments, und verliebte sich in dessen jüdische Frau Marion. Ihr Haushalt war ihm Zuflucht. «Ihr musikalisches, strahlendes und anregendes Wesen gab meinem Leben neuen Sinn.»[35] Als er den ersten Satz seiner Ersten Symphonie beendet hatte, waren es die Webers, zu denen er um Mitternacht lief, um ihn sogleich vorzuspielen. Er schrieb auch ein Lied für ihre Kinder.

Die englische Komponistin und militante Feministin Ethel Smyth traf Mahler, als sie in Leipzig bei Freunden zu Besuch war. Sie berichtet vom Ausgang dieser unerlaubten Beziehung Mahlers zu Marion Weber.

Die Folgen für die armen Webers waren tragisch. Gustav Mahler, zu der Zeit einer der Kapellmeister der Leipziger Oper, verliebte sich in Frau Weber, und seine Leidenschaft wurde, wie man vermuten darf, erwidert, weil er trotz seiner Häßlichkeit einen wahrhaft dämonischen Charme besaß. Ein öffentlicher Skandal hätte für Weber bedeutet, seinen Dienst quittieren zu müssen, und so verschloß er seine Augen so lange wie möglich. Mahler aber war ein tyrannischer Liebhaber und ließ keine Gelegenheit aus, seine Geliebte zu kompromittieren. Die Lage wurde kritisch, als Weber

---

[35] NBLe, S. 159.

eines Tages auf einer Reise nach Dresden in Gegenwart Fremder in Lachen ausbrach, seinen Revolver zog und in Wilhelm-Tell-Manier auf die Kopfstützen der Sitze zu feuern begann. Er wurde überwältigt, der Zug angehalten, und man brachte den gänzlich Verwirrten auf ein Polizeirevier und von dort direkt in eine Anstalt. Die Mahler-Affaire hatte ihm, der auch schon beim Militär als etwas seltsam galt, endgültig den Verstand geraubt. Ich hörte später, daß seine Frau in einem Anfall von Reue sich weigerte, ihren Liebhaber je wieder zu sehen . . . Der Rest ist Schweigen.

Mahlers Leben war voller Zwischenfälle dieser Art, was selbst mir, die ich ihn so wenig kannte, nicht verwunderlich erscheint. Ich kann es mir nicht vorstellen, daß ihm irgendeine Frau, die ihn liebte, oder die von ihm geliebt wurde, widerstehen konnte. Ich spürte dies sogar noch, als ich ihn 1907 in Wien zum letztenmal traf: erschöpft, verzweifelt, vorzeitig gealtert, im verbissenen Ringen mit den Habsburgern, personifiziert in der Gestalt des Intendanten der Wiener Oper, die er zur ersten der Welt gemacht hatte.

Er war weit und breit der beste Dirigent, den ich je gekannt habe, mit dem umfassendsten musikalischen Gespür . . . Und es war eine der kleinen Tragödien meines Lebens, daß sie ihn, gerade als er die Möglichkeit einer Aufführung meiner Oper *The Wreckers*[36] an der Wiener Hofoper in Betracht zog, aus dem Amt jagten. Als er gegangen war, bedauerten sogar seine Gegner die Folgen ihrer Angriffe. Aber das Ideal der Kunst, das er aufgestellt hatte, seine leidenschaftliche Weigerung, auch nur um ein Jota von seinen künstlerischen Ansprüchen abzuweichen, die Größe und Reinheit seiner Vision setzten Maßstäbe, die eine eigene Tradition begründen und auch nach Sonnenuntergang fortbestehen werden.

In der Leipziger Zeit, von der ich hier spreche, sah ich ihn selten, und wir kamen uns nicht näher; ich war zu jung und unreif, um seine unerbittliche Persönlichkeit, mit der umzugehen etwa so einfach war wie mit einer scharfkantigen Bombe, schätzen zu können.

Impressions that Remained, London 1923, Band 2, S. 173f

---

[36] Die dritte Oper von Ethel Smyth, die am 11. 11. 1906 in Leipzig uraufgeführt wurde.

Richard Strauss
(1864–1949)

«Strauss und ich graben von verschiedenen Seiten her in unsern Schachten desselben Berges. Wir werden uns schon treffen.»[37] Mit diesem bei Schopenhauer entlehnten Bild beschrieb Mahler treffend ihr künstlerisches Verhältnis. Seine Annahme aber, daß sie die gleichen musikalischen Ziele verfolgten, mußte er schon bald revidieren. Und ihre Begegnungen fanden eher auf dem oberflächlichen Boden des Musikbetriebs statt, als in geistigen Höhen.

Die ungleiche, vierundzwanzigjährige Freundschaft der beiden führenden deutsch-österreichischen Komponisten basierte eher auf gegenseitiger Hilfe und Respekt als auf dem Gleichklang zweier verwandter Seelen. Mahler beschrieb eines ihrer Treffen, ihr letztes, als das zweier Machthaber, in der herzlichen Atmosphäre eines politischen Gipfeltreffens mit sehr begrenztem gegenseitigen Einverständnis.[38]

Als sie im Jahre 1887 einander vorgestellt wurden, war Strauss gerade in Leipzig, um seine Erste Symphonie zu dirigieren, während Mahler, der Zweite Kapellmeister der Stadt, mit der Komposition seiner Symphonien noch gar nicht begonnen hatte. Strauss schrieb an Hans von Bülow:

> Eine neue, sehr reizende Bekanntschaft machte ich in Herrn Mahler, der mir als höchst intelligenter Musiker und Dirigent erschien; einer der wenigen modernen Dirigenten, der von Tempomodifikation weiß und überhaupt prächtige Ansichten, besonders über Wagners Tempi (entgegen den jetzt akkreditierten Wagnerdirigenten), aufwies.
> Mahlers Bearbeitung von Webers «3 Pintos» scheint mir ein Meisterstück; von dem ersten Akt, den Mahler mir vorspielte, bin ich ganz entzückt. Ich glaube, Sie werden sich auch darüber freuen![39]

Bülow aber verabscheute ihn und Strauss beeilte sich zu widerrufen:

> Gestern auf der Probe habe ich nun zum ersten Male 2. und 3. Akt gesehen und begreife vollkommen Ihr Entsetzen, die beiden sind wirklich höchst mäßig und ledern. In der Instrumentation hat Mahler furchtbare Dummheiten gemacht. [. . .]
> Wie gesagt, ich kannte nur den ersten Akt, den mir Mahler s. Z. selbst am Klavier in heller Begeisterung vorspielte; letztere hatte sich nun auch etwas auf mich übertragen und bedauere ich also nun vielmals, daß Sie, hochverehrtester Meister, das unschuldige Opfer jugendlicher Voreiligkeit geworden sind.[40]

Er blieb dennoch mit Mahler in Kontakt; vor allem, weil beide sich bemühten, den Werken des anderen zur Aufführung zu verhelfen. Als Mahler am 13. Dezember 1895 in Berlin seine Zweite Symphonie erstmals aufführte, schrieb er an Strauss: «. . . daß ich auf der Welt Niemanden wüßte, den ich lieber unter meinen Zuhörern wüßte, wissen Sie.» Strauss war jedoch an dem Abend, der Mahler die Anerkennung als Komponist brachte, nicht anwesend.

---

[37] AME, S. 125.
[38] GMRS, S. 99.
[39] *Richard Strauss Jahrbuch* 1954, Bonn 1955, S. 54.
[40] *Richard Strauss Jahrbuch* 1954, Bonn 1955, S. 60.

Richard Strauss dirigiert (Karikatur von Hans Böhler).

Gustav Mahler dirigiert (Karikatur von Hans Böhler).

1897, als Mahler kurz davor war, eine tatsächliche Größe in Wien zu werden, beklagte sich Strauss nur halb scherzhaft, daß sein Freund «den ersten Mahlerianer»[41] wohl schon fast vergessen habe. Er irrte sich. Mahler blieb immer sein glühender Verteidiger – so konsequent, daß er sogar ernsthaft mit seinem Rücktritt drohte, als der Wiener Zensor die *Salome* verbieten ließ. Strauss konnte ihn gerade noch davon abbringen.

Ihre persönliche Beziehung war durch ihre Frauen, die nicht viel für einander übrig hatten, beeinträchtigt. Almas Darstellung von Pauline und Richard Strauss ist durchgehend feindselig, und einige ihrer Ansichten wurden von Mahler, der vor allem Strauss' kühle Distanziertheit beklagte, zweifellos geteilt. Mahler, so scheint es, wäre gern ein Freund gewesen; Strauss aber war damit zufrieden, ein Kollege zu sein. Nahezu alle seiner belegten Äußerungen über Mahler sind in einem ausgesprochen sachlichen Ton abgefaßt.

Der epigrammatische Beitrag des «ersten Mahlerianers» zur Festschrift zu Mahlers fünfzigstem Geburtstag fällt beinahe verletzend unpersönlich aus:

> Gustav Mahlers Kunstschaffen gehört meines Erachtens zu den bedeutendsten und interessantesten Erscheinungen der heutigen Kunstgeschichte. Wie es mir als einem der ersten vergönnt war, für seine sinfonischen Schöpfungen vor der Öffentlichkeit einzutreten, so erachte ich es als eine meiner schönsten Pflichten, denselben auch weiterhin durch Wort und Tat zu derjenigen allgemeinen Anerkennung zu verhelfen, derer sie in so hohem Maße würdig sind. Die Plastik seiner Instrumentationskunst insbesondere ist absolut vorbildlich.[42]

Von Mahlers letzter Krankheit war Strauss allerdings ehrlich betroffen, und er schickte einen warmherzigen und ermunternden Brief, in dem er sein Vorhaben mitteilte, Mahlers Dritte Symphonie noch in diesem Jahr in Berlin aufzuführen – es sei denn, Mahler selbst wolle die Leitung übernehmen. Als er von Mahlers Tod erfuhr, schrieb Strauss:

> Der Tod dieses hochstrebenden, idealen und energischen Künstlers ein schwerer Verlust. Die ergreifenden Memoiren Wagners mit Rührung gelesen. Lecture deutsche Geschichte im Zeitalter der Reformation Leop. Ranke: durch sie wird mir hell bestätigt, daß alle dort die Kultur fördernden Elemente seit Jahrhunderten nicht mehr lebenskräftig, wie alle großen politischen und religiösen Bewegungen nur eine Zeitlang wirklich befruchtend wirken können. Der Jude Mahler konnte im Christentum noch Erhebung gewinnen. Der Held Richard Wagner ist als Greis durch den Einfluß Schopenhauers wieder zu ihm herabgestiegen.
> Mir ist es absolut deutlich, daß die deutsche Nation nur durch die Befreiung vom Christentum neue Tatkraft gewinnen kann.[43]

---

[41]   GMRS, S. 49, 51.
[42]   Beitrag von Strauss zu: Paul Stefan (Hrsg.), *Gustav Mahler: Ein Bild seiner Persönlichkeit in Widmungen,* München 1910, S. 66.
[43]   GMRS, S. 210f.

Und zwei Tage später an Hofmannsthal:

> Mahlers Tod hat mich sehr ergriffen: nun wird er wohl auch in
> Wien der große Mann werden.[44]

Im Sommer sprach er mit Otto Klemperer über Mahler:

> Dann aber behauptete Strauss, Mahler hätte immer nach Erlösung
> gesucht. Er (Strauß) wußte überhaupt nicht, von welcher Erlösung
> Mahler sprach. Er sagte wortwörtlich: «Ich weiß nicht, von was ich
> erlöst werden soll. Wenn ich des Morgens an meinem Schreibtisch
> sitze und mir was einfällt, so brauche ich doch gar keine Erlösung.
> Was meinte Mahler damit?»[45]

Im Lauf der Zeit wuchs seine Distanz zu Mahlers Musik, vielleicht weil ihm
unangenehm bewußt war, wie viel er selbst ihr zu verdanken hatte. Zwanzig Jahre
später fällte er gegenüber Fritz Busch, einem seiner Lieblings-Interpreten, ein
unmißverständliches Urteil:

> Sö, Busch, der Mahler, dös is überhaupt gar ka Komponist. Dös is
> bloß a ganz großer Dirigent.[46]

Interessanterweise wird Mahler nachgesagt, er selbst habe über Strauss ganz
ähnlich gedacht:

> Strauss schätzte er vor allem als den faszinierenden Dirigenten. Eine
> Aufführung der «Salome» in München unter der Leitung von
> Strauss selbst, der wir beide beiwohnten, war ein Entzücken für
> ihn.[47]

---

[44] Franz Strauss (Hrsg.), *Richard Strauss: Briefwechsel mit Hugo von Hofmannsthal,*
      Berlin 1925, Brief vom 20. 5. 1911.
[45] Otto Klemperer, *Über Musik und Theater,* Wilhelmshaven 1982, S. 72.
[46] Fritz Busch, *Pages from a Musician's Life,* 1953, S. 172.
[47] Oskar Fried, «Musikblätter des Anbruch», Jg. 1, 1919, S. 18.

II

Auferstehung
1889–97

Mahlers Komponierhäuschen am Ufer des Attersees.

Zeittafel Gustav Mahler

1889   Tod des Vaters (18. 2.), der Schwester Leopoldine (27. 9.) und der Mutter
(11. 10.).
Am 20. November dirigiert Mahler die Erste Symphonie in Budapest.

1890   Italien-Reise mit Schwester Justi (Mai).
Nach dem Tod der Eltern Verantwortung für die jüngeren Geschwister.

1891   Im März Rücktritt in Budapest.
Verpflichtung als Opernkapellmeister in Hamburg.
Im Sommer Skandinavien-Reise.

1892   Beginn der Arbeit an den *Zwölf Gesängen aus «Des Knaben Wunderhorn»*.
Mahler dirigiert Wagners *Ring* an der Covent Garden Opera in London.

1893   Erster Sommer-Aufenthalt in Steinbach am Attersee; Komposition großer
Teile der Zweiten Symphonie.

1894   Hans von Bülow stirbt am 12. Februar in Kairo.
Inspiration für das Finale der Zweiten Symphonie durch den Choral
Auferstehen bei Bülows Begräbnis in Hamburg.
Im Frühling Bau eines Komponierhäuschens am Ufer des Attersees.
Bruno Walter wird Chordirektor der Pollini-Oper.
Anna von Mildenburg stösst zum Hamburger Ensemble; Mahler verliebt
sich in sie.
Im Dezember Abschluß der Zweiten Symphonie.

1895   Freitod des jüngeren Bruders Otto am 6. Februar.
Am 4. März dirigiert Mahler in Berlin drei Sätze der Zweiten Symphonie.
Am 13. Dezember Uraufführung der vollständigen Zweiten Symphonie in
Berlin.

1896   Am 16. März Aufführung der überarbeiteten viersätzigen Fassung der
Ersten Symphonie in Berlin.
Abschluß der Dritten Symphonie in Steinbach.

1897   Am 23. Februar Konversion zum Katholizismus.

Zeitgeschichtlicher Hintergrund

1889   Kronprinz Rudolf, designierter Thronfolger Österreich-Ungarns, er-
        schießt sich und seine minderjährige Geliebte am 30. Januar im Wiener
        Wald.

1890   Rücktritt Bismarcks als deutscher Kanzler.
        Henrik Ibsen, *Hedda Gabler*.

1891   Eröffnung der Carnegie Hall in New York am 5. Mai.

1892   Friedrich Nietzsche, *Also sprach Zarathustra*.
        Skandal um Edvard Munchs Ausstellung in Berlin, der zur Gründung der
        Berliner *Secession* führt.

1893   Peter Tschaikowsky stirbt am 6. November in St. Petersburg.
        Am Kohlplatz wird erstmals in Wien elektrische Straßenbeleuchtung
        installiert.

1894   Hauptmann Alfred Dreyfus wird in Frankreich des Hochverrats ange-
        klagt; Theodor Herzl, der aus Paris darüber berichtet, entwickelt sein
        Konzept des Zionismus.
        Die erste Straßenbahn fährt durch Wien.

1895   Wilhelm Röntgen entdeckt die X-Strahlen.
        Sigmund Freud, *Studien über Hysterie*.
        Karl Lueger gewinnt in Wien mit antisemitischen Parolen die Kommunal-
        wahlen; Franz-Joseph weigert sich, ihn zum Bürgermeister zu ernen-
        nen.
        Guglielmo Marconi erfindet die drahtlose Telegraphie.

1896   Anton Bruckner stirbt am 10. Oktober in Wien.

Lilli Lehmann
(1848–1929)

Mahler leitete die königlich-ungarische Oper in Budapest bereits seit zwei Jahren, als er die vorzügliche Sopranistin Lilli Lehmann, die auch im ersten Bayreuther *Ring* gesungen hatte, bat, im Dezember 1890 eine Reihe von Gastspielen zu geben: «Wenn Sie es über sich bringen können, so thun Sie eine Liebesthat an einem in fremde Erde gepflanzten Musiker, der sich darnach sehnt, die echte Brünnhilde, wenn auch in einer Verkleidung, wieder zu sehen.»[1] Mit ihrer Zusage begann eine lebenslange Freundschaft, die sich auch als stärker erwies als unterschiedliche musikalische Auffassungen und künstlerische Meinungsverschiedenheiten.

Gustav Mahler trat als Direktor der Nationaloper in Budapest in mein Künstlerleben. Ein Neuer mit starkem Willen und Verständnis. Er hatte mir brieflich mitgeteilt, daß meine Honoraransprüche zwar über sein Budget gingen, daß er mein Gastspiel aber als durchaus notwendig erachte, um seinen Mitgliedern ein künstlerisches Vorbild zu geben, nach dem sie ringen sollten. Es war eine reizende Zeit, die wir dort im kleinen Kreise Auserlesener verlebten. Mahler, in seiner ganzen gläubigen Frische, seinem Ziele zusteuernd; die großartige ungarische Tragödin, Marie Jassay, eine Art Ristori, und doch die geborene Einfachheit und Natürlichkeit, die immer studierte, studierte, studierte, Graf Albert Apponyi, Professor Michalowich, unsere lieben Bayreuther Kunstfreunde und meine kleine Nichte. Überall fanden wir uns zusammen. Alle Rollen sang ich italienisch, und nur die Recha (Jüdin) – da man mir die Wahl gelassen – französisch, ohne eine Ahnung zu haben, daß Perotti den Juden italienisch singen würde. Alles andere sang ungarisch dazu, und man kann sich nun einen Begriff machen von dem kosmopolitischen Sprachenwirrwarr dieser Opernaufführungen, in der jeder Fremde, der ohne Souffleur sang, Not hatte, seiner Sprache treu zu bleiben. Im Don Juan nahm der damals noch feurige, junge Mahler das kleine Männerterzett des ersten Aktes im schnellsten Allegro weil a la breve vorgeschrieben steht, das hier ja kein beschleunigtes, sondern nur ein beruhigtes Tempo anzeigt. Denselben Fehler machte Mahler im Maskenterzett ohne a la breve-Vorzeichnung, doch legte ich hier sofort mein Veto ein, und nie mehr – glaube ich – fiel er in seinen Allegrowahn darin zurück. Als ich es mit Bülow besprach, war er entsetzt und sagte genau über das a la breve, was ich bereits niederschrieb. Noch sehe ich Mahler vor unserem Ofen knien und ein Medikament für Hedwig H. nach einem großmütterlichen Rezept in einem Blechlöffel brauen, wozu er alles mitbrachte. Bei Frau Jassay wurden ihm gewöhnlich die fehlenden Rockknöpfe angenäht, die er – weiß der Himmel wo – losgeworden war. Spazieren, rasten und sprangen wir oft über Stock und Stein mit ihm in der herrlichen Umgebung Budapests und amüsierten uns köstlich. Ich war Mahler eine Freundin, habe ihn lieb behalten, habe sein großes Talent, seine

---

[1] GMUB, S. 95.

ungeheuere Arbeitskraft und seine Rechtlichkeit der Kunst gegenüber geehrt und ihm in allen Lebenssituationen die Stange gehalten,
seiner großen oft mißverstandenen und verkannten Eigenschaften
halber.

Mein Weg, Leipzig 1913

Lilli Lehmann.

Graf Albert Apponyi
(1848–1933)

Der ungarische Politiker Graf Apponyi, zeitweilig Kultur-Minister und Botschafter beim Völkerbund, war ein glühender Wagnerianer, befreundet mit Liszt und einer von Mahlers leidenschaftlichsten Anhängern in Budapest. Er erkannte früh, daß Mahler ein geeigneter Kandidat für die Leitung der Wiener Oper wäre, und in einem Brief an den Intendanten würdigte er Mahler 1897 als Künstler und Persönlichkeit.

> Durch den Unverstand und die Herrschsucht des Grafen Géza von Zichy als derselbe zum Unglück unserer Oper Intendant wurde... ist dieses unglückliche Institut einer Leitung beraubt worden, welche in zwei Jahren ein gänzlich diskreditiertes Personal zu bedeutenden künstlerischen Leistungen zu erziehen wußte, ein vielseitiges reiches Repertoire schuf und – bei Festhalten der höchsten künstlerischen Ziele – das 2. Jahr mit einem nicht unerheblichen finanziellen Überschuß abschloß. Mahler ist nicht bloß – wie auch andere

Der junge Graf Apponyi liest seiner Mutter vor.

berühmte Dirigenten, die ich leicht nennen könnte – Orchestermu-
siker, sondern er beherrscht bei den Werken, die er leitet, mit
souveräner Gewalt die Bühne, das Spiel, die Mimik, die Bewegungen der Darsteller und des Chores, so daß eine von ihm vorbereitete
und dirigierte Vorstellung etwas nach jeder Richtung künstlerisch
Vollendetes ist. Sein Blick erstreckt sich über die ganze Regie, auf
die Dekorationen, die Maschinerien, die Beleuchtung. Ich habe nie
eine so harmonisch-abgerundete Künstlernatur gefunden. Ich bitte
Ew. Excellenz zur Bestätigung dieses meines Urteils Brahms zu
fragen, was er über die von Mahler geleitete Don-Juan-Veranstal-
tung denkt, welcher er in Budapest beiwohnte; ich bitte Goldmark
zu fragen, wie ihn Lohengrin unter Mahlers Leitung impressioniert
hat. Beide werden sich an diese Eindrücke erinnern; denn dieselben
gehören zu jenen, die man zeitlebens nicht vergißt.
Indem ich hinzufüge, daß Mahler auch als Mensch ein hochachtba-
rer, eminent anständiger Charakter ist, so habe ich das Bild vervoll-
ständigt, aus welchem hervorgeht, daß die Oper ein großes Los
ziehen würde, wenn sie ihn gewänne.

Brief vom 10.1.1897 in: Kurt Blaukopf, *Gustav Mahler oder der Zeitgenosse
der Zukunft*, Wien 1969

Wilhelm Kienzl
(1857–1941)

Der österreichische Komponist Wilhelm Kienzl, der mit seiner dritten Oper *Der
Evangelimann* (1895) einen vielbeachteten Erfolg erzielen konnte, hatte sich 1883
ebenso wie Mahler um die Stelle in Kassel beworben. Sie trafen sich später in
Budapest, Hamburg, Wien und Graz wieder. Neun Monate nach der Premiere in
Berlin führte Mahler den *Evangelimann* in Hamburg auf, obwohl er die Oper als
«unernst» und «sentimental»[2] abqualifizierte. Nach dem Ersten Weltkrieg übersiedelte Kienzl nach Wien und komponierte unter anderem eine (allerdings nur
kurzlebige) Hymne auf die Österreichische Republik.

Ich lernte Mahler als Direktor der Budapester Oper kennen. Er war
schon damals sehr nervös in seinem Gehaben; so hatte er die
Gewohnheit, mit dem rechten Fuß wiederholt aufzustampfen und
an seinem Schnurrbart, den er damals noch trug, zu knabbern, so
daß die Spitzen ganz abgenagt waren, was mit auffiel. Nach weiteren fünf Jahren besuchte ich ihn in Hamburg, wo er bei Pollini[3] als
Erster Kapellmeister wirkte. Dort hat der bereits Schnurrbartlose
meinen «Evangelimann» einstudiert und dirigiert. Erst als er zum
Direktor der Wiener Hofoper berufen worden war, in welcher
Stellung er sich in ganz außerordentlicher Weise verdient gemacht
hat, kam ich öfter mit ihm in Berührung. Er war, so weit mir bei
den meist nur flüchtigen Zusammenkünften mit ihm ein Urteil über

[2]   KBD, S. 242.
[3]   Bernhard Pollini (eigentlich Bernhard Pohl, 1838–97), Konzert-Veranstalter und seit 1874
      Direktor des Stadt-Theaters Hamburg.

den Menschen Mahler möglich sein kann, eine komplizierte Natur
mit unendlich feinem und empfindsamem Nervensystem, im Grunde gut und zutunlich wie ein Kind, aber auch oft unvermittelt
absprechend, ja terroristisch. Die Orchestermitglieder fürchteten
ihn, weil er in künstlerischen Dingen keinerlei Konzessionen kannte
und in seinem unermüdlichen Probenfleiß ebenso rücksichtslos
gegen seine Musiker wie gegen sich selbst war. Er duldete keine
Schlamperei und ließ nicht das geringste durchgehen. Naturgemäß
mußte eine so radikale Persönlichkeit Feinde haben. Alle aber,
selbst die Antisemiten, hielten ihn für einen unbedingten Idealisten.
Und mit vollem Recht. Er übte seine Kunst, sowohl die produktive
als auch die reproduktive, mit ganzer Liebe und Hingebung aus,
fast bis zur Selbstvernichtung. An der Tragik seines Schaffens ist er
zugrunde gegangen. Sein heißer Schöpferdrang ließ ihn selbst stets
unbefriedigt, weil er sich seines musikalischen Eklektizismus unter
tausend Qualen bewußt war, dennoch aber vom Ringen nach dem
Höchsten nicht ablassen wollte und konnte, welcher Umstand
Werke zutage förderte, die trotz mancher unorigineller Einzelheiten
der melodischen Erfindung in ihrer Gänze den Stempel einer bedeutenden Persönlichkeit von prometheischer Größe an sich tragen,
so daß tiefgehende Eindrücke auf empfängliche Gemüter kaum
ausbleiben können. Wie, ein Jude sollte kein Idealist sein können?[4]
– Zweifellos ist dem Semiten im allgemeinen eine materialistische
Lebensanschauung eigen. Ist aber einmal ein Semite Idealist, so
übertrifft er in den letzten Konsequenzen, die er daraus für sein
Leben zieht, die meisten Christen. Oder wären Moses, Baruch
Spinoza, Moses Mendelssohn etwa keine Idealisten gewesen? –
Mahler handelte fast immer gegen sein eigenes persönliches Interesse und stets für die ihm heilige Sache der Kunst; und das verdient
uneingeschränkte Hochschätzung, mag man nun in seinen Symphonien Offenbarungen höchster Art oder musikalische Ungeheuer
erblicken. (Mahler und Strauss – zwei Gegenpole der neuzeitlichen
Kunst. Mahler schuf gegen, Strauss für seine Zeit.)
Daß er bei aller Leidenschaftlichkeit seines Naturells vorurteilsfrei
war, geht aus seinem sachlichen Verhalten andern Zeitgenossen
gegenüber genugsam hervor. Als Dirigent hatte er etwas Dämoni-
sches; so mag sich E. Th. A. Hoffmann seinen Kapellmeister Kreisler mit allen seinen Schrullen vorgestellt haben. – In einer privaten
Abendgesellschaft in Wien hatte ich einmal den seltsamen Genuß,
den Komponisten der «Symphonie der Tausend» (so nannte man
Mahlers achte Symphonie seit der sensationellen Münchener Mon-
steraufführung des Jahres 1910) Walzer zum Tanz aufspielen zu
hören. Auch dabei stellte der eigenartige Künstler seinen Mann.

Meine Lebenswanderung, Erlebtes und Erlauschtes, Stuttgart 1926, S. 150f.

---

[4]   Kienzl nimmt hier Bezug auf eine von antisemitischen Ressentiments geprägte Rezension
     der Zweiten Symphonie Mahlers von dem Münchner Kritiker Rudolph Louis. Louis
     charakterisierte Mahler als Eklektiker, der seine Zuhörer mit billigen, zweideutigen Tricks
     täusche und dem jeder «Ewigkeitssinn» abgehe. In einem 1909 erschienenen Buch schrieb
     Louis: «Mahlers Musik . . . spricht musikalisches Deutsch, aber mit dem Akzent, mit dem
     Tonfalle und vor allem mit der Geste des östlichen, des allzu östlichen Juden.»

Hans von Bülow
(1830–94)

Als Pianist und Dirigent hatte sich Hans von Bülow zunächst ganz auf Richard Wagner konzentriert, ehe er sich ab etwa 1870 auch um jüngere Komponisten, unter ihnen Tschaikowsky, Dvořák und Strauss, zu kümmern begann. Mahler bat 1884 darum, sein Schüler werden zu dürfen, doch seine Anfrage blieb erfolglos. Drei Jahre später drängte Strauss von Bülow, Mahlers Bearbeitung von Webers *Die Drei Pintos* zu beurteilen. Bülow antwortete:

> Auf Ihre Empfehlung ließ ich mir den Klavierauszug kommen (beiläufig ein Monstrum von orthographischer und «syntaktischer» Unreinlichkeit) und beim besten Willen, etwas Löbliches herauszufischen – es ist mir unmöglich gewesen. Wo Weberei, wo Mahlerei – einerlei – das Ganze ist per Bacco ein infamer, antiquierter Schmarren.[5]

Hans von Bülow wird ein Dirigenten-Opfer dargebracht.

Bülows Abneigung gegen die Kompositionen Mahlers verfestigte sich noch, als sie in Hamburg, wo Bülow schon seit 1887 tätig war, Kollegen wurden.[6] Tief beeindruckt und sehr angetan war er dagegen von Mahlers Fähigkeiten als Dirigent. Er hätte Mahler beinahe sehr in Verlegenheit gebracht, weil er ihm öffentlich den Taktstock anbieten wollte, wenn er ihn im Publikum entdeckt hätte. In einem Brief vom 24. April 1891 an seine Tochter Daniela urteilt er über Mahler:

---

[5]   *Richard Strauss Jahrbuch* 1954, Bonn 1955, S. 59.
[6]   Siehe Seite 89 f.

Hamburg hat jetzt einen ganz vortrefflichen Operndirigenten in Herrn Gustav Mahler (ernster, energischer – Jude aus Budapest) gewonnen, der meiner Ansicht nach den allerbesten (Mottl, Richter u.s.w.) gleichkommt. Ich habe neulich den Siegfried unter seiner Leitung gehört, als welcher Alvary[7] mir wiederum ganz ideal erschienen ist: aufrichtige Bewunderung hat mich für ihn erfüllt, da er – ohne Orchesterprobe! – das Musikantengesindel – ja – gezwungen hat nach seinem Tanze zu pfeifen. Trotz mancher sonstigen drawbacks und meiner großen Nervosität habe ich doch bis zur letzten Note aushalten können. Es dauerte über vier Stunden, obwohl die Scene von S. und Wotan (böser Darsteller) auf ein Minimum reduziert worden war. Trotz allem Merkantilismus in der hiesigen Theaterwirtschaft ist's glaub ich, hier immer noch besser bestellt, als in der Reichshauptstadt.

Hans von Bülow – Neue Briefe, herausgegeben von Richard Graf du Moulin
Eckart, München 1927

Sigismund Stojowski
(1869–1946)

Sigismund Stojowski, amerikanischer Pianist polnischer Herkunft erinnert sich:

Ich erinnere mich, daß ich ihn zum erstenmal vor etlichen Jahren in Hamburg, im Hause Hans von Bülows, sah. Bülows salopper, aber treffender Kommentar zu dem aufkommenden Ruhm seines jungen Kollegen lautete damals: «Ein genialer Kerl.» So, wie ich ihn dann aus meiner Studienzeit in Erinnerung hatte, begegnete er mir in New York noch einmal, auf der letzten Stufe seiner Karriere. Er hatte sich im wesentlichen nur wenig verändert, und selten habe ich erlebt, daß die äußere Erscheinung eines Menschen so viel über seine Persönlichkeit preisgab. Der romantische Musiker-Poet, eine fantastische, wie aus einer Erzählung E.T.A. Hoffmanns entsprungene Figur: das bleiche, ausgezehrte Gesicht, der asketische Blick hinter den Brillengläsern, die gespannte Nervosität – obwohl seine einfache und offene Art sehr gewinnend war – ließen eine leidenschaftliche und unruhige Seele erkennen, den edlen und kompromißlosen Geist eines Künstler-Apostels, ein reiches, um seine eigene Existenz kämpfendes Innenleben, ungeduldig der beschwerlichen Hindernisse dieser Welt harrend – in der Tat das ganze Pathos des modernen Künstlers, der inmitten der Menge, der er gerecht werden muß, nach Einsamkeit und Selbstverwirklichung strebt.

Gustav Mahler – The Composer, the Conductor, the Man; Appreciations by
Distinguished Contemporary Musicians, New York (The Society of the Friends of
Music), 9.4.1916

[7]   Max Alvary (1856–98), deutscher Tenor; der erste, der Wagner-Rollen ohne Bart spielte.

Peter Iljitsch Tschaikowsky
(1840–93)

Der russische Komponist kam im Januar 1892 nach Hamburg, um seine Oper *Eugen Onegin* zu dirigieren. Bei den Proben kam er aber nicht zurecht und trat die Leitung an Mahler ab, den er in einem Brief an seinen Neffen so beschrieb:

> Der Kapellmeister hier ist nicht Mittelmaß, sondern ein vielseitiges Genie, das darauf brennt, die Premiere zu leiten. Gestern hörte ich eine wundervolle Aufführung des *Tannhäuser* unter seiner Stabführung. Die Sänger, das Orchester, Pollini, die Inspizienten und der Kapellmeister – sein Name ist Mahler – waren alle hingerissen von *Onegin*, aber ich zweifle daran, daß das Hamburger Publikum ihre Begeisterung teilen wird.

Am nächsten Tag fügte er hinzu:

> Was die Musik angeht, war die Aufführung großartig ... ein beachtlicher Erfolg.

Tschaikowsky, Letters to Relatives, hrsg. von V.A. Zhdanow, Moskau 1955

Herman Klein
(1856–1934)

Mahlers einziger Besuch in London fand 1892 statt. Er sollte dort Wagners *Ring* dirigieren; ein Unternehmen, das der Direktor der Covent Garden Opera, Sir Augustus Harris, und der Hamburger Intendant Pollini gemeinsam geplant hatten. Es war erst der zweite *Ring*-Zyklus in England, und seit der von Anton Seidl geleiteten Tournee-Produktion von Angelo Neumann waren bereits zehn Jahre vergangen. Eigentlich fiel die erste Wahl für das Dirigenten-Pult auf Hans Richter,[8] doch der war unabkömmlich, und so setzte Harris, aufgrund einer Empfehlung Pollinis, auf den unbekannten Mahler und Teile des Hamburger Orchesters. Herman Klein, ein treuer Wagnerianer, war Musikkritiker der *Sunday Times*.

> Mahler war jetzt in seinem zweiunddreißigsten Jahr. Er war ziemlich klein, von dünner, magerer Gestalt, mit dunklem Bartschatten und schmalen, durchdringenden Augen, die einen – nicht unfreundlich – durch große, goldgerändertes Brillengläser musterten. Für einen begnadeten Musiker seiner Bedeutung machte er einen erstaunlich bescheidenen Eindruck. Er war auch nie dazu bereit, über sich oder seine Kompositionen zu reden. Wobei er das letztere wohl doch nicht ganz durchgehalten hat, bei all dem, was ständig darüber zu hören war.
> Das zweite Mal traf ich Mahler, als er mich zu einer *Tristan*-Probe ins Drury Lane Theatre einlud, das ausschließlich den zu der Zeit

---

[8]   Der Dirigent Hans Richter (1843–1916) leitete den ersten Bayreuther *Ring* und war bis 1899 auch an der Wiener Hofoper tätig (ein Streit mit Mahler führte zu seinem Abschied).

sehr gefragten deutschen Veranstaltungen vorbehalten war. Hier entdeckten sich mir zum erstenmal die magnetische Kraft und die technische Meisterschaft dieses Dirigenten. Er erinnerte mich in vielerlei an Richter: derselbe starke, entschiedene Taktschlag, dasselbe Vermeiden von Getue und überflüssiger Bewegung, dasselbe klare und untrügliche Gefühl für Zeit und Rhythmus. Seine Musiker, mit denen er zuerst in einzelnen Gruppen probte, verstanden ihn schnell und ohne Probleme.

Neben der durch zusätzliche Proben gesteigerten Qualität, dem neuen Bühnenbild und der verbesserten Bühnenbeleuchtung war es vor allem die das Orchester und die Sänger beherrschende Übereinstimmung von Idee und Ausführung, die diese *Ring*-Aufführung unter Mahler von allem abhob, was bis dahin in London zu sehen und zu hören gewesen war.

The Golden Age of Opera, London 1933, S. 163f

Nie ist mir jemand begegnet, der trotz derart schlechter Englischkenntnisse so hartnäckig darauf bestand, diese und keine andere Sprache zu sprechen. Ich traf Mahler häufig in Harris' Büro, aber ich konnte ihn nie dazu bewegen, eine Unterhaltung in deutscher Sprache zu führen. Lieber suchte er fünf Minuten lang nach der englischen Vokabel, die ihm vorschwebte, als auf seine Muttersprache zurückzugreifen, oder jemand anderem zu erlauben, ihm mit der Übersetzung auszuhelfen. Deshalb erforderte eine kurze Unterredung mit Mahler immer einen entsprechenden Zeitaufwand. Aus dem gleichen Grunde erwiesen sich auch seine Orchesterproben als ausgesprochen langwierig und, für den Beobachter zumindest, als überaus amüsant.[9]

Thirty Years of Musical Life in London (1870–1900), London 1903, S. 365

Justine Mahler
(1868–1938)

Mahlers Schwester Justine war vom Tode ihrer Eltern, 1889, bis zum Jahre 1902, in dem sie beide heirateten, die engste Vertraute ihres Bruders. Seit 1894 führte sie sogar den gemeinsamen Haushalt. Er sah in ihr «ein einfaches, völlig schutzloses menschliches Wesen» und vertraute ihr vorbehaltlos. Dieses Vertrauen litt ein wenig, als Mahler, der sich selbst gerade in Alma verliebt hatte, von ihrer heimlichen Romanze mit dem Konzertmeister des Hofopernorchesters, Arnold Rosé, erfuhr. Dessen Bruder, der Cellist Eduard Rosé, war übrigens seit 1898 mit ihrer Schwester Emma verheiratet. Mahlers Beziehung zu Justine blieb aber stets sehr eng.
Justine bekam zwei Kinder, die beide Musiker wurden. Ihre Tochter Alma kam in Auschwitz ums Leben, ihr Sohn Alfred emigrierte nach Kanada.

---

[9] Als Mahler fünfzehn Jahre später in New York dirigierte, weigerte er sich nun wiederum englisch zu sprechen, und verlangte von den Musikern deutsch zu lernen.

1928 nahm Justine ihren Sohn auf eine nostalgische Reise nach Steinbach am Attersee mit. Vier Sommer hatte sie mit ihrem Bruder dort verbracht – Monate, in denen Gustav unter anderem seine Zweite und Dritte Symphonie komponiert hatte. Die Erinnerungen seiner Mutter, die Alfred Rosé noch im selben Jahr in dem folgenden Artikel wiedergab, decken sich vollständig mit Natalie Bauer-Lechners Bericht.

Wie immer suchte Justine Mahler auch im Mai des Jahres 1893 einen landschaftlich schönen, von gesellschaftlichem Trubel entfernten, vor allem äußerst ruhigen Sommeraufenthalt für ihren Bruder, der gerade in der Ferienzeit eifrigst seinem Komponieren lebte. Man fand schließlich Steinbach, das nicht nur allen diesen Anforderungen entsprach, und, auch von großer Wichtigkeit, billig war, sondern gegenüber von Nußdorf lag, wo Mahlers Freunde Viktor Adler und Engelbert Pernerstorfer mit Familie den Sommer verbrachten. Im Gasthof wurden fünf Räume gemietet. Mahler, seine beiden Schwestern Justine und Emma und die langjährige Freundin des Hauses, Natalie Bauer-Lechner, teilten sich in die sehr primitiv ausgestatteten Zimmer. Fehlende Möbelstücke wurden einfach aus rohem Holz zusammengezimmert und mit billigem Kreton verkleidet. Ein ledernes Sofa, das je nach Bedarf aus einem Zimmer ins andere transportiert wurde, bildete das Luxusstück der Einrichtung. Eine Piano-Firma stellte Mahler einen Stutzflügel zur Verfügung. Eine eigene Küche und ein Privatzimmer ermöglichten es Gustav Mahler und seinen Schwestern und oft längere Zeit weilenden Besuchen, sich wie zu Hause zu fühlen. Ständige Gäste im Gasthof gab es nicht. Es kamen höchstens hie und da Touristen. Im Juni 1893 zogen Mahlers ein, und die in vollster Feldblumenblütenpracht prangende Wiese, auf die Mahler durch sein Fenster blickte, gab ihm den Gedanken ein, an ihrem Seende ein Arbeitshäuschen zu bauen. Dies geschah im nächsten Sommer 1894. Es bestand eigentlich nur aus einem einzigen quadratischen Raum, der nach drei Seiten hin Doppelfenster hatte, während eine Glastür, die nachts mit Holzladen gesichert wurde, nach dem Gasthof am oberen Wiesenende sah. Ein roher Dachstuhl mit einfachen Schindeln bedeckte das Häuschen, das außer einem kleinen Ofen, der an kühlen Tagen mit Holz geheizt wurde, nur noch einen Tisch, ein paar Stühle und den Stutzflügel beherbergte. Mahler nannte das Häuschen nach einem Wunderhorngedicht das «Schnützelputzhäusel». «Im Schnützelputzhäusel, da tanzen die Mäusel!»
Vom 1. Juni bis Ende August arbeitete Mahler hier jeden Vormittag. Er steht sehr früh auf, gewöhnlich um 6½ Uhr, und begab sich geradewegs in das Arbeitshäuschen. Sofort wurde ihm sein Frühstück, das er immer dort unten einnahm, gebracht. Seine Tischgesellschaft waren stets zwei junge Kätzchen, die er in seinen Rocktaschen aus dem Hause mitnahm und mit denen er sehr gern spielte. Sie mußten ihn auch auf seinen Spaziergängen, die er nachmittags regelmäßig machte, begleiten. Später fielen die Kätzchen bei ihm in Ungnade. Er sah sie im Stall sich mit der großen Katze an einem geraubten Fisch delektieren, und seitdem schaute er sie nicht mehr an.

Mahler mit seiner Schwester Justine («Justi»).

Den ganzen Vormittag war er nun beschäftigt, und erst das Öffnen der Tür, die man vom Gasthof aus beobachten konnte, war das Zeichen, daß er gleich zum Mittagsmahl erscheinen wird. Zu Beginn des Sommers hielt er die Mittagsstunde pünktlich ein (sie war auf 12 Uhr festgesetzt), aber im Verlauf seiner Arbeit wurde es in der zweiten Sommerhälfte immer später, und oft mußten die Hungrigen auf den in sein Werk Versunkenen bis 3 Uhr nachmittags mit der Mahlzeit warten. War die Tür des Arbeitshäuschens geschlossen, so durfte nicht gestört werden und wenn es auch ein Telegramm oder wichtiger Besuch war.

Seine Mahlzeiten mußten, während er in einer größeren Arbeit steckte, sehr einfach und diät sein, da er leicht an Migräne litt, die ihn oft furchtbar krank machte. Mahler kannte damals keinen Alkohol. Klares Quellwasser war sein Getränk. Er rauchte mäßig Zigaretten und nur hie und da Zigarren. In Hamburg, von wo Mahler nach Steinbach in die Ferien ging, pflegte ihm Carl Wagner zu seinem Benefizabend eine große Schachtel Importen zu schenken. Diese wurden im Sommer mitgenommen; und wenn Mahler mit seiner Arbeit besonders zufrieden war, spendierte er sich eine davon. Während des Mittags stand er dann auf, holte die in Goldpapier eingewickelte Zigarre aus der Lade und legte sie schmunzelnd vor sich auf den Tisch. Da wußten alle, daß ihn etwas Gelungenes befriedigte. Diese eine Zigarre war seine Tagesration. Wenn Mahler einen größeren Abschnitt eines Werkes beendet hatte, wurde zur Belohnung am nächsten Tag ein ganztägiger Ausflug gemacht, der ins Höllengebirge, ins «Moos» oder an die Langbathseen führte. Im Rucksack wurde irgend etwas Leichtes zu Essen mitgenommen. Schwarzer Kaffee durfte nicht vergessen werden, der in der Thermosflasche dann in einem Gebirgsbach kaltgestellt wurde.

Das Allerwichtigste war unbedingte Ruhe in der Nähe des Arbeitshäuschens. Jedes kleinste Geräusch störte Mahler. So mußte wegen der Krähen eine große Vogelscheuche auf der Wiese aufgestellt werden, oder die Landleute bekamen einen Gulden, damit sie ihre Sensen und Sicheln nicht in Hörweite dengelten. Die Dorfjugend wurde mit Kreuzern bestochen, sich nicht lärmend in der Umgebung des «Kapellmeister Mahler» herumzutreiben. Ein wenig geistreicher Scherz eines berühmten Komikers, der in Unterach wohnte, war es, einem Leierkastenmann einen Gulden zu geben, damit er den ganzen Vormittag vor dem «Mahlerhäuschen» sein Instrument bearbeitete. Nun mußte Mahlers Schwester dem Manne für sein Stillschweigen zwei Gulden zahlen, und so zog der, ohne sich gemüht zu haben, mit einem Gewinn von drei Gulden vergnügt weiter.

An den Nachmittagen las Mahler nach kurzem Mittagsschläfchen seinen Schwestern und Freunden vor, und zwar Cervantes «Don Quichotte» über den er selbst herzlich lachen konnte. Später las er Nietzsches «Zarathustra» vor, dessen «Nachtlied» er in seiner 3. Symphonie vertonte. Dann ging er mit den Seinen spazieren und freute sich an Wäldern und Blumen und Tieren wie ein Kind. Auf den Spaziergängen ging er allein voran oder blieb zurück, stets mit

seinem gerade in Arbeit befindlichem Werke beschäftigt. Er hatte
Notenbüchlein mit, die er oft aus der Tasche zog, um etwas, was
ihm eingefallen war, festzuhalten. So suchte er einmal schon längere
Zeit nach der Rhythmisierung eines Motivs aus dem letzten Satz der
2. Symphonie. Auf einem solchen Spaziergang flogen vor ihm mit
Gekreisch ein paar Krähen auf, und in dem Augenblick fiel ihm die
langgewünschte Phrase ein. [. . .]
Am 7. Juli, Mahlers Geburtstag, wurde die Feier stets in der
«Moosstuben», die gut drei bis vier Stunden im Gebirge lag, abgehalten. Es wurden Hühner und selbstverständlich schwarzer Kaffee
mitgenommen und eine berühmte schwarzweißbraune Geburts-
tagstorte, die aus drei verschiedenen, übereinander getürmten Tor-
ten zubereitet war. Abends saß man auf der Speiseterrasse, die auf
die Wiese herunterschaute, lesend und plaudernd, und ging dann
noch ein wenig spazieren. Mahler begab sich zeitig zur Ruhe, um
frühmorgens frisch zu sein.
Da Mahlers bis dahin entstandene Werke, vor allem die Erste und
ein großer Teil der Zweiten Symphonie, noch nicht gedruckt waren, führte er die Manuskripte in einem eigenen Handkoffer stets
mit sich und bewahrte diesen in seinem Zimmer auf. Alle Bewohner
des Hauses wurden von seinem Aufbewahrungsplatz verständigt
und dahin instruiert, bei Feuer oder sonstigen Gefahren zu allererst
diesen Koffer in Sicherheit zu bringen.

Alfred Rosé, *Aus Gustav Mahlers Sturm- und Drangperiode,* «Hamburger
Fremdenblatt», 5. 10. 1928

Franz Lösch
(Daten unbekannt)

Franz Lösch, der 1894 Mahlers ‹Komponierhäusl› in Steinbach am Attersee errichtet hatte, erinnerte sich vierzig Jahre später in einem Interview:

Er [Mahler] hat immer gesagt, der See habe eine eigene Sprache, der
See rede zu ihm. Bis hinauf, ins Gasthaus, da könne er ihn nicht
hören, daher müsse er das Häuschen knapp am Ufer haben. Wenn
er dem See zuhören kann, dann komponiert es sich leichter, und die
Kompositionen fließen dann förmlich aus seinem Kopf.
Mein Vater, der damals noch lebte, sagte immer kopfschüttelnd zu
mir: Merkwürdig, da ist einer der redet mit dem See. Er war ein
guter Mann, mein Vater, aber er hat es eben nicht besser verstanden. Doch ich, der ich mein ganzes Leben am Attersee verbracht
habe, verstehe das sehr gut.

Interview mit Piero Rismondo in einer nicht-identifizierbaren Wiener Zeitung,
Archiv des Autors

Josef Bohuslav Foerster
(1859–1951)

Josef Bohuslav Foerster, der talentierte tschechische Komponist, war ein zutiefst selbstloser Mensch, wohl der am wenigsten fordernde von Mahlers Freunden, zufrieden damit, Mahlers Gesellschaft teilen zu dürfen und ohne jede Ambition, diese Bekanntschaft für persönliche Ziele auszunutzen. Der gebürtige Prager war Dvořáks Nachfolger als Organist von St. Vojtech. 1888 heiratete er die neunzehnjährige Sopranistin Berta Lauterer, die Tochter eines Friseurs, die nach einem glänzenden Debüt mit zwei Dvořák-Rollen in Prag später auch lange in Hamburg und Wien gesungen hat. Das Engagement in Hamburg begann im März 1893, kurz nachdem Foersters Oper *Deborah* im Nationaltheater in Prag auf die Bühne gekommen war. Foerster reiste mit Berta nach Hamburg, kehrte aber bald zurück. Erst Ende des Jahres, nachdem er Arbeit als Kritiker bei den *Hamburger Nachrichten* und als Lehrer am dortigen Konservatorium gefunden hatte, konnte er nachkommen. Mittlerweile kannte er den Kapellmeister der Hamburger Oper gut.

Direktor Pollini schickte meiner Frau den Klavierauszug von Wagners *Meistersingern* mit dem Ersuchen zu, sie möchte so rasch wie möglich die Rolle der Eva einstudieren. Wir machten uns unverweilt an die Arbeit und nutzten jeden freien Augenblick. Obwohl meine Frau im Repertoire stark beschäftigt war, konnte sie sich schon nach einigen Tagen zur Orchesterprobe melden. Die *Meistersinger* leitete Gustav Mahler. Im zweiten Akt unterbrach er ganz unerwartet die Probe und fragte zur hellen Verwunderung der Solisten und des Orchesters: «Gnädige Frau, wer hat mit Ihnen die Eva einstudiert?» Als er die Antwort: «Mein Mann» vernahm, wandte er sich an das Orchester und sagte: «Meine Herren, so studiert ein Musiker ein.» Und zu meiner Frau gewandt, fuhr er fort: «Grüßen Sie Ihren Mann von mir und sagen Sie ihm, daß ich ihn kennen lernen möchte.»

Mein inniger geheimer Wunsch hatte in der schönsten Weise seine Erfüllung gefunden. Am selben Tag nachmittag eilte ich in die nahe Fröbelstraße, wo Mahler damals wohnte. Das Haus war der weiten grünen Fläche der heute schon völlig verbauten Moorweide zugewandt. Ich ging zu Mahler erregt und mit der Befürchtung, ob ich den Vorstellungen des ausgezeichneten Musikers und einzigartigen Dirigenten entsprechen würde.

Doch schon stand ich im dritten Stockwerk und hatte die bezeichnete Tür gefunden. Ich drückte die Klingel. Eine freundliche Dame von feinen Umgangsformen öffnete. Als sie meinen Namen hörte, zeigte sie auf die Tür links, im Hintergrund des Ganges.

Ich klopfte einigemal vergeblich an, endlich wagte ich es, einzutreten. Das Zimmer war leer. Ich erblickte nur ein Bett, über dem ein halbwelker Lorbeerkranz hing. Die Blätter hatten schon das graue Olivgrün von welkem Lorbeer, die Farbe stimmte schön mit der Seidenschleife überein, auf der in blaßgoldenen Buchstaben zu lesen war: *Dem Pygmalion der Hamburger Oper – Hans von Bülow*.

Obwohl in großer Erregung, verstand ich sogleich die volle Bedeutung von Bülows Worten und freute mich, meinen Eindruck von Mahlers Persönlichkeit durch einen Künstler von solchem Gewicht bestätigt zu finden.

Doch jetzt war nicht die Zeit, Betrachtungen anzustellen. Ich klopfte an die zweite Tür und wurde unverweilt durch ein freundliches
«Herein» zum Eintreten aufgefordert. In diesem zweiten, größeren
Zimmer erblickte ich Gustav Mahler. Er sah mich an, sprach
meinen Namen aus und stellte, als bemerke er meine Verlegenheit
nicht, auch einige Fragen. Es dauerte nicht lange, und wir verstanden uns – es gab so viele gemeinsame Interessen. Als ich ging, war
ich um einen neuerlichen Beweis meiner Überzeugung bereichert,
daß alle großen Menschen schlicht und bescheiden sind. Zu meiner
größten Freude schied ich mit der an mich gerichteten Aufforderung, bald wiederzukommen.
Nach Hause zurückgekehrt, hing ich in Ruhe den empfangenen
Eindrücken nach. [. . .]
Zurückdenkend sah ich mich wieder vor dem schlichten Bett und
entsann mich der Einrichtung des Wohnzimmers, in dem das Klavier, die Bibliothek und der Schreibtisch fast den ganzen Raum
einnahmen. Das Klavier stand in der Mitte des Raumes und war
ganz mit Musikalien bedeckt; seitwärts an der Wand stand das
Pianino, das von Mahler vorgezogen wurde, auf dem Pult lag die
Partitur einer Kantate von Johann Sebastian Bach aufgeschlagen.
An den Wänden keine Spur der üblichen Familienbildnisse. Es hing
dort nur eine Reproduktion von Dürers *Melancholie,* die Photogra-
phie einer mir unbekannten Zeichnung *Der heilige Antonius von
Padua predigt den Fischen,* endlich Giorgiones *Mönch,* der mit der
Hand eine Klaviatur berührt, im Antlitz einen Ausdruck von unbe-
schreiblicher Schönheit. (Mahler sagte mir einmal:«Dieses Bild
könnte ich ständig komponieren.»)[10]
Nicht lange nach meinem ersten Besuch suchte ich Mahler neuer-
lich auf. Wir lernten einander kennen. Ich wählte Tage, an denen
er abends nicht dirigierte, und es war mir eine Freude, als ich sah,
daß ich ihm willkommen war. Einmal trat, ich weiß den Grund
nicht mehr, zwischen zwei Besuchen ein größeres Intervall ein. Da
erschien Gustav Mahler bei mir. Wir schlossen treue Freundschaft.
Wie sich von selbst versteht, galten unsere Gespräche von allem
Anfang an der Musik, und Johann Sebastian Bach war ihr Held. Da
ich auf dem Klavierpult die aufgeschlagene Partitur der Kantate
gesehen hatte, machte ich eine Bemerkung über den großen Leipziger Kantor. Mahler fügte ein paar bewundernde Sätze bei und
äußerte zugleich sein Bedauern, daß Bachs Kantaten so selten aufgeführt werden und daher fast unbekannt sind. Wir nahmen dann des
öfteren Partituren des großen Polyphonikers zur Hand, umsomehr
als Mahler, wie es den Anschein hatte, in das Studium gerade jener
Werke Bachs vertieft war, die sich keiner Popularität erfreuten. Er
suchte in ihnen Erquickung und Reinigung nach seiner Theatertä-
tigkeit, die ihn nicht selten zwang, sich mit Kompositionen von
einem seinen Neigungen ganz zuwiderlaufenden Charakter zu be-
fassen.

---

[10]   Siehe Seiten 94 und 103.

Josef Bohuslav Foerster.

«Hier, in diesem kastalischen Quell,[11] spüle ich die Unsauberkeit des Theaters von mir», bemerkte er einmal, als ihm Direktor Pollini, obwohl er Mahlers Urteil zu schätzen wußte, eine neue Oper in die Hände gab. In Hände, die sie nur mit Widerwillen anfaßten.[12]
[. . .]
Neben Bach verehrte Mahler vor allem Beethoven und Wagner, von Zeitgenossen beschäftigte er sich damals eingehender mit Bruckner und Richard Strauß. Brahms fand bei ihm Anerkennung, doch stand er seinem Herzen nicht nahe. [. . .]
Schon damals in den Anfängen unseres freundschaftlichen Verkehrs fühlte ich heraus, daß Mahler nur in Richard Strauß seinen Nebenbuhler sah. Er verschaffte sich alle Partituren seiner Werke, die damals in rascher Aufeinanderfolge im Münchner Verlag Aibl erschienen, studierte sie, sprach von ihnen, würdigte sie kritisch, wobei er sein ruhig und ohne jede Aufwallung vorgebrachtes Urteil stets durch eine sachverständige Darlegung begründete. In der Regel schloß er mit der freundlichen Frage: «Meinen Sie nicht, daß es sich so verhält? Wie denken Sie darüber?»
Auch über Richard Strauß waren wir einer Meinung. Wir begrüßten in dem jungen Stürmer das größte aus der Schule Wagners hervorgegangene Talent, eine in manchen Zügen dekadente, aber auch in dieser Hinsicht fesselnde Begabung. Nebstdem den genialen Koloristen, der sich auf eine besondere, ganz persönliche Art des Orchesters zu bemächtigen verstand und die Palette der Klassiker und der Romantiker um eine ganze Skala berückender Tonmischungen bereicherte – den, wann man es so ausdrücken will, Fortuny, Monticelli, Claude Monet der Musik.
Es währte nicht lange, und wir sahen einer dem andern bis auf den Grund von Herz und Seele. Mahler faßte Zutrauen und wurde gesprächig. Nicht selten rührte er damals an intime Dinge. Über seine Komponistentätigkeit ließ er kein Wort verlauten. Einmal aber, es war schon gegen Abend und im Zimmer begann es zu dämmern, erhob er sich plötzlich, holte aus dem Fach seines Schreibtisches ein Manuskript hervor und bereitete mir eine freudige Überraschung mit der Frage: «Wollen Sie sich etwas anhören?» Wir nahmen am Klavier Platz und Mahler spielte. Ich erkannte in der Partitur bald seine Schriftzüge und ahnte, daß mir eine seltene Auszeichnung zuteil wurde.
Schon aus dem ersten ungestümen und ekstatischen Thema sprach zu mir Mahlers einzigartiges Ingenium, und die Fortsetzung bot allen Anlaß, das hohe Niveau der künstlerischen Arbeit zu würdigen. Mein von allem Anfang an starker Eindruck steigerte sich bis zur Hingerissenheit, und als Mahler, erschöpft, doch von einem Abglanz göttlicher Gnade überstrahlt, den zu gewaltiger Breite gediehenen Satz schloß, drückte ich, keines Wortes fähig, warm seine Hand. In meinem Gedächtnis haftet noch der ergreifende

---

[11] In der Mythologie die Quelle der Musen auf dem Parnaß.
[12] Mahlers Verpflichtung beinhaltete auch die musikalische Leitung einer ganzen Reihe zweitrangiger Opern, wie etwa Emil Hartmanns *Runenzauber*, Pier Antonio Tascas *A Santa Lucia* oder Ignaz Brülls *Gloria*.

Ausdruck von Dankbarkeit, der in Mahlers Auge erschien, und die Beugung seines Hauptes, als ich, wieder zur Besinnung gelangt, meinen Eindruck in Worten auszudrücken versuchte.

Das Tonstück, das ich damals hörte, war *Totenfeier* benannt. Ich las die Überschrift in der handschriftlichen Partitur. Heute ist es allbekannt als das erste Allegro aus Mahlers Zweiter Symphonie. Das Allegro war ursprünglich als symphonische Dichtung gedacht, nicht als Bestandteil eines zyklischen Werkes. Bei diesem ersten Hören und angesichts des außergewöhnlichen Umfangs der Komposition, in der vor allem der neue Inhalt, die höchst suggestive Stimmung, das unerwartete Verschmelzen der Themen und eine Überfülle ganz außerordentlicher Einzelzüge die Aufmerksamkeit auf sich lenkten, erfaßte ich nicht gleich die formale Anlage des Ganzen.

Wir sprachen über die Themen. Mahler versicherte mir, ihm falle fast niemals eine reine melodische Kontur ein, sondern fast immer ein bereits ausgeschmücktes, ausgedeutetes, vielfach schon mit einem zweiten Gedanken, dem thematischen Nebengedanken, verknüpftes Thema. Wieder nahmen wir die Partitur vor, und Mahler führte unmittelbare Belege für seine Worte an. Wir beide waren von der Größe und Klangschönheit seiner bisher unaufgeführten Arbeit überzeugt.

Inzwischen erloschen die letzten Strahlen der untergehenden Sonne und um uns herum breitete sich jenes nur wenige Augenblicke dauernde Paolo Veronesische Zwielicht, in dem alle Dinge plötzlich durchstrahlt, vergeistigt und entstofflicht sind, als sollten sie ihr Geheimnis enthüllen, das in ihnen schlummernde ewige Prinzip ahnen lassen.

Wir verstummten – damals verstanden wir es schon, miteinander zu schweigen – und nach einer Weile sagte Mahler mit leiser Stimme, als erwachte er aus einem Traum: «Sie kennen Bülow...» Ich bejahte und fügte hinzu, mir sei bekannt, wie außerordentlich der strenge und kritische Bülow Mahler schätze, wie hoch er seine Wirksamkeit stelle.

«Bülow also», fuhr Mahler fort, «habe ich neulich aufgesucht und habe ihn gebeten, die Komposition durchzugehen, die ich Ihnen soeben gespielt habe. Als Bülow die Kompliziertheit der Partitur sah, forderte er mich auf, sie ihm lieber vorzuspielen: ‹Wenigstens höre ich sie in authentischer Auffassung...›

Ich spielte. Es fiel mir ein, Bülow anzusehen, und da sehe ich, wie er sich mit beiden Händen die Ohren zuhält. Ich halte im Spiel inne. Der am Fenster stehende Bülow bemerkt es sofort und fordert mich auf, fortzufahren.

Ich spiele. Nach einiger Zeit wende ich mich wieder um. Bülow sitzt mit zugestopften Ohren am Tisch, und die Szene wiederholt sich: ich höre auf, neuerliche Aufforderung. Ich fahre fort, und die verschiedensten Vermutungen gehen mir durch den Kopf. Ich nehme an, daß dem Klaviervirtuosen Bülow vielleicht die Art meines Spiels, mein Anschlag nicht gefällt, vielleicht ist ihm mein Forte zu leidenschaftlich und grob; ich bringe mir auch in Erinnerung, daß

Bülow sehr nervös ist und oft über Kopfschmerzen klagt. Aber ich
spiele ohne Unterbrechung weiter, ohne meine Aufmerksamkeit
nach einer anderen Richtung zu wenden, vielleicht vergaß ich auch,
daß Bülow anwesend war.
Als ich zu Ende war, wartete ich schweigend das Urteil ab. Aber
mein einziger Zuhörer verharrte an seinem Tisch lange schweigend
und regungslos. Plötzlich deutete er eine energische Ablehnung an
und sagte: ‹Wenn das noch Musik ist, dann verstehe ich überhaupt
nichts von Musik.›
Wir schieden dann in voller Freundschaft voneinander, ich freilich
mit der Überzeugung, daß Bülow mich für einen fähigen Dirigenten, aber für einen völlig hoffnungslosen Komponisten hält.»
Als ich von Mahler ging, wurde ich mir erst bewußt, warum ihm
meine Bewunderung so lieb war. Zweifellos war ich für ihn in dem
Augenblick ein Sprecher der neuen Generation, und er vernahm aus
meinem Munde, daß diese Generation ihn verstehen und ihm folgen
werde.

Der Pilger, Prag 1955, S. 350-357

Nur wenige Monate nach dieser Begebenheit starb Bülow an einem Gehirntumor.
Am 12. Februar 1894 brach er während eines Erholungsurlaubs in Kairo zusam-
men. Am Tage, als die traurige Nachricht Hamburg erreichte, war Foerster bei
Mahler zu Besuch, und «er [Mahler] spielte seine Totenfeier so vor, wie wir beide
es fühlten und wie er selbst es in Worte kleidete: Bülow zum Gedächtnis».[13] Bei der
Trauerfeier am 29. März wird Foerster Zeuge der Eingebung, die Mahler das
Finale seiner ungeliebten Zweiten Symphonie beschere.

Mahler und ich waren bei dem ergreifenden Abschied zugegen.
Aber die Kirche war überfüllt, obwohl nur geladenen Trauergästen
Einlaß gewährt wurde, und mein Platz war von dem Platz Gustav
Mahlers weit entfernt, so daß wir einander nicht sahen. Den stärk-
sten Eindruck hinterließ der Gesang der Kinderstimmen. Hier wirk-
te nicht allein Klopstocks tiefe Dichtung, sondern auch die un-
schuldsvoll reinen Klänge aus Kinderkehlen. [. . .]
Mahler fand ich auch vor dem Theater nicht. Doch am Nachmittag
konnte ich vor Unrast nicht mehr an mich halten, wie von einem
Befehl angetrieben, eilte ich zu ihm. Ich öffne die Tür und sehe ihn
am Schreibtisch sitzen, das Haupt ist gesenkt, die Hand hält die
Feder über Notenpapier. Noch stehe ich in der Tür. Mahler wendet
sich um und sagt: «Lieber Freund, ich hab's!»
Ich begriff. Wie von einer geheimnisvollen Macht erleuchtet ant-
wortete ich: «Auferstehen, ja auferstehen wirst du nach kurzem
Schlaf...» Mahler sieht mich mit dem Ausdruck höchster Überra-
schung an. Ich hatte sein noch keiner Menschenseele anvertrautes
Geheimnis erraten: Klopstocks Gedicht, das wir am Vormittag aus
Kindermündern vernommen haben, wird die Unterlage für den
Schlußsatz der Zweiten Symphonie sein.

Der Pilger, Prag 1955, S. 404 f.

---

13   *Der Pilger*, S. 404.

Gerhard Stehmann
(1866–1926)

Gerhard Stehmann war Sänger (Baß) in Altenburg und von 1890–98 an verschiedenen Bühnen in Amerika. 1899 gab er sein Debüt in Wien.

Hamburg. Probezimmer. Gustav Mahler ist Kapellmeister, hält Ensembleprobe. Ein junger Mann tritt plötzlich ein. Mahler blickt auf vom Klavierauszug: «Wer sind Sie?» «Bruno Walter,[14] Solokorrepetitor», antwortet der Gefragte. «Wie alt?» «Achtzehn Jahre!» «Können Sie Klavier spielen?» «Ausgezeichnet, Herr Kapellmeister!» Mahler verzieht ein wenig die Lippen. «Wirklich ausgezeichnet?» «Jawohl, Herr Kapellmeister», versichert selbstbewußt der neue Korrepetitor. «Kennen Sie ‹Hänsel und Gretel›?» «Nein!» «Gut, dann spielen Sie!» Die Probe verläuft zu Mahlers Zufriedenheit. «Machen Sie mir bitte das Echo bis zur nächsten Bühnenprobe!» Bruno Walter verbeugt sich. Auch das «Echo» glückt. «Morgen früh zehn Uhr ist Orchesterprobe», sagt Mahler, «sollte ich noch nicht da sein, dann dirigieren Sie nur immer, Herr Walter!» «Gut! Herr Kapellmeister!» Am nächsten Morgen ist Mahler richtig nicht da, Walter hat zum erstenmal ein Orchester unter seiner Hand. Er beginnt. Mahler ist aber doch pünktlich da, nur hinten im Zuschauerraum, hat zugehört. Er weiß jetzt Bescheid, begrüßt Walter freundlich vor dem Orchester, gibt ihm die Hand. «Danke, Herr Walter!» Das war Mahlers Art, sich Gewißheit zu schaffen – zugleich der Beginn einer Freundschaft, die selbst Mahlers Tod nicht enden konnte. Denn keiner hat eine solche Freundschaft würdiger gepflegt und edler vergolten als eben Bruno Walter.
Mahler ist inzwischen Direktor des Wiener Hofoperntheaters geworden. Ein Eigener, persönlich, scharfkantig, nicht leicht zugänglich. Gründe genug für solche, die ihn nicht begreifen, ihn anzufeinden, anzugreifen, seine Fähigkeiten als Direktor zu bekritteln. Übermäßig entzückt sind die Mitglieder des Operntheaters gerade nicht. Fürchterliche Proben usw. Allgemeine Meinung: mit Mahler ist nicht gut Kirschen essen. Aber die Vorstellungen «klappen». Einige Mitglieder, zumal von den Sängerinnen, sind Feuer und Flamme für ihn, im übrigen aber wird Mahler keine lange Direktionsführung prophezeit.
Interessant sind Mahlers Engagements. Ist der Vortrag des Probesingenden offenbar ungenügend, folgt schon nach wenigen Takten ein «Danke» des Direktors aus dem dunklen Zuschauerraum. Anderseits kann eine schön gesungene Phrase, oft nur eine Geste bedeutungsvoll werden. Findet Mahler gar etwas «Persönliches»,

---

[14] Zwischen diesem und Bruno Walters eigenem Bericht (Walter TV, S. 77) gibt es einige Unstimmigkeiten. So war Walter zu dieser Zeit noch unter seinem eigentlichen Namen, Bruno Walter Schlesinger, bekannt. Erst im Februar 1896 riet Mahler ihm, aus seinen beiden Vornamen einen Künstlernamen zu machen, da der jüdische Nachname seine Karriere behindern könne (Bruno Walter, Briefe 1894–1962, Frankfurt/M. 1969, S. 15). Ein Jahr später empfahl Mahler ihm sogar die Konversion zum Christentum und die Ableistung des Militärdienstes (GMBR, S. 223).

dann klammert er sich förmlich wie eine Klette daran, verlangt noch mehr, sucht stärkere Beweise und Anhaltspunkte, prüft, steigert – kurz versucht alles mögliche, um zum Kern zu gelangen. Mahler hat einen Drang zu idealisieren. Wer ihn aber einmal enttäuscht hat, für den erkaltet auch sehr bald sein Interesse.

Auf den Ensembleproben hat Mahler nicht nötig, um Ruhe zu bitten. Niemand wagt sich zu rühren oder auch nur zu flüstern.

Gustav Mahlers Proben, in «Moderne Welt», Heft 3/7 (1921), S. 17f.

Bruno Walter
(1876–1962)

Bruno Walter (Schlesinger) war noch nicht einmal achtzehn Jahre alt, als er in Hamburg als Chordirektor angestellt wurde. Er geriet in Mahlers Bann und damit in eine persönliche und berufliche Abhängigkeit, der er sich durch physische Trennung von Zeit zu Zeit entziehen mußte, um überhaupt eine eigene künstlerische Identität aufbauen zu können. Walter dirigierte anfänglich Musik zu Schauspielen, Possen etc. Im Herbst 1895 durfte er außerdem auch kleinere Opern und schließlich sogar die *Aida* dirigieren. 1896 verließ er Hamburg und ging nach Breslau. Nach weiteren Stationen in Riga, Preßburg und Berlin wurde er im Juli 1901 von Mahler an die Wiener Hofoper berufen.

Er stand Mahler näher als irgendein anderer Musiker, bewahrte sich ihm gegenüber aber dennoch immer das Gefühl respektvoller Achtung. «Ich kam ihm so nahe, wie es der Altersunterschied nur eben zuließ», resümierte er später. «Mahler war der größte aufführende Musiker, dem ich je begegnet bin, ohne jede Ausnahme.»[15]

Nach Mahlers Tod war es Bruno Walter, der die Uraufführungen von *Das Lied von der Erde* (1911) und der Neunten Symphonie (1912) leitete. Der folgende Artikel erschien zwischen diesen beiden Premieren.

Als ich ihn im Herbst 1894 in Hamburg kennen lernte, kurz nachdem mir eine höhnische Kritik über seine I. Symphonie eine leidenschaftliche Sehnsucht nach dem Werk und seinem Schöpfer eingeflößt hatte, erschien er mir als der Urtyp des Romantikers. Sein Aussehen, sein glühender, ja fanatischer Kunsteifer, seine Heftigkeit, sein grotesker Humor, das alles machte ihn mir zur Inkarnation einer der genialen E. T. A. Hoffmannschen Phantasiegestalten. Die Eindrücke von seiner unvergleichlich leidenschaftlichen Konzentration im Probieren und Dirigieren, die mir immer wieder das Bild seines phantastischen Vorgängers Kreisler vor die Seele riefen, hatten mich völlig vergessen lassen, daß ihm sein Leben auch schon für andre Tätigkeit Raum gelassen hatte, als eben nur für Probieren und Dirigieren und daß sein Name zuerst als der eines Komponisten zu mir gedrungen war. Ich entsinne mich, wie überraschend und eigentümlich ergreifend es auf mich wirkte, als Mahler mir eines Nachmittags nach einem Spaziergang mit einem ihm

---

[15] Aus einem Interview, das Arnold Michaelis aus Anlaß des achtzigsten Geburtstags Bruno Walters 1956 mit dem Dirigenten führte.

Giorgiones *Concerto*, jetzt Tizian zugeschrieben (Galleria Palatina, Florenz).

eigenen Gesichtsausdruck verborgenen Leides sagte: «Wissen Sie nicht, daß ich eigentlich ein Komponist bin?» Ich bat ihn dringend, mir etwas von seinen Werken zu zeigen und er bestellte mich für den nächsten Nachmittag in seine Wohnung. Ich fühle noch die Spannung, mit der ich diesem meinem ersten Besuch bei Mahler entgegensah und die tiefe Bewegtheit, mit der ich aus seinem Hause schied. Beim Eintritt in sein Zimmer fiel mein erster Blick auf das «concerto» des Giorgione, das in einer guten Reproduktion über dem Pianino hing; noch nie hatte ich von einem Bilde einen solchen Eindruck empfangen. Dieser Asket mit dem weltverlorenen Blick erschütterte mich tief – monatelang bemerkte ich nicht, daß er musiziert, sondern glaubte einen aus religiöser Extase durch Freunde sanft erweckten Mönch in ihm zu sehen – und sonderbarer Weise schien mir dieser Mönch Mahlers Wesen in neuer Weise zu erklären. Der Kapellmeister Kreisler verblaßte, Mahler erschien mir immer mehr als ein zu tiefen Leiden geneigter und befähigter Mensch, als Asket, als Gottsucher, so extrem und radikal, wie eben ein innerlich lebendiger junger Mensch von achtzehn Jahren, der ich damals war, sich so etwas vorzustellen liebt. Zwischen Romantiker und Asketen, dem dämonisch-künstlerischen und dem moralischen Genie schwankten, mehr oder weniger bewußt, meine ersten

Kapellmeister Kreisler, gezeichnet von seinem Schöpfer E.T.A. Hoffmann.

Eindrücke von Mahlers Wesen, ein Beweis, wenn für nichts anderes, so doch für den widerspruchsvollen Reichtum desselben. Ebenso reich und widerspruchsvoll waren die begeisternden ersten Eindrücke von seinen Werken: soweit ich mich derselben zu bemeistern
wußte, erschienen mir die Lieder romantisch und etwa «kreisle-
risch» – ich erinnere nur an «das himmlische Leben»[16] oder «des
Antonius von Padua Fischpredigt»[17] – der erste Satz der C-Moll-
Symphonie, den nach meiner damaligen Anschauung auch jener
Mönch des Giorgione hätte komponieren können, etwa klassisch.
Im weiteren Verkehr mit Mahler fiel mir auf, wie das maßlos
Eruptive seines Wesens und ein gewisser, bald wilder, bald drolliger
Humor mit einer ihm schon damals eigenen, manchmal ergreifend
hervortretenden tiefen klaren Ruhe seltsam kontrastierten; als nun
gar der triumphale Schlußsatz der II. Symphonie den sicheren Glauben an die Unsterblichkeit verkündete, schien es meiner Unerfah-
renheit, als habe Mahler nun alle wilden Bedrängnisse seiner Seele
überwunden, und der irrlichternde Kreisler habe die wildschönen,
doch peinvollen Dissonanzen seines Innern endgültig in die Harmonie jenes brausenden Es-Dur im Finale der C-Moll-Symphonie
aufgelöst. Aber «wenn starke Geisteskraft die Elemente an sich
herangerafft, kein Engel trennte geeinte Zwienatur der innigen
Beiden»; das erkannte ich, als die III. Symphonie entstanden war:
von der Wonne und Pein im eigenen Herzen hatte er den Blick auf
Harmonie und Disharmonie der Natur gerichtet. Sein Verhältnis zu
ihr war von je das denkbar innigste gewesen, von gerührter Betrachtung bis zum erschütterten mystischen Sich-eins-Fühlen mit ihr
umfaßte dieses Naturgefühl, den Hauptquell seines gesamten Schaffens, alle Grade der Intensität. Es war ihm weniger gemäß, land-
schaftliche Schönheiten der tief vertrauten Natur mit dem Auge zu
genießen; gewiß sah er auch mit Freude die wundervollen Formen
ihres Leibes, aber er vergaß sie über dem verstehenden Blick in ihr
Auge, in ihre Seele; Liebe und Schauder, Entzücken und Entsetzen
gab ihm dieser Blick: er sah das bellum omnium contra omnes in
der Natur, und fühlte, wie dieselben selbstfeindlichen Gewalten
auch in seinem Innern tobten.

Mahlers Weg. Ein Erinnerungsblatt, in «Der Merker», Heft 3/5 (März 1912),
S. 166–171

---

[16]   Der letzte Satz der Vierten Symphonie.
[17]   Aus *Des Knaben Wunderhorn*.

Ernestine Schumann-Heink
(1861–1936)

Ernestine Schumann-Heink war 1883–98 Altistin in Hamburg, bevor sie ihre Karriere in den Vereinigten Staaten fortsetzte. Obwohl sie eine eingeschworene Mahler-Gegnerin war, mußte ihr selbst die Mildenburg zugestehen, daß sie eine ausgezeichnete Interpretin seiner Lieder war.[18] Alma berichtet, daß die Schumann-Heink Mahler mit der Behauptung provoziert habe, er müsse homosexuell sein, wenn er ihren Annäherungsversuchen widerstehe.[19] Sie befand sich gerade in einer Phase zwischen zwei Ehen und war, den Fotografien nach zu urteilen, eine furchterregende Erscheinung.

Gustav Mahler war einer der Männer, die für meine Karriere eine bedeutende Rolle gespielt haben. Das ist deshalb umso interessanter, weil er zu mir als Frau keinerlei Zuneigung hegte. Gustav Mahler war ein großer Dirigent, aber er war auch einer der meistgehaßten Dirigenten ... Er war so ängstlich um Perfektion bis ins letzte Detail bemüht und so empfindlich, daß es ihm fast unmöglich war, mit anderen Menschen auszukommen. Wo immer er war, gab es Zwietracht und Gehässigkeit, aber er konnte nichts dafür, er war einfach so sensibel. Er wollte den Meistern – Beethoven, Gluck, Bach, Wagner – in seinen Interpretationen wahrhaft gerecht werden. Aber häufig verpaßte er die Effekte, die er erzielen wollte, gerade durch diese übertriebene Ängstlichkeit.
Er war das genaue Gegenteil von Hans Richter. Richter zum Beispiel konnte da in seinen Hemdsärmeln im Probensaal sitzen und dem Orchester Höchstleistungen entlocken, und er wirkte dabei doch wie ein netter, guter Familienvater, obwohl seine blauen Augen und seine Art zu Dirigieren bei Gott etwas Unbesiegbares hatten. Aber bei all dem blieb er immer ruhig, einfach, ohne Gehabe, ohne Anstrengung. Das war Hans Richter.
Aber Mahler – der arme Mahler! Mager, nervös und sensibel, zitternd vor jeder musikalischen Herausforderung. Es war immer die Vollkommenheit, die er wollte und die er endlos suchte, und er vergaß dabei, daß es Vollkommenheit auf dieser Welt nicht geben kann. In seiner eigenen Vorstellung sicherlich, ja; aber er vergaß, daß das Orchester vor ihm nur aus achtzig oder hundert Menschen bestand, die keine Genies waren wie er, sondern nur gute Handwerker. Er regte sich oft so schrecklich über sie auf, daß er es kaum ertragen konnte; dann wurde er ein musikalischer Tyrann. Und diese Leute konnten ihn weder verstehen, noch Nachsicht mit ihm haben, denn sie erkannten nicht, warum er so unerbittlich war. So wurde er überall mißverstanden. Das war im Grunde tragisch für ihn, denn in seinem tiefsten Herzen besaß er Menschenfreundlichkeit und Güte. Er war der liebenswerteste und freundlichste Mensch, den man sich vorstellen kann – außer beim Dirigieren. Sobald er den Taktstock in Händen hielt, wurde er zum Despoten.

---

[18] Anna Bahr-Mildenburg, *Erinnerungen*, Wien/Berlin 1921, S. 111.
[19] AME, S. 139.

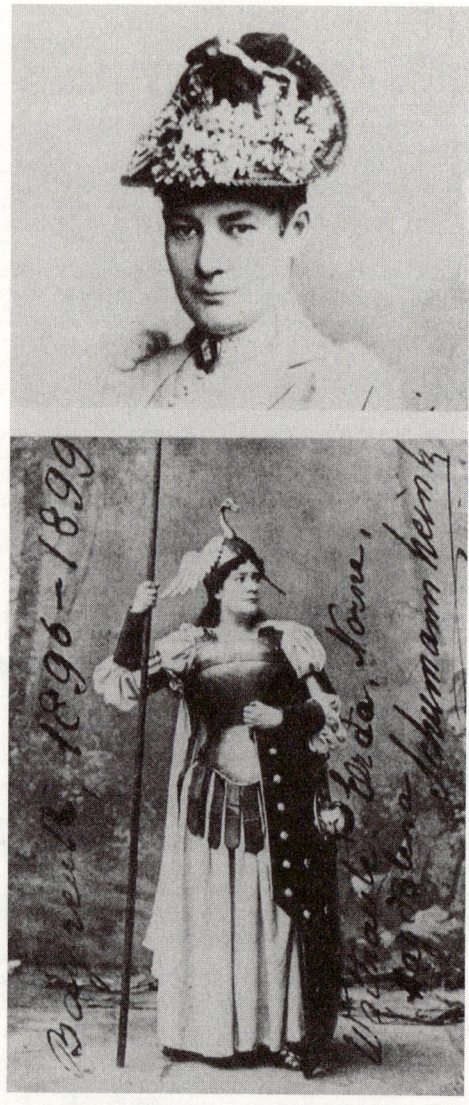

Ernestine Schumann-Heink, in Hamburg (oben) und auf der Bühne in Bayreuth.

Allerdings ohne jede Boshaftigkeit: Er war ein Idealist in jeder
Beziehung. Er erfreute sich an allem Lebenden; Sonnenschein, ein
Baum, noch die kleinste Blume konnte ihn begeistern. Aber die
Leute verstanden ihn nicht und so verurteilten sie ihn. Ich muß
sagen, daß ich einen riesigen Teil meines Erfolges mit Wagner
Mahler verdanke. Er konnte in der Probe sitzen und immer wieder
bei derselben Note abklopfen. Man hatte zwar selber nicht bemerkt, daß man nachlässig geworden war; er wollte es aber absolut
perfekt haben. Er bestand auch bei mir immer auf Perfektion.
Als ich in Hamburg sang, half er mir sehr viel – und das, ich muß
es wiederholen, obwohl er mich als Frau nicht mochte.

Mary Lawton, *Schumann-Heink, the Last of the Titans*, New York 1928, S. 358ff.

Anna von Mildenburg
(1872–1947)

Die große Sopranistin war Mahlers Entdeckung. Sie wurde von ihm in Hamburg
gründlich ausgebildet. Zudem wurde sie seine Geliebte.
Die gebürtige Wienerin wurde 1895 von ihrer Lehrerin Rosa Papier, die zwei Jahre
später bei Mahlers Berufung nach Wien eine zentrale Rolle spielen sollte, nach
Hamburg empfohlen und von Pollini angestellt. Dort mußte sie für Katharina
Klafsky einspringen, die aus ihrem Vertrag ausgestiegen war, um in Amerika zu
singen. In ihren Erinnerungen berichtet sie von der ersten Klavierprobe:

> Die Tür wurde heftig aufgestoßen. Ein kleiner Mann trat herein in
> einem grauen Sommeranzug, in der Hand hatte er einen dunklen
> Filzhut und unter den Arm eingepreßt einen schlecht gerollten
> Regenschirm. Negerhaft braun war sein Gesicht von der Sonne
> gebrannt. Aus graublauen hellklaren Augen[20] sah er unlustig und
> unaufgelegt zu uns her. Als der Korrepetitor Miene machte, ihn zu
> begrüßen, schnitt er das kurz ab. «Weitergehn», sagte er verärgert,
> wobei er die Tür zuwarf, ohne aber näher zu kommen. Wie flucht-
> bereit stand er, die Schnalle in der Hand, und der Begleiter spielte
> also weiter, preßte aber unmerklich seine Lippen zusammen, und
> ich verstand, was er meinte: M. Also Mahler. Da schloß ich die
> Augen, meine Hände krampften sich ineinander, mein ganzes hei-
> ßes Wollen und Wünschen strömte in mein Singen hinein. [. . .]
> Da erschreckte mich der Mann an der Tür durch ein heftiges
> Aufstampfen. Sein Hut flog aufs Klavier, der Schirm ihm nach, der
> Korrepetitor wurde mit einem «Danke, ich brauche Sie nicht mehr»
> vom Stuhle weggetaucht und mit ungeduldigem Drängen seinem
> Abgang entgegengesehen.

Erinnerungen, Wien 1921. S. 12 f.

---

[20] Seine Augen wurden im allgemeinen als dunkel beschrieben.

Mahler übernahm die Probe und brachte sie prompt zum Weinen. Einen Monat später gab sie ihr Debüt als Brünnhilde. Noch vor Ablauf des Jahres hatten sie ein Verhältnis. Die Heftigkeit dieser Leidenschaft schlägt sich in seinen Briefen an sie nieder.[21] Ihm bescherte ihre Beziehung einen kreativen Schub, der ihn zur Vollendung der Dritten Symphonie befähigte.

Aber die Mildenburg war ein schwatzhaftes junges Mädchen, das so ausgiebig Klatsch und Tratsch über ihn in Umlauf setzte, daß ihm bald der Ruf eines Frauenhelden anhaftete. Diese Verleumdung (und die Mildenburg) sollten ihn bis nach Wien verfolgen.

Ihre Indiskretion beschleunigte zweifellos das Ende dieser Beziehung. Bevor Mahler selber nach Wien ging, arrangierte er auch Anna von Mildenburgs Wechsel an die Hofoper – allerdings unter der Bedingung, daß sie auf jegliche Form einer persönlichen Beziehung verzichtete und keine Ansprüche auf Gefälligkeiten seinerseits stellte. Sie blieb der Star seines Ensembles. Aber sie hörte dennoch nicht auf, ihn zu verfolgen, jetzt jedoch mit «ernsten» Absichten.

Das hielt sie nicht davon ab, die Geliebte von – unter anderen – Mahlers Hamburger Freund Hermann Behn und in Wien offensichtlich auch von Siegfried Lipiner zu werden. Einen allerletzten Versuch, Mahler zur Heirat zu bewegen, unternahm sie, als sie im Jahre 1901 von seiner Verlobung mit Alma erfuhr. Acht Jahre später heiratete sie schließlich den Schriftsteller Hermann Bahr, der sich in ihre strahlende Erscheinung auf der Bühne verliebt hatte.

1921 veröffentlichte sie ausgewählte Passagen aus Mahlers Briefen in ihrer Autobiographie und in einem Aufsatz über Mahler. In ihrem Buch berichtet sie ausschließlich von ihren beruflichen Kontakten; der Aufsatz ist in dieser Beziehung weit aufschlußreicher:

Dämonisch, wild grotesk, bizarr, komisch, originell fanden ihn die Menschen, unheimlich war er den meisten, wenn er oben am Pult stand, sie fühlten seine ungeheure Kraft, duckten sich wie vor etwas Drohendem oder starrten und staunten ihn neugierig unter behaglichem Gruseln an, und wenn man ihnen dann sagte, daß dieser sonderbare gefährliche, ihnen so unbehagliche Mann zuweilen von einer kindlichen, ja kindischen Heiterkeit sein konnte, ausgelassen und übermütig wie ein Bub vor den großen Ferien, da lächelten sie nur ungläubig, und so mancher hatte wohl gleich ein Beispiel seiner Gefährlichkeit zur Hand und ganz besonders gram waren ihm die Opfer seiner Spottlust. Wie viele hat er durch seinen arglosen Humor verletzt! Er legte, wie Menschen mit Humor so oft, nicht immer jedes Wort auf die Waagschale, dachte auch meistens im nächsten Augenblicke gar nicht mehr an den einzelnen, der irgendwie seinen Humor geweckt hatte, sondern verlor sich gleich vom Einzelfall ins allgemeine, zu Selbstbetrachtungen tiefsten Sinnes und erlebter Wahrheit, in denen schmerzliche Erkenntnisse und Entsagungen nachklangen. Es war kein Allerweltshumor, er gefiel sich nicht in billigen Anzüglichkeiten, und so konnte sich keine Gemeinsamkeit mit den anderen herstellen, denn «so sind sie alle. Schreckt sie alles gleich, was eine Tiefe hat, ist ihnen wohl nur, wo's recht flach ist».

---

[21] Die meisten dieser Briefe befinden sich im Besitz der Österreichischen Staatsbibliothek und konnten aufgrund von Urheberrechtsproblemen bisher nicht veröffentlicht werden.

Anna von Mildenburg.

Und sie sahen gekränkt und verstimmt drein, witterten hinter seinen Worten immer einen persönlichen Angriff, und das merkte er, mußte nun wirklich lachen über ihre verdüsterten, mißtrauischen, ablehnenden Mienen, und nun waren sie dann erst recht beleidigt und sind es sogar heute noch, anerkennen zwar, seit er tot ist, sein Genie, sein unerhörtes Können, heißen ihn dämonisch und gewaltig und überlebensgroß, aber was dem allem gegenüberstand wußten sie nicht und sahen ihn, wie den Mond, immer nur von einer Seite. Er konnte tun und sagen was er wollte, er war ihnen immer fremd, fremder noch im täglichen Leben, als wenn er, alles zwingend und bezwingend, vor seinem Pulte stand. Fremd mutete sie seine Heiterkeit, sein Natursinn, seine Demut in seiner Kunst, seine Frömmigkeit, sein Glaube und seine Gottesliebe an. Ich sehe ihn noch, wie er oft auf einem Spaziergang plötzlich mit geheimnisvoller Gebärde stehen blieb und nun erregt mit angehaltenem Atem und stillem Lächeln einem Tierchen bei seiner Arbeit zusah, einen Vogel beim Singen belauschte, und immer ging diese Spannung, diese feine Heiterkeit in Nachdenklichkeit und ernste, versonnene Betrachtung über, in Erkenntnis göttlicher Weisheit, göttlichen Willens und Waltens, immer fühlte er gleich das Wunder, das Geheimnis und stand in Ehrfurcht und rührend kindlichem Staunen und konnte die Teilnahmslosigkeit und Gleichgültigkeit der Menschen für diese wunderbaren Begebenheiten in der Natur nicht verstehen. Wie froh und glücklich, ja wie dankbar konnte er sein, wenn sich sein Enthusiasmus auch den andern mitteilte – sein Enthusiasmus für die Natur oder für die Kunst, für alles Schöne und Echte. Aber wie oft auch rang er vergebens mit ihnen und verschwendete sein Bestes!
In seinem Arbeitszimmer hing das «Concerto» von Giorgione.[22] So wie da der Priester und der Weltmensch auf den Künstler blicken, in so innerer Ferne sah ich oft und oft die Augen der Menschen auf Gustav Mahler gerichtet!

Aus Briefen Mahlers, in «Moderne Welt», Heft 3/7 (1921), S. 13

---

[22] Siehe Seite 94.

Ferdinand Pfohl
(1862–1949)

Als Musikkritiker der *Hamburger Nachrichten* war der gebürtige Böhme Ferdinand Pfohl nicht nur ein leidenschaftlicher Anhänger Mahlers, sondern betrachtete sich selbst auch als dessen Freund. Als Mahler ihn nach seinem Umzug nach Wien vergaß, ließ seine Zuneigung deutlich nach. Tief gekränkt war er vor allem, als der Wiener Mahler-Zirkel ihn nicht um einen Beitrag zur Gedenkausgabe seiner Zeitschrift bat. Seine von verletztem Stolz zeugenden Erinnerungen hielt Pfohl in einem Notizbüchlein fest, das erst vor ein paar Jahren entdeckt wurde. Er widerspricht vehement der Verklärung Mahlers durch die Wiener Freunde. «Arnold Schönberg sagte einmal, ‹Mahler war ein Heiliger›»,[23] beginnt Pfohl und bemüht sich, dies zu widerlegen.

Eine meiner letzten Begegnungen mit Mahler im Frühjahr 1897 fand vor dem Hamburger Stadttheater statt, nachdem soeben seine aufsehenerregende Berufung an die Wiener Hofoper bekannt geworden war. Ich sprach Mahler herzlich Glückwünsche aus und fragte ihn, mehr mit den Augen als mit Worten dessen eingedenk, daß der streng katholische Kaiser von Österreich grundsätzlich nur Katholiken an seinen Hof zu ziehen sich zur Pflicht gemacht hatte. Um als Hofkapellmeister angestellt zu werden, hätte Mahler nun unbedingt in die Zeremonie der Taufe eingewilligt haben müssen. Er verstand mein Lächeln sehr wohl: «Der Rock ist schon gewechselt . . .» sagte er mit seltsamen Abadonna-Lächeln in seinem Luzifergesicht.
Auf mich machte die kleine Szene einen fatalen Eindruck. Der Glaube, mehr noch das Kirchenbekenntnis eines Menschen ist mir von jeher gleichgültig gewesen und ist dem lieben Gott wahrscheinlich auch Nebensache. Dieser fragt nicht: «Hast du katholisch, israelitisch, brahmanisch oder protestantisch an mich geglaubt?» sondern: «Wo sind deine Werke, wo ist dein Herz?» Mahler wechselte eines äußeren Vorteils, eines Nutzens wegen, nicht aber unter dem Zwang eines inneren Konfliktes, innerer Notwendigkeit sein äußeres Glaubensbekenntnis: Ein Gut, das wir von Eltern und Vorfahren ererbt haben, das also unvergleichlichen Pietätswert besitzt, den Wert ehrwürdiger Tradition. *Nein, Gustav Mahler war kein Heiliger . . . !*
Mahler war Mystiker, Gottsucher. Seine Fantasie kreiste unablässig um die letzten Dinge, um Gott und Welt, um Leben und Tod, Geist und Natur: Jenseits und Unsterblichkeit standen im Mittelpunkt seines Denkens. Tod und Jenseits sind das große Thema seiner Kunst. Er wollte glauben, glauben um jeden Preis.
Einmal fragte er mich: «Glauben Sie an Gott?»
Und ich antwortete: «Die Frage stellen, heißt verneinen, daß Sie selbst glauben. Der Glaube fragt nicht, wie die Liebe nicht fragt. Wagner hat auf die Voraussetzung der Bedingungslosigkeit das Elsa-Problem gebaut[24] . . .»

---

[23] Siehe Seite 285.
[24] In *Lohengrin*.

Mahlers Abschiedsbrief an Foerster und seinen Hamburger Freundeskreis.

Ob Mahler wirklich geglaubt hat im tieferen religiösen Sinn? Ich möchte es bejahen. Der Himmel, das Gottesreich war ihm mehr als ein schöner Traum, war ihm Bedürfnis und Notwendigkeit, wie seine gesamte Kunst ein Schrei ist nach diesem Glauben. Er übertäubt mit ihr die Skepsis, die an ihm nagt, ihn peinigt und unruhig macht. Die Musik, seine eigene Musik vor allem, wird ihm Narkotikum, Verzückung und Askese zugleich; er zerfleischt sich mit ihr, wie die Heiligen sich gegeißelt haben. Und sie wird ihm Balsam für seine Wunden.

Gustav Mahler, Eindrücke und Erinnerungen aus den Hamburger Jahren,
herausgegeben von Knud Martner, Hamburg 1973, S. 58 f.

III

Das himmlische Leben
1897–1902

Die Wiener Hofoper.

Zeittafel Gustav Mahler

1897   Im April Ernennung zum Kapellmeister der Wiener Hofoper; am 11. Mai
         triumphales Debüt mit *Lohengrin*.
         Beförderung zum Direktor der Hofoper am 8. Oktober.

1898   Dirigent der Philharmonischen Abonnementskonzerte als Nachfolger von
         Hans Richter.

1899   Erwerb eines Ufergrundstücks in Maiernigg am Wörthersee.
         Während der Sommerferien in Alt-Aussee (Steiermark) Beginn der Arbeit
         an der Vierten Symphonie.

1900   Konzertreise nach Paris mit den Wiener Philharmonikern.
         Vollendung der Vierten Symphonie in Maiernigg.

1901   Uraufführung *Das klagende Lied* am 17. Februar in Wien.
         Schwere Krankheit und Operation.
         Im April Rücktritt bei den Philharmonikern.
         In Maiernigg Komposition der Rückert-Lieder, drei der *Kindertotenlieder*
         und des Anfangs der Fünften Symphonie.
         Bruno Walter kommt nach Wien.
         Am 7. November lernt Mahler im Hause Zuckerkandl Alma Schindler
         kennen.
         Premiere der Vierten Symphonie am 25. November in München.

Zeitgeschichtlicher Hintergrund

1897   Johannes Brahms stirbt am 3. April in Wien.
Wiener Künstler um Gustav Klimt gründen die *Secession*.
Karl Lueger wird Bürgermeister von Wien.
Einlieferung Hugo Wolfs in eine Nervenheilanstalt.
Entdeckung des Elementarteilchens Elektron.

1898   Fünfzigjähriges Thron-Jubiläum Kaiser Franz-Josephs I. in Österreich;
Kaiserin Elisabeth fällt einem Attentat zum Opfer.
Anton Tschechow, *Die Möwe*.
Im März Gründungsausstellung der Wiener *Secession*.
Spanisch-Amerikanischer Krieg; US-Truppen landen auf Kuba, besetzen
die Philippinen und annektieren Hawaii.

1899   Johann Strauß stirbt am 3. Juni in Wien.
Am 19. Juni dirigiert Hans Richter in London die Premiere von Edward
Elgars *Enigma Variations*.
Erstes internationales Autorennen in Wien.
Beginn des Buren-Krieges in Südafrika.

1900   Friedrich Nietzsche stirbt am 25. August in Weimar.
Sigmund Freud, *Traumdeutung*.
Joseph Conrad, *Lord Jim*.
Entdeckung der Existenz verschiedener Blutgruppen.
Die Pariser Métro nimmt ihren Betrieb auf.
König Umberto I. von Italien wird am 29. Juli in Monza ermordet.

1901   Giuseppe Verdi stirbt am 27. Januar in Mailand.
Thomas Mann, *Die Buddenbrooks*.
Das Zellophan wird erfunden.

Hermann Bahr
(1863–1934)

Der äußerst produktive Schriftsteller Hermann Bahr war einer der Gründer des Dichter- und Kritiker-Kreises Jung-Wien. Er trat sowohl im kulturellen als auch im politischen Bereich für gemäßigten Fortschritt ein. Bahr verkehrte in denselben Studenten-Kreisen wie der junge Mahler, es war aber nie zu mehr als einer flüchtigen Bekanntschaft gekommen, obwohl sich ihre Wege häufig kreuzten. In Ermangelung näherer Kenntnisse weicht Bahr in seinen Erinnerungen an Mahler auf literarische Metaphern aus. 1909 heiratete Bahr Anna von Mildenburg, Mahlers Hamburger Verhältnis.

Pollini war in Wien,[1] ich hatte mit ihm zu tun, wir saßen in seinem Hotel, als unversehens etwas ins Zimmer schoß, wie ein Luftzug durch ein aufgestoßenes Fenster, wie ein Wasserstrahl aus einem Rohr, wie ein Element; er trat nicht ein, er brach herein. Zugleich aber war mir, als ob ich ihn kenne, ihn schon irgendeinmal irgendwo gesehen haben müßte, aber freilich anders, vielleicht in einer anderen Tracht oder eigentlich eher, wenn ich genau mein Gefühl ausdrücken soll, in einer anderen Sprache, sodaß ich ihn jetzt, in dieser Übersetzung, nicht gleich wiedererkennen konnte. Das quälte mich, aber indem ich nachsann und dabei seinen Namen verhörte, den mir Pollini sagte, schoß der Unbekannte kreisend durchs Zimmer, schien durch mich gestört und schoß stampfend auf einmal wieder fort, auch wieder, wie wenn ein Windstoß plötzlich erlischt, wie wenn ein Wasserstrahl plötzlich abgedreht wird; auf einmal war er spurlos wieder weg. Pollini sagte lachend: «Eine närrische Nummer, der Kapellmeister, was?» Aber da, bei dem Wort Kapellmeister, bei diesem Wort fuhr es in mich, woher ich ihn kannte, und ich erschrak fast: War das nicht Hugo Wolf? Gab es noch einen zweiten Hugo Wolf? Einen Hugo Wolf in Schwarz? Aber nein, sie glichen sich ja doch gar nicht! Nein, keinen einzigen Zug hatten sie gemeinsam! Was fiel mir denn nur ein? Und indem jetzt Hugo Wolf vor mein inneres Auge trat, begriff ich gar nicht mehr, wie mich denn ein so dunkler Unhold an den hellsten Menschen erinnern hatte können. Nein, wie Nacht und Tag waren sie verschieden! Dies aber half mir nichts, ich wurde doch noch immer das Gefühl nicht los, als wenn es dennoch irgendwie, wenn auch geheimnisvoll verwandelt, sozusagen ins Böse verzaubert, derselbe Mensch gewesen wäre. Mir fiel auch ein, daß ich Hugo Wolf, bloß halb im Scherz zuweilen, gern ein Tier hieß, ein Tier, in dem ja, wie das schon im Märchen geht, vielleicht der schönste verschwundene Prinz stecken kann, und eben jetzt, da jener durchs Zimmer schoß, das war doch auch eher ein verlaufenes Tier gewesen, kaum zur Not gezähmt! Nein, sie hatten nichts gemein, sie glichen sich gar nicht, aber irgend etwas, irgendein Mal, irgendein Zeichen war ihnen eingebrannt, als wenn sie zur selben Herde, als wenn sie demselben Herrn gehörten oder aber vielleicht denselben Fluch zu tragen hätten. Ich hatte Hugo Wolf einst damit geneckt,

---

[1]   Vom 2.–4. Mai 1897, als Mahler gerade seine Amtsübernahme vorbereitete.

daß sicher einmal der Kapellmeister Kreisler in der Steiermark gewesen sein müßte, es wäre mir sonst unerklärlich. Jetzt aber fiel mir ein, daß ja der Kapellmeister Kreisler auch einmal in Böhmen gewesen sein konnte. Wir hätten dann eine steirische und eine böhmische Linie Kreisler, und der Urahn schlug doch immer überall durch! Ohne Bild gesprochen: in beiden war das Typische des schaffenden Musikers stärker als alle persönlichen Züge. Aber ich hatte dies alles schon wieder halb vergessen, und mein erstes, sehr starkes Gefühl von Mahler war allmählich eher abgeschwächt oder doch leise verdunkelt worden (wir erkennen ja meistens das Wesen eines Menschen auf den ersten Blick besser, als wenn er uns dann näher bekannt, gerade dadurch aber, durch das viele Detail, das wir jetzt von ihm wissen, durch seine Reden mit uns, durch unser inneres Verhältnis zu ihm eher wieder zugedeckt wird), als ich mit den beiden dasselbe ganz unvermutet noch einmal erlebte, viele Jahre später.

Ich las um diese Zeit Romain Rollands herrlichen «Jean Christophe»,[2] den höchsten Roman unserer Zeit. Und kaum begann der heiße Knabe sich vor mir zu regen, da rief ich schon: Aber das ist ja Mahler, wie er leibt und lebt! Seltsam war das. Kannte Rolland Mahler?[3] Es war Mahler in jedem Zuge, geistig und physisch, ja sozusagen auch noch metaphysisch. [...]

So hat Greco den Großinquisitor gemalt, so Dostojewski sich selbst im Fürsten Myschkin. [*Der Idiot*]

«Neue Freie Presse», 1. 5. 1914, in: Hermann Bahr, *Essays*, Wien 1962, S. 275–278

Max Graf
(1873–1958)

Einer der glänzendsten und zugleich jüngsten Wiener Musikkritiker, Max Graf, konnte sich nicht recht entscheiden, ob er Mahlers Verdienste loben, oder seine Methoden und Verwaltungspraktiken angreifen sollte. Als Junge hatte er Mahler in Prag mit einem Wagner-Programm gehört, und er rechnete dies zu seinen prägenden Erlebnissen. Als Kritiker des *Neuen Wiener Journals* und anderer Zeitungen mußte er jedoch auf die konservative Leserschaft Rücksicht nehmen. Eine seiner frühen Rezensionen wurde mit einem schriftlichen Gruß Mahlers belohnt: «Vielen Dank! Vivat sequens!» Aber zum inneren Kreis um Mahler fand er nie Zugang, und Mahler hegte allem Anschein nach keine große Sympathie für ihn.

Graf war in der Wiener Gesellschaft sehr aktiv. Er war befreundet mit Freud: Er war der Vater des berühmten Falles «Kleiner Hans», einem sexuell frühreifen kleinen Jungen, der später Opern-Regisseur wurde.[4] Graf floh vor den Nationalsozialisten nach Amerika und kehrte nach dem Krieg nach Österreich zurück.

---

[2] Rollands Opus Magnum, die zehnbändige Roman-Biographie eines fiktiven deutschen Komponisten, erschien zwischen 1904 und 1912.

[3] Rolland lernte Mahler vermutlich erst 1905 kennen, als der Roman schon lange begonnen war.

[4] Herbert Graf (1904–73).

Max Graf.

Von der Persönlichkeit Gustav Mahlers, der ein dämonischer Mann
war, gingen Ströme nervöser Energie aus und durchdrangen Bühne,
Orchester und Zuhörerraum der Wiener Oper. Schon lange bevor
Mahler im Orchesterraum sichtbar wurde, war die Zuhörerschaft
aufgeregt. Wenn das Haus dunkel wurde, stürzte der kleine Mann
mit den scharfgeschnittenen Zügen, bleich und von asketischem
Aussehen an das Pult des Kapellmeisters. Sein Dirigieren war in den
ersten Jahren seiner Wiener Tätigkeit auffallend genug. Er ließ
seinen Taktstock plötzlich nach vorwärts schießen, daß er wie die
Zunge einer Giftschlange zu stechen schien. Mit seiner rechten
Hand schien Mahler sich tief bückend aus dem Orchester herauszu-
holen, wie aus der tiefsten Schublade eines Kastens. Sein scharfer
Blick blitzte bis zum entferntest sitzenden Musiker. Wenn er einen
Einsatz gab, konnte er gleichzeitig nach einer Seite schauen und mit
seinem Taktstock nach einer anderen Seite deuten. Das Orchester
dämpfend oder antreibend, blickte er zur Bühne und machte be-
schwörende Gesten zu den Sängern. Mit einem Mal sprang er von
seinem Dirigentenstuhl in die Höhe, als ob er gestochen worden
wäre. So war Gustav Mahler immer in voller Bewegung, wie eine
Flamme, die vom Wind hin und her geblasen wird. Später wurde er
ruhiger. Er hielt sichtlich immer mehr an sich, was seine innere
Spannung nur noch vergrößerte.

Mahler war sich der aufpeitschenden Wirkung, die von seinem Pult aus das ganze Theater erfaßte, vollständig bewußt. Er sagte mir einmal, während unserer ersten Gespräche: «Glauben Sie mir, die Leute spüren erst, was ich bin, wenn ich gegangen bin. Dann ist es, als ob ein Samum über das Theater gebraust wäre.» Sofort nachdem Mahler die Direktion der Wiener Hofoper übernommen hatte, erkannte das Wiener Publikum die Zunahme künstlerischer Energie, die durch eine solche Persönlichkeit herbeigeführt worden war. Im ersten Jahr seiner Direktion wurden die Mozart-Opern zehnmal öfters gegeben als in früheren Jahren. Wagner hatte 20 Abende mehr als in dem vergangenen Jahr. Selbst kleinere, leichte Opern, wie Lortzings «Zar und Zimmermann», wurden vor ausverkauften Häusern gespielt. Mahler arbeitete nach einem großangelegten Programm an der Erneuerung des Ensembles und des Repertoires. [...] Selten arbeitete ein Operntheater nach einem großzügigeren Plan. In der ersten Hälfte der Direktion Mahlers entsprachen seine Taten genau dem Idealbild, das er zu Beginn seiner Direktion entworfen hatte. Die Intensität, mit der Mahler an das neue Studium einer klassischen Oper heranging, war ungewöhnlich. Von jedem Werk, das er vorbereitete und aufführte, sagte mir Mahler: «Das ist die größte Oper, die je geschrieben worden ist.» Wenn er dabei war, ein Werk neu herauszubringen, war er von leidenschaftlichem Enthusiasmus erfüllt. Bühne und Orchester, Dekoration und Gesang hatten eine vollständige künstlerische Einheit zu bilden, die seinen Ideen entsprach. Jede Oper mußte ein dramatisches Kunstwerk sein. Die Wagnersche Idee vom Gesamtkunstwerk wurde durch Mahler auf jede Oper übertragen.
Für diesen Zweck entwickelte Gustav Mahler ein neues Ensemble. Die großen Wiener Heldensänger der Wagner-Epoche waren alt geworden. Winckelmann, Reichmann und Materna mußten durch jüngere ersetzt werden. Mahler fand an ihrer Stelle den noblen Tenor Schmedes und den jungen Slezak. In der Mildenburg erwuchs ihm eine moderne Wagner-Tragödin, in Weidemann und Demuth erzog er sich Baritons mit großen schönen Stimmen. In der Gutheil-Schoder fand er eine interessante Sängerin für Charakterrollen. Welch ein reiches Talent ersten Ranges war sie in ihrem Realismus, sowohl für tragische wie für komische Rollen! In der Kurz erstand ihm eine neue blendende Koloratursängerin. Alle diese Sänger folgten blind den Anordnungen des genialen Musikers, der sie formte und erzog. Mahler hing an diesem seinem neuen Ensemble mit großer Liebe. Ich kann mich erinnern, wie verstört er war, nachdem er die Gutheil-Schoder die Eva in den «Meistersingern» hatte singen lassen und nun die ungünstigen Kritiken über diese Künstlerin las. Er saß zusammengesunken hinter einem Berg Zeitungen, wie ein böser Zwerg, und kaute nervös an seinen Fingernägeln, etwas, was er in Augenblicken der Anspannung oft tat.

Legende einer Musikstadt, Wien 1949, S. 309 ff.

Ludwig Karpath
(1866–1936)

Der Sänger Ludwig Karpath, Neffe des Komponisten Karl Goldmark, wurde 1888 von Mahler als Bassist nach Budapest verpflichtet und nur wenige Wochen später wieder entlassen. Er wurde später Musikkritiker, verstand sich aber eher als Enthüllungs-Journalist und spezialisierte sich auf Interna und Skandale des Wiener Musiklebens. Er genoß die kleinen Intrigen im Dunstkreis der Mächtigen und spielte auch eine kleine Vermittlerrolle bei der Verpflichtung Mahlers nach Wien im Jahre 1897. Als Operndirektor distanzierte sich Mahler zu Karpaths Leidwesen sehr schnell von dem indiskreten Schreiber, der den Grund dafür nie begriffen hat. Bruno Walter beschreibt Karpath in einem Brief an Hans Pfitzner: «Er ist dumm, aber gut, und hat Talent zur Propaganda.»[5] Karpath schrieb für das *Neue Wiener Tagblatt* (1894–1923) und war drei Jahre lang (1914–17) Herausgeber der Kunstzeitschrift *Der Merker*. Seine Autobiographie liefert eine wertvolle und im großen und ganzen recht genaue Beschreibung von Mahlers Weg nach Wien und der Widerstände, auf die er dort stieß. Der folgende anekdotische Auszug trägt den Titel «Allerlei Charakteristisches von Mahler».

Eines Mittags im Sommer traf ich Mahler auf der Ringstraße. Ihm war es immer ein Bedürfnis, gehend zu plaudern. So lustwandelten wir denn ungefähr eine Stunde lang, verschiedene Fragen erörternd, welche die Hofoper betrafen. Da ich in manchen Dingen Mahlers Meinung nicht teilte, rief er immer wieder aus: «Sie reden sich um Ihren Kopf!» Jeden neuen Einwand meinerseits quittierte Mahler mit demselben Ausruf: «Sie reden sich um Ihren Kopf!» Er war in bester Laune und schmunzelte behaglich, so oft er erwähnte, daß es um meinen Kopf gehe. Endlich fragte ich ihn, warum ich in dieser großen Gefahr schwebe. «Weil ich Sie zum Mittagessen mitnehmen wollte, denn wir haben heute Marillenknödel (Aprikosenknödel) und nun nehme ich Sie nicht mit und Sie bekommen nichts.» Ich erwiderte, daß ich gar kein besonderer Freund von Marillenknödeln sei, worauf Mahler geradezu pathetisch ausrief: «Was! Es gibt einen Wiener, dem Marillenknödel nichts bedeuten? Na, wissen Sie, das ist so talentlos, daß Sie jetzt erst recht mitkommen, um das herrliche Gericht zwangsweise zu essen. Meine Schwester Justi hat da ein eigenes Rezept, wir wollen mal sehen, ob Sie da gefühllos bleiben können.» Die Knödel waren in der Tat ausgezeichnet und ich esse sie seither sehr gern. Noch ein zweites Mal wurde ich so improvisiert zum Mittagessen mitgenommen. Wieder hatten wir uns auf der Ringstraße getroffen[6] und Mahler war im Begriff, in seine nahegelegene Wohnung in der Auenbruggerstraße Nr. 2 sich zu begeben. «Begleiten Sie mich», sagte Mahler kurz. Ich fürchtete, wie so oft, das Niedergehen eines Donnerwetters, aber gar keine Spur davon, Mahler war überaus freundlich und sprach mit mir über die Aufführung einer seiner Symphonien, die einige Tage vorher in irgendeiner deutschen Stadt mit Erfolg stattgefunden hat. So kamen wir in ein Gespräch über sein Schaffen im allgemeinen.

---

[5]   Brief vom 25. 9. 1904, in: Bruno Walter, *Briefe 1894–1962*, Frankfurt/M. 1969.
[6]   Vermutlich hat Karpath diese Begegnung nicht dem Zufall überlassen, sondern Mahler auf seinem Nachhauseweg abgepaßt.

Ludwig Karpath.

Das war ja das Thema, das Mahler am meisten interessierte. Offenbar sagte ich einiges, was ihm zu gefallen schien, denn er dachte gar nicht mehr ans Nachhausegehen, sondern verbiß sich so sehr in den Gegenstand der Diskussion, daß er dem Gesprächsthema immer wieder neue Seiten abgewann und die Mahlzeit vergaß. Endlich mahnte ich ihn daran – es war bereits halb drei Uhr nachmittags – da nahm er mich unter den Arm und meinte: «Nun müssen Sie wohl mit, denn ich habe noch Einiges zu sagen. Hoffentlich haben wir genug zu essen, ich weiß bestimmt, daß wir ein rohes Beefsteak zu Hause haben und da kann also nichts passieren.» Einige Minuten später waren wir in seiner Wohnung und nun wurde das Gespräch bei Tisch fortgesetzt, allmählich verebbte es natürlich und wir schieden vergnügt von einander. In solchen Augenblicken wußte man, daß man von Mahler wohl gelitten sei.

Gelegentlich dieses improvisierten Mittagessens berührten wir auch die Kapellmeisterfrage an der Hofoper. «Ich hätte ja einen jungen Mann», sagte Mahler, mit hochgehobener Gabel, «aber den kann ich nicht engagieren, weil er Jude ist. Freilich nur der Rasse nach, denn er ist längst getauft und Protestant. Es kommt aber leider auf die Rasse an.» «Schade, daß der junge Mann Protestant ist», meinte ich, «denn wäre er katholisch, so gäbe es keine besonderen Schwierigkeiten. Wer ist es übrigens, den Sie im Sinne haben?» «Der Mann heißt Bruno Walter, Sie kennen ihn ja übrigens. Den hatte ich schon in Hamburg unter mir und er wäre der Richtige.» «Versuchen Sie's doch», hub ich wieder an. «Ich will mal sehen, werde mit dem Obersthofmeister sprechen, vielleicht geht's.» Bald darauf wurde Walter – er war damals vierundzwanzig Jahre alt – engagiert. [. . .]

Vorher noch: als Humperdinck[7] einmal mit Mahler und mir im Café Imperial saß, fragte ihn Mahler in meiner Gegenwart, ob er ihm nicht einen jungen, talentvollen Kapellmeister empfehlen könnte. «Jawohl», erwiderte Humperdinck, «einer meiner Schüler, der jetzt in Aachen wirkt, Leo Blech[8] mit Namen, den ich Ihnen sehr empfehlen könnte.» «Blech! Blech!» sagte Mahler, «der ist wohl Jude?» Als Humperdinck bejahte, meinte Mahler: «Das geht leider nicht, auch wenn Blech getauft ist, wie Sie sagen, denn ich gelte bei den Antisemiten trotz meiner Taufe als Jude und mehr als einen Juden verträgt die Wiener Hofoper nicht.»

Zur Charakteristik Mahlers gehört auch ein gewisser Humor. Nicht leuchtend, aber angenehm und entwaffnend. Nur daß dieser Humor in Zorn umschlug, wenn er nicht gleich verstanden wurde. Ein schon verstorbener Baritonist, E. St., mit einer ebenso großen Stimme wie mit einem großen Bauch gesegnet, plagte mich unaufhörlich, er wolle Mahler vorsingen, weil er ein Engagement an der Hofoper anstrebe. An einem schönen Augustabend, so ungefähr gegen sechs Uhr – Mahler saß auch an solchen Tagen und Abenden in seinem heißen Büro – bedeutete ich dem kühnen Sänger, er möge unten beim Portier warten, wenn Mahler gerade gut gelaunt sei, so werde ich das Vorsingen gleich durchsetzen. Dieses ging denn auch sofort vor sich. Der gute Mann besang den holden Abendstern, Mahler begleitete ihn selbst am Klavier. «Sie haben eine sehr schöne Stimme», apostrophierte der Direktor den Sänger, «aber ich kann Sie leider doch nicht engagieren.» «Warum nicht?» fragte der redselige Baritonist. «Es geht eben nicht», erwiderte Mahler. Als der Mann nun absolut nicht nachgeben wollte, schrie ihn Mahler zornig an mit den Worten: «Da ist ein großer Spiegel, schauen Sie hinein und beantworten Sie sich selber Ihre Frage.» An demselben Abend – ich war noch bei Mahler geblieben – bemerkte Mahler seufzend: «Da sehen Sie sich den heutigen Kassenrapport an, fast ausverkauft an einem heißen Augusttag.» «Nun, das ist ja ausgezeichnet», erwiderte ich. «Ja, aber mit der Fledermaus», sagte nun Mahler, «anstatt mit der Walküre, die ich vorgestern gegeben habe. Ich schätze die Fledermaus und ich freue mich auch, daß sie Geld einbringt, aber es ist trotzdem traurig, daß die Fledermaus das volle Haus macht und nicht die Walküre.»

Begegnung mit dem Genius, Wien 1934, S. 176–180

---

[7] Engelbert Humperdinck (1854–1921), dessen Oper *Hänsel und Gretel* Mahler kurz nach der Weltpremiere in Hamburg aufgeführt hatte, war 1895 bei der Uraufführung von Mahlers Zweiter Symphonie anwesend und bemühte sich später darum, Mahler nach Berlin zu holen.

[8] Der Dirigent Leo Blech (1871–1958) sprach bei Mahler zweimal wegen einer Anstellung vor. Das Angebot, das er 1900 dann bekam, konnte er nicht annehmen, weil Angelo Neumann in Prag ihn nicht aus seinem Vertrag entlassen wollte. Von 1906 bis 1937 dirigierte Blech in Berlin, die folgenden zwölf Jahre in Riga und Stockholm, ehe er wieder nach Berlin zurückkehrte.

Franz Schmidt
(1874–1939)

Der österreichische Komponist und Cellist Franz Schmidt wurde im Oktober 1896 in das Wiener Hofopernorchester (und in den Kreis der Wiener Philharmoniker) aufgenommen. Schmidt, der zu nationalistischen Ideen neigte, beeindruckte Mahler zwar mit seinem Spiel, geriet mit dem Operndirektor aber schon bald in Konflikt. Seine von den Mahler-Gegnern favorisierte Erste Symphonie gewann 1900 den Preis der Philharmonischen Gesellschaft.

Mahler brach wie eine Elementarkatastrophe über das Wiener Opernhaus herein. Ein Erdbeben von unerhörter Intensität und Dauer durchrüttelte den ganzen Bau von den Grundpfeilern bis zum Giebel. Was da nicht sehr stark und lebensfähig war, mußte abfallen und untergehen. In kurzer Zeit flog der größte Teil der Sänger (Van Dyck, Renard, Reichmann, Winkelmann), Dirigenten (Hans Richter!), zwei Drittel des Orchesters hinaus. Namentlich im Orchester wütete Mahler derart mit Pensionierungen und Entlassungen, daß ich, im Jahre 1897 noch der jüngste, im Jahre 1900 schon der dienstälteste Cellist war. Die Solocellisten Hummer und Sulzer waren zwar noch nicht formell pensioniert, spielten aber nur mehr selten und keinesfalls dann, wenn Mahler dirigierte. Da mußte immer ich am ersten Platze sitzen, führen und die Soli spielen. Mahler hatte mich als Nachfolger Hummers für die erste Solostelle ausersehen, doch wurde diese seine Absicht von seinem Schwager und Freund Arnold Rosé auf das hartnäckigste bekämpft. Rosé war von Mahler als erster Konzertmeister mit außerordentlichen Machtbefugnissen ausgestattet worden und machte von diesen Befugnissen nicht gerade den einwandfreisten Gebrauch; er war von einer Art Caesarenwahnsinn befallen und herrschte im Orchester mit brutaler und bornierter Willkür. Sein unerträglich anmaßendes Gehaben führte zum Bruch mit Hummer und zu des letzteren Austritt aus dem Roséquartett und späterhin aus der Oper überhaupt. Da ich mit Hummer intim befreundet war, übertrug sich Rosés Haß und Mißtrauen auch auf mich; die nächste Folge davon war, daß Rosé nicht mich, wie allgemein erwartet worden war, als Nachfolger Hummers in sein Quartett berief, sondern den seinerzeit im Konkurrenzspiel gegen mich und später noch gegen andere gefallenen Buxbaum, der nunmehr ohne Konkurrenzspiel im Opernorchester engagiert wurde und dem Rosé persönlich die erste Solostelle zusicherte. Den Bestrebungen, mich bei Mahler mißliebig zu machen, (was aber unbedingt nötig war, um für Buxbaum Platz zu schaffen) kam ein Umstand von außen zu Hilfe: ich hatte gerade damals (1901) meine ersten Erfolge als Symphoniker errungen und Mahler bemühte sich zur selben Zeit, mit seinen Symphonien in Wien Fuß zu fassen. Da ich nun von einem Teil der Wiener Kritik taktloser Weise gegen Mahler ausgespielt wurde, war es ein leichtes, Mahler zu suggerieren, daß ich mit Presseleuten gegen ihn conspiriere. Blieb auch Mahlers Einstellung meinen Leistungen gegenüber zunächst unverändert – ich mußte, wenn er dirigierte, nach wie vor ausnahmslos auf dem ersten Platze wirken –, so waren doch deutliche Vorzeichen eines «in Ungnadefallens» zu merken. Mahlers persönliches Verhalten mir gegenüber war im Gegensatz zu früher von eisiger Kälte; Rosé benahm sich rüpelhafter denn je; die Dirigenten Franz Schalk, Bruno Walter u. a. begannen meine Sololeistungen im Sinne der Weisungen des allmächtigen Konzertmeisters mit mißbilligendem Kopfschütteln, abfälligen und gehässigen Bemerkungen zu quittieren. [. . .]

Dieser unleidliche Zustand schleppte sich eine Zeit lang fort, bis eines Tages, in Abwesenheit Mahlers, Rosé einen direkten Vorstoß machte. Man gab «Lohengrin», eine Oper, in der kein Cellosolo vorkommt; ich saß vor Beginn der Vorstellung wie immer auf dem ersten Platz, als mir der Orchesterdiener mündlich(!) den Befehl Rosés überbrachte, mich vom ersten Pulte hinwegzubegeben, da von nun an die Herren Buxbaum und Jeral am ersten Pult zu sitzen und die Soli abwechselnd zu übernehmen hätten. Ich begab mich zu Rosé, der im Stimmzimmer saß, und fragte ihn, welche Gründe für meine plötzliche Zurücksetzung vorlägen und ob man mir diese Zurücksetzung nicht hätte in einer etwas weniger ordinären Form zur Kenntnis bringen können? Rosé antwortete in seinem rüden, aufreizenden Hochdeutsch: «Ich finde mich eben bestimmt, dies so anzuordnen und das muß Ihnen genügen. Ich verbitte mir jede weitere Interpellation.» Und zum Orchesterdiener sagte er vor allen Umstehenden: «Es bleibt bei meiner Verfügung; ich kann diesen Menschen nicht mehr spielen hören.» Ich spuckte vor Rosé aus, kehrte ihm den Rücken und meldete mich auf der Stelle krank; ich wußte zwar, daß ich damit meine Entlassung riskiere, aber ich war außerstande, nach dieser mich auf das fürchterlichste aufregenden Szene zu spielen. Als sich meine Nerven nach einigen Tagen wieder ein wenig beruhigt hatten, gieng ich wieder in das Theater und machte meinen Dienst an einem der rückwärtigen Pulte. Buxbaum und Jeral, die beiden Günstlinge Rosés, an Lebensjahren bedeutend älter, an Dienstjahren dagegen erheblich jünger als ich, hatten bei ihrer Schwerfälligkeit und Unsicherheit einen ganz schweren Stand; namentlich, wenn Mahler dirigierte, waren sie in dem Bewußtsein, diesem von Rosé aufgedrängt zu werden, besonders ängstlich und versagten als Führer vollständig. [. . .]

Nach wiederholten, überaus peinlichen Unfällen ließ mir Mahler – er selbst sollte am Abend die «Walküre» dirigieren – eines Vormittags während der Probe den Solodienst für Abend ansagen. Ich eilte in sein Bureau und ließ mich anmelden. Sogleich vorgelassen, gab ich die Erklärung ab, daß ich bereit sei, heute Abend Führung und Solo in «Walküre» zu übernehmen, wenn mir sofort und endgültig die Stelle des ersten Solocellisten kontraktlich übertragen werde; auch führte ich Beschwerde über die von Rosé eigenmächtig verfügte Zurücksetzung. Mahler sprang auf und schrie mich an: «Was sagen Sie da? Sie wollen mir Bedingungen stellen? Sie wollen sich kostbar machen?» In diesem Tone gieng es weiter; als ich wieder zu Worte kam, führte ich aus, daß ich nicht einsehen könne, mit welchem Rechte das Operntheater von mir Jahre hindurch eine höher qualifizierte Dienstleistung, zu der ich nicht kontraktlich verpflichtet bin, beanspruche, ohne im entferntesten daran zu denken, mich auch nur irgendwie dafür zu entschädigen. Mahler brüllte, blaß vor Wut: «Sie! Ich bin am Ende meiner Geduld! Hüten Sie sich! Wenn Sie mir den Dienst verweigern oder noch ein Wort reden, können Sie sich als entlassen betrachten! Ich warne Sie!» Ich verneigte mich und gieng. Mahlers Drohung gellte mir den ganzen Tag im Ohr; trotzdem rang ich mich zu dem Entschluß durch, es diesmal auf das äußerste ankommen zu lassen und auf keinen Fall nachzugeben. Ich gieng am Abend früher als sonst in das Theater und setzte mich an das letzte Pult. Weder der in dienstlicher Form mir durch den Orchesterdiener übermittelte Auftrag, noch die persönlich auf mich losgelassenen brutalen Drohungen Rosés konnten mich bewegen, meinen Platz mit dem Soloplatz zu vertauschen; und so mußte sich wohl oder übel Buxbaum auf den ersten Platz setzen, da bereits das Herannahen Mahlers zu hören war und bei seinem Eintreffen am Dirigentenpult jedermann auf seinem Platz sitzen mußte. Mahler überflog die Situation mit einem einzigen Blick; er verzog keine Miene. Die Vorstellung begann, gieng zu Ende. Mahler sagte kein Wort; aber entlassen wurde ich nicht.

Nachdem ich durch meine «Dienstverweigerung» den Kampf um die Stelle des ersten Solocellisten offiziell aufgegeben hatte, vegetierte ich noch volle zehn Jahre im Wiener Hofopernorchester; als «Homo suspectus» war ich zwar nicht gerade auf Rosen gebettet, hatte aber in beschaulicher Entfernung von dem heiß umstrittenen Platze von obenher immerhin verhältnismäßige Ruhe.

Otto Brusatti, *Die Autobiographische Skizze Franz Schmidts*, in: *Studien zu Franz Schmidt I*, herausgegeben im Auftrag der Franz-Schmidt-Gemeinde von Otto Brusatti. Wien 1976, S. 26–29.

Carl Flesch
(1873–1944)

Der als Sohn eines ungarischen Arztes geborene Carl Flesch wurde nach Studien
in Wien und Paris zu einem der besten Geigenvirtuosen seiner Zeit.

Damals war gerade eine Konzertmeisterstellung an der Wiener
Hofoper frei, und ich beschloß kurzerhand, mich, gewissermaßen
als Rückendeckung, um sie zu bewerben. Einer Einladung *Gustav
Mahlers,* des damaligen Direktors der Wiener Hofoper, Folge lei-
stend, fand ich mich eines Tages im Operngebäude ein, wo mich
Arnold Rosé, der mich gerne an seiner Seite am ersten Pult gesehen
hätte, im Amtszimmer des Direktors empfing. In freundschaftlicher
Weise klärte er mich über die Ansprüche auf, die Mahler, der von
Geigentechnik nicht viel verstand, im Probespiel zu stellen pflegte.
Er legte vor allem Gewicht auf möglichst stetige Bogenführung in
langgehaltenen Tönen und betrachtete eine Stelle im dritten Akt
von «Siegfried» als Prüfstein für die bogentechnischen Fähigkeiten
eines Orchestergeigers. Der gute Rosé ließ es sich nicht nehmen, ein
wenig zu «mogeln», indem er mir die betreffende Stelle vorher
zeigte. Kurz darauf erschien Mahler, der zuerst ein Mozartsches
Adagio hören wollte und mir nachher – unvorbereitet, wie ich mich
hatte – die Siegfried-Falle stellte. Als jedoch mein Bogen mit der
phlegmatischen Ruhe eines weltmüden Philosophen über die Saiten
glitt, schien er höchlichst befriedigt, zeigte Lust, mich sofort als
Konzertmeister festzunageln und begleitete mich persönlich ins
Verwaltungsgebäude, wo man mir die Gehaltsbedingungen mitteilte. Diese unheimliche Plötzlichkeit, mit der sich die Dinge entwik-
kelten, ging mir nun doch wider den Strich; war doch die Frage
meines Verbleibens in Bukarest noch ungeklärt, während ich gleichzeitig fühlte, daß die Zeit meiner künstlerischen Auferstehung noch
nicht gekommen war. Vom Bewerber zum Umworbenen vorge-
rückt, versprach ich, meinen Entschluß baldmöglichst den zuständi-
gen Stellen bekanntzugeben. Da ich jedoch kurze Zeit darauf meinen Kontrakt in Bukarest um weitere drei Jahre verlängerte, konnte
von einer Übersiedlung nach Wien nicht mehr die Rede sein. Im
übrigen machte mir Mahler den Eindruck eines hochgradigen Neur-
asthenikers. Ein peinlicher Tick zwang ihn, auch im Ruhezustand
sein rechtes Bein marionettenhaft häufig nach vorn zu schlenkern.
Engel und Teufel in einer Person, galt er trotz seiner unleugbar
idealen Gesinnungsart als Leuteschinder im Orchester, jedoch alles
ad majorem gloriam artis. Er gehörte zu derjenigen feinnervigen
Gattung von Künstlern, die auf eine falsche Note wie auf eine
Ohrfeige reagieren.

Erinnerungen eines Geigers, Zürich 1960, S. 122 f.

Selma Kurz
(1874–1933)

Selma Kurz gehörte als ausgezeichneter lyrisch-dramatischer Sopran in Wagner-Rollen sowie als meisterhafte Koloratursängerin im italienischen Fach zu den Stars, die Mahler in Wien ‹gemacht› hatte. Er war offenbar kurzzeitig in sie verliebt, aber es gibt keinerlei Anhaltspunkte, die die Gerüchte über eine Affäre der beiden bestätigen könnten.

In Frankfurt am Main hatte mich Gustav Mahler, bald nachdem er nach Wien gekommen war, zum erstenmal gehört. Wenige Wochen darauf erhielt ich die Einladung zum Probesingen in der Wiener Hofoper. Ich sang Mahler einiges vor, zuerst im Probesaal, dann auf der Bühne, und jedesmal fragte er mich: «Warum sind Sie denn so aufgeregt?» Und da ich ihm keine Antwort gab, schrie er mich schließlich an: «Sie sind engagiert! Wieviel wollen Sie?» Da war ich von dem plötzlichen Glück, das mich als ferner Traum fasziniert hatte: nach Wien zu kommen, an die Hofoper, derart erschüttert, daß ich in Tränen ausbrach und schluchzend stammelte: «Geben Sie mir, was Sie wollen . . .» Mahler hatte mir vom ersten Tag an ein

Selma Kurz.

ganz besonderes persönliches und künstlerisches Interesse entgegengebracht. Er schwärmte von meiner Stimme und nahm sich
meiner Entwicklung mit der ihm eigentümlichen Intensität an. Nur
durch Mahler habe ich mein eigentliches Fach gefunden. Denn ich
war als Altistin ausgebildet worden, und er hat mir erst den Weg
zum Koloraturgesang gewiesen. In der «Königin von Saba» hatte
ich eine kleine Rolle, in der an einer Stelle ein kurzer Triller
vorgeschrieben ist. Während ich ihn auf der Probe versuchte, packte
mich Mahler heftig am Arm: «Trillern Sie weiter, weiter! Solang Sie
können.» So bin ich mir durch ihn dieser Fähigkeit bewußt geworden.[9] Wundervoll war die Arbeit mit Mahler auf der Probe. Durch
seinen Willen, durch seine Begeisterung zwang er einen, das Beste
und Letzte herzugeben, und auch er war nach jeder Probe völlig
erschöpft und ausgepumpt. Ich selber war damals noch ein viel zu
junges Mädel, um Mahlers Persönlichkeit wirklich verstehen zu
können. Nur manchmal habe ich geahnt, daß etwas ganz Großes in
dem kleinen Mann steckte, namentlich wenn er sich in philosophi-
schen Betrachtungen erging, deren Grundton eine merkwürdige
tiefe Frömmigkeit war. In den letzten Jahren seiner Wiener Tätigkeit ist dann, ohne jeden Konflikt, eine gewisse Entfremdung zwischen uns eingetreten. Aber auch auf Distanz hat er meine künstlerische Entwicklung immer im Auge behalten.

Mein Entdecker, in «Moderne Welt», Heft 3/7 (1921), S. 15

Marie Gutheil-Schoder
(1874–1935)

Marie Gutheil-Schoder kam aus Weimar, wo sie von Richard Strauss gefördert
worden war, nach Wien und feierte dort am 26. Mai 1900 einen glänzenden
Triumph als *Carmen*. Mahler war hingerissen, eine Künstlerin ihres Formats
gefunden zu haben: «Die Schoder und die Mildenburg, diese beiden, ragen himmel-
hoch über alle andern und lassen einen nicht daran verzweifeln, daß es überhaupt
noch Natur und Talent und nicht nur Affektation, Schminke und Verlogenheit auf
der Bühne gibt.»[10]
Obwohl die Zweifel an ihrer stimmlichen Qualität nie ganz verstummten, war sie
eine brilliante Schauspielerin und Tragödin und eine der Stützen von Mahlers
Ensemble. Er war verzweifelt, als sie sich 1902 für einige Zeit beurlauben ließ, um
ein Kind zu bekommen, und er bezeichnete ihr Glück als eine Katastrophe für das
Opernhaus.
Auch um neue Musik machte sich Marie Gutheil-Schoder verdient: Sie war die
erste Wiener *Elektra*, der erste Oktavian im *Rosenkavalier* und sie sang in der
historischen Premiere von Schönbergs Zweitem Streichquartett, dem Werk, das die
tonale Vorherrschaft brechen sollte.

---

[9] Der Kurz-Triller wurde weltberühmt: «In der großen Arie der *Lucia di Lammermoor*
     gelangte sie zu einer so vollkommenen künstlerischen Einheit mit der Flöte, daß es
     unmöglich war, die Stimme von der Flöte zu unterscheiden.» Marcel Prawy in: Sigrid
     Wiesmann (Hrsg.), *Gustav Mahler in Wien*, Stuttgart 1976.
[10] NBL, S. 135.

Marie Gutheil-Schoder als Carmen.

Mahler kam nie mit einer «fertig» ausgearbeiteten Regie auf die Probe. Wohl hatte er eine wichtige Szene als Mittelpunkt eines ganzen Aktes wie im Bilde vor sich; dabei ließ er aber doch auch stets die Individualität zu Worte kommen. «Machen Sie nur! ... Sehr hübsch, das gefällt mir ... Diese Stimmung will ich festhalten.» Und dann steigerte er aus der mitgebrachten oder empfangenen Inspiration das Ganze, indem er alles aus seinen Anfängen weiter entwickelte. [...]

Als ich nach Wien kam, hatte ich viel Sinn für realistische Darstellung. Mahler hat mich darauf geführt, daß jede Oper an sich ein
stilisiertes Kunstwerk ist und daß alles auf den Stil ankommt, den
die Musik und die Dichtung verlangt.
Es wurde natürlich entsprechend viel geprobt. Mahler hatte dazu
immer Zeit. Er hat einzelne Szenen oft zwanzigmal, oft noch bei den
letzten Orchesterproben umgestellt. Daß etwas «stand», hinderte
ihn auch nach der Aufführung nicht, Änderungen vorzunehmen.
Dadurch waren die Proben eben so interessant und jede Aufführung
führte eine Stufe hinauf, während es sonst gewöhnlich abwärts
geht. Nichts konnte ihn auch mehr ärgern, als wenn man einwende-
te: «Herr Direktor, gestern haben Sie das so verlangt, und heute
wünschen Sie es anders.» Da sagte er dann: «Ich habe mich eben
gestern überzeugt, daß es so nicht möglich ist; Sie müssen mit mir
gehen!» Darum konnte er auch, wenn etwas gut gelang und er den
Eindruck festhalten wollte, das Tempo verlangsamen und sonst,
wenn ihm etwas nicht recht schien, raschere Zeitmaße nehmen, um
über Schwächeres hinwegzukommen. Seine suggestive Kraft war
unglaublich. Das zeigte sich selbst in unscheinbaren Kleinigkeiten
wie bei den Rezitativen des neu einstudierten Mozartzyklus, die er
selbst auf dem Cembalo begleitete: wenn er einen Akkord anschlug,
so wußte man schon, wie das Folgende zu singen und zu spielen
war.

Mahlers Opernregie, in: Paul Stefan, *Gustav Mahler: Ein Bild seiner
Persönlichkeit in Widmungen,* München 1910, S. 34 f.

Elf Jahre später fügte sie eine weitere Bemerkung hinzu:

Sein «Rezept» für die Arbeit, wenn man von einem solchen sprechen darf, war sehr einfach: Werk und Künstler wurden nicht durch
eine dominierende «Auffassung» von vornherein vergewaltigt, er
verschloß keine Möglichkeit individueller Entfaltung durch eigenes
Vorurteil. Seine bezwingende Autorität, begründet nicht in kindi-
scher Tyrannenmacht, sondern in persönlicher, wiederum durch
bedingungslose Hingabe an das Werk genährter Suggestivkraft,
konnte ohne Gefahr einer Erschütterung darauf verzichten, sein
Wort zum alleinseligmachenden Dogma zu erheben; häufig greift er
dankbar unbedeutend scheinende Anregungen auf, die unter seinen
Händen zu blühen beginnen und in ihrer Zusammenfassung eine
unerhörte Farbigkeit des Eindrucks bewirken. Diese Achtung Mahlers vor der Individualität des einzelnen Künstlers war fast unbe-
grenzt; sie ist der Schlüssel zu all den Ungewöhnlichkeiten, die ihm
die entrüstete Schar der orthodoxen Traditionsgläubigen zum Vorwurf machte.

Mahleriana, in «Moderne Welt», Heft 3/7 (1921), S. 14 f.

Leo Slezak
(1873–1946)

Einer der wahrhaft Getreuen von Mahlers Opern-Ensemble, der gebürtige Tscheche Leo Slezak, gab sein Debüt als Tenor 1896 in Brünn und kam 1901 an die Wiener Hofoper. Er blieb dort bis 1927 und stand in dieser Zeit fast eintausendmal auf der Bühne, seine Gastspiele an der Covent Garden Opera in London und an der Metropolitan Opera in New York nicht eingerechnet. Sein Repertoire umfaßte sechsundsechzig Rollen. Zu seinen Glanzpartien zählten unter anderen *Lohengrin*, *Otello* und Raoul in *Die Hugenotten*.
Als sein Lohengrinsches Reittier sich einmal vorzeitig in Bewegung gesetzt hatte, prägte er mit seinem berühmten Witz den Satz: «Um wieviel Uhr geht der nächste Schwan?»
Seine Erinnerungen an Mahler brachte er im Jahre 1921 zu Papier.

Wie danke ich meinem Schicksal, daß es mir vergönnt war, sieben volle Jahre hindurch, in der Sturm- und Drangperiode meines künstlerischen Schaffens, unter der Leitung dieses Mannes arbeiten zu dürfen. Freilich, als Direktor war er unbequem, mehr als das, oft sogar unerträglich; aber wenn er im Probesaal oder auf der Bühne mit uns arbeitete, zerstob jeglicher Groll in alle Winde, alle kleinlichen Plackereien des Alltags waren im Nu vergessen, und man war stolz darauf, mit diesem Genie durch dick und dünn gehen zu dürfen. Er selbst verzehrte sich in heiligstem Arbeitsfeuer, verlangte aber dasselbe auch von uns. Die Sorge des einzelnen um seine eigene Person, sein Wohl, betrachtete er als Verbrechen am künstlerischen Werk. Restlos, ohne Gedanken an sich und seine Familie sollte man in der Kunst aufgehen. Das Ersuchen um eine Bewilligung zu einem Gastspiel außerhalb Wiens war ihm ein besonderer Dorn im Auge. Nur in den dringendsten Fällen entschloß ich mich zu solch einem Bittgang um Urlaub. Zuerst wurde bei Hassinger, dem langjährigen Direktionsdiener, die Stimmung erforscht, und oft kam es vor, daß man umkehrte und die Angelegenheit auf einen andern Tag verschob, wenn Hassinger abriet. Aber einmal mußte es doch geschehen. Hochklopfenden Herzens trat ich ein. Der Direktor fühlte den Grund des Besuches und gab sich von vornherein reserviert. «Womit kann ich dienen?» «Herr Direktor, ich möchte an zwei Abenden in Graz singen und bitte um vier Tage Urlaub.» «Ja, sind Sie toll? – Sie waren doch erst fort!?» – «Aber nein, Sie irren, seit Wochen war ich nicht mehr weg.» Auf seinem Schreibtisch befand sich ein Brett mit ungefähr fünfundzwanzig bis dreißig Knöpfen. Unter ihnen Täfelchen mit den Namen der einzelnen Funktionäre des Hauses, die er sich jederzeit herbeiklingeln konnte. Mahler stürzt wütend hin und drückt mit der flachen Hand auf zirka zwölf bis fünfzehn Knöpfe auf einmal; er will Professor Wondra haben, der alle Urlaube eingetragen hat, um mich ad absurdum zu führen. Die Türen öffnen sich auf allen Seiten. Lenerl Sgalitzer stürzt atemlos mit dem Stenographieblock herein. «Herr Direktor?» «Nein, nicht Sie! – Raus!» Linerl Ranninger kommt leichenblaß mit dem Schlüsselbund zu sämtlichen Notenkasten des Opernhauses. Auch sie ist im Nu wieder draußen. Sekretär Schlader, Inspizienten, Requisiteu-

Leo Slezak, Selbstportrait.

re stürzen herbei, sogar der Feuerwehrmann hat ein Signal bekommen und erscheint im vollen Ornat, um schon zu spritzen. Nur
Wondras Knopf war nicht dabei! – Ein Wort gibt das andere, die
Situation spitzt sich zu, meine Geduld reißt. Wütend verlasse ich die
Kampfstätte, trete Hassinger auf die Füße, alle Kollegen, die draußen in ähnlichen Angelegenheiten auf den Direktor warten, lösen
sich in ihre chemischen Bestandteile auf und ergreifen die Flucht.
Ich gehe rasend heim, wo ich Elsa [Slezaks Frau] bei allen Heiligen
schwöre, daß ich das nicht länger aushalte. Nach einigen Stunden
beginnen sich die Gemüter allmählich zu beruhigen, man steht auf
dem Theater, er sitzt am Pult und dirigiert, und all die Galle und
Empörung schmilzt dahin wie Märzenschnee in warmer Frühlings-
sonne. Dieses Spiel wiederholt sich einigemal im Jahr, im Monat,
in der Woche. Also angenehm war es gerade nicht, aber wenn ich
an all das Herrliche denke, was mir der Mann mit auf den Weg
gegeben hat, und wenn die alles verklärende Erinnerung mithilft, so
sind all die Widerwärtigkeiten nur eine Bagatelle gewesen im Ver-
gleiche zu den Gaben, die ich davontragen durfte. Diese Mozart-
Zyklen, Entführung aus dem Serail, Così fan tutte, Zauberflöte,
Fidelio, Hugenotten, Jüdin, all die Neueinstudierungen, war das
eine Quelle von Anregungen bei den Proben. Jede Bemerkung war
ein Geschenk fürs Leben. Da wäre es keinem von uns eingefallen,

das Probezimmer zu verlassen, wenn Mahler ein paar Szenen probierte, in denen man unbeschäftigt war. Seine Art zu arbeiten holte aus dem Sänger alles heraus, was er zu geben hatte. So fidel und lustig es sonst zuging, wenn Hesch, Demuth und ich auf der Bühne standen, bei Mozart mit Mahler am Pult ging jeder schweigend herum, voll Sorge, daß nicht alles voll und ganz gelingen könnte. Gelang es, dann war Mahler kaum wieder zu erkennen, kam zu uns auf die Bühne, lobte uns und verteilte Zwanzighellerstücke. Und das waren dann die Augenblicke, die ich benutzte, um irgendeinen Urlaub herauszuschinden. Ich schilderte dann dem Direktor in tief empfundenen Worten den weit vorgeschrittenen Grad meiner Verelendung, die nur durch ein Gastspiel in Brünn oder Prag gemildert werden könne. Er lachte: «Also gut, fahren Sie in Gottes Namen, aber wenn Sie dann wieder zurück sind, geben Sie eine Zeitlang Ruhe.» Ich beeidete dies, und in sinkopierten Sprüngen, die man schon von weitem hörte, eilte er ins Orchester, um das Werk zu Ende zu zelebrieren. Ich erinnere mich meiner allerersten Begegnung mit Mahler. Ich war damals noch in Brünn, aber schon nach Berlin an die königliche Oper engagiert, da bekam ich von der Direktion der Wiener Hofoper eine Einladung zum Probesingen. Für jeden Österreicher war damals und ist vielleicht auch heute noch das höchste Ziel die Wiener Hofoper. Also eilte ich freudigst nach Wien. [. . .]

Ich durfte allein singen, anschließend an eine Orchesterprobe, die Hans Richter leitete. Die Großen des Hauses: Reichmann, Winckelmann, Grengg, standen in den Kulissen. Ich, aus Brünn, mit schlotternden Knien auf der Bühne. – Hans Richter am Pult. Lohengrin: Heil König Heinrich . . . Ehe ich beginne, schreit eine Stimme aus dem finsteren Parkett: «Sie, ich mache Sie aufmerksam, wenn Sie mir schleppen, jage ich Sie zum Teufel!» Es war Direktor Mahler, der mich so liebevoll ermunterte. Mir wurde schwarz vor den Augen. Wie ich sang, ich weiß es nicht, alles drehte sich mit mir. Später fand ich mich in der Kanzlei Mahler gegenüber, der sehr nett zu mir war und bedauerte, daß ich bereits nach Berlin engagiert sei. Bei dem bloßen Gedanken an das Probesingen perlt mir der kalte Schweiß von der Stirn. Von überall perlt er. Das war mein erstes Zusammentreffen mit Gustav Mahler.

Zauberflöte. Ich sang den Tamino. In der großen Flötenszene gab es eine Stelle, die ich nicht richtig machte, wo ich regelmäßig patzte. Mahler ärgerte sich jedesmal darüber, aber es war wie verhext, so oft die Stelle kam, ging es immer, schon aus Nervosität, schief. Als nun an diesem Abend die gewisse Szene kam, merkte ich in der Kulisse eine große Aufregung, die Feuerwehrmänner schossen hin und her, sogar ein Ballettmädchen lief mit entsetztem Gesichtsausdruck über die offene Bühne. – Feuer! – Der Wolkenwagen, der mit den drei Knaben durch die Luft flog, hatte sich infolge Kurzschlusses entzündet und brannte lichterloh. Mir schießt durch den Kopf: Nur keine Panik! Und ich singe krampfhaft weiter, bis zum Ende der Szene. Da plötzlich rief jemand im Publikum: «Feuer!» Im Nu schnellten die Menschen von den Sitzen auf und stürzen wie beses-

sen, einer über den andern steigend, dem Ausgang zu. Ich schrie aus Leibeskräften: «Sitzen bleiben, es ist alles schon vorbei!» Auch Mahler wendet sich um: «Sitzen bleiben» ruft er und dirigiert weiter. Das Publikum beruhigt sich, das Unheil ist abgewendet. Nachher kam Mahler zu mir und sagte: «Wissen Sie, Slezak, daß Sie zum erstenmal die Szene richtig gesungen haben.» Und sich zu den andern wendend: «Wenn Slezak richtig singen soll, muß das Theater brennen!» [. . .]
Nach Jahren traf ich ihn wieder in New York. Ein müder, kranker Mann. Wir hatten *Pique-Dame* – Uraufführung für Amerika, am Metropolitanopernhaus. Bei den Proben meist er und ich allein. Die anderen kamen oft gar nicht. Selten bekam er sein Ensemble zusammen. Resigniert saß er da, mit mir, ein anderer. Mit Wehmut suchte ich den Feuergeist von einst. – Er war milde und traurig geworden. Er bat mich des öfteren, ihn im Savoyhotel zu besuchen; ich hielt es für eine Artigkeit und scheute mich, ihn zu stören. Einmal war ich dort, er konnte mich nicht empfangen. Angina sagte man mir – und er läge zu Bett. Wochen darauf begegnete ich ihm im Zentralpark. Er sah erschreckend aus. Lange unterhielten wir uns, es war das letztemal. Wie ein Schatten ging er dahin, mir krampfte es das Herz zusammen. Im Mai, als ich von Amerika kam, besuchte ich ihn im Sanatorium Löw in Wien. Es war zu spät, ich durfte ihn nicht mehr sehen. In der Nacht ist er gestorben. Herzlich bitte ich ihn um Verzeihung, wenn ich ungerecht gegen ihn war; heute in der Erinnerung bleibt nur das eine Gefühl – innigste Dankbarkeit.

Gustav Mahler, in «Moderne Welt», Heft 3/7 (1921), S. 16 f.

Francis Neilson
(1867–1956)

Der amerikanische Opernregisseur berichtet über eine Begegnung in Wien:

Im Wiener Opernhaus wohnte ich einer von Mahler geleiteten *Siegfried*-Aufführung bei. Als wir kurz vor der Vorstellung noch auf der Ringstraße spazieren gingen, sagte er zu mir: «Ich hoffe, die Kulissen wissen, daß Sie da sind, und werden sich entsprechend benehmen.» Leider verrutschten die erbärmlichen Stoffe beim Umbau im dritten Akt doch, so daß das Bild von Siegfrieds Aufstieg auf den Berg völlig zerstört war. Zu allem Überfluß pendelte in der Szene, in der Siegfried sich über die schlafende Brünnhilde beugt, einer der Tuchfetzen genau über seinem Kopf immer hin und her. Als ich Mahler am nächsten Tag beim Essen traf, lächelte er gequält und sagte: «Es tut mir immer sehr weh, wenn irgendetwas passiert, was die Aufmerksamkeit von der Musik ablenkt. Nichts sollte die Magie des Augenblicks stören.»

My Life in Two Worlds, Appleton, Wisconsin 1952, Band 1, S. 226

Alfred (Aladar) Szendrei
(1884–1976)

Der amerikanische Dirigent und Musikwissenschaftler ungarisch-österreichischer Herkunft erinnert sich an Mahler:

> Sein Gesicht war das eines Neurasthenikers. Stechende Augen hinter Brillengläsern, seine Haare in Unordnung, ich würde fast sagen ungekämmt.

Wie ging er an Orchesterproben heran?

> Ich sage nur ein Wort: grausam. Seine Musiker behandelte er wie ein Dompteur seine Löwen. Im Wiener Musikbetrieb war er der beliebteste und zugleich der bestgehaßte Mann. Diejenigen, die seinen Zugang zur Musik, seine Absichten und seinen Enthusiasmus verstanden, bewunderten ihn. Der großen Mehrheit der Öffentlichkeit aber waren Mahlers Ziele, Mahlers Kunst und Mahlers Art und Weise, Zuhörer und Musiker zu behandeln, absolut zuwider.

Mahlerthon

Felix Salten
(1869–1947)

Der Wiener Theater- und Kunstkritiker Felix Salten, der später als Schriftsteller vor allem mit seiner Kindergeschichte *Bambi* bekannt wurde, hieß mit bürgerlichem Namen eigentlich Siegmund Salzmann. Als Feuilleton-Chef (1902–06) der neu gegründeten Zeitschrift *Die Zeit* gehörte er zu den leidenschaftlichsten Verteidigern Mahlers.

> Er war kaum erst nach Wien gekommen, war ein paar Monate erst Direktor der kaiserlichen Oper, da spürte man ihn auch schon in der ganzen Stadt. Er war kaum zwei oder drei Jahre erst im Amt, da kannte man ihn auf allen Straßen, drängte sich sein populäres Antlitz zu sehen, wie man sich bei uns nur um einen beliebten Tenoristen oder um einen populären Erzherzog drängt. Von solcher Kraft war sein Wesen, daß es weit über seinen Berufskreis hinaus wirken mußte. Von solch ausstrahlender Intensität war seine Persönlichkeit, daß sie allen Menschen wie großes Leuchten vor Augen stand. Man fühlte: er war über seinem Amt und über seinem Werk. Man fühlte: was er in seine Hand nahm, das riß er zu sich empor. Es mußte zu ihm hinauf. Und was von ihm ausging, das kam gleichsam von oben her, von der Höhe eines Mannes, der als Mensch immer noch mehr bedeutete als seine größte Leistung. Es war der Reiz und die Macht seines Wesens, daß man auch vor seiner blendendsten Bravour niemals die Empfindung hatte, er habe sich nun selbst übertroffen, sondern immer überzeugt blieb, er sei

noch unterwegs zu sich selbst, er habe sich selbst und seines inneren
Könnens letzte Möglichkeit noch nicht erreicht.

Noch nie ist in Wien, in dieser Stadt der behutsamen Hände und der
behutsamen Worte, eine Kunstanstalt mit solcher Härte, mit solch
unbeugsamer Energie und solch brüsker Stoßkraft geführt worden.
Beleidigte und empörte Sänger, gekränkte Primadonnen, die wei-
nend in die Arme dienstfertiger Reporter sanken und sich von den
Galeriejünglingen zum Trost die Pferde ausspannen ließen. Ballet-
teusen, die zeternd vor Wut in die Öffentlichkeit flüchteten. Aufruhr im Orchester. Wissen Sie, wer diese Orchesterleute sind? Die
Wiener Philharmoniker! Von denen jeder einzelne Flötenbläser und
Bratschenspieler nach einer Altwiener Mythe ein Künstler ist. Und
dieses Orchester revoltierte. Mitten durch all diesen Tumult aber
führte Gustav Mahler die Oper steil nach aufwärts zu einer glanz-
vollen Höhe. Er sank den Reportern nie in die weitgeöffneten Arme,
er flüchtete nie in die Öffentlichkeit und münzte Entrüstung, wenn
sie ihn einmal ergriff, niemals zu Reklame. Unbeirrt blieb er in
seiner Arbeit und forderte von den anderen mit unerbittlicher Härte
immer nur eines: Arbeit, Arbeit, Arbeit! [. . .]

Wenn wir uns der großen Abende erinnern, die er uns geschenkt
hat: da war nicht bloß ein genialer Kapellmeister am Dirigentenpult; nicht bloß ein genialer Musiker. Man fühlte, was man etwa bei
einem großen Dichter empfindet. Einen Mann, dem Sinn und Seele
an das Werk hingegeben sind wie an eine Vision. Der berauscht
davon ist, wie nur ein Dichter von einem Einfall berauscht und
erfüllt sein kann. Und der nun dies Werk da oben auf der Bühne und
hier unten im Orchester neu erschuf, als sei es seinem Hirn ent-
sprungen. Der es gebar, wie Fruchtbarkeit nach der Empfängnis
gebiert. Nun es vor uns dastand, vor uns aufklang, war es, als sei
alles von ihm, Szene und Orchester, Sänger, Sängerinnen und Chor;
alles belebt von seinem sprühenden Leben, alles gefärbt von der
glühenden Farbe seines Denkens, erleuchtet von dem strömenden
Licht seines Geistes. Es war der Zauber dieser Vorstellungen, daß
man in ihnen jedesmal unter dem unentrinnbaren Bann einer großen Persönlichkeit stand, daß man von dem herrlich schäumenden
Temperament eines Meisters hingerissen wurde. Es war der unver-
geßliche Zauber dieser Vorstellungen, daß man empfand, welch ein
Mittler hier zwischen uns und dem Drama, zwischen uns und den
Tondichtern waltete, welch ein Führer, welch ein Schönheitsfinder.

Weit über die Horizonte der Oper hinaus hat die Mahlerzeit be-
fruchtend und anregend gewirkt. Inszenierungen wie «Don Giovanni», wie «Fidelio», «Rheingold», «Tristan» und «Iphigenie», die
mit der alten Kulissenschablone ebenso aufräumten wie mit der
leeren Opernmimik, diesen Inszenierungen, in denen unsere Zeit
mit all ihren gesteigerten, nuancierten Ausdrucksmitteln vibrierte,
hat das moderne Theater die reichsten Anregungen zu danken.

Mit welchem Stolz könnte man nun, in all der Trauer, auf die
Mahlerzeit zurückblicken, wenn . . . ja wenn man nicht so viel
Ursache hätte, erbittert und beschämt zu sein. Freilich ist Gustav
Mahler in Wien erkannt, bewundert und geliebt worden. Aber es

muß gesagt werden, daß seine Größe allen Mittelmäßigen unerträglich war und daß sie über ihn triumphierten. Die mittelmäßigen Könner im Metier, die mittelmäßigen Versteher in der Kritik und die mittelmäßigen Empfinder im Publikum, das ist ein gefährlicher und mächtiger Bund. Es war nach der Aufführung von Mahlers «Dritter», daß ich beim Verlassen des Konzertsaales mit einem solchen Rezensenten zusammentraf. «Für so was», raunte er mir zu und meinte Mahlers Symphonie, «für so was verdient der Mann ein paar Jahre Gefängnis . . .» Auf diesen Ton war die Hetze gegen Mahler gestimmt. So wurde gesprochen und nicht viel anders geschrieben [. . .]

Es muß auch gesagt werden, daß dieses vielgepriesene Orchester der Wiener Oper, das dann natürlich «tieferschüttert» an der Bahre seines verehrten Meisters stand, alles geleistet hat, um Mahlers Wirksamkeit zu erschweren. Wie viel Widerstand, wenn die Proben, auf denen Mahler um ein hohes Ziel sich rackerte, zu lange dauerten, wenn die Mittagsstunde um der Kunst willen versäumt werden sollte. Wie viel Abneigung wurde diesem Direktor, der sich mit leidlicher Arbeit nicht begnügte, entgegengebracht, wie viel offene und heimliche Feindseligkeit. Dieses Orchester hört es gern sagen und liest es gern in den Zeitungen, daß es aus lauter Künstlern bestehe. Und dennoch hat dieses Orchester, dem ein Gustav Mahler zur Verfügung stand, es fertig gebracht, seine philharmonischen Konzerte lieber von einem Ballettkapellmeister dirigieren zu lassen! Trauern mag man in Wien um Gustav Mahler. Aber man hat keine Ursache, stolz darauf zu sein, wie man ihn hier behandelt hat.

Sein Ruf, wie er von unzufriedenen Orchestermusikern, von Sängern und Sängerinnen, von aristokratischen Herren und Damen, denen er Gefälligkeiten schroff verweigerte, durch die Stadt getragen wurde: ein tyrannischer, launenhafter, unzuverlässiger Mensch, hochmütig, gewalttätig, kalt und egoistisch. Aus der Nähe aber: ein Mann, der dem Alltag und seiner niedrigen Klugheit völlig entrückt war; ganz in seine Gedanken und in sein Schaffen vertieft, eingehüllt in seine Kunst wie in einem Traum. Zog ihn ein Gespräch zur Teilnahme, dann war es wirklich, als sei er angerufen worden und als trete er aus einer fernen Welt hervor in den Alltag. Fremd, wenn auch in seinem blitzhellen Intellekt schnell zum Wesentlichen gefaßt. Und wie beinahe alle die seltenen Menschen, die eingesponnen in ihrer eigenen Fülle und in ihrem eigenen Reichtum leben, war er heiter, spielerisch, sanft und von einer rührenden Kindlichkeit. Diese reine Kindlichkeit der Seele strahlte ihm aus den hellen Augen, schwebte als ein merkwürdig zwingendes und eroberndes Lächeln um die schmalen Lippen. Von unvergeßlicher Wirkung war dazu die schwingende Kraft seiner Stimme und die fast naive Art, Worte von großer Ironie, Aphorismen von schneidender Schärfe, Gedanken von blendendem Glanz wie etwas harmloses auszusprechen.

Daß der lebenssprühende, von wunderbaren Kräften erglühende Mann so bald von hinnen mußte, – wie schwer ist es zu fassen. Von solcher Macht war sein Wesen, daß seine Persönlichkeit in Wien

rascher populär wurde als sein Werk und sein wirklicher Wert. Die
Leute auf der Straße kannten ihn; und das Volk, das nichts von ihm
wußte, als seinen Namen, las ihm den Ruhm und die Bedeutung
vom Antlitz. Sie blickten alle nach ihm, wie sie nach Johannes
Brahms schauten, wenn er barhaupt vorüber ging, und von dem sie
ja auch nichts wußten; wie sie auf Anton Bruckner achteten, wenn
er in seinen immer schwarzen, immer den mächtigen Leib um-
schlotternden Kleidern einherschob. So schauten sie auch auf Mahler, wenn er über die Straße schritt, mit seinem stolpernden Gang,
zögernd und dann wieder eilig, innehaltend, als vergesse er in seinen
Gedanken des Gehens und als müsse er sich immer von neuem erst
des Unterwegsseins besinnen. Sie schauten ihm nach und lächelten.
Er aber wußte nicht, daß hier Leute waren, daß sie lächelten und
daß sie ihn kannten. Er wußte wohl auch nur selten und undeutlich,
daß er berühmt sei. Er ging durch dieses Leben, ganz versunken in
seine Kunst und in seine Arbeit. Von den Leuten und vom Berühmt-
sein wissen ja nur die Kleinen. Es ist ihr Entgelt dafür, daß ihnen
die heilige Besessenheit versagt blieb, die einen Mahler erfüllte. Und
sie genießen es. Er aber hat nichts genossen. Nicht den Ruhm und
nicht das Aufschauen der Menge. Er verzehrte sich im Feuer seines
Schaffens, brannte lodernd und allzu schnell zu Ende, und starb.

Geister der Zeit, Wien 1924, S. 67 ff.

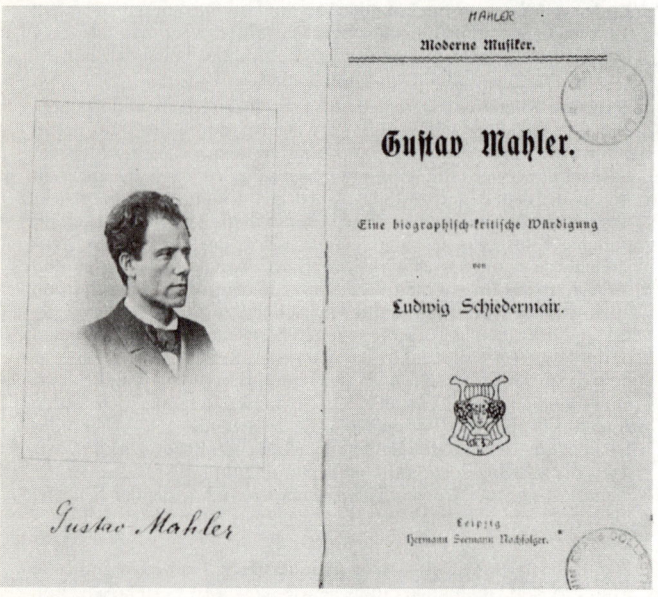

Frontispiz der ersten Veröffentlichung über Gustav Mahler (1901).

Ludwig Schiedermair
(1876–1957)

Nach der Aufführung seiner Zweiten Symphonie in München (am 20. Oktober 1900) wurde Mahler der junge Musikwissenschaftler Ludwig Schiedermair vorgestellt, der gerade an einem Buch über Mahler schrieb. Der Band, der im folgenden Jahr in Leipzig in der Reihe *Moderne Musiker* erschien, gefiel Mahler sehr. Dennoch ließ er den Autor wissen, daß er offenbar zwei seiner Symphonien nicht verstanden habe. «Die Erste ist bis jetzt noch von niemandem begriffen worden, der nicht mit mir zusammengelebt hat.»[11]

Mahler ist im edelsten Sinne des Wortes Tondichter. Und dies deshalb, weil er nicht als völlig absoluter Musiker seine Werke entstehen läßt, sondern in ihnen eigene Erlebnisse und Erregungen in poetischem Gewande versinnbildlicht. Mahler vereinigt mit seinem musikalischen Talente eine ebenso starke und kräftige dichterische Anlage. Eben darum ist bei Mahler der Dichter vom Musiker keineswegs zu trennen. Doch zu glauben, Mahler wolle bestimmte, engbegrenzte Vorgänge in seinen Werken niederlegen, hieße den Komponisten völlig mißverstehen. Mahler ist ein philosophischer Kopf, und darum verficht er in seinen Gebilden auch allgemeine Gedanken, zieht Schlüsse, die keiner einzelnen Person auf den Leib geschrieben sind, und rückt dadurch die Symphonie noch mehr als selbst Richard Strauß vom Wege der Programmusik weg. So erklärt es sich auch, daß Mahler ein Feind der sorgfältig analysierenden und erläuternden Programme und Programmbücher ist.
Ungemein bezeichnend ist für Mahlers Denkungsart folgende Episode. Im Oktober dieses Jahres hatte Mahler jenes denkwürdige Orchesterkonzert des «Münchener Hugo Wolf-Vereins» dirigiert und dabei seine «C-moll-Symphonie» zur Aufführung gebracht. Nach dem Konzert versammelte sich eine illustre Gesellschaft aus ersten Künstlern, Gelehrten und Schriftstellern bestehend, um mit Mahler noch den Rest des Abends in fröhlichem Kreise zu verbringen. Man kam auch auf das Thema des Programmbuchs zu sprechen. Da war es, als wenn ein Blitz in eine heitere, sonnige Landschaft gefahren. Mahlers Augen leuchteten mehr denn je, seine Stirne zog sich empor, mit Erregung sprang er vom Tische auf und rief in bewegten Worten: «Fort mit den Programmen, die falsche Vorstellungen erzeugen. Man lasse dem Publikum seine eigenen Gedanken über das aufgeführte Werk, man zwinge es während der Wiedergabe nicht zum Lesen, man bringe ihm kein Vorurteil bei! Hat ein Komponist den Hörern von selbst die Empfindungen aufgedrängt, die ihn durchfluteten, dann ist sein Ziel erreicht. Die Tonsprache ist dann den Worten nahegekommen, hat aber unendlich mehr, als diese auszudrücken vermögen, kundgegeben . . .» Und Mahler ergriff sein Glas und leerte es mit einem «Pereat den Programmen». Und wir anderen sahen uns verständnisvoll an.

Gustav Mahler, Leipzig 1901, S. 12–14

---

[11] Zitiert nach KBD, S. 225.

Ein halbes Jahrhundert später schreibt Schiedermair in seiner Biographie:

> Wer mit Gustav Mahler eine nähere persönliche Bekanntschaft
> schließen durfte, den mußte die temperamentvoll aufs äußerste
> gespannte und geladene Art seiner Persönlichkeit besonders gefan-
> gen nehmen. Es war zu verstehen, daß Mahler in schriftlichen
> Bemerkungen an mich von sich sagen konnte: «Wie mein physisches
> Leben sich eben entwickelt und nicht anstückelt, so ist es auch
> jenes, welches sich in der Reihenfolge meiner Werke ausspricht –,
> daß ich in einer neuen Sinfonie ungefähr anfange, wo ich in der
> vorigen aufgehört, so meine ich damit nicht ein bloßes Anknüpfen
> eines neuen Fadens an den alten fertig gesponnenen.»

Musikalische Begegnungen, Köln 1947, S. 46

Bruno Walter[12]

Mit *Aida* feierte der 24jährige Bruno Walter am 27. September 1901 sein Wien-
Debüt und nahm damit die Zusammenarbeit mit Mahler wieder auf. Es sollte
jedoch diesmal weniger idyllisch werden als in den Hamburger Jahren, weil die
Kritiker einen Gutteil ihrer Gehässigkeit von Mahler auf den jungen Dirigenten,
der bereits von Mahlers Naturell und seiner Intensität geprägt war, übertrugen.
Walter fühlte sich von Mahler nicht ausreichend unterstützt. Er begann, an sich
selbst zu zweifeln und geriet in eine schwere persönliche Krise, die fast zu einer
überstürzten Abreise geführt hätte.
Jahrzehnte später, während seiner eigenen kurzen Amtszeit als Musikdirektor in
Wien, mußte Walter erkennen, daß der Inhaber dieses Amtes keine andere Möglichkeit hat, als seine Protégés sich selbst zu überlassen.

> Als ich etwa im Jahre 1900 – nicht lange bevor ich nach Wien
> übersiedelte – Mahler von Berlin aus besuchte, fand ich einen so-
> eben von schwerer Krankheit Genesenen vor.[13] Er war älter, milder
> und weicher geworden und eine tiefernste Ruhe war über sein
> Wesen gebreitet. Ich erzählte ihm einige Jahre später einmal, wie
> ergreifend diese Veränderung auf mich gewirkt hätte; «ja, damals
> habe ich etwas gelernt», erwiderte er, «aber es gehört zu den
> Dingen, über die man nicht sprechen kann». Ich begriff, daß er die
> Nähe des Todes gespürt hatte, und ich glaubte noch in der Erinne-
> rung zu verstehen, daß ihn schon damals ein Strahl des wunderba-
> ren Abendsonnenglanzes getroffen hatte, in welchem er in den
> letzten Jahren seines Lebens die Welt sah. «Sie schienen mir damals
> so sicher in einer geglückten Weltanschauung zu ruhen», sagte ich
> ihm in bezug auf jenen Eindruck, «daß ich Sie nur mit Neid ansehen
> konnte; denn ich fühlte, recht im Gegensatz dazu, so ganz die
> Unseligkeit meiner unsicheren Stellung zur Welt, Erfahrung und

---

[12] Siehe Seite 92.
[13] Im Februar 1901 hatte Mahler infolge von Hämorrhoiden eine schwere Darmblutung
erlitten, die zwei Operationen im März und Juni nötig machte.

Nachdenken malten mir unerbittlich das schwärzeste, hoffnungslo-
seste Weltbild; Sehnsucht, Ahnung und musikalische Offenbarung
beruhigten, versöhnten und sprachen von einem herrlichen Sinn des
Ganzen.» «Mein lieber Freund», erwiderte Mahler, «ich besaß
Sicherheit, aber ich habe sie wieder verloren; und ich werde sie
morgen besitzen und übermoren wieder verlieren.» Und so war er:
er wanderte mit Siebenmeilenstiefeln durch das Leben und jeder
Schritt mußte ihm das ganze Weltbild verändern; und wie konnte
ihm eine Erfahrung, und stammte sie aus der jüngsten Vergangenheit, nutzen, ihm, dessen stärkste eigenartigste Kraft es war, die
Gegenwart mit einer ganz unvergleichlichen Konzentration aufzunehmen und zu umfassen, die alle Erfahrung und alles Vergangene
fast völlig zu vernichten schien? – Hatte er bis zum Ende jener ersten
Epoche seines Schaffens als ein echter Romantiker Leiden und
Wonnen, Natur und Gott von einem höchst subjektiven Ichgefühl
aus empfunden, so ist zu bemerken, daß er sich von nun an in einem
hohen Sinn «objektiviert». Das eigentümliche an jener VI. Symphonie ist nämlich, daß ihre schreckliche und hoffnungslose Düsternis
mit Unerbittlichkeit und ohne einen menschlichen Laut dargestellt
ist. Es sind quasi kosmische Laute; die finsteren Mächte selbst
ertönen und keine Seele singt von einem Leid, das es durch sie
erführe. Und der Mann, der dieses furchtbare musikalische Bild
einer entgötterten Welt entworfen hatte, fing an, in Büchern nach
Gott zu suchen. In der Welt hatte er ihn verloren, sie schien ihm
immer rätselvoller und düsterer. Wo war der Gott geblieben, dessen
Blick früher doch wenigstens manchmal und einmal sogar schon so
herrlich den seinen getroffen hatte? Er suchte ihn im Spinoza, im
Plotin[14] und in anderen Philosophen und Mystikern; und von den
Philosophen wandte er sich zu den Naturforschern und durchstö-
berte biologische Werke, ob nicht der aus dem Universum ihm
Entschwundene ihm vielleicht in der Zelle wieder erschiene. Er
schrieb seine VII. Symphonie, gleich der VI. ein «objektives» Werk,
aber reicher und bunter in den Farben; der erste Satz wesensver-
wandt der VI., doch mutvoller und bejahender; die drei Mittelsätze,
«Nachtstücke» genannt, am ehesten an seine frühere Romantik
erinnernd, aber eigenartig reizvoll dadurch, daß sie eben als Erinnerung wirken; und der dritte als Musikstück vielleicht das Schönste,
das Mahler je geschrieben hat: eine süß-zarte Erotik lebt darin als
einziger erotischer Laut, der meines Wissens in Mahlers Werken
vorkommt. Und er suchte weiter seinen Gott: accende lumen sensi-
bus [Erleuchte unsren Geist] – das war die Sehnsucht seiner Seele,
wie es die Triebfeder des Faustschen Strebens war: infunde amorem
cordibus [Gib unsren Herzen Liebe ein] – das schien der Weg zu
sein, der zu Gott führte und den auch die Schlußszene des Faust
lehrte. So komponierte er den Hymnus «veni creator spiritus», dem
jene beiden Sätze angehören, als ersten Satz seiner VIII. Symphonie:

---

[14] Baruch Spinoza (1632–77), niederländischer Philosoph jüdisch-portugiesischer Herkunft,
proklamierte die Einheit von Gott und Natur. Der griechische Philosoph Plotinus (um
205–270) suchte Vollendung in der Loslösung von der Materie.

Bruno Walter.

die Schlußszene des Faust nahm er zum zweiten Satz. Mit beispiel-
loser, elementarer Inbrunst stürzt sich Mahler in die Komposition
dieser Worte; was lag ihm näher, als daß die Menschheit so anrufen, flehen, fordern mußte; und welche Wonne war es ihm, daß es
eine Antwort wie die Goethesche Verheißung gab. Er konnte mir
nicht genug davon erzählen, welches Glück es ihm bereitet hatte,
sich diesen Goetheschen Worten so ganz hingeben und sie so tief in
sich aufnehmen zu können. Und doch haben wir hier sein «objektiv-
stes» Werk vor uns. Nicht Mahler, die Menschheit ist es, die diesen
Hymnus anstimmt und der die Tröstungen des zweiten Satzes
zufließen. Und hiermit sehe ich eine zweite Epoche seines Lebens
beschlossen. Nicht mehr konnte er sich von den immer dringender
und immer erschütternder ihn einnehmenden metaphysischen Fragen durch die Kunst befreien. Die Fragen nach Gott, nach dem Sinn
und dem Ziel unserer Existenz und nach dem Warum des unsägli-
chen Leidens in der ganzen Schöpfung umdüsterten seine Seele.

> *Mahlers Weg. Ein Erinnerungsblatt*, in «Der Merker»,
> Heft 3/5 (März 1912), S. 169–171

IV

Kindertotenlieder
1902–07

Zeittafel Gustav Mahler

1902   Hochzeit mit Alma Schindler am 9. März.
Schwester Justine heiratet einen Tag später Arnold Rosé, den Konzertmeister der Wiener Philharmoniker.
Hochzeits- und Konzertreise nach St. Petersburg.
Am 9. Juni Aufführung der Dritten Symphonie in Krefeld.
Abschluß der Rückert-Lieder.
Abschluß der Fünften Symphonie in Maiernigg.
Geburt der Tochter Maria Anna am 3. November.

1903   Beginn der Zusammenarbeit mit Bühnenbildner Alfred Roller mit *Tristan und Isolde*.
In Maiernigg Beginn der Arbeit an der Sechsten Symphonie.
Uraufführung der Dritten Symphonie in Amsterdam.

1904   Geburt der zweiten Tochter Anna Justine am 15. Juni.
Beginn der Siebten Symphonie.
Vollendung der Sechsten Symphonie in Maiernigg.
Am 7. Oktober Premiere der mit Roller erarbeiteten *Fidelio*-Inszenierung.
Am 19. Oktober Uraufführung der Fünften Symphonie in Köln.

1905   Uraufführung der *Kindertotenlieder* am 29. Januar in Wien.
Im Mai Dirigent beim Elsässischen Musikfest in Straßburg.
Vollendung der Siebten Symphonie.
Am 21. Dezember Premiere des von Roller neu ausgestatteten *Don Giovanni*.

1906   Im Mai hört Mahler in Graz Richard Strauss' *Salome*, die in Wien verboten ist.
Aufführung der Sechsten Symphonie in Essen am 27. Mai.
Komposition der Achten Symphonie.
Unterbrechung des Urlaubs, um in Salzburg *Figaros Hochzeit* zu dirigieren.

1907   Am 17. März Demissionsgesuch als Hofoperndirektor nach fortgesetzten Pressekampagnen gegen ihn.
Am 5. Juni unterschreibt Mahler einen Vertrag mit der Metropolitan Opera in New York.
Tochter Maria stirbt am 12. Juli im Alter von vier Jahren an Diphterie.
Untersuchungen ergeben Mahlers schwaches Herz; den Rest des Sommers Erholung in Toblach.
Konzertreise nach Helsinki und St. Petersburg im Oktober.
Zum Abschied von Wien Aufführung der Zweiten Symphonie am 24. November.
Am 9. Dezember Abreise aus Wien mit Ziel New York.

Zeitgeschichtlicher Hintergrund

1902 Uraufführungen der Zweiten Symphonie von Jean Sibelius in Helsinki
(8. 3.), Arnold Schönbergs *Verklärte Nacht* in Wien (18. 3.) und Claude
Debussys *Pelléas et Mélisande* in Paris (28. 4.).
Mahler wird in Gustav Klimts *Beethoven-Fries* als Ritter abgebildet.

1903 Hugo Wolf stirbt am 22. Februar in der Wiener Landesirrenanstalt.
Die Gebrüder Wright unternehmen die ersten Motorflug-Versuche.
Klimt vollendet sein Deckengemälde in der Wiener Universität.

1904 Russisch-Japanischer Krieg.
Premiere von Leoš Janáčeks *Jenufa* in Brünn.
Otto Wagners Neubau der Wiener Post wird eingeweiht.
Frank Wedekind, *Die Büchse der Pandora*.
Beginn der Ausgrabungen für den Panama-Kanal.

1905 Gescheiterte Revolution in Rußland; Juden-Pogrom in Kishinew.
Albert Einstein, *Relativitätstheorie*.
Richard Strauss, *Salome*.

1907 Oskar Kokoschka schreibt sein Skandal-Drama *Mörder, Hoffnung der
Frauen*.
Rainer Maria Rilke, *Neue Gedichte*.
England, Frankreich und Rußland bilden die Tripelentente.
Erste Kubisten-Ausstellung in Paris.

Erstes Intermezzo:
Alma

Am 7. November 1901 lernte Mahler bei einem Essen im Hause von Berta und Emil Zuckerkandl Alma Schindler kennen und verliebte sich in sie. Alma, eine junge Schönheit, um die sich sehr viel ältere und berühmte Männer – unter ihnen Gustav Klimt und der Direktor des Burgtheaters, Max Burckhard – bemühten, studierte zu der Zeit Musik und ließ sich von dem Komponisten Alexander von Zemlinsky den Hof machen. Ihre Verlobung mit Mahler wurde am 27. Dezember 1901 bekanntgegeben.

Mahlers Freunde waren entsetzt und fürchteten um sein Wohlergehen an der Seite dieser Frau, die kaum halb so alt war wie er – und um ihre eigene Rolle in Mahlers zukünftigem Leben. Alma gelang es schnell, die meisten von ihnen zu vergraulen. So endete Mahlers enge Beziehung zu Lipiner, Adler, Karpath und auch zu Natalie Bauer-Lechner. Diese schrieb im Januar 1902:

> Mahler hat sich vor sechs Wochen mit Alma Schindler verlobt. Ich befände mich hier, wollte ich darüber reden, in der Lage des Arztes, der sein Nächstes und Liebstes auf Tod und Leben behandeln soll. Drum sei, dies zu Ende zu führen, in die Hände des höchsten, ewigen Meisters gelegt![1]

Bruno Walter fand als einziger aus Mahlers unmittelbarer Umgebung Almas Billigung. In einem Brief vom 20. Dezember berichtet er seinen Eltern:

> Na, Kinder, was sagt Ihr zu Mahler's Verlobung? Das ist eine Überraschung, was? Justi's Verlobung mit unserem Konzertmeister Rosé ist eine alte Geschichte; beide aber hätten auf die Vereinigung verzichtet, wenn Mahler sich nicht auch verlobt hätte; Justi hätte ihren Bruder sonst nicht allein gelassen. Er hat alle mit seiner Verlobung überrascht; selbst Lipiners und Spieglers[2] haben es durch die Zeitungen erfahren; auch wir natürlich. Sogar Justi erfuhr es erst zwei Tage vorher zufällig dadurch, daß sie mit ihm auf der Straße seinem künftigen Schwiegervater begegnete und von Mahler, nachdem sie ihm ihre Verwunderung über seine Intimität mit diesem Herrn ausgedrückt hatte, die Antwort erhielt: «Na, ich will Dir nur sagen, ich habe mich nämlich mit seiner Tochter verlobt.» Seine Braut, Alma Schindler, Tochter des berühmten verstorbenen Landschafts-Malers Schindler[3] (ihre Mutter heiratete in zweiter Ehe den Maler Moll, der Schwiegervater ist also ein Stiefvater), ist 22 Jahre alt, groß und schlank und eine blendende Schönheit, das schönste Mädchen Wiens; aus sehr guter Familie und sehr reich. – Wir aber, seine Freunde, sind sehr besorgt wegen dieser Sache; er ist 41 Jahre und sie 22, sie eine gefeierte Schönheit, gewöhnt an ein glänzendes gesellschaftliches Leben, er so weltfern und einsamkeitliebend; und

---

[1] Schlußabschnitt von Natalie Bauer-Lechners Erinnerungen. Manuskript im Besitz von Henry-Louis de La Grange, Paris.

[2] Albert Spieglers Freundschaft mit Mahler ging auf gemeinsame Studentenzeiten zurück. Spieglers Schwester war mit Lipiner verheiratet.

[3] Emil Jakob Schindler (1842–92), Günstling des Kronprinzen Rudolf, starb, als Alma dreizehn Jahre alt war.

Alma Mahler mit ihren Töchtern Maria Anna und Anna Justine, um 1906.

so könnte man noch eine Menge von Bedenken anführen; er selbst fühlt sich als Bräutigam sehr unbehaglich und geniert, ist wütend wenn man ihm gratuliert. [...] Mich empfing er mit den Worten: «Was sagen Sie, die Zeitungen haben mich verlobt! Das heißt, es ist wahr, ich habe mich wirklich verlobt; aber bitte, gratulieren Sie mir nicht, oder – gratulieren Sie mir ganz rasch, so – nun reden wir nicht mehr drüber.» Ein drolliger Bräutigam, was? Aber die Liebe soll sehr groß sein. Die Hochzeit ist für Ende März geplant;[4] Justi heiratet in vier Wochen; die zwei haben ja auch lange genug gewartet, sie passen prachtvoll zusammen; sie ist Euch ja bekannt, und ich kann nur hinzufügen, daß er ein seltener Mensch, ein wundervoller Künstler und ein liebevoller und vornehmer Charakter ist.

Briefe 1894–1962, Frankfurt/M. 1969, S. 52 f.

Carl Moll
(1861–1945)

Carl Moll, Almas Stiefvater, war ein ehemaliger Schüler von Almas leiblichem Vater Emil Jakob Schindler und eine führende Künstler-Persönlichkeit der Wiener *Secession*. Obwohl er gegen Almas Verbindung mit einem Mann seines eigenen Alters war, hegte er eine tiefe Zuneigung für Mahler, und in seinem Bericht liest sich der Beginn ihrer Liebesgeschichte anders als in Almas Version.
Unter dem Einfluß seiner älteren Tochter und seines Schwiegersohnes wurde er in späteren Jahren zu einem überzeugten Nationalsozialisten. Als die Russen 1945 in Wien einmarschierten, beging er mit seiner Familie Selbstmord.
In dem folgenden Auszug aus seiner bisher unveröffentlichten Autobiographie bemüht er sich, seine Sympathie für Mahler mit seiner antisemitischen Überzeugung zu vereinbaren.

Wir sind bei Freunden, Anatom Zuckerkandl, zum Mittagessen[5] geladen, anläßlich des Besuches der Schwester der Hausfrau, die in Paris mit dem Ingenieur Paul Clémenceau verheiratet ist. Anwesend sind noch Burckhardt, Kolo Moser, Klimt, Roller und Gustav Mahler. Letzterer sitzt neben Frau Clémenceau an einem Tischende, Alma zwischen Klimt und Burckhardt am anderen. Meine Frau, nicht ganz wohl, war nicht mitgekommen. Almas Nachbarn höhnen sie mit der «Schönheit» ihres Lehrers Zemlinsky, der von seltener Häßlichkeit ist, von seiner Schülerin als Musiker aber sehr verehrt wird. Mahler wird auf Alma aufmerksam, sein unheimlich feines Gehör folgt, trotz Entfernung, der lebhaften Unterhaltung am unteren Tische. Nach dem Essen eilt er auf Alma zu und setzt das Gespräch über Zemlinsky mit ihr fort, er ist sichtlich von Alma fasziniert. Wenige Tage später ist meine Frau mit ihrer Tochter in der Oper. Im Zwischenakt besuchen sie das Büffet im ersten Stock und begegnen an der Thüre der Direktion vorbeikommend, Mah-

---

[4] Der Verdacht, Alma habe ihre Schwangerschaft dazu eingesetzt, Mahler zur Heirat zu bewegen, wird hier widerlegt; die Hochzeit war schon vor Januar 1902 fest geplant.
[5] Die Einladung am 7. November 1901 war zum Abend- und nicht zum Mittagessen.

ler. Er eilt auf Alma zu – diese stellt ihn ihrer Mutter vor. «Sie
wollen im Foyer Thee trinken, bitte kommen Sie doch hier herein
in mein Büro, ich lasse Ihnen alles hereinbringen!» – Der Zwischenakt hat lange gedauert. Das Gespräch kommt auf die Hohe Warte[6]
– Mahler sagt, er kenne unser Haus von außen, da er mit Vorliebe
in Heiligenstadt spazieren geht. Meine Frau darauf höflich: «Wenn
Herr Direktor wieder einmal vorbeikommen, schauen Sie unser
Haus auch von innen an.»
Am nächsten Tag[7] um 5 Uhr nachmittags läutet es, Mahler steht vor
der Thüre, läßt sich gerne zum Thee bitten, unterhält sich lebhaft
und sichtlich angeregt mit Mutter und Tochter. Es kommt unser
Nachbar Kolo Moser. Mahler sieht auf die Uhr, soll abends in der
Oper sein, eines auftretenden Gastes wegen, trennt sich aber ungern
aus dem Kreise. «Kann ich telefonieren?» Wir hatten noch keinen
Anschluß – man mußte aufs Postamt Döblingen gehen. «Gut, bitte
führen Sie mich hin, vielleicht kann ich mich frei machen.» Mahler
und Alma gehen voraus, Moser und ich folgen als Begleitung,
Mahler kommt mit zurück und bleibt beim Abendbrot. Am nächsten Tag erzählt Alma ihrer Mutter, daß Mahler am Wege um sie
angehalten hat und sie gebeten hat, sich zur Überlegung Zeit zu
lassen!
War mein Erlebnis «Schindler» für mich Schicksal geworden, mein
zweites künstlerisch wie menschlich gleich großes Erlebnis wurde
Gustav Mahler. Auch Mahler hat in zehnjährigem engstem Contact
mein Leben bereichert. Mahler war das Kind jüdischer Eltern.
Apostel Paulus sagt: «Nicht der ist ein Jude, der äußerlich ein Jude
ist, sondern der ist ein Jude, der innerlich ein Jude ist.»
Mahler war frei von jeder typisch jüdischen Eigenschaft, frei von
geistiger, frei erst recht von materieller Spekulation. Wenn er erstere im künstlerischen Schaffen ablehnte, konnte er ehrliches Mühen
– auch in falscher Richtung – achten, letztere aber verachtete er.
Mahler vereinte höchsten Geist mit tiefster Innerlichkeit, mit mysti-
schem Empfinden. «Veni creator spiritus» – «alles Vergängliche ist
nur ein Gleichnis».[8]
Erfüllt von eigenem Schaffensdrang, diente er bis zur Selbstaufopfe-
rung dem Schaffen anderer, und dieser Aufopferung hatte die Wiener Hofoper eine zehnjährige Glanzzeit zu danken.
Mahler hatte bereits als Direktor seine Demission gegeben, setzte
aber seine Tätigkeit noch einige Monate fort, studierte Richard
Strauß's «Feuersnot» ein und Strauß kam zur Aufführung nach
Wien.[9] Nach der Generalprobe hole ich Mahler in der Oper ab, um
mit ihm im Restaurant Hartmann, nächst dem Opernhaus, Mittag
zu essen. Strauß schließt sich uns an. Es kommt das Gespräch auf

[6] Ein Wiener Stadtbezirk, in den die Molls gerade gezogen waren. Ihre Adresse war Stein-
feldgasse 8.
[7] Es war nicht am nächsten Tag, sondern einige Tage später, am 27. November.
[8] Aus der Schlußszene von Goethes *Faust* (Zweiter Teil), die Mahler in seiner Achten
Symphonie verarbeitet hat.
[9] Hier irrt Moll: Die Wiener Premiere von *Feuersnot* leitete Mahler am 29. 1. 1902. Es
folgten bis zur Absetzung im Jahre 1905 elf weitere Aufführungen.

Carl Moll, 1909.

Amerika; mit der Metropolitan Oper in New York hatte Mahler
das Engagement als Dirigent für den kommenden Winter abge-
schlossen. «Ist es nicht ein Unsinn von mir, in New York arbeiten
zu wollen, wo doch für meine Bestrebungen alle verständnisvollen
Voraussetzungen fehlen?» sagt Mahler zu Strauß. Darauf dieser
lächelnd: «Aber Mahler, Sie sind und bleiben ein Kind. Da drüben
stellt man sich ans Pult und macht so: – Geste des Taktschlagens –,
nachher geht man an die Kasse» – Geste des Geldzählens. –
Mahler, für den die Wiedergabe eines Meisterwerkes eine sacrale
Handlung war, ist durch Strauß's Worte tief verletzt und bleibt
während dem ganzen Essen stumm. Charaktergegensätze zweier
genialer Menschen. [. . .]
Mahler verzehrte sich in Aufopferung. Wer dankt es ihm? Die
Schöpfer der Meisterwerke sind lange tot, an die Opern-, die Konzertbesucher denkt er nicht, ihm dankt nur seine innere Befriedi-
gung.
Dieselbe Aufopferung verlangt er aber auch von seinen Mitwirkenden, und unter Künstlern sind überall viele Berufene und wenige
Auserwählte, und nur letztere verstanden sein Wollen, seine Kraft,
folgten ihm mit Begeisterung, die anderen sahen in ihm nur den
Peiniger, fügten sich nur dem Zwang, seiner Dämonie.
Die Wiener Hofoper konnte auf eine ruhmreiche Vergangenheit
zurückblicken, lebte dann von der Tradition, die oft zur Conven-
tion wurde.

Mahlers Vorgänger, Otto Jahn, ein vornehmer Musiker, ein zur Bequemlichkeit neigender Mensch – was sich in seinem Äußeren schon ausdrückte, übte sein direktoriales Amt in gemütlicher Form, sah auch nichts darin, mit der dramatischen Sängerin im engsten Verhältnis zu leben und es ihr zu überlassen, sich ihre Rollen zu wählen, was der Disziplin des Personals nicht gerade förderlich sein konnte.

Sein erster Kapellmeister, Hans Richter, in Bayreuth's hoher Schule gebildet, neigte im täglichen Berufe mehr zu einem wienerisch genütlichen Tempo, probte prinzipiell nie länger als bis 12 Uhr – um den Frühschoppen in dem dem Opernhaus zunächst liegenden Spatenbräu, der den Kreis der Freunde vereinte, nicht zu versäumen.

In diese Gemütlichkeit platzte ein Dämon, platzte der Asket Gustav Mahler hinein. Er erlebte es, daß in der Vorstellung der «Götterdämmerung»,[10] die von längster Dauer ist und der er besonders sorgfältige Vorarbeit gewidmet hatte, im letzten Akte bei einem wichtigen Einsatz der Pauke – sein Zeichen die verwaiste Pauke traf. Seine Sicherheit verhütete die Entgleisung des Orchesters. Nach Schluß der Vorstellung schlug der Blitz ein. Der zur Rechenschaft gezogene Inspizient erklärte entschuldigend, der Paukist wohne in Klosterneuburg, der letzte Zug dahin gehe vor Schluß der Vorstellung und der Substitut hätte ihn im Stich gelassen.

Am nächsten Tag Verhandlung mit dem gesamten Orchester. Die Unsitte der Substituten dulde er nicht länger, es muß bei der Aufführung der am Pult sitzen, mit dem er geprobt habe. Die Bitte der Orchestermitglieder, ihnen einen kleinen Nebenerwerb durch gelegentliche Mitwirkung in Konzerten – angesichts ihrer bescheidenen Gage – nicht zu entziehen, wird mit der Aufforderung beantwortet, ihre Vorschläge in Betreff der Gage zu machen. Diese Vorschläge wurden in der Folge überreicht und von Mahler im Oliversthofmeisteramt vertreten, an ihre Annahme die Möglichkeit seiner weiteren Arbeit – seines Verbleibens im Amte gebunden. Die Gagenerhöhung wurde bewilligt.

Die Opposition derer, die berufen ohne auserwählt zu sein, zeigte sich nur eine Zeitlang befriedigt.

Als Mahler durch Erkrankung die Leitung des Philharmonischen Orchesters zurücklegen mußte,[11] wählte die Mehrheit als seinen Nachfolger einen Kameraden, den Balettmusikdirigenten Pepi Hellmesberger und begrüßte ihn schon beim ersten Konzerte mit einem Lorbeerkranz.

Und Mahler? Als er nach Jahren sterbend aus Amerika zurückkam – war unter den unzählbaren Blumen, die ihn im Sanatorium begrüßten, ein Korb Rosen von seinen einstigen Mitarbeitern, den Philharmonikern. Stumm schaute er ihn lange an. Die Pflegerin trocknete ihm die Tränen, die über seine Wangen herabliefen.

---

[10] Dieser Zwischenfall ereignete sich nicht bei der *Götterdämmerung*, sondern bei *Das Rheingold*, Mahlers erster Wagner-Aufführung in Wien am 24. 8. 1897 (Siehe auch NBL, S. 98 ff).

[11] Eine euphemistische Umschreibung für antisemitische politische Intrigen.

Mahlers Schaffen, Mahlers Andenken sind heute das Opfer der Weltrevolution,[12] des Kampfes gegen die Anbeter des Goldenen Kalbes. In der Vergangenheit hat das jüdische Volk seine Ausnahmsmenschen selbst gesteinigt und gekreuzigt, heute sind diese in anderer Form Opfer ihres Collektivs.

Nach siegreich beendeter Revolution, in gereinigter Atmosphäre, wird Zeit sein, den Weizen von der Spreu zu scheiden.

Geistige Werte gehen nicht unter. – «Auferstehen, Auferstehen wirst Du.»[13]

Mußte man Mahler als Künstler und als Charakter bewundern, ein Teil dieser Bewunderung gebührt seiner jungen Frau, Schindlers älterer Tochter Alma. Fast 20 Jahre jünger, eine gewinnend schöne Erscheinung, hoch begabt und musikalisch ernst gebildet, war sie so recht für den Lebensgenuß geschaffen und viel umworben. Mahler aber war Asket, Arbeitsfanatiker, lebte nur seinem Schaffen, und mit Verzicht auf manche äußerlichen Freuden widmet ihm seine Frau ihre Jugend. Sie hatte die Fähigkeit, im geistigen Leben ihres Mannes vollen Ersatz zu finden. Das Lachen zweier entzückender Kinder – eine Erinnerung an meinen ersten Besuch im Hause Schindler taucht in mir auf[14] – brachte die jubelnden Töne in die Melodie des abgeschiedenen Heims.

Das ältere Mädchen, des Vaters Liebling, wurde mit 5 Jahren das Opfer eines mit Dyphterie verbundenen Scharlach. Den Verlust hat der Vater nicht überwunden. In das Haus am Wörthersee, den Schauplatz der Katastrophe, kehrt Mahler nicht mehr zurück. In der Nachbarschaft des einsamen Landsitzes Mahlers am Wörthersee habe ich mit den Meinen zwei Sommer verbracht und bei den Abendspaziergängen Mahlers tiefe Naturverbundenheit, die aber nicht, wie bei uns Malern, auch am Detail haften bleibt – sondern in die Weite, in die Höhe strebt – kennengelernt.

Mahlers innige Liebe zu seiner Frau übertrug er auch auf seine Schwiegermutter, die er im wahrsten Sinne des Wortes verehrte. Er, der in conzentriertester Arbeit täglich den frühen Nachmittag zu einem Erholungsspaziergang, gewöhnlich in den Prater, nützte, opferte täglich diese Erholung, als seine Schwiegermutter an Lungenentzündung erkrankt war, um, an ihrem Bette sitzend, sie zu zerstreuen, zu erheitern.

Mein Leben, Typoskript im Besitze von Henry-Louis de La Grange, Paris

---

[12] Gemeint ist der Nationalsozialismus.
[13] Zitat aus Mahlers Zweiter Symphonie.
[14] Als Alma und ihre Schwester noch kleine Mädchen waren.

Die Hohe Warte im Winter, Holzschnitt von Carl Moll.

Alma Maria Mahler
(1879–1964)

Almas Bericht von ihrer Ehe mit Gustav Mahler ist eines der außergewöhnlichsten literarischen Dokumente der Musikgeschichte, das unzählige Leser – den Verfasser der vorliegenden Zeilen eingeschlossen – in die Vielschichtigkeit Mahlers und seiner Musik eingeführt hat. Die Forschungsergebnisse der letzten Jahre haben Teile ihrer Schilderung in Frage gestellt und offenbar beabsichtigte Verfälschungen enthüllt. Dennoch gibt es keinen Zweifel an Almas Liebe zu Mahler und an der Aufrichtigkeit ihres Wunsches, Mahler so objektiv zu beschreiben, wie es ihr nur eben möglich war.

Wir waren erst kürzlich in ein neues Haus eingezogen, und meine Bücher harrten des Einräumens. Sie lagen und standen, teils schon geordnet, teils in Haufen, umher. Mahler ging hin und her und musterte sie. Er schien zufrieden mit meiner Wahl. Nur bei meiner großen Nietzsche-Ausgabe machte er sehr erschrockene Augen; er bat mich plötzlich, ich solle sie in den offenen brennenden Kamin werfen. Darauf sagte ich nein und meinte, wenn er mit seinem Haß recht habe, so werde es ihm ein leichtes sein, auch mich davon zu überzeugen. Es sei ehrenvoller für ihn, wenn dieser Nietzsche stehen bliebe, ich ihn aber nicht lese, als wenn ich ihn jetzt verbrenne und mich dauernd danach sehne. Er war verstimmt. Doch nicht lange, so schlug er vor, gemeinsam spazieren zu gehen. Wir kamen in die Halle unseres Hauses hinunter, meine Mutter lud ihn, mit der ihr eigenen Heiterkeit, zum Nachtmahl ein:
«Es gibt Paprikahendln und – Burckhard. Bleiben Sie doch.»
Mahler sagte: «Ich habe nun beides nicht gern, aber ich werde trotzdem bleiben.»
Und wir gingen durch den knirschenden Schnee, Seite an Seite – fremd und nah – hinunter nach Döbling, von wo er nach Hause telefonieren wollte, daß er abends nicht heimkomme. Alle paar Minuten gingen ihm seine Schuhbänder auf, und er wählte die höchsten Standorte, um den Fuß hinaufzusetzen und das Band zu binden. Ich fand seine kindische Unbeholfenheit rührend. In Döbling ging es nun zum Postamt – aber er wußte seine Telefonnummer nicht. Also mußte er die Oper anrufen und zu Hause ohne Grundangabe absagen lassen, was in der neunjährigen Gemeinschaft mit seiner Schwester noch nicht vorgekommen war. Dann stiegen wir schweigend den Berg wieder hinan.
Urplötzlich sagte Mahler: «Es ist nicht so einfach, einen Menschen wie mich zu heiraten. Ich bin ganz frei, muß es sein, kann mich nirgends materiell binden. Meine Stellung in der Oper ist von heut auf morgen.» Mir war sehr beklommen zumute. Ohne nach meinem Empfinden zu fragen, diktierte er mir seinen Willen, seine Lebensbefehle. Ich schwieg und sagte dann: «Was Sie sagen, ist mir selbstverständlich. Vergessen Sie nicht, daß ich ein Künstlerkind bin, immer mit Künstlern gelebt habe und schließlich auch selbst mich als Künstlerin fühle. Ich habe nie anders über diese Dinge gedacht.» Ich weiß noch, wie bei jeder Laterne der Schnee glitzerte und wir uns wortlos auf diese Märchenschönheit aufmerksam

machten. Gesprochen wurde auf dem weiteren Weg nicht mehr. Mahler schien heiter und beruhigt. Wir gingen wie in stiller Verabredung sofort in mein Zimmer hinauf. Oben küßte mich Mahler. Dann begann er, als ob es selbstverständlich wäre, vom raschesten Heiraten zu sprechen. Ihm schien nach diesen wenigen Worten auf dem Heimwege alles geordnet. Warum also warten? [. . .]

Am 9. März 1902 haben Mahler und ich, und am 10. 3., am Tage nach unserer Abreise, haben Justine und Arnold Rosé geheiratet. Zur Hochzeit ging Mahler zu Fuß und in Galoschen, da es heftig regnete; meine Mutter, Mahlers Schwester und ich fuhren. Wir waren in der Karlskirche mit den Zeugen, Moll und Rosé, ganz allein. Es war früh am Tage. Als es zum Niederknien kam, übersah Mahler den Betschemel und sank auf die Steinfliesen; er war ganz klein, mußte aufstehen und sich neuerdings niederlassen. Wir alle lächelten, der Pfarrer auch. Nachher gab es ein ziemlich wortkarges Mittagessen zu sechs, und sofort darauf verabschiedeten wir unsere Gäste, blieben allein, packten und fuhren auf die Bahn. Da unsere Trauung für den Abend angekündigt war, soll es am Abend in der Kirche sehr voll von Schaulustigen gewesen sein.

Im Zuge nach Petersburg atmeten wir auf. Mahlers Depressionen waren mit einem Schlage verschwunden. Allein, unbedrückt, brauchte auch ich meinen Zustand nicht mehr zu verbergen. Mahler war eingeladen worden, in Petersburg drei Konzerte zu dirigieren, und wir hatten beschlossen, die Reise zu unserer Hochzeitsreise zu machen. Leider überkam Mahler in der Mitte der Fahrt eine furchtbare Migräne. Die Ursache war in diesem Falle das überheizte Coupé des russischen Zuges gewesen. Es war eine jener Autointoxikationen, an denen er bis an sein Lebensende litt und die seine Todeskrankheit mitverschuldet haben. Entsetzt sah ich ihn einen ganzen Tag im Gang des Waggons wie einen Rasenden auf und ab laufen – kreideweiß im Gesicht, nicht fähig, auch nur ein Wort zu sprechen. In jeder Station sprang er vom Wagen und lief zur allgemeinen Belustigung der Russen, die mit ungeheuren Pelzmützen und Fäustlingen jedem Luftzug auswichen, ohne Hut, ohne Überzieher, ohne Handschuhe auf dem Perron auf und nieder. Bei 30 Grad Kälte!

Ich saß im Coupé, wartete angstvoll das Ende dieser Marter ab; und so habe ich noch oft gewartet, denn oft noch erlebte ich dieselben qualvollen Stunden seines armen Rasens. [. . .]

Ich fühlte mich in den ersten Jahren sehr unsicher neben Mahler. Nachdem ich mir ihn durch meine Frechheit ahnungslos errungen hatte, war meine ganze physische Sicherheit durch die vorzeitige Schwangerschaft gebrochen worden. Und es ist merkwürdig, von dem Moment seines geistigen Sieges an übersah mich Mahler und fing erst wieder an, mich zu lieben, als ich mich von seiner tyrannischen Suggestion befreit hatte. Einstweilen spielte er die Rolle des Lehrers, unerbittlich streng und ungerecht. Er machte mir sozusagen die Welt ungenießbar – zum Abscheu!

Das heißt, er versuchte es: Geld – Tand! Kleider – Tand! Schönheit – Tand! Reisen – Tand! Nur der Geist allein! Ich weiß heute, daß

er Angst vor meiner Jugend und Schönheit hatte und mich unge-
fährlich machen wollte, indem er mir alles Lebendige, mit dem er
nichts anzufangen wußte, einfach fortnahm. Ich war das Mäderl,
das man begehrt hatte und das man nun erzog. [. . .]
Der Sommer war schön, konfliktlos, glücklich. Am Ende der Ferien
spielte mir Mahler die nun vollendete Sechste Symphonie vor. Ich
mußte mich im Hause von allem frei machen, viel Zeit für ihn
haben. Wir gingen wieder Arm in Arm in sein Waldhäuschen
hinauf, wo wir mitten im Walde ohne Störungen waren. All dies
geschah immer mit einer großen Feierlichkeit.
Nachdem er den ersten Satz entworfen hatte, war Mahler aus dem
Walde herunter gekommen und hatte gesagt: «Ich habe versucht,
Dich in einem Thema festzuhalten – ob es mir gelungen ist, weiß ich
nicht. Du mußt Dir's schon gefallen lassen.»
Es ist das große, schwungvolle Thema des I. Satzes der VI. Symphonie. Im dritten Satz schilderte er das arhythmische Spielen der
beiden kleinen Kinder, die torkelnd durch den Sand laufen. Schau-
erlich – diese Kinderstimmen werden immer tragischer, und zum
Schluß wimmert ein verlöschendes Stimmchen. Im letzten Satz
beschreibt er sich und seinen Untergang oder, wie er später sagte,
den seines Helden. «Der Held, der drei Schicksalsschläge bekommt,
von denen ihn der dritte fällt, wie einen Baum.» Dies Mahlers
Worte.
Kein Werk ist ihm so unmittelbar aus dem Herzen geflossen wie
dieses. Wir weinten damals beide. So tief fühlten wir diese Musik
und was sie vorahnend verriet. Die Sechste ist sein allerpersönlich-
stes Werk und ein prophetisches obendrein. Er hat sowohl mit den
Kindertotenliedern wie auch mit der Sechsten sein Leben «antici-
pando musiziert». Auch er bekam drei Schicksalsschläge, und der
dritte fällte ihn. Damals aber war er heiter, seines großen Werkes
bewußt und seine Zweige grünten und blühten.
Ein Wort noch über das Vorspielen. Er sagte immer, er spiele
niemals ein unfertiges Werk vor. Tat es auch nie. Es sei eine
Unkeuschheit; ebensowenig wie eine Mutter ihr Kind vor der Zeit
im Leibe zeigen könne, ebensowenig solle ein Künstler sein unfertiges Werk zeigen.
Einmal sagte ich auf einem Spaziergang: «Ich liebe am Manne nur
die Leistung. Je größer die Leistung, desto mehr muß ich ihn
lieben.»
Mahler: «Das ist ja recht gefährlich für mich, denn wenn einer
käme, der mehr ist als ich –?»
«Dann müßte ich den lieben», sagte ich.
Darauf er lächelnd: «Na, einstweilen bin ich unbesorgt. Ich weiß
keinen, der mehr ist als ich.»
Doch waren wir beide eifersüchtig aufeinander und leugneten es. Er
sagte oft: «Wenn Du doch plötzlich durch Krankheit entstellt wür-
dest, zum Beispiel Blatternarben bekämest (seine Worte), *dann* erst,
wenn Du niemand anderem mehr gefallen kannst, dann erst könnte
ich Dir zeigen, wie ich Dich liebe.»

Alfred Roller
(1864–1935)

Zum Kreis von Almas Künstler-Freunden zählte auch der Maler Alfred Roller, den Mahler 1902 kennenlernte. Mahler interessierte sich für seine kritische Auseinandersetzung mit der herrschenden Bühnenbild-Auffassung der Oper. Obwohl Roller als bildender Künstler über keinerlei Erfahrung mit dem Theater verfügte, gab Mahler ihm den Auftrag, das Bühnenbild für die geplante Neuinszenierung von *Tristan und Isolde* zu entwerfen; wenig später engagierte er Roller dann auch als Leiter des «Ausstattungswesens» der Oper. Zu den Höhepunkten ihrer gemeinsamen Inszenierungen zählten *Fidelio* und *Don Giovanni*. Sie wurden enge Freunde, und auch nachdem Mahler Wien verlassen hatte, schrieben und trafen sie sich häufig.
Roller sah Mahler mit den Augen des Künstlers, und seine Beschreibung von Mahlers Äußerem ist die schärfste und genaueste, die es gibt. Sie wurde 1921 als Vorwort zu einem Buch mit Mahler-Fotografien, das Alma herausgab, verfaßt.

«Unansehnlich, schwächlich, häßlich, zappelndes Nervenbündel» – das sind gangbare Schlagworte über Mahlers äußere Erscheinung. Sie sind unzutreffend und nur teilweise durch ihn selbst veranlaßt. Um mit der äußeren Hülle zu beginnen: Mahler trug sich lässig. Er hatte in seiner reifen Zeit sehr gute Kleidung, behandelte sie aber achtlos. Die Überröcke wurden bloß auf dem obersten Knopf geschlossen und die Fäuste in die Taschen gestemmt, die Krawatte war in drei Sekunden zu irgend einem schiefen Knoten geschlungen, der neueste Hut sah, mit beiden Fäusten an den Krempen gepackt und auf die Ohren herabgezerrt, bald formlos wie ein alter aus. Eine Vorstellung, die man ihm etwa über dergleichen machte, hörte er gütig lächelnd an, gleich als würde ihm ein kleines Kind eine recht alberne Geschichte erzählen. Aus Gefälligkeit verbesserte er den bemängelten Unfug vielleicht sogar für den Augenblick – um ihn im nächsten wieder in seine Gewohnheitsrechte einzusetzen. So förderte er durch Gleichgültigkeit gegen den äußeren Eindruck, den er machte, die allgemeine Vorstellung von seiner dürftigen Körperlichkeit. [. . .]
Seine Geringschätzung der eigenen Kleidung war manchmal nicht frei von der für ihn so kennzeichnenden Schelmerei. Es machte ihm mitunter ein kindliches Vergnügen, Leute, die sehr streng auf äußere Form hielten, durch seinen nachlässigen Aufzug zu verwirren. Einst war das Seidenfutter seines Überrockes schadhaft geworden. Mahler, weit entfernt sein Gedächtnis mit einer solchen Nebensächlichkeit zu belasten, ließ den Schaden ungebessert, der nachgerade ins Groteske wuchs. Ja gerade dadurch wurde er ihm zur Quelle eines sonderbaren Spasses: «Das wäre doch sehr wertvoll zu wissen, was der feierlich-korrekte Türhüter des Obersthofmeisters empfinden mag, wenn er mir bei meinen Dienstbesuchen diesen zerrissenen Rock abnimmt oder anlegt. Er trägt seinen Frack so feierlich und verzieht keine Miene, ich versichere Sie, keine Miene, wenn er mir in den Rock hilft, der doch wirklich ein zerrissener Rock ist. Wie mag sich die Weltordnung in diesem Kopfe darstellen und welche Stufe mag mir in ihr zugewiesen sein! Merkwürdig! Ganz merkwürdig!» Ich brachte es nicht übers Herz, diese wochenlang

während Idylle zu stören und an zuständiger Stelle, nämlich bei Frau Alma, des zerrissenen Rockfutters Erwähnung zu tun.

Wenn ich Erinnerungen wie diese vorbringe, so hat das mit einer Schilderung von Mahlers äußerem Bilde scheinbar wenig zu tun. Aber an diesem durchaus wahrhaften Menschen gab es keine bloßen Äußerlichkeiten und die Schilderung der sichtbaren Züge führt unvermeidlich zur erzählenden Andeutung ihrer inneren Ursachen.

Tadellos gepflegt und neu war immer Mahlers Frackanzug. Da er ihn beim Dirigieren trug, nannte er ihn sein «Arbeitsgewand». Alles aber, was irgendwie mit seiner Arbeit zusammenhing, hielt er seiner Aufmerksamkeit wert. Sahen ihn dann die Leute elegant, straff und voll explosiver Spannkraft am Dirigentenpult tätig und merkten sie den Unterschied zwischen diesem Mahler und dem ihrer Alltagsvorstellung, dann halfen sie sich aus ihrer Verlegenheit mit Schlagworten, wie dem vom «Nervenmenschen» und konstruierten sich einen zeitweilig durch Autosuggestion emporgerissenen Halbwilden oder Dreiviertelirrsinnigen als «ihren» Mahler in allen zweckdienlichen Abwandlungen und Schattierungen.

Wenn die Menge einen Großen betrachtet, so sucht sie an ihm ja doch zuvörderst ihre eigenen Niedrigkeiten und Schwächen zu entdecken. Das beste Stück an Mahlers Alltagsgewand zum Beispiel war immer sein vortreffliches Schuhwerk. Flugs entstand die Legende, er sei eitel auf seine schmalen Füße! Er war einfach ein passionierter Fußgänger und wußte wie jeder solche den Wert und die Bedeutung vorzüglicher Beschuhung wohl zu schätzen.

Mahlers Gehfreude hatte ihren Grund in seiner großen Liebe zur freien Natur. Diese Liebe heftete sich durchaus nicht an bestimmte oder besonders großartige Objekte. Jeder Platz in Feld und Flur, auf dem er ungestört weilen konnte, entzückte ihn und schien ihm «der schönste» zu sein. Ich erinnere mich mit ihm eines Spätsommernachmittags auf einer kleinen Waldkuppe gerastet zu haben. Es war das ein aufgelassener Schlag mit schütterem Bestand von schmächtigen Rotkiefern, die das Beil verschmäht hatte. Der Waldboden war mit modernden Holzspänen und dichtem Heidelbeergestrüpp bedeckt. Rings andere gleichgültige Waldkuppen. Nirgends etwas Besonderes. Bloß Ruhe und gute Sonne. Aber Mahler bohrte, auf dem Rücken liegend, die Schultern tief hinein in das Heidelbeergestrüpp, gleich als könnte er der lieben Erde gar nicht nahe genug sein. «Sagen Sie, ist das nicht ein herrlicher Platz! Ist es da nicht wunderschön!» rief er ein- über das anderemal und geriet in so strahlende Laune, daß er mir die Dichtung seiner vernichteten Oper «Rübezahl» erzählte.

Wenn Mahler während seiner alljährlichen Sommeraufenthalte seinem Wandertrieb folgte, so trug er mit großem Behagen einen grauen Touristenanzug. Den Rock hängte er gern an einer Fangschnur über die Schulter, die Kappe war an der Brust des derben Leinenhemdes genadelt, der schwarze Faltengürtel tief unter die Taille hinabgeschoben. Die Füße steckten in gelben Schnürstiefeln, zu denen er dünne schwarze Kniestrümpfe trug. Zu den in diesem Falle selbstverständlichen gebrauchsfarbigen Wollstrümpfen oder

-Stutzen mochte er sich nicht verstehen. Eine andere Absonderlich-
keit von Mahlers Kleidung war, daß er seine Nachthemden kurz
wie Reithemden schneiden ließ. Die langen Nachthemden seien ihm
lästig, behauptete er und er schlafe außerdem am besten, wenn ihn
ein wenig friere.

Manchem mag die Erwähnung solcher Einzelheiten überflüssig
oder lächerlich erscheinen. Mag sein. Aber der Sammler, auch der
von Beobachtungen, hat lediglich zusammenzutragen und unent-
stellt zu überliefern. Die Wertung und Sichtung des Sammelgutes
bleibt Anderen überlassen. Übrigens bin ich der Meinung, daß die
Art, wie ein Mann sich mit seiner Kleidung abfindet, mehr über ihn
auszusagen vermag als manche spitzfindige psychologische Unter-
suchung.

Eine Skizze des äußeren Gesamtbildes Mahlers darf seines vielbere-
deten «Zuckfußes» nicht vergessen.

Er soll als Kind an unfreiwilligen Bewegungen der Extremitäten
gelitten haben. Dieses, besonders bei geistig regen Kindern, nicht
gar seltene Leiden kann, wenn es vernachlässigt wird, zum soge-
nannten «Veitstanz» ausarten, verschwindet aber bei richtiger körperlicher und geistiger Beeinflussung mit zunehmendem Wachstum
des Körpers gewöhnlich restlos. Bei Mahler blieb leider das unfreiwillige Zucken des rechten Beines für Lebenszeiten zurück. Er hat
zu mir nie darüber gesprochen und ich nehme deshalb an, daß es
ihm als auffällig peinlich war. Beim Gehen äußerte es sich in der
Form von ein bis drei kurzen aus dem Rhythmus fallenden Schritten. Beim Stehen in einem leichten Aufstampfen, in einer Art Tre-
tens auf dem Platz. Sein unvergleichlich starker Wille hielt diesen
Reiz für gewöhnlich gebannt. Wurde der Wille aber irgendwie
abgelenkt oder entspannt, dann stellte sich jedesmal dieses auffälli-
ge Gehaben des rechten Beines ein. Ob die Willensentspannung
durch Überraschung, durch ein ärgerliches oder ein lustiges Vor-
kommnis verursacht war, blieb in der Wirkung ganz gleich. Es war
also unrichtig, wenn, wie dies oft geschah, dieses Stampfen für ein
ausschließliches Zeichen der Ungeduld oder des aufsteigenden
Ärgers gehalten wurde. Es stellte sich ebensowohl und oft stärker
beim Lachen ein. Und Mahler lachte gern und herzlich wie ein
Kind, so daß ihm die Tränen aus den Augen liefen. Dann nahm er
die Brillen ab, um die trüb gewordenen Gläser zu putzen und
trampelte dabei regelmäßig einen wahren Freudentanz auf dem
Fleck, wo er gerade stand. Die verbreitete einseitige Deutung seines
Stampfens zeigt eben, daß Mahler viel häufiger mit Leuten sprechen
mußte, die ihn ärgerten oder langweilten, als mit solchen, mit denen
er fröhlich sein konnte. Im ruhigen Fluß der Gedanken oder der
Rede trat das Zucken nie auf. Ebensowenig unter der gewaltigen
Willensanspannung des Dirigierens. Wohl aber, wenn er, einsam
wandernd, einem musikalischen Gedanken nachhing und ihn endlich, stehen bleibend, in sein winziges Skizzenbuch eintrug. Dann
begann der Weitermarsch regelmäßig mit ein bis zwei zu kurzen
Schritten.

Ich sah ihn manchmal inmitten des Zimmers lange regungslos auf einem Bein stehen. Die eine Hand in die Hüfte gestemmt, den Zeigefinger der anderen an die Wange des nachdenklich gesenkten Kopfes gelegt, den Fußrücken des Spielbeines in die Kniekehle des Standbeines geschmiegt, die Augen vor sich hin auf den Boden gerichtet, so stand er minutenlang regungslos, wie in Gedanken verloren. War diese ganz sonderbare Stellung ein Training, das er sich gegen den Eigenwillen seines Beines ersonnen hatte? Schon möglich. Denn er behandelte im allgemeinen seinen Körper nicht gerade sanft, diesen Körper, der für zart galt und es so gar nicht war.

Mahler mußte unter uns Süddeutschen für klein gewachsen gelten. Gemessen habe ich ihn leider nie. Ich schätze, daß er nicht über 160 Zentimeter groß war. Den Kopf ließ das über Frau Almas Wunsch ziemlich lang getragene, reiche Haar etwas zu groß erscheinen. Ich konnte im Sonnenbad, das Mahler eifrig pflegte, seinen nackten Körper aufmerksam studieren. Dieser Körper war von großem Ebenmaß und ausgesprochen männlichen Proportionen. Die Schultern waren breiter, als der bekleidete Körper vermuten ließ, und vollkommen symmetrisch gebaut. Das Becken war sehr schmal. Die Beine, keineswegs besonders kurz, hatten absolut schön und regelmäßig gestellte Achsen, harte, klar entwickelte Muskel und schwache Behaarung. Übertriebene Adernausprägung fehlte gänzlich. Die Füße waren klein mit hochgebautem Rist und kurzen, regelmäßigen, vollkommen fehlerfreien Zehen. Die Brust hatte kräftige Wölbung, geringe Behaarung und sehr klar gezeichnete Muskelansätze. Der Bauch war, bei starker Betonung des geraden Bauchmuskels, ohne jeden sichtbaren Fettansatz, wie übrigens der ganze Körper, und zeigte die Inskriptionen so deutlich wie bei einem Mustermodell. Ich habe infolge meines Berufes eine große Zahl nackter Menschenkörper aller Art beobachtet und erkläre, daß der vierzigjährige Mahler einen tadellos schönen, kräftig-schlanken Manneskörper besaß, der allerdings kaum ganz siebeneinhalb Kopflängen gemessen haben mochte. Ich konnte, als ich ihn zum erstenmal nackt sah, eine Bemerkung der Überraschung über diese Muskelpracht nicht zurückhalten. Mahler lachte gutmütig, da er merkte, daß auch ich durch das allgemeine Geschwätz über seine dürftige Körperlichkeit beeinflußt worden war. Am schönsten entwickelt, geradezu sehenswert wegen der Klarheit ihrer Formen, war die Rückenmuskulatur. Ich konnte diesen prachtvoll modellierten, braungebrannten Rücken nie ansehen, ohne an ein fites Rennpferd erinnert zu werden. Seine Hand war eine rechte Arbeiterhand, kurz und breit, und die Finger ohne Verjüngung wie abgehackt endigend. Die Fingernägel – es muß leider gesagt werden – waren meist kurz abgebissen, oft bis aufs Blut, und erst allmählich blieben Frau Almas Bemühungen gegen diese Unart siegreich. Schlank waren die Arme, wenigstens im Verhältnis zu ihrer großen Kraft. Denn Mahler war im Gegensatz zu der verbreiteten Vorstellung sehr muskelstark. Viele sahen ihn gelegentlich aus dem Orchester über die Rampe auf die Bühne hinaufvoltigieren. Er vermochte aber auch ohne besondere Mühe, seine leidende Schwester von der Straße in

die im dritten Stockwerk gelegene Wohnung zu tragen. Übrigens
war das lange Stehen auf der schmalen, oft geländerlosen Plattform
des Konzertdirigenten, hoch über den Köpfen der Parterrebesucher,
sicher auch eine körperliche Kraftleistung. Bei einer Probe zum
ersten Aufzug von «Lohengrin» im Jahre 1904, bei der er sich als
Regisseur betätigte, schupfte er, um die bei dem Anlangen des
Schwanenritters nötige mächtige Bewegung unter den versammel-
ten «Edlen» herauszubringen, die gewaltigen Leiblichkeiten mancher Sänger wie leichte Bälle an die richtigen Plätze. Freilich blieb
er, nach Beendigung der Szene die Bühne verlassend, auf der zum
Parkett führenden Holztreppe plötzlich einen Augenblick lang mit
einem Griff der Hand nach dem Herzen stehen. Mich befiel da zum
erstenmal Sorge vor drohendem Unheil. Doch Mahler ist nicht an
seinem angegriffenen Herzen gestorben, sondern bekanntlich an
einer Streptokokken-Vergiftung des Blutes infolge wiederholter
Angina-Erkrankungen.

Solange er an sein gesundes Herz glaubte, also bis zum Jahre 1907,
war er nicht nur ein leidenschaftlicher Fußgeher, sondern auch ein
vorzüglicher Schwimmer, ausdauernder Ruderer und geschickter
Radfahrer. In Mayernigg am Wörthersee, das ihm durch sieben
Jahre als Sommersitz diente, erhob er sich um halb sechs Uhr
morgens, hatte einsam sein erstes Bad und eilte dann rasch auf
versteckten Pfaden zu seiner tief im Wald verborgenen Komponierhütte, wo das erste Frühstück für ihn vorbereitet war. Dann folgten
etwa sieben Stunden ununterbrochener Arbeit. Vor dem Speisen
badete er abermals, musizierte dann gewöhnlich gemeinsam mit
Frau Alma und spielte mit seinen Kindern. Nach dem Essen ruhte
er kurze Zeit, was er sich in der Stadt nie gestattete, auch wenn er
von der Vormittagsprobe noch so müde war. Redete man ihm in
solchem Falle zu, doch ein wenig zu ruhen, so pflegte er mit der
Begründung: es sei doch nur «eine ganz ordinäre körperliche Müdigkeit», abzuwehren. Dieser kurzen Nachmittagsruhe auf dem
Lande folgten dann von etwa vier Uhr an täglich lange Spaziergänge, auf denen ihn für gewöhnlich Frau Alma begleitete. Es wurde ihr
oft gar nicht leicht. Denn man konnte mit ihm ein sehr flottes
Marschtempo gehen, ohne daß ihm das lästig wurde. Im langsamen
Schreiten setzte er, beinahe zierlich, einen Fuß vor den anderen und
streckte die Beine in den Kniekehlen stramm. Er ging so «in einer
schmalen Spur». Im Eilschritt aber, in dem sich die weiteren Spaziergänge vollzogen, trug er den Oberkörper leicht vorgeneigt, das
Kinn vorgestreckt und trat fest, fast stampfend, auf. Diese Gangart
hatte etwas Stürmisches, etwas ausgesprochen Triumphales. Zu
schlendern vermochte Mahler überhaupt nicht. Sein Körper hatte
immer Haltung, wenn auch nicht immer die konventionelle. Bergan
stieg er viel zu rasch. Ich vermochte ihm da kaum zu folgen. Sein
Bad begann gewöhnlich mit einem mächtigen Kopfsprung. Dann
schwamm er lange unter dem Wasser und weit draußen im See kam
er erst wieder zum Vorschein, sich behaglich im Wasser wälzend
wie eine Robbe. Mit Mahler gemeinsam zu rudern war kein Vergnügen. Er hatte einen sehr kräftigen Streich und einen viel zu

Postkarte der Mahler-Villa am Wörthersee.

schnellen Schlag. Aber seine Kraft befähigte ihn, diese Anstrengung lange auszuhalten.

Die Abende auf dem Lande verbrachte er regelmäßig in Gesellschaft seiner Frau. Oft las sie ihm, manchmal er ihr vor. Sie berichtet, daß er in diesen Sommermonaten – der Zeit seiner eigentlichsten Arbeit – immer viel zugänglicher, menschlicher und hingebender gewesen sei als in der Stadt. Er habe sogar seine große Scheu soweit überwunden, daß er ihr halbfertige Arbeiten vorspielte.

Mahler machte zu jener Zeit den Eindruck eines kerngesunden Menschen. Er schlief vortrefflich, liebte seine Zigarre und genoß gern des Abends ein Glas Bier. Schnäpse mied er gänzlich. Wein trank er nur bei besonderen Anlässen. Besonders gern Mosel, Chianti oder Asti. Ein oder zwei Glas machten ihn schon aufgeräumt und er brachte dann Wortwitze vor, über die er, um Frau Almas Worte zu gebrauchen, sich selbst fabelhaft unterhielt. Aber bei aller Sinnenfreudigkeit, die er auch den Genüssen der Tafel entgegenbrachte, war er von größter Mäßigkeit. Nie merkte man an ihm ein Zuviel. Trunkenheit war ihm ein Abscheu ebenso wie jede Unfläterei oder Anstößigkeit. Die strenge Reinlichkeit, die er an seinem Körper pflegte, bewahrte er, ohne jede Prüderie, auch im Gespräch und sicher auch in seinen Gedanken.

Er hatte in seinen mittleren Mannesjahren eine schwere Darmoperation zu überstehen gehabt, die ausgedehnte innere Narben zurückgelassen hatte. Dies zwang ihn, seiner Ernährung besondere Aufmerksamkeit zu widmen und eine strenge Diät zu beachten. Aber er aß gern und mit Genuß. Viel Obst, besonders Äpfel und Orangen, viel Butter, leichte Gemüse und Mehlspeisen, wenig

Fleisch und immer nur das von Haustieren. Wild und das Fleisch freilebender Tiere mied er vollkommen. Da ihn jeder Diätfehler arbeitsunfähig machte, war er – besonders wenn er an der Beendigung eines Werkes tätig war und nur noch wenige Ferientage vor sich sah – bei Tisch übertrieben vorsichtig, ja ängstlich. Im allgemeinen war er gegen körperliches Ungemach sehr widerstandsfähig. Er erschien mitunter trotz quälender Migräne am Dirigentenpult und die Generalprobe zur «Achten Symphonie» in München dirigierte er unter argen Rheumatismusschmerzen im Nacken und Schultergürtel. Bloß die stete Angst, in der Durchführung seiner Arbeitspläne gehemmt zu werden, machte ihn manchmal hypochondrisch und kleinen Widerwärtigkeiten – etwa einem Wespenstich, einem Messerschnitt – gegenüber verzweifelt. Er war beherrscht von der geheimnisvollen Angst aller zu früh sterbenden Künstler, sein Werk unvollendet lassen zu müssen.

Im Sommer 1907, nachdem Mahler von der Direktion der Wiener Hofoper zurückgetreten war und ihm in Mayernigg der Scharlach sein älteres Kind entrissen hatte, erfuhr er, daß sein Herz nicht in Ordnung sei. Die Mitteilung war ziemlich unvermittelt erfolgt und von strengen Verhaltungsmaßregeln begleitet gewesen. Ihre Wirkung auf Mahler war schwer und unheilvoll. Dieser Sommer blieb ohne künstlerische Frucht. Mayernigg hatte er nach dem Tode der kleinen Maria Anna für immer verlassen und sich in Schluderbach eingemietet. Seine Stimmung war stille Resignation. An Stelle der fröhlichen Wanderungen waren vorsichtige Spaziergänge getreten. Einem Jugendfreund gelang es, das erschütterte physische Selbstvertrauen wieder zu heben. Mahler wagte wieder längere Spaziergänge und schalt auf den Arzt, der ihn so eingeschüchtert hatte. Aber mit dem Sturmschritt, dem Bergsteigen, Rudern und Schwimmen war es vorbei. Oft sah ich ihn seither die eine Zigarre, die der Arzt ihm täglich nach dem Essen gestattet hatte, bloß bis zur Hälfte rauchen, sie dann nachdenklich betrachten und endlich schweigend weglegen. Die im Herbst folgende erste Amerikafahrt lenkte ihn ab und im Sommer 1908, da er in dem Bauernhof «Altschluderbach» bei Toblach Unterkunft gefunden hatte, kehrte auch die Schaffenslust wieder. Zu seiner eigenen Überraschung, wie es schien. Denn: «Denken Sie sich, ich schreibe wieder etwas!» so rief er mir dort entgegen. Es war «Das Lied von der Erde». [. . .]

Von der ersten Amerikafahrt war er, nicht gerade gealtert, aber doch sehr verändert heimgekehrt. Ich war betroffen, als ich ihn im grauen Licht der Bahnhofshalle vor mir sah. Die leichtere Arbeit, die er drüben zu leisten gehabt hatte und die verminderte Bewegung hatten ihn etwas Fett ansetzen lassen. Die Kleidung war gepflegter. Er war noch immer ein magerer Mann, aber alles an ihm, Gestalt, Bewegung und Miene, war weicher geworden. Selbst die Stimme schien verändert. Das war allerdings bloß eine Täuschung.

In Mahlers Stimme lagen nämlich zwei Register unvermittelt nebeneinander. Ein sehr sonores baritonales, in dem sich seine ruhige Rede bewegte, und ein klingendes, tenorales, das bei gesteigerter innerer Lebhaftigkeit benützt wurde. Die Stimme konnte zu großer

Kraft gesteigert werden, ohne ihre tiefe Lage zu verlassen. In dieser entluden sich auch die berühmten Theater-Donnerwetter. «Glauben Sie nur nicht, daß ich mich wirklich geärgert habe», sagte er mir nach dem ersten solchen Wetter, das ich miterlebt und das mich etwas verschüchtert hatte, «aber ich habe leider kein anderes Mittel als Strenge, um die nötige Ordnung aufrecht zu halten.» Und in der Folge lernte ich am Klang der Stimme erkennen, ob es sich um «Theater» handelte oder ob er wirklich erregt war. Dann nämlich sprang die Stimme sofort mit einer Art Bruch in die höhere Lage über, einerlei, ob die Erregung freudiger oder ärgerlicher Art war, oder gesteigertem Interesse am Gesprächsstoff entsprang. Nach dem Jahre 1907 war die höhere Stimme immer seltener zu hören. Die zunehmende Gelassenheit seines Wesens ließ immer ausschließlicher die tiefere Lage erklingen und so konnte die Täuschung entstehen, als habe die Stimme sich geändert. – Übrigens sprach Mahler ungemein fesselnd und anschaulich in klaren, wohlgefügten Sätzen, fern von jedem Schwulst und in einem schönen, reinen, von jeglichem Fremdklang vollkommen freien Deutsch. Seine Rede war männlich. Das «R» wurde etwas stark betont und ein ganz klein wenig gaumig gesprochen. [. . .]

Mahler war ganz ungewöhnlich kurzschädelig. Er hatte sozusagen überhaupt keinen Hinterkopf. Die Impetuosität seines Wesens drückte sich in dem mächtigen Kuppelgewölbe der Stirne aus, die mit zunehmendem Alter das Antlitz immer mehr beherrscht. Dieser Bau des Schädels, zusammen mit dem energischen Unterkiefer und dem über die Stirne emporstrebenden, bis an das Ende dunklen, in schlangenartigen Strähnen natürlich gelockten Haar, gibt dem Kopf jene bezeichnende Ähnlichkeit mit einer antiken tragischen Maske. – Vom 30. Lebensjahr an erscheint Mahler völlig bartlos. Bloß in den Sommermonaten trug er manchmal, um sich die Mühe des Rasierens zu ersparen, einen gestutzten Schnurrbart. Einmal traf ich ihn im Sommer auch mit einem mächtigen, eisenfarbigen, starren Vollbart, den von den Mundwinkeln herab zwei hellgraue Flammen durchzogen. Dem allgemeinen Protest lachend gefügig, erschien er aber bald wieder bartlos. So kam das starke, gesunde Gebiß zur Geltung. Es war weiß und regelmäßig. Der Zahnarzt bekam erst in den letzten Lebensjahren daran zu tun, und da nicht viel. Zwischen dem starken Kaumuskel und dem Munde lagen jederseits drei Längsfalten. Eine zackig verlaufende mit rundem Außenrand am Mundwinkel. Eine zweite vom Nasenflügel herabziehend und ober dem Mundwinkel endigend, die Leidensfalte. Und eine dritte, etwas vom Jochbeinfortsatz des Oberkiefers ausgehend und senkrecht zum horizontalen Ast des Unterkiefers herabziehend. Sie ist das Kennzeichen aller Menschen von ungewöhnlicher Willenskraft. Bei Mahler war sie scharf und tief, wie mit einem Messer in harten Stein geschnitten. Neben dieser Falte, gerade über den Backenzähnen, lag noch eine flache Grube. Die prachtvolle Hakennase wirkte im Leben nicht so mächtig wie an der Totenmaske, wo sie infolge der allgemeinen starken Abmagerung des Gesichtes vergrößert erscheint. Die Ohren waren klein, anliegend, hatten vollkommen freistehende

Läppchen und besonders reich und zierlich modellierte Muscheln. Sehr edel waren die Lippen geschnitten. Ihre Umgebung zeigte den Formenreichtum, den die Gewohnheit sehr klar artikulierten Sprechens hervorbringt. Sie waren schmal und für gewöhnlich mit dem Ausdruck der Festigkeit geschlossen, bloß beim achtsamen Lauschen leicht geöffnet. War Mahler verstimmt, geärgert, innerlich angewidert, so zog er den Mund ganz schief, nahm die halbe Unterlippe zwischen die Zähne und zog Stirn- und Nasenfalten kraus. So verzerrt erschien das Gesicht ganz entstellt, einer Fratze gleich, und er war wirklich «der häßliche Mahler». Es war nicht ausschließlich Mahlers Schuld, daß manche Leute bloß dieses Gesicht zu sehen bekamen und einen anderen als den «häßlichen Mahler» überhaupt nicht kannten. Mahler war kurzsichtig und trug, wie die Bilder zeigen, von Jugend an Gläser. Bald Brillen, bald Klemmer. Zuletzt gewöhnlich ovale Brillen ohne Rundfassung, mit goldenem Bügel. So wirkte die Umgebung des Auges mehr als dieses selbst. Die Iris war dunkel gesprenkelt, vorwiegend tief braun. Der Augenhöhlenrand trat überall stark hervor. Die Tränensäcke waren klein und flach. Das obere Augenlid war seit den Mannesjahren mit dem Ausdruck heller Wachheit energisch gehoben. Sank es ein wenig, so bedeutete das beginnende Ermüdung. Es war das ein Paar kluger, aufrichtiger Augen, die standhalten konnten.

Dieses magere Antlitz war ein treuer Spiegel jeder inneren Regung seines Trägers, weshalb es von vielen Menschen, je nach der Verschiedenheit ihrer Beziehungen zu Mahler, sehr verschieden geschildert wird. Das Maskenhafte wird fast allgemein erwähnt. Aber während die einen Ernst, Strenge, asketische Starrheit als vorherrschenden Ausdruck bezeichnen, nennen andere Lebhaftigkeit, Nervosität, Ungeduld und Flackerigkeit, und wieder andere Härte, Kälte, Unnahbarkeit, Hochmut. Wer Mahler genügend nahe stand, mußte wohl erkennen, daß alle Regungen einer großen, leidenschaftlichen Menschenseele in diesen Zügen ihren treffenden Ausdruck finden konnten, daß aber die Grundstimmung dieser starken Persönlichkeit besiegtes Leid und mannhafte Güte waren.

Mahler muß innerlich viel gekämpft und unendlich gelitten haben. Seine Musik spricht aus, was sein keuscher Mund verschwieg. Am Abend nach der Generalprobe zur «Sechsten Symphonie» fragte er seinen Freund, einen Nichtmusiker, ob er einen Eindruck empfangen habe. Und als dieser, noch unter der von dem Werk hervorgerufenen Erschütterung bloß schluchzend zu stammeln vermochte: «Wie kann ein Mensch von Ihrer Güte so viel Grausamkeit und Unbarmherzigkeit ausdrücken!», da sagte Mahler ernst und bestimmt: «Es sind die Grausamkeiten, die mir angetan worden sind, die Schmerzen, die ich zu dulden hatte!»

Mahlers ernste Güte haben viele erfahren. Doch über derartige Erlebnisse wird ja gewöhnlich große Diskretion gewahrt. Die zeitweilig unvermeidliche Notwendigkeit, Andere zu verletzen, der sich kein Wirkender entziehen kann, findet ein viel treueres Gedächtnis. Wie trefflich wußte er mit Kindern zu verkehren und wie rasch lernten sie ihn lieben! Aber seine tiefe Ehrfurcht vor dem Geheimnis des Lebens verließ ihn auch dem unscheinbarsten Tier gegenüber nicht. Allerdings: «Weich und weichlich, süß und süßlich, das ist sehr Zweierlei», pflegte er zu betonen. Einst ging er, eine schwierige Gedankenfolge entwickelnd, in seinem großen Wiener Wohnzimmer auf und nieder. Er wurde in seiner Rede durch eine zudringliche Fliege gestört, nach der er, um sie abzuwehren, mehrmals mit der Hand schlug. Zufällig traf er sie wirklich endlich so hart, daß sie zappelnd und sterbend vor ihm am Boden lag. Um ihr Leiden zu enden, zertrat er sie. Aber er hob den Fuß überflüssig hoch und hielt ihn lange schwebend in der Luft, so daß man wohl die Gewaltsamkeit des Entschlusses merkte. Verstört starrte er auf den deformierten kleinen Kadaver vor seinen Füßen und erregt mit der Hand wie sänftigend und tröstend hinabwinkend murmelte er: «Sei nur ruhig, sei nur ruhig, auch du bist unsterblich!» Er wandte sich ab, irrte verstimmt im Zimmer umher und nahm das Gespräch nicht wieder auf. Außer mir hatte dem kurzen, merkwürdigen Vorgang noch ein anderer Gast, ein Musiker von Ruf, von Abstammung Jude, beigewohnt. «Nun, was strengen Sie sich so an, wenn Sie eine Fliege tottreten wollen?» fragte er. Die Antwort blieb aus. Der Frager aber steht jenen nahe, die behaupten, um Mahler zu verstehen, müsse man selbst Jude sein.

Mahler hat seine jüdische Abstammung nie versteckt. Aber sie hat ihm keine Freude gemacht. Sie war für ihn Sporn und Stachel zu um so höherer, reinerer Leistung. «Wie wenn ein Mensch mit einem zu kurzen Arm auf die Welt kommt: da muß der andere Arm desto mehr vollbringen lernen und leistet schließlich vielleicht Dinge, die beide gesunde Arme nicht fertiggebracht hätten.» So erklärte er mir einst die Wirkung seiner Herkunft auf sein Schaffen. Oft sagten ihm Leute, die ihm angenehm sein wollten, er sei infolge seiner Entwicklung ja gar kein Jude mehr. Das machte ihn traurig. «Die Leute sollten mein Werk hören und auf sich wirken lassen, es annehmen oder verwerfen. Aber ihre günstigen oder ungünstigen Vorurteile gegen das Werk des Juden sollen sie daheim lassen. Das verlange ich als mein Recht.» Was ihn vorwiegend an das Judentum band, war Mitleid. Die Gründe hiefür hat er wohl reichlich an sich selbst erfahren, obgleich er hierüber selten sprach und immer nur ruhig konstatierend, nie verbittert, nie sentimental. Aber: «Unter den ärmsten Menschen ist immer der noch ärmer, der dabei auch noch Jude ist.» Jüdische Abstammung war jedoch in seinen Augen nicht im mindesten ein Entschuldigungsgrund für Laster, Gemeinheit oder auch nur Ungezogenheit. Er war kein jüdischer Parteigänger und hat von dieser Seite ja zeitweilig mehr Verfolgung zu leiden gehabt als von der gegnerischen. «Merkwürdig, die antisemitischen Zeitungen sind, scheint mir, die einzigen, die vor mir noch etwas Respekt haben», sagte er oft lachend während der letzten Zeit seiner Wiener Direktionstätigkeit. [...] Im Ganzen hat ihm in der Beurteilung, die er fand, die jüdische Herkunft mehr geschadet als genützt. Jedenfalls hat er aus seinem Judentum nie ein Programm gemacht. Sein Auserwähltheitsgefühl quoll aus anderer, individueller, nicht völkischer Wurzel!

Ernst Bloch nennt Mahler unter anderem einen «hymnischen Mann» und «hymnisch» ist vielleicht das glücklichste Wort, um die Grundfarbe von Mahlers Wesen anzudeuten. Er war tief religiös. Sein Glaube war der eines Kindes. Gott ist die Liebe und die Liebe ist Gott. Diese Idee kehrte in seinem Gespräch tausendfältig immer wieder. Ich fragte ihn einst, warum er eigentlich keine Messe schreibe. Er schien betroffen. «Glauben Sie, daß ich das vermöchte? Nun, warum nicht? Doch nein. Da kommt das Credo vor.» Und er begann das Credo lateinisch herzusagen. «Nein, das vermag ich doch nicht.» Aber nach einer Probe der «Achten» in München rief er mir in Erinnerung an dieses Gespräch fröhlich zu: «Sehen Sie, das ist meine Messe.» Ich habe von Mahler nie ein blasphemisches Wort gehört. Aber ihn verlangte nach keinem Mittler zu Gott. Er sprach mit ihm von Angesicht zu Angesicht. Gott hauste gern in ihm. Wie anders will man denn die Entrücktheit nennen, in der er schuf! Er saß arbeitend in seiner doppelt umzäunten Komponierhütte in «Altschluderbach». Eine Dohle, die ein Falke jagte, hielt die dunkle Fensterscheibe für ein Schlupfloch und flog, die klirrende Scheibe hart neben Mahlers Tisch durchbrechend, in das Innere der Hütte. Der Falke hinterdrein. Der ganze winzige Raum ist erfüllt von Vogelschrei und Flügelschlag. Aber Mahler begreift diese Vorgänge nicht als solche der Außenwelt. Erst der Falke, der wieder hinausfliegt und dabei Mahlers Haupt mit dem Flügel streift, ruft ihn in die Umwelt zurück und die verschüchtert in einem Winkel hockende Dohle und das zerbrochene Fenster lassen ihn rekonstruktiv den Vorgang erkennen. Soll man solches Außersichsein des Schaffenden nicht «bei Gott sein» nennen dürfen? [. . .]
Als ich am Morgen nach der Todesnacht von Mahlers Sterblichem Abschied nahm, trugen seine Züge noch die Qual des langen Todeskampfes. Klimt, der ihn mehrere Stunden später sah, erzählte mir, wie feierlich ruhig und erhaben schön sie in der Folge geworden seien und so zeigt sie uns auch die wunderbare, durch Moll genommene Totenmaske.

Roller, S. 9–28

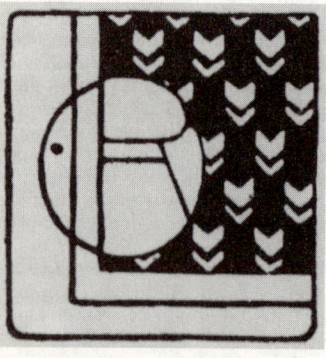

Alfred Rollers Monogramm.

Willibald Kähler
(1866–1938)

Anfang Februar 1904 dirigierte Mahler seine Dritte Symphonie an zwei aufeinander folgenden Abenden in Heidelberg und Mannheim. Beide Konzerte waren ausverkauft. Mahler brüstete sich damit, daß dies nicht einmal Strauss gelungen war.[15] Auch mit den Aufführungen war er sehr zufrieden. Der Mannheimer Opern-Kapellmeister Willibald Kähler, der das Orchester und den Chor eingerichtet hatte, beobachtete Mahler bei den Proben.

In der ersten Probe mußte sich das Orchester natürlich erst an Mahlers Direktionsweise gewöhnen. In der ersten halben Stunde wurde alles so nervös, daß niemand einen freien Ton herauszublasen oder einen ruhigen Bogenstrich zu tun imstande war. Bald aber hatte er das Orchester in der Hand: der feine Instinkt des guten Orchestermusikers merkte, daß hier einer stehe, dem es einzig um die Sache zu tun war. Mahler probierte unglaublich genau, jeden einzelnen mit dem Blick faszinierend. Er ruhte nicht, bis nicht jede Phrase genau seinen Wünschen entsprechend gebracht wurde. Ein öfter wiederholter Zuruf an die Bläser war: «Atmen Sie bei lange zu haltenden Noten, wo Sie wollen, aber niemals und um keinen Preis auf einem Taktstrich!» [. . .]
Einen kleinen Zwischenfall gab es mit dem ersten Oboer L., einem ausgezeichneten Künstler. Mahler forderte von ihm, er solle eine bestimmte Stelle blasen «mit der Stürze nach oben». L. erklärte das für unmöglich. Erregt fuhr Mahler auf: «Und ich sage Ihnen, in zehn Jahren wird kein Mensch derartige Stellen anders blasen! Versuchen Sie es nur!» Und siehe da, es ging und der von Mahler gewollte Effekt kam sehr gut zur Geltung. War Mahlers Stabführung in den Proben ziemlich heftig und öfters übertemperamentvoll gewesen, so überraschte er in der Aufführung seine große Mäßigung in der Geste. Mir fiel auf, daß er fast unausgesetzt beim Dirigieren den linken Frackaufschlag mit der linken Hand gefaßt hielt. Nach dem Grunde befragt, sagte er, dies sei sein Mittel, sich äußerlich zur Ruhe zu zwingen.

150 Jahre Musikalische Akademie des Mannheimer Nationaltheater-Orchesters, 1779–1929, Mannheim 1929, S. 64f.

---

[15] AME, S. 300.

Arnold Schönberg
(1874–1951)

Etwa zwei Jahre bevor Mahler seinen späteren Schützling kennenlernte, kam er zum erstenmal mit Schönbergs Musik in Berührung. Er hatte die Partitur der *Verklärten Nacht* bekommen und bat seinen Konzertmeister Arnold Rosé, das Sextett in seinem Direktionszimmer einmal durchzuspielen. Als Rosé geendet hatte, rief Mahler sofort: «Du mußt das in deinem nächsten Konzert spielen!»[16] Aber beide, er selbst und auch Schönberg, verpaßten die erste Aufführung durch das Rosé-Quartett am 18. März 1902. Mahler, der eine Woche zuvor gerade geheiratet hatte, mußte in St. Petersburg dirigieren, und Schönberg lebte in Berlin. Trotz der zahlreichen Pfiffe und Buhrufe bei der Erstaufführung entschloß sich Rosé, das Werk am 1. März 1904 wiederaufzuführen. Es war in seinem Probenraum im Opernhaus, wo Mahler zufällig auf Schönberg traf. Dika Newlin, eine von Schönbergs letzten Schülerinnen, berichtet: «Ich war neugierig zu erfahren, wie Schönberg Mahler kennengelernt hatte: Mahler kam einfach in die Probe zur *Verklärten Nacht*, unangemeldet, und für Schönberg ein völlig Fremder.»[17]

Mit seinem Schwager Alexander von Zemlinsky gründete Schönberg die *Vereinigung schaffender Tonkünstler*, um «moderner Musik in Wien ein ständiges Zuhause zu geben». Mahler wurde gebeten, das Ehrenpräsidium zu übernehmen. Zemlinsky verehrte Mahler sehr. Er komponierte eine Oper für ihn und wurde später noch unter Mahlers Ägide Kapellmeister an der Hofoper. Alma, deren Lehrer und Liebhaber er gewesen war, brachte Schönberg und ihn mit Mahler zusammen. Schönberg reagierte auf Mahler anfangs in seiner typisch widerborstigen Art: «Wie kann Mahler bei der Vierten etwas können, wo er doch schon bei der Ersten nichts gekonnt hat?»[18] Alma erinnert sich an wütende Auseinandersetzungen am heimischen Klavier, die damit endeten, daß Schönberg aus der Wohnung stürmte, und Mahler seiner Frau befahl, diesen «eingebildeten Kerl»[19] nie wieder einzuladen. Aber die Wunden heilten schnell. Mahler gab zu, daß er Schönbergs Musik nicht verstand, «aber er ist jung und vielleicht hat er recht.»[20] Er besuchte Schönbergs Konzerte, lieh ihm Geld, und er kaufte sogar anonym eines der Gemälde, die der mittellose Wegbereiter der atonalen Musik 1910 in Wien ausgestellt hatte. Kurz vor seinem Tod sorgte sich Mahler noch um Schönberg: «Wer wird sich um ihn kümmern, wenn ich nicht mehr da bin?»[21]

Als Sohn jüdischer Eltern in Wien geboren, war Schönberg, der eigentlich Bankkaufmann werden sollte, in der Musik völliger Autodidakt – abgesehen von kleinen Ratschlägen, die er sich von Zemlinsky holte. Bis 1907 bewegten sich seine Werke noch innerhalb der Grenzen des tonalen Systems und sorgten trotzdem bereits für Aufruhr unter der konservativen Zuhörerschaft. Ein Jahr später ließ er die Tonalität gänzlich hinter sich.

In diesem Jahr vollzog sich auch seine Hinwendung zu Mahlers Musik. Schönberg lernte sowohl Mahler als auch seine Symphonien schätzen. Die «rücksichtsloseste Wahrheit»[22] der Dritten hatte er schon lange erkannt, nun entdeckte er «vollendete Ruhe»[23] in der Siebten. Später allerdings, etwa zwischen 1925 und 1935, «traute ich mich nicht, Mahlers Musik zu lesen oder zu hören: ich hatte Angst, daß meine Abneigung zurückkehren könnte.»[24]

---

[16]   Max Graf, *Legende einer Musikstadt,* Wien 1949, S. 329.
[17]   Dika Newlin, *Schoenberg remembered,* New York 1980, S. 290.
[18]   AME, S. 101.
[19]   AME, S. 101.
[20]   AME, S. 142.
[21]   Martin Anderson (Hrsg.), *Klemperer on Music: Shavings from a Musician's Workbench,* London 1986, S. 140.
[22]   AME, S. 335.
[23]   AME, S. 447.
[24]   Erwin Stein (Hrsg.), *Arnold Schoenberg Letters,* London 1964, S. 264.

Arnold Schönberg, Selbstportrait, 1909.

Mahlers Tod rief in Schönberg Kummer und Schuldgefühle hervor; er empfand
den Verlust eher als den eines Vaters, denn eines Freundes und Anhängers. Zwei
Monate danach «weihte» er seine Harmonielehre dem Andenken Gustav Mahlers,
«diesem Märtyrer, diesem Heiligen».[25]
Ein unveröffentlichtes biographisches Fragment, gut zwanzig Jahre später verfaßt,
zeugt von ähnlichen Gefühlen:

> Ich habe über Gustav Mahler nicht viel zu sagen. Nur: er ist einer
> der allergrößten Menschen, die es geben kann.
> Ob er gut oder schlecht komponiert, diese Frage kann da nicht
> aufkommen. Große tun alles nur auf eine einzige Art: groß. Und das
> ist noch etwas anderes als gut oder schlecht.
> Warum er den meisten Musikern nicht gleich gefällt, erklärt sich
> einfach. Sie sind unintelligent (ich war's in dem Fall auch kurze
> Zeit) und glauben an ihre Ästhetik. Aber die Musik ist nicht nur für
> die Musiker da.

Kleines Manuskript, Typoskript im Besitz des Arnold Schönberg-Instituts der
University of Southern California, Los Angeles.

Eine weitere private Notiz aus derselben Zeit beschäftigt sich mit Mahlers Empfehlung an die Wiener Musikakademie, Schönberg als Privatdozenten zuzulassen:

> Das Urteil Mahlers wird man etwas kühl finden müssen. Denn, was
> nützt «Feuerkopf», wenn ein Strohkopf brennt? Was also nützt alle
> meine Begeisterung, wenn meine Kompositionen nichts taugen?
> Und wenn er von ihnen nichts hält, was könnte er von mir halten?
> – Aber es müßte jedem klar sein, daß alles was ich tat, entweder
> vollkommener Unsinn ist, oder, daß man sich davor zu verbeugen
> habe.
> Ich glaube übrigens nicht, daß Mahler durchaus so kühl über mich
> geurteilt hat, sondern nehme an, daß er – als ehemaliger Operndi-
> rektor und weil er wußte, daß kk. Amtsstellen nicht gern in einem
> enthusiastischen Ton informiert werden sollten; und weil er sich
> gerade von eisigem, sachlichem Ton eine gewisse Wirkung ver-
> sprach – eine eventuelle Achtung, die er für mein Schaffen haben
> möchte, verschwieg, um nicht etwa als Lobhudler seines Parteigän-
> gers verdächtig zu werden.

Eine wesentlich persönlichere Erinnerung ist in einer Aufzeichnung vom 21. Juli
1932 enthalten:

> Ungefähr 1903–1909 wohnte ich in der Liechtensteinstraße in Wien
> und hatte Aussicht auf den Thury (Liechtental) mit einer Kirche in
> der Mitte, von meinem Arbeitszimmer aus. Meist hatte ich die
> vielen Stunden, die ich damals gab, am Nachmittag zu geben.
> Manchmal aber hatte ich einen Nachmittag frei und benutzte ihn
> zum Komponieren. Nun waren ab 2 Uhr in der Kirche ununter-

---

[25] Harmonielehre, Wien 1911.

brochen Leichenbegängnisse, so daß von dieser Stunde an das Glockengeläute mehrere Stunden hindurch nicht aufhörte.

Anfangs – in Arbeit vertieft – bemerkte ich es meist nicht. Nach einiger Zeit stellte sich eine gewisse Ermüdung, Erschlaffung des Vorstellungsvermögens ein, so daß ich schließlich immer die Arbeit aufgeben mußte.

Das erzählte ich Mahler und klagte darüber.

Es ist eigentümlich, wie unempfunden man urteilt, wenn man etwas nicht selbst mitgemacht hat.

Man ist von fremden Leiden doch eigentlich ohne Vorstellung.

Daher kam auch die Antwort Mahlers: «Das kann Sie doch nicht stören! Komponieren Sie die Glocken mit hinein!»

Noch eigentümlicher aber ist – und das habe ich ebenfalls wiederholt selbst erlebt –, daß man für solche Überhebung *gestraft* wird. (Ich werde dick, wenn ich über Dicke spotte, begehe Unrecht, das ich bei anderen scharf getadelt habe . . . u. a. M.) Mahler hatte am Wörthersee ein eigens für ihn gebautes Komponierhaus, ¼ Stunde bergauf durch den Wald von seiner Villa entfernt: In dieser Stille störte ihn der Vogelsang dermaßen, daß er erklärte, dort nicht mehr komponieren zu können.

Ob er daran gedacht hat, daß er mir den Rat gegeben hat die Glocken mitzukomponieren?[26]

Mein Gesuch um Zulassung als Privat-Dozent und *Glocken am Thury,* Typoskripte im Besitz des Arnold Schönberg-Instituts der University of Southern California, Los Angeles

---

[26] In der Version, die Schönberg seinen Studenten gegen Ende seines Lebens von dieser Episode gab, hatte er Mahler geantwortet: «Ärgern Sie sich nicht, Sie können doch den Gesang der Vögel in Ihrer nächsten Symphonie verarbeiten.» D. Newlin, *Schoenberg remembered,* S. 197.

Anton von Webern
(1883–1945)

Wie sein Lehrer Schönberg war auch Anton von Webern zunächst von Mahlers Persönlichkeit fasziniert, ehe er ihn auch als Komponisten schätzen lernte. Die vier Mahler-Symphonien, die er unter der Stabführung ihres Schöpfers erleben durfte, entfachten seine Begeisterung. 1907 stand Weberns Name an der Spitze des Rundbriefes, der alle Mahler-Anhänger aufrief, ihr Idol gebührend aus Wien zu verabschieden.

Im September 1910 reiste Webern nach München, um bei den Proben zur Achten Symphonie zu assistieren; er wurde dafür mit dem Manuskript eines Mahler-Liedes belohnt.

Weberns erste Begegnung mit Mahler fand nach einem Konzert mit Mahler-Liedern am 3. Februar 1905 statt. Der junge Komponist war so überwältigt, daß er beschloß, jedes Wort des Meisters in seinem Tagebuch zu verewigen.

Diese in seiner Gegenwart verbrachten Stunden werden mir stets als überaus glückliche in Erinnerung sein; war es doch zum ersten Mal, daß ich unter der unmittelbaren Einwirkung einer großen Persönlichkeit stand. Fast alle seine Worte, die ich hören konnte, sind mir in Erinnerung geblieben, und so will ich sie in diesem mir so lieben Buche aufzeichnen. – Anfangs sprach man über Rückerts Lyrik. Mahler sagte: «Nach des Knaben Wunderhorn konnte ich nur mehr Rückert machen – das ist Lyrik aus erster Hand, alles andere ist Lyrik aus zweiter Hand.» – Er erwähnte noch, daß er nicht alles an den Wunderhornliedern verstehe. – Man kam auf Kontrapunkt zu sprechen, da Schönberg sagte, Kontrapunkt könnten nur die Deutschen. – Mahler weist auf die alten französischen Komponisten (Rameau usw.) hin und läßt als große Kontrapunktiker der Deutschen nur Bach, Brahms und Wagner gelten. «Muster in dieser Sache ist uns die Natur. Wie sich in ihr aus der Urzelle das ganze All entwickelt hat – über Pflanzen, Thiere und Menschen bis zu Gott, dem höchsten Wesen –, so sollte sich in der Musik auch aus einem einzigen Motiv ein größeres Tongebilde entwickeln, aus einem einzigen Motiv, in dem der Keim zu allem, was einst wird, enthalten ist.» – Bei Beethoven finde man in der Durchführung fast regelmäßig ein neues Motiv. Er sollte aber aus einem einzigen Motiv die ganze Durchführung bestreiten; in diesem Sinne sei eben Beethoven kein großer Kontrapunktiker. Die Variation sei der wichtigste Faktor der musikalischen Arbeit. – Ein Thema müsse ganz besonders schön sein – etwa einige von Schubert –, um eine unveränderte Wiederkehr ersprießlich zu machen. Mozarts Streichquartette seien für ihn beim Doppelstrich zu Ende. – Aufgabe der modernen schaffenden Tonkünstler sei es, die Kontrapunktik Bachs mit der Melodik Haydns und Mozarts zu verbinden.»

Friedrich Wildgans, *Anton von Webern,* in «Österreichische Musikzeitschrift», Jg. 15, Nr. 6 (1960), S. 304

Oskar Fried
(1871–1941)

Oskar Fried, der sich im März 1905 anläßlich einer Aufführung seines Chorwerks *Das trunkene Lied* (auf Texte aus Nietzsches *Also sprach Zarathustra*) in Wien aufhielt, wurde mitgeteilt, daß Mahler ihn zu sehen wünschte. Mit den Gepflogenheiten der Musikszene noch nicht vertraut – er hatte sich in Berlin seinen Lebensunterhalt bisher als Hundezüchter verdient –, war er sehr überrascht, zunächst über die Einladung, sodann über die gespannte Aufmerksamkeit, die Mahler ihm schenkte.

> Er interessierte sich sehr für mich. Ich begab mich denn tagsdarauf in die Direktionskanzlei. Als ich nun ihn selber, den mit Unrecht gefürchteten und verschrieenen Gebieter seines Hauses so vor mir sah, erhielt ich zunächst einen Eindruck, den ich nicht anders als wunderschön nennen kann. Vor allem war dieser erste Eindruck ein überaus menschlich starker. Dieser Mann, der da durch seine gestrenge und abstandgebietende Brille dennoch mit kindlicher Neugier und jener unverfälschten Offenherzigkeit sah, die in anderen Menschen in erster Linie nur das Menschliche abzutasten und zu ergründen bemüht ist, diesen Mann mit seinem kindlichen und doch überaus männlichen Kopf fand ich dem Aussehen nach geradezu schön. Sein Blick, der alles durchdrang und das Innerste bloßlegte, seine schöne tiefe Glockenstimme, sein Mund, der in seinem feinen Schnitt von unerschütterlicher Energie, in seiner fast femininen Linie von Güte und innerer Wärme sprach, und nicht zuletzt die Intensität seiner Gebärden und seines ganzen Habitus, all das in seiner Gänze machte ihn unwiderstehlich. Und ich gestehe, ich habe ihn gleich gerne gehabt. Dazu war er auch ganz besonders nett zu mir und von einem Maß an Herzlichkeit, das ich nicht erwartet hatte. Und als wir erst zu sprechen begannen. Da hatten wir schon einer den andern gewonnen. Wir sprachen wie zwei gute alte Freunde, denen nichts zuwider und abgeschmackter ist als mit lobhudelndem Federspreizen und selbstgefälliger Courtoisie den andern günstig für sich zu stimmen. So verlief denn auch unsere erste Unterhaltung in der Besprechung der Pläne und künstlerischen Absichten, die ein jeder für sich vorhatte.

> *Erinnerungen an Mahler,* in «Musikblätter des Anbruch», Heft 1 (1919), S. 16

Da Fried gerade vorhatte, Liszts *Legende von der Heiligen Elisabeth* zu dirigieren, tauschten sie ihre Eindrücke über dieses Werk aus. Mahler gefiel Frieds Ansatz so sehr, daß er ankündigte: «Sie werden meine Zweite Symphonie in Berlin dirigieren! Ich werde selber kommen und zuhören. Sie werden es ausgezeichnet machen.» Fried sollte die Symphonie später noch oft dirigieren; er leitete auch die erste Plattenaufnahme im Jahre 1924. Alma berichtet, daß Mahler sich im letzten Jahr seines Lebens von Fried, der Mahlers intellektueller und spiritueller Besessenheit nicht mehr folgen konnte, zurückzog: «Mahler, der den etwas banalen, aber genialischen Kerl sonst gern gehabt hatte, war er plötzlich unerträglich.»[27]

---

[27] AME, S. 174.

Fried verlegte sich von da an vor allem auf das Dirigieren. Er war einer der wenigen, die in Berlin daran festhielten, neue Musik aufzuführen. Nach Hitlers Machtübernahme floh er 1933 in die Sowjetunion, wo er während des Krieges als sowjetischer Staatsbürger starb.

Das was ich an ihm so rückhaltlos liebte und schätzte, das waren nicht so sehr seine Vorzüge. Es waren seine Schwächen. Und diese gewannen um so mehr an ergreifender Tragik, da sie im Menschlichen beschlossen und begründet lagen. Er war ein Gottsucher. Mit einem unerhörten Fanatismus, mit einer beispiellosen Hingabe, mit einer unerschütterlichen Liebe war er, stets auf der Suche im Menschen, in einem jeden, nach dem Göttlichen. Sich selbst aber betrachtete er als göttliche Sendung und war ganz von ihr erfüllt. Eine durch und durch religiöse Natur im mystischen, nicht aber im dogmatischen Sinn. Oft und oft sprach er auf gemeinsamen Spaziergängen in Toblach mit mir davon und sein ganzes Wesen überkam plötzlich eine irdische Entrücktheit, als sei er eben vom Himmel gekommen. Aber von Zeit zu Zeit hatte er Augenblicke, da er diese himmlische Mission anzweifelte, und es würgte ihn dann beständig die Angst, ob er auch tatsächlich die Erfüllung in sich trage, obwohl er in nichts so unerschütterlich verankert war als in dem Glauben an sich selbst. In solchen Momenten des inneren Zwiespaltes bedurfte er, um in einer irdischen Ernüchterung nicht zu erlahmen, stets eines irdischen Stützpunktes, die Beglaubigung, die er in seiner Einstellung auf das Göttliche in sich selber trug, von außen her als Echo zu empfangen. Ein Diener, ein Jünger, an dem er die Wirklichkeit und Echtheit seiner religiösen Mission erprobte. Immer tastete sein Unterbewußtsein nach einem solchen in seiner Nähe, an dessen innerer Erhebung und Verklärung er Bürgschaft und Tragweite seiner religiösen Kräfte maß. Und erfolgte von meiner Seite keine Antwort, kein Echo, wenn ich außerstande war, ihm dahin gleichgesinnt zu folgen, dann erstarrte seltsam sein Blick, und er verkroch sich undurchdringlich in das Gehäuse seiner überirdischen Unterkunft, ein auf Erden betrogenes Kind, das seine göttliche Herkunft betrauerte. Solche Augenblicke waren erschütternd für mich. Es wurde mir unsagbar weh ums Herz. Wie gern hätte ich etwas gesagt, etwas vorgetäuscht, etwas gelogen. Und all das einzig und allein aus Liebe für diese ungeheure Menschenbrust, aus Anerkennung für dieses kolossale Ringen in einem Menschen. Aber es ging leider nicht. Und stumm gingen wir dann nebeneinander hin; er vielleicht in der Erkenntnis, es war doch nicht seine Mission, im Religiösen der Menschheit voranzuschreiten, vielmehr ihnen in seiner Kunst sich zu offenbaren und zu erfüllen. So war er stets ein Kämpfer und ein Ringer. Einer der größten vielleicht, die sich titanisch das Geringste abringen mußten. Und er, der verschrieene Despot, er bedurfte deshalb in seiner Kunst eines solchen Übermaßes an Wärme, Anerkennung und Liebe, wie nur je ein einsamer, erdverschollener Mensch. So weich im Grunde war er und so liebesbedürftig. Und kannte dennoch nicht das belangloseste Zugeständnis, das entfernteste Einverständnis dort, wo es der saubersten und reinsten Ausübung seines höchsten Amtes galt. Hier war er auch übermenschlich rein. Ein Heiland seines Berufes.

Diese innerste Weltabgeschiedenheit, dazu die ungeheure Überbür-
dung mit Arbeit und Geschäften der Leitung des Operntheaters
ließen in ihm wenig Raum und Zeit, sich intensiv mit anderen
Menschen zu beschäftigen. Zudem war er auch von seiner eigenen
Produktion in einem Maße besessen, daß er sich neuer fremder
Produktion immer etwas abseits hielt. Wohl gab es nichts in der
Musik, das nicht sein Interesse erreichte. Aber innerlich ließ er doch
so ziemlich alles beiseite, was sich nicht in den Rahmen seiner
Weltanschauung fügte. So waren auch seine Äußerungen über
lebende Musiker äußerst spärlich. Schönberg war einer der wenigen, dessen lautere Persönlichkeit, dessen enormes Können ihm
kolossalen Respekt abzwang. Und mit dieser Anerkennung hielt er
nie zurück, auch dort nicht, wo er vergebens bemüht war, den
eigensinnigen Bahnen dieses Musikers aus einem ganz anderen
Holz zu folgen. Schönberg war nichtsdestoweniger die einzige musikalische Erscheinung, die ihn zeitlebens in intensivstem Maße
beschäftigte.

Erinnerungen an Mahler, in «Musikblätter des Anbruch»,
Heft 1 (1919), S. 17 f.

Ida Dehmel
(Daten unbekannt)

Ida Dehmel war die Frau des nach-romantischen Dichters Richard Dehmel
(1863–1920), dessen Texte unter anderem von Richard Strauss, Arnold Schönberg,
Oskar Fried, Hans Pfitzner und Max Reger vertont wurden. Der folgende Tage-
buch-Eintrag vom 22. März 1905, der offensichtlich für die Augen ihres Mannes
bestimmt war, wird in Almas Erinnerungen erwähnt.

Sehr erfreut war er über die Aufnahme seiner Symphonie in Hamburg.[28] Schon nach der Probe sagte er, der starke herzliche Beifall
sei ihm eine Genugtuung, und auf dem Weg nach Berlin sprach er
ausführlicher darüber. Reisen, besonders das Hotelleben sei ihm
eine Pönitenz. «Aber Sie reisen *doch,* wohl aus Sorge um Ihre
Kinder», warf ich ein. «Meinen Sie die leiblichen oder die musikalischen?» (Ich hatte nur an die Musenkinder gedacht.) «Ja, ich muß
nämlich für beide sorgen. Eigentlich möchte ich nur noch meiner
musikalischen Produktion leben, und ich fange, ehrlich gesagt, auch
schon an, meine Theaterpflichten zu vernachlässigen, aber den
Ausfall meiner hohen Direktionsgage muß ich auf andere Art, etwa
durch Gastdirigieren zu decken suchen. Ich bin wirklich neugierig,
ob ich einmal einen Pfennig aus der Aufführung meiner Werke zu
sehen kriege. Das ist also der eine Reisegrund. Der andere ist: die
Fünfte Symphonie ist jüngst in Prag und in Berlin dirigiert worden

---

[28] In Hamburg hatte Mahler seine Fünfte Symphonie am 13. 3. 1905 dirigiert (die Premiere
war am 18. 10. 1904 in Köln). Im selben Jahr folgten Aufführungen unter seiner Leitung
in Straßburg, Triest, Wien und Breslau.

und hat beide Male keine Wirkung gehabt. Da dachte ich: Du mußt
doch einmal sehen, ob's an der Symphonie oder am Dirigenten liegt,
und nun weiß ich's, denn in Hamburg hat sie doch stark gewirkt.
Wir Musiker sind ja übler dran als die Dichter. Lesen kann jeder.
Aber eine gedruckte Partitur ist ein Buch mit sieben Siegeln. Selbst
die Dirigenten, die's enträtseln können, bringen es mit ihren verschiedenen Auffassungen durchtränkt vor das Publikum. Da gilt es,
eine Tradition schaffen, und das kann doch nur ich selber.»
Er fragte mich nach unserer Meinung über Dehmel-Kompositionen
und freute sich offensichtlich, daß wir uns von Fried viel versprechen. Das sei ganz seine Meinung. Auch über Pfitzner waren unsere
Ansichten gleich. Nur dieses Textsuchen der Musiker sei ihm absolut lächerlich (auch bei Pfitzner). Bei einem vollendeten Drama
erübrige sich die Musik, ein Dramatiker von Beruf werde es nie
über sich gewinnen, seinem Stoff nur darum nicht das Letzte abzu-
gewinnen, damit dem Musiker etwas zu tun übrig bleibe, und aus
einem schlechten Drama werde auch die genialste Musik niemals
ein großes Kunstwerk schaffen. Wer also nicht die Doppelbegabung
Wagners habe, solle seine Hände davon lassen. Es käme ihm auch
immer wie Barbarei vor, wenn Musiker es unternähmen, vollendet
schöne Gedichte in Musik zu setzen. Das sei so, als wenn ein
Meister eine Marmorstatue gemeißelt habe und irgend ein Maler
wollte Farbe darauf setzen. Er, Mahler, habe sich nur einiges aus
dem Wunderhorn zu eigen gemacht; zu diesem Buch stehe er seit
frühester Kindheit in einem besonderen Verhältnis. Das seien keine
vollendeten Gedichte, sondern Felsblöcke, aus denen jeder das
Seine formen dürfe. – Wenn ich noch sagen soll, wann er mir
menschlich, allzumenschlich erschien: als er über Strauss sprach
und über die Strauss'sche und Hauptmann'sche Ehe. Von Strauss'-
scher Musik sprach er nur flüchtig, wohl aber von seiner Art des
«Vertriebes». Strauss sei in erster Linie Geschäftsmann, Künstler
erst in zweiter, und wo die beiden in Kollision kämen, da siege
immer der Geschäftsmann. Daraus sprach etwas Neid auf Strauss'
Erfolg mit, das heißt, auf den pekuniären, das fühlte ich. Von der
Strauss'schen Ehe sprach er mit Verachtung, ja mit Ekel. Diese
Verbindung sei so, daß man durchaus an Masochismus denken
müsse. [...]
Ich hatte schon vorher von seiner (Mahlers) Frau gesprochen,
gesagt, daß uns ihre Sonnenhaftigkeit einen wundervollen Eindruck
hinterlassen habe. Das hörte er wohl beifällig an, aber er antwortete
damit, daß er zum Beispiel erzählte, seine Frau mache ihm alle
Klavierauszüge aus seinen Symphonien. Das hätte ausgezeichnet
klingen können, aber es klang ein wenig nach Utilitätsbetonung.
Kurzum, der Mann, den ich für ein Genie halte, betrachtet sich
offenbar als ein höchst empfindliches Instrument und umgibt sich
deshalb mit dem Stachelzaun Egoismus. – Um von etwas ganz
anderem zu reden: Er ist, außer meinem Vater, der erste Jude, der
mir als Mann imponiert; der mir nicht, grob gesagt, impotent
vorkommt. Es freut mich, daß eine so schöne, stolze, starke Chri-
stin sich mit ihm verheiratet hat.

                                                        AME, S. 120–123

Julius Korngold
(1860–1945)

1902 als Nachfolger Eduard Hanslicks berufen, hatte der neue Chef-Kritiker von Wiens einflußreicher *Neuen Freien Presse* viel mit dem Hofopern-Direktor gemeinsam. Beide waren Kinder jüdischer Eltern, geboren im selben Jahr, in derselben Provinz (Korngold stammte aus Brünn). Dennoch verfolgten sie einander mit Argwohn. Korngold konnte sich nie dazu durchringen, Mahlers Musik zu billigen; Mahler seinerseits traute dem Kritiker nicht über den Weg.
Als Korngold sich vor allem um das frühreife Talent seines Sohnes[29] zu kümmern begann, schickte Mahler das Wunderkind zum weiteren Studium zu Alexander von Zemlinsky. Später gab er bei ihm sogar die Pantomime *Der Schneemann* für die Hofoper in Auftrag. Trotz allem ließ der Kritiker nicht von seinen Vorbehalten, wie auch sein Nachruf auf Mahler zeigt (siehe Seite 284).
In seinen unveröffentlichten Memoiren, verfaßt im kalifornischen Exil, berichtet Korngold von seinen Zusammentreffen mit Mahler.

Anfangs suchte ich keineswegs den Verkehr mit Mahler. So sehr mich seine Persönlichkeit anzog, hielt ich doch meinem Grundsatz Treue, Künstlerschaft nur durch sich selbst, nicht durch ihre Träger auf mich wirken zu lassen. Ich hielt mich zurück, blieb aber darum ein um so unbefangenerer und spontanerer Bewunderer ungewöhnlicher Leistungen. Unsere Verbindung blieb zunächst auf briefliche Mitteilungen über den Gang des Repertoires beschränkt, die mir rechtzeitige Vorbereitung ermöglichten. So konnte ich mir auch unbeeinträchtigte Objektivität gegenüber dem Komponisten Mahler bewahren, dem ich keineswegs bedingungslos Gefolgschaft leistete. Er zog mich an und stieß mich ab. An den Einbruch brutaler Realismen und schwefelgelber Ironien in die Symphonie, an Maß- und Schrankenlosigkeit, Mißklangswesen bis zur Fratze, das wie in Heineschen Gedichten absichtsvoll Stimmung und Linie brach, vermochte ich mich schwerer zu gewöhnen als an das Ausschauen nach den höchsten und letzten Dingen und die erlösende Rückkehr aus metaphysischer Höhenluft zur Erde, zu deren Naturlauten und naiven Musikfreuden. Kaum eine der Kompositionen Mahlers entging meiner Besprechung; erste Aufführungen seiner Symphonien erlebte ich von der Dritten ab. Erfreulicherweise konnte ich zustimmend beginnen, da in Wien der dritten die vierte Symphonie vorangegangen war, jene Volkslieder-Symphonie, aus deren letztem Satz ich die Beziehung zu einer der Kellerschen «Sieben Legenden» herauszulesen glaubte und auch richtig herauslas, wie mir später Mahler mit Genugtuung bekräftigte. Aber jene «Dritte»! Schon in der Generalprobe fühlte ich die höhnischen Blicke der Mahlergegner auf mir ruhen. Mußte mich nicht dieser erste «Wurstelprater»-Satz mit seinen banalen Marschrhythmen ernüchtern? Er erhob mich nicht gerade, aber drückte mich auch nicht nieder. Denn es folgten ja die Mittelsätze, ein graziöses Blumen- und ein grotesk-

---

[29] Erich Wolfgang Korngold (1897–1957), komponierte bereits mit elf Jahren die Pantomime *Der Schneemann*. Den größten Erfolg hatte er später mit seinen Opern *Die tote Stadt* (1920) und *Das Wunder der Heliane* (1927). 1934 emigrierte er in die USA, wo er vor allem Filmmusik schrieb.

humoristisches Tierstück, dann das tief und geruhig atmende Nietzsche'sche Mitternachtslied, das naiv-heitere Bim-Bam der Engel; und das überschwängliche Schlußadagio, das einer Synthese zwischen Beethoven und Wagner zuzustreben schien, diente keineswegs der Sache der Verkleinerer. Aber freilich, bei einem suggestiven Harfenglissando war der Frau eines ersten Kritikers übel geworden... Nach der fünften Symphonie ereignete es sich zum ersten Male, daß mir Mahler brieflich so etwas wie ein «Vergeltsgott» für eine Kritik aussprach: «Ihr famoser Artikel über meine Fünfte war für mich etwas tief Erfreuliches.» Mich auch privat ausführlicher über eines seiner Werke auszusprechen, dazu gelangte ich erst nach der sechsten Symphonie. Erst vor dieser – 1906 – hatte eine Annäherung stattgefunden, die zu regelmäßigen, aber immer noch recht spärlichen Zusammenkünften in irgendeinem Vorstadtkaffee oder in seiner oder meiner Wohnung führte. Im Finale dieser A-Moll-Symphonie, die für das Tonkünstlerfest in Essen geschrieben war, hatte Mahler grund unzweifelhafter Ideenassoziationen einen gewaltigen Hammer niedersausen lassen, der ihm natürlich nicht etwa einen Schmiedehammer bedeutete, sondern den unerbittlichen Hammer des Schicksals. Darum hatte ich dieses Werk die «Symphonie mit dem Hammerschlag» genannt. Das gefiel Mahler, der sich lustig als dämonisch gewordener Haydn fühlte. Ich stellte auch ausdrücklich den Satanismus dieser vernichtenden Musik fest. «Welche Gedanken könnten einem bei meiner neuen Symphonie zukommen als ‹satanische›!» bestätigte mir Mahler in einer Karte. «Sollten Sie diese Dämonen nach Essen locken, so würde ich es mit Freuden begrüßen.»

Das Werk war in Maiernigg am Wörthersee entstanden; und hier, in aufgeschlossener Stunde, bekannte mir der geniale Mann die Qual seiner Nerven bei Konzeption wie Ausführung seiner Musik. Meinen jährlichen Dolomitenaufenthalt im wärmeren, tiefer gelegeneren Pörtschach beschließend, war ich dem unwillkürlichen Impulse gefolgt, Mahler in seiner Wörthersee-Villa aufzusuchen. Das Schiff zur Rückfahrt war versäumt; so konnte ich nicht anders, als den dringenden Vorschlag annehmen, bei ihm zu übernachten. Feierlich überreichte er mir ein Zahnbürstchen zum Gebrauche, «das wichtigste, unentbehrlichste Gepäckstück auf Reisen», wie er scherzte. Damals zeigte er sich mir zum erstenmal völlig entspannt, natürlich, umgänglich bis zur Gemütlichkeit und Herzlichkeit, als ob er die ihn folternden Dämonen in seiner Symphonie abreagiert hätte. Ich lernte ihn als rücksichtsvollen Gatten, als zärtlichen Vater kennen, auch als Freund seiner Freunde und nicht zuletzt als Schätzer der ihm unterstehenden Künstler. Von seinen eigenen Künstlerschicksalen sprach er ohne Bitterkeit; nur meinte er mit nachdenklichem Lächeln, er sage sich, wenn er die Büste Wagners auf seinem Klavier ansehe: «Dich können sie doch nicht umbringen»! In Maiernigg sollte ihn ein schweres, nie verwundenes Unglück treffen. Sein älteres, ungewöhnlich begabtes Töchterlein, das er abgöttisch liebte, starb ihm hier. Seine verwundete Seele strebte von der unheilvollen, ihm für immer verleideten Stätte fort. Als ein Gerücht wollte, daß er sich in Mödling niederzulassen beabsichtigte, begab sich etwas so Unwahrscheinliches, daß es der Chronist nicht über-gehen darf. Selbst dieses Unglück entwaffnete nämlich nicht hämi-sche Feindseligkeit. Ein «humoristischer» Artikel warnte die Möd-linger vor der ihnen drohenden Invasion. So geschehen in Wien, in einem ersten Blatte, zur Erbauung des bewußten Caféhaustisches seitens seines Vorsitzenden, zugleich Führers der Mahlerfronde. Mahler wählte dann ein altes Landhaus in Alt-Schluderbach bei Toblach zum Sommersitz, wo ich wiederholt sein Gast wurde, wie er in meinem Landro der meine. Das war zur Zeit, da er – 1907 – bereits aufgehört hatte, Operndirektor zu sein.

Dr. Julius Korngold mit Frau Josefine und Sohn Erich Wolfgang, 1911.

Um wievel glücklicher hatte sich für ihn der vorangegangene Sommer 1906 angelassen! Mit seiner denkwürdigen «Figaro»-Aufführung hatte er die Salzburger Festspiele ihrem Höhepunkt zugeführt. Wahrhaft bezaubernd ließ er in freudigster Stimmung das Naiv-Kindhafte seines Wesens hervortreten, das sich Aufgewühltheit der Nerven und dämonischen Verdüsterungen so eng benachbart zeigte. So saß ich einmal mit Alfred Roller im Café des Hotel Bristol beim offenen Fenster. Mahler, der vorbeikam, stieß einen wahren Freudenruf aus. Und er tat auch einen Freudensprung, schwang sich buchstäblich durchs Fenster an unseren Tisch. Gleich darauf passierte ein hoher Salzburger Landesfunktionär die Stätte, wo der berühmte Wiener Operndirektor das Schauspiel eines übermütigen Schuljungenstreiches geboten, und lobte herablassend den «Figaro» vom vorangegangenen Tage. Unbeschreiblich das ironische Lächeln, mit dem Mahler diese offizielle Anerkennung entgegennahm. Aber seine gute Laune war merklich dahingeschwunden. Ernüchtert fühlte er sich an seine amtliche Stellung gemahnt. Damals zog er auch ein Reclam-Büchlein aus der Tasche: er ging mit Goethes «Faust» spazieren. Denn schon keimte in ihm jene achte Symphonie, die ein altes lateinisches Kirchenlied mit der Schlußszene des «Faust» koppeln sollte. Die mittelalterliche Hymne des Hrabanus Maurus «Veni creator spiritus» ruft den heiligen Geist als den Spender der tröstenden und flammenden Liebe an; Erlösung und Liebe bildet den mystischen Ausklang des goetheschen Gedichtes. Ein Motiv, von dem Wagner gelebt hatte und nun auch ein Symphoniker leben wollte, dessen Faustnatur einer Faustmusik zudrängte. Mahler sollte mit diesem Werk seinen letzten freudigen Augenblick erleben: den großen Münchner Erfolg. Dieser Aufführung im Jahre 1910, die zu einer Apotheose des Künstlers wurde, war ich nachgefahren. Inmitten des ungeheuren Raumes einer Ausstellungshalle sah der kleine schmächtige Mann mit den Gesten eines Hoffmannschen Gespenstes noch gespenstischer aus, wenn er den Stab zu Geisterbeschwörungen hob, seltsame Zeichen zu beschreiben, zu segnen und zu fluchen, bald Blumen, bald Feuerbrände in die Zuhörermasse zu werfen schien. Diese edlere, schönheitsfreudigere Symphonie schien mit Faust-Mahlers Verklärung zu bedeuten, seinen, eines Dr. Marianus, Aufstieg in die höchste, reinlichste Zelle musikalischen Schaffens. Er hob sich auch für die Zeitgenossen immer höher, als sie jene Distanz zu ihm gewannen, die der Tod schafft. Das sollte nur allzu bald geschehen. Mahler hat den Erfolg seiner «Achten» nicht lange überlebt. Sein schwaches Herz hatte zu viel gelitten; es versagte vorzeitig.

Lebenserinnerungen, unveröffentlichtes Manuskript im Besitz von
Ernst W. Korngold, Los Angeles, S. 131–136

Romain Rolland
(1866–1944)

Der französische Romancier, Dramatiker und Musikschriftsteller gewann 1915 den Nobelpreis für Literatur. Sein einfühlsamer Aufsatz über Mahler wurde nach dem deutsch-französischen Musik-Festival in Straßburg (Elsaß), 1905, geschrieben und zwei Monate später veröffentlicht.

Gustav Mahler ist 46 Jahre alt. Er ist der legendenhafte Typus eines dieser deutschen Musiker wie Schubert, die man für Lehrer oder Pastoren hält. Ein langes, glattrasiertes Gesicht, die Haare über einem spitzen Schädel zerzaust, eine freie Stirn, die Augen fortwährend hinter der Brille blinzelnd, eine starke Nase, einen Mund mit schmalen Lippen, eingefallene Wangen. Sein Ausdruck ist asketisch, ironisch und verwüstet. Er ist von einer außerordentlichen Nervosität, und Karikaturen, Schattenbilder haben in Deutschland sein Mienenspiel, das einer sich windenden Katze am Dirigentenpult gleicht, bekannt gemacht. [. . .]
Ich hoffe eines Tages das Werk dieses Künstlers genauer zu studieren, dieses ersten Komponisten Deutschlands nach Strauß und des Hauptvertreters der süddeutschen Musik.
Der bedeutendste Teil dieses Werkes ist die Folge seiner *Symphonien*, wovon er die fünfte auf dem Fest in Straßburg dirigierte. [. . .]
Der charakteristische Zug dieser Symphonie ist im allgemeinen der Gebrauch von Chören mit Orchesterbegleitung.
«Wenn ich ein großes musikalisches Gemälde entwerfe», sagt Mahler, «so kommt es immer in dem Augenblick, wo das Wort sich mir notwendigerweise wie eine Stütze meiner musikalischen Idee aufzwingt.» [. . .]
Allem Anschein zum Trotz widersetzt sich Mahler, diese Symphonien mit Chören an die Programmusik anzuknüpfen. Und zweifellos hat er recht, wenn er damit sagen will, daß seine Musik einen eigenen Wert hat, der außerhalb der Programmusik liegt; aber es ist augenscheinlich, daß sie nicht immer den Ausdruck einer bestimmten Stimmung, eines bewußten Seelenzustandes hat, und er mag es wollen oder nicht, diese Stimmung, die das Interesse für seine Musik ausmacht, ist viel mehr als seine Musik selbst. Seine Persönlichkeit scheint mir interessanter als seine Kunst zu sein.
Das ist in Deutschland oft der Fall: Hugo Wolf ist ein solches Beispiel. Der Fall Mahler ist wirklich merkwürdig. Beim Studium der Werke gewinnt man die Überzeugung, daß er in Deutschland zu einem der seltensten Typen gehört, mit einer in sich abgerundeten Seele, die aufrichtig empfindet. Indessen gelangen diese Bewegungen und dieser Gedanke nicht dazu, sich in einer wahrhaft aufrichtigen und persönlichen Art auszudrücken: sie kommen nur durch einen Schleier von Reminiszenzen durch eine klassische Atmosphäre zu uns. Ich glaube, daß die Ursache in Mahlers Dirigentenberuf liegt und in der Übersättigung mit Musik, wozu ihn sein Beruf verurteilt. Nichts ist für den schaffenden Geist tödlicher als das Zuviel der Lektüre, vor allem nicht selbst gewählter; er ist gezwungen, eine außerordentliche Nahrung aufzuzehren, von dem ihm das

meiste nicht bekommt. Vergebens verteidigt Mahler seine innere
Einsamkeit, sie wird durch fremde Ideen entheiligt, die sie von allen
Seiten belagern, und anstatt sie zu entfernen, zwingt ihn sein Gewissen als Orchesterdirigent, sie aufzunehmen und sogar sich zu eigen
zu machen. Von einer fieberhaften Aktivität und mit schweren
Aufgaben überladen, arbeitet er ohne Unterlaß und hat keine Zeit
zu träumen. Von dem Tage an wird Mahler erst Mahler sein, wo
es ihm möglich ist, seine sämtlichen Verwaltungsämter niederzule-
gen, seine Partituren zu schließen, und sich dann einzuschließen und
ohne Hast darauf zu warten, was aus ihm allein mit sich allein
geworden. – Wenn es dazu nicht zu spät ist.

Seine *Fünfte Symphonie,* die er in Straßburg dirigierte, hat mich
mehr als alle seine anderen Werke davon überzeugt, daß es für ihn
dringend nötig ist, zu jenem Ziel zu gelangen. Mahler hat in dieser
Komposition die Chöre, die die Hauptanziehung seiner vorherge-
henden Symphonien bildeten, fortgelassen. Er wollte den Beweis
erbringen, daß er fähig ist, reine Musik zu schreiben; und um dies
besser zu bezeugen, hat er sich geweigert, eine Erklärung seines
Werkes im Konzertprogramm zu geben, wie die anderen am Musikfest teilnehmenden Künstler es getan haben. Er hat also gewollt,
daß man sein Werk vom rein musikalischen Standpunkt aus beur-
teilt. Die Probe war für ihn gefährlich.

Trotz des Wunsches die Aufführung eines neuen Werkes, dessen
Verfasser ich achte, zu bewundern, ist es mir unmöglich zu finden,
daß diese Probe ihm günstig gewesen ist. Die *Fünfte Symphonie* ist
von außergewöhnlicher Länge, – sie dauert $1\frac{1}{4}$ Stunde –, ohne daß
irgendwelche innere Notwendigkeit diese Dimension rechtfertigt.
Sie zielt auf das Kolossale und ist meistens leer. [. . .]

Vor allem fürchte ich, daß Mahler schwer unter der Hypnose der
Macht leidet, die heute alle deutschen Künstler betört. Er scheint
mir ein unschlüssiges, ironisches, trauriges, erregtes, schwaches
Gemüt zu haben, die Seele eines Wiener Musikers, die sich mit allen
Kräften dem Wagnerischen Grandiosen entgegenstemmt. Keiner
empfindet wie er die Anmut der *Ländler,* der zarten Walzer, der
elegischen Träumereien. Keiner könnte vielleicht besser als er das
Geheimnis der rührenden und wollüstigen Melancholie eines Schubert nachempfinden, die mich manchmal an einige seiner vorzügli-
chen Eigenschaften gemahnt wie an einige seiner Mängel. Aber er
will Beethoven oder Wagner sein. Er hat unrecht: es fehlt ihm ihr
Gleichgewicht und ihre herkulische Kraft. Man hat das nur zu sehr
gesehen, als er die *Symphonie mit Chören* dirigierte.

Wie dem auch sei, und welche Enttäuschung mir auch das Straßbur-
ger Musikfest gebracht hat, ich würde mir nicht erlauben, von
Mahler leichthin und unehrerbietig zu sprechen. Ich habe Vertrau-
en zu ihm, da ich sicher bin, daß ein Musiker von diesem lauteren
Gewissen eines Tages das Werk schaffen wird, worauf er ein An-
recht hat.

Richard Strauß bildet zu Mahler einen vollkommenen Gegensatz.
Er hat immer den Ausdruck eines großen, zerstreuten Kindes mit
dem schmollenden Munde. Groß, schlank, ziemlich elegant und

hochmütig, scheint er von feinerer Rasse zu sein als die übrigen deutschen Künstler, unter denen er sich befindet. Er verachtet den erzwungenen Erfolg, er ist darüber erhaben. Er hat nicht die versöhnlichen und bescheidenen Beziehungen zu den anderen Musikern wie Mahler. Er ist ebenso nervös wie Mahler und gibt sich beim Dirigieren einem frenetischen Tanz hin, der den geringsten Einzelheiten seiner zitternden Musik folgt wie ein klares Wasser, das über einen Stein rieselt. Aber er genießt vor Mahler einen Vorteil: er weiß sich auszuruhen.

Musiker von heute, München 1925, S. 239–246

Richard Specht
(1870–1932)

Der Musikkritiker der *Zeit* blieb Mahler unerschütterlich treu; er schrieb 1905 ein kleines Büchlein über Mahler und zwei Jahre nach dessen Tod eine Studie, die zu dem deutschsprachigen Standardwerk über Mahler wurde. «Verbrenn all die anderen», schrieb Schönberg, «aber bewahre Spechts Mahler-Biographie. Sein Geist ist in ihr bewahrt.»[30]
Als sein Augenlicht nachließ, begann Richard Specht, der gerne Architekt geworden wäre, zu schreiben. Im Sommer 1895, als er Mahler in Steinbach kennenlernte, hatte er sich bereits als Dichter einen Namen gemacht. In Wien genoß er das Vertrauen Mahlers und, weit erstaunlicher, auch das Almas, der er später seine Puccini-Biographie widmete,[31] und die ihm half, seine Wahrnehmung für Mahler zu schärfen.

Er war wirklich ein großes Kind. Dieser oft unheimlich scharfsinnige Mensch, der durch die funkelndsten Paradoxen, geschliffensten Antithesen und schneidendsten Ironien des Dialogs gleich einer unbefangenen natürlichen Gesprächsfunktion überraschen und wehrlos machen konnte, vermochte es noch mehr durch die reine, unberührte Kindlichkeit seines Wesens. Er war jäh vertrauensvoll und jäh mißtrauisch wie ein Kind. Dieses Mißtrauen konnte sehr leicht geschürt werden; durch ein hingeworfenes Wort der Böswilligkeit, ja durch ein scheinbar unabsichtliches Lächeln oder einen Blick; aber es konnte dann kaum jemals wieder getilgt werden, und gerade damit ist viel an ihm und an anderen gesündigt worden. Und vor allem: er war liebebedürftig wie ein Kind. Er brauchte Liebe, Verstehen, Zärtlichkeit wie wenig andere, und gerade an ihn, der doch wieder durch Schroffheit, durch abweisende Launenhaftigkeit und Sprunghaftigkeit von sich wegscheuchte, wagte sich diese Empfindung selten heran; hatte nur selten den Mut zu dem «nein, nein, ich ließ mich nicht abweisen», dem er aus wundem, rufendem

[30] Unveröffentlichte Notizen zu Mahlers Neunter Symphonie, Kopie des Arnold Schönberg Institute, Los Angeles.
[31] «Alma Mahler, der unvergleichlichen Frau und Freundin in Liebe und Verehrung» (Richard Specht, *Puccini*, Berlin 1931).

Herzen die rechten, unvergeßlich standhaften und rührenden Töne
gegeben hat. Wozu freilich kam, daß er sich im Alltag gern bevor-
munden und beeinflussen ließ; daß er, ganz in seinen Traum und
seine Welt entrückt, das Praktische des täglichen Lebens, also auch
seinen Verkehr, anderen zu bestimmen überließ und nicht immer
jenen, die in selbstloser Liebe das für ihn Beste taten. Er ist in so
manchen Zeiten viel mißbraucht und um vieles verkürzt worden.
Aber darüber zu sprechen ist es noch zu früh ... Wer aber die
fromme Unberührtheit und die unbefangene Wahrhaftigkeit seines
Wesens erleben wollte, mußte ihn mit Kindern sehen. Mit seinen
eigenen vor allem. [...] Wer ihn aber mit seinen Kindern sprechen
hörte oder spielen sah, brauchte erst gar keines seiner Werke zu
hören, um seine mit den tiefsten kosmischen Dingen verknüpfte
Genialität zu spüren. [...]

Daß er ein Genie war, spürte jeder, der ihm gegenüberstand. Er
gehörte nicht zu jenen großen Künstlern, die gleichsam inkognito
leben: wie Schubert einer war oder Anton Bruckner. Wer ihn nur
zwei Worte sagen hörte oder in dieses blasse, geistreich nervöse,
von hohem und schmerzlichem Denken und Erleben gezeichnete
Antlitz blickte, mußte die unbedingte Gewißheit seines Genies und
seines Dämons haben. [...]

Ich habe vorhin gesagt, daß ich nicht glaube, irgendein Mensch
habe Gustav Mahler ganz gekannt. Ich glaube aber auch nicht, daß
er einen anderen ganz gekannt hat. Er konnte jahrelang mit Menschen verkehren, ihnen Freundschaft und Hilfsbereitschaft erweisen und wußte dabei gar nichts von ihren eigentlichen Lebensver-
hältnissen, von ihren Sorgen und Hoffnungen. Trug man sie zu ihm
hin, so half er, in jener Güte des Egozentrischen, der fremdes Leid
nicht sehen mag – und vergaß es. Mußte es vergessen. Er hatte sein
Werk zu tun; und wenn er auch – mehr als andere – von Fall zu Fall
half, wo er irgend konnte, wollte er dann nicht mehr daran erinnert
werden, weil es ihn von seiner Sache ablenkte. Aber auch im
gewöhnlichen Umgang (wohl bemerkt: im gewöhnlichen; nicht in
dem ungewöhnlichen der Freundschaft oder der Liebe) galten ihm
die meisten Menschen wohl nur so viel, als sie ihm etwas geben
konnten; Aufschlüsse über Dinge, die er zu wissen begehrte, Anregungen geistiger Art, Ratschläge für sein körperliches Wohlbeha-
gen, Verehrungen, Propaganda, Sendungen gewisser Speisen und
Früchte, die er gern mochte, lebhafte Gespräche über bestimmte
Materien – und es war mir oft, als ob es ihn irritierte, wenn in das
Schema irgendwelche Unordnung kam, wenn der Freund, bei dem
er gern wohnte, weil er dort in voller Ruhe und ungestörtem
Sich-überlassen-sein leben konnte, in einer Unterhaltung das Gebiet
des anderen streifte, mit dem er zu philosophieren gewöhnt war,
oder wenn ihn irgendeine Äußerung über Musik bei einem frappier-
te, von dem er bisher nur durch gute Äpfel verwöhnt worden war.
Ich weiß sehr wohl, daß das übertrieben zur Formel zugespitzt ist
und leicht mißverstanden werden wird, schon deshalb, weil es den
Anschein äußerster Selbstsucht erweckt und doch etwas ganz anderes, eine Art Ökonomie im Menschenverbrauch war. [...]

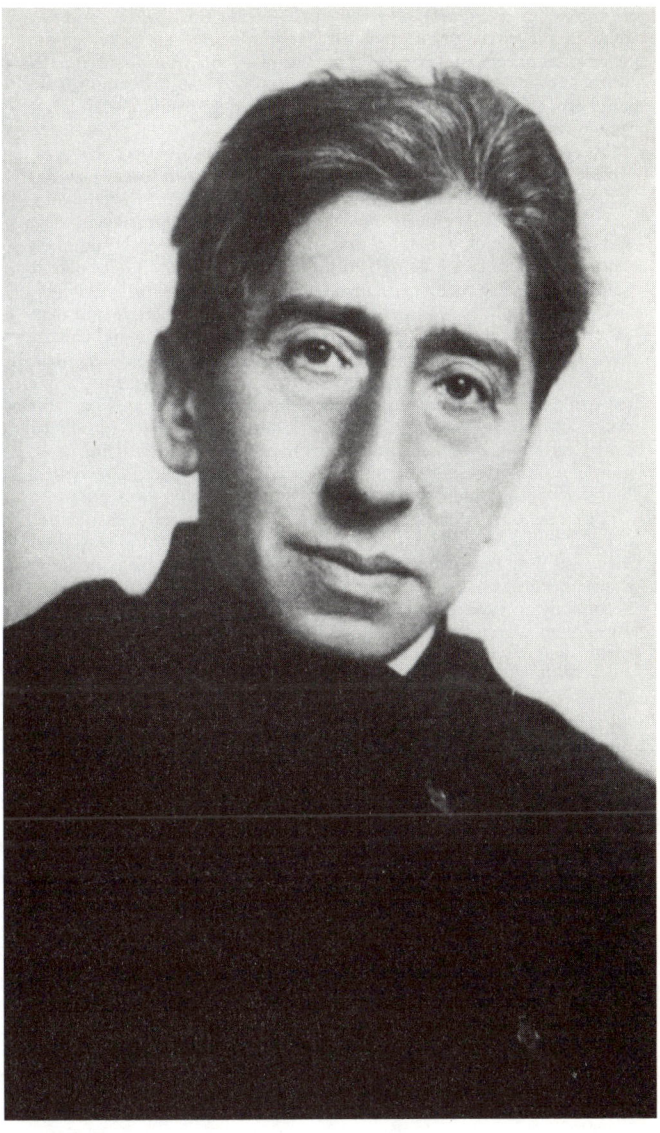

Richard Specht.

Mahlers bester Freund aber war einer, den er nie gesehen und mit
dem er nie ein Wort gewechselt hat, und der doch sein Wesen,
soweit es überhaupt zu beeinflussen war, am entscheidendsten
mitbestimmt hat. Das war: Dostojewski. Die Begegnung mit seinen
Büchern ist für Mahler ein Erlebnis von determinierender Kraft
gewesen. [. . .]
Mahler (und ebenso seine Musik, die seinen «identischen» Ausdruck bedeutet) ist Jude und jüdisch in der Stoßkraft seiner Geistig-
keit, in der fieberischenRastlosigkeit des Suchens nach dem Sinn
und Gesetz der Welt, in der leidenschaftlich düsteren Glut, in
mancher Ungleichmäßigkeit und auch in mancher Spitzfindigkeit
seines Wesens; er ist Christ und christlich in seiner Gläubigkeit,
seiner Himmelsgewißheit, seiner Demut vor allem Göttlichen, seinem Jenseitsglauben, seiner Sehnsucht nach Jüngerschaft und dem
guten Gefühl für das Triebhafte, Kindliche, Wesenhafte und Unver-
fälschte einfacher Menschen, die, unverwirrt durch Geldgier, noch
nicht abgestumpft durch die höchst fragwürdige Zivilisation der
großen Stadt, noch mitten in der Natur leben, ihrem Gott von
Angesicht zu Angesicht gegenüber; mit Bauern, Hirten, Fischern
und Kindern hat er sich immer am besten verstanden. Und er ist
ganz deutsch in seiner geistigen Kultur, in seiner Sachlichkeit und
Selbstdisziplin, seiner Unterordnung unter das von ihm erkannte
Gebot und darin, daß er nichts sich selber zuliebe, alles um der
erwählten Sache willen tat. Wie Richard Wagner es vom Deutschen
aussagt. Will man diese Mischung trotz alldem jüdisch nennen,
dann allerdings hat das Jüdische in Mahler den stärksten Ausdruck
gefunden, und wir hätten zum erstenmal das, was jüdische Musik
zu nennen wäre (nicht nur Musik mit jüdischen Zügen, die schon
oft da war). Wogegen das Heimatliche, im Mutterboden Verwur-
zelte, Volksliedhafte dieser Sinfonik noch durchaus nicht zu sprechen braucht; ebensowenig das Deutsche, Innige, Wunderhornmä-
ßige. Aber hier sind Dinge, die dem Psychologen gehören, und die
hier zu weit führen würden. Sicher ist, daß Mahler, so fromm und
im tiefsten Keim religiös er war, doch jede Religion nur als Legende
empfand, und daß er keiner all der Gemeinden angehörte; nicht
einmal der der Buddhisten oder der Pantheisten. Als ich ihn einmal
darüber befragte und sein religiöses Bekenntnis wissen wollte, sah
er mich ernst an und sagte: «Ich bin Musiker. Darin ist alles andere
enthalten.» [. . .]
Kranksein war ihm entsetzlich. Auch bei anderen. Er war geradezu
gereizt und aufgebracht gegen jeden, dem irgendein Unwohlsein
zustieß. «Krankheit ist Talentlosigkeit», pflegte er zu sagen. Er
empfand sie noch ärger: als Pflichtvergessenheit. Er war ein arger
Hypochonder; ängstlich auf alles bedacht, alles Schädliche zu vermeiden, seinen Leib gesund und geschmeidig zu erhalten.

Specht, S. 26–56

Klaus Pringsheim
(1883–1972)

Klaus Pringsheim, der Zwillingsbruder von Thomas Manns Frau Katia, war schon als Jugendlicher von Mahler begeistert und bemühte sich um eine musikalische «Lehre» als Repetitor an der Wiener Oper bei ihm. Später war er unter anderem Musikdirektor an den Theatern von Max Reinhardt in Berlin und von 1931 an Dirigent und Lehrer am Imperial Conservatory in Tokio, bevor er schließlich nach Kanada emigrierte. Seine Erinnerungen an Mahler faßte er zum 100. Geburtstag des Komponisten für die *Neue Zürcher Zeitung* zusammen.

Als fünfzehnjähriger Gymnasiast in München sah und hörte ich ihn zum erstenmal. Dies frühe Mahler-Erlebnis wurde entscheidend für mein Leben. Er erschien als Gastdirigent für ein Konzert des «Kaim-Orchesters» in der Tonhalle.[32] Im Programm stand von ihm nur das Andante aus der Zweiten Symphonie – für mehr hatte die verfügbare Probenzeit nicht gereicht; daneben zwei Sätze, der zweite und dritte, aus der Symphonie fantastique von Berlioz und zum Schluß Beethovens Fünfte. Es war wie eine Offenbarung. Nie hatte ich, nie wieder habe ich von dem Werk einen so überwältigenden Eindruck empfangen. Seit dem Tage träumte ich – um nicht zu sagen, daß ich es als meine Bestimmung ansah –, einmal unter die Führung dieses Dirigenten zu kommen, von dem, wenn er vor dem Orchester stand, eine magische Gewalt auszugehen schien. Mein künftiger Musikerberuf war damals schon eine beschlossene Sache. Aber es sollte noch sieben Jahre dauern, bis mein Traum in Erfüllung ging.

Meine große Stunde kam, als ich, im Februar 1906, ein Telegramm aus Wien erhielt: Direktor Mahler erwarte mich am kommenden Freitag, «zwischen vier und fünf», in seinem Amtszimmer in der Hofoper. Das bedeutete, daß er bereit war, meinen Wunsch zu erfüllen und mich als Korrepetitor anzunehmen. Ich war ihm von meinem Lehrer, Bernhard Stavenhagen,[33] empfohlen, der als Leiter der Akademiekonzerte in München einer der ersten deutschen Dirigenten war, sich für Mahlers Werk aktiv einzusetzen. Da saß ich nun ihm gegenüber und konnte es nicht glauben, es war, nun eben, wie das Erwachen in einen Traum. Aber nach weniger als fünf Minuten war es, ohne alle Förmlichkeit, eine Unterhaltung, in welcher, natürlicherweise, er es war, der Fragen stellte, und ich, der antwortete. Wie sah es in München aus, was ging vor, von Mottl wollte er hören, dem Generalmusikdirektor des Bayerischen Hoforchesters, und von seinen Wagner-Festspielen im Prinzregenten-Theater – Mottl, neben dem er, der vier Jahre Jüngere, einst als Student des Wiener Konservatoriums im Akademischen Wagner-Verein für radikalen Fortschritt gefochten hatte –; und besonders von Reger, von dem als kommendem Mann in gewissen Kreisen so viel hergemacht wurde . . .

Öfters habe ich ihn auf seinen Konzertreisen begleitet. Auf einer dieser Reisen, auf dem Weg nach Linz, ich saß mit ihm allein im

---

[32] Am 24. 3. 1897.
[33] Bernhard Stavenhagen (1862–1914) war seit 1895 in Weimar und seit 1901 in München Hofkapellmeister.

Coupé, geschah es – und es war ein anderer großer Augenblick in meinem Leben –, daß er mir, beinahe feierlich, seine Freundschaft anbot. Ja, so war es: fortan durfte ich ihn, Mahler, meinen Freund, und mich einen Freund Mahlers nennen. Was ihn bewogen haben mochte, den jungen Kapellmeisterlehrling so auszuzeichnen, habe ich mich oft gefragt. Mag sein, er, den oberflächliche Komplimente abstießen, Schmeichelei verletzte, war empfänglich für die tiefe, aufrichtige Verehrung, die ich, ohne sie auf der Zunge zu tragen, ihm entgegengebracht habe. Nichts anderes hatte ich ihm zu bieten, und ich habe keine andere Erklärung als diese, die er selbst, indirekt, in negativer Form, mir damals gegeben hat. Ich erinnere mich nicht, wie er darauf zu sprechen kam, aber er nannte die Undankbarkeit von Mensch zu Mensch ein Grundübel der menschlichen Gesellschaft. Mahler war ein dankbarer Mensch, es lag in ihm. Er vermochte nicht zu empfangen, ohne Empfangenes mit einem Gefühl von Dankbarkeit zu erwidern. Dies zu beobachten, auch wenn es nicht unmittelbar zutage trat, hat es mir an Gelegenheite nicht gefehlt.

Als Komponist, ich sage nichts Neues, war Mahler bis in die letzten Lebensjahre bösartigen Angriffen ausgesetzt, angefeindet von allen Seiten wie kaum je ein schaffender Künstler. Wo freilich der berühmte Dirigent in Person als Interpret seiner Symphonien erschien – in Linz war es für die Erste –, wurde er vom Publikum jubelnd empfangen. Immer wieder aber klagte er, er empfinde es als unwürdig, daß er nötig habe, so in der Welt herumzufahren, um selbst für sein Werk zu zeugen. Vor allem, selbstverständlich, waren es die Rezensenten (nicht alle: es gab Ausnahmen), deren hartnäckiger Widerstand ihm das Leben schwer machte. Er muß sie gehaßt haben, höre ich oft sagen. Nein, das glaube ich nicht. [. . .]

Wenn Mahler haßte: er würde seinen Haß nicht an die verschwenden, die ihm schadeten. Er konnte aber grenzenlos verachten: den Dünkel der Ignoranten, die aufgeblasene Unfähigkeit, die Selbstgenügsamkeit, Selbstzufriedenheit der Ewigmittelmäßigen; er verachtete alle Karrieristen und Opportunisten . . . Gern sprach er, und seine Stimme hatte einen warmen Klang, von den Bemühungen anderer Dirigenten, ihn «durchzusetzen»; viele waren es nicht: unter ihnen Oskar Fried, den in seiner schlagfertig lässigen Berlinerart er auch persönlich gern mochte; an erster Stelle aber Mengelberg, der in Amsterdam mit dem Concertgebouw-Orchester eine europäische Mahler-Kultstätte geschaffen hat. [. . .]

Die Erfüllung seines prophetischen Wortes, «Meine Zeit wird kommen», durch Bruno Walter, dies Werk werbender Liebe des Eingeweihtesten der Eingeweihten, hat er nicht erlebt.

Wenn es das Wort «Selbstungenügsamkeit» nicht gibt: es müßte für Mahler geprägt werden, um das Besondere seiner Arbeitsweise, wenn er in Orchesterproben am Pult stand, zu erklären. Oft war es ein Ausprobieren eher als nur ein Probieren im landläufigen Sinn; bis in die letzte Probe vor einer Uraufführung pflegte er zu ändern, zu verbessern, es immer wieder von neuem zu versuchen; manchmal war es beinahe wie eine innere Unsicherheit oder eigentlich Noch-

nichtentschlossenheit dem eigenen Werk gegenüber, und gern hörte er dann auch auf das Urteil weniger ihm persönlich nahestehender Zuhörer im Saal. Ich erinnere mich noch, wie ich mit andern Musikern – unter ihnen der Pianist Ossip Gabrilowitch, noch nicht als Dirigent aktiv damals – in den Proben zur Sechsten[34] saß (Tonkünstlerfest in Essen, 1906), und ich könnte wohl noch auf die oder jene Stelle in der Partitur zeigen, die auf den Rat des zweiundzwanzigjährigen Korrepetitors, der aus Wien mitgekommen war, geändert wurde. (Es fiel ihm dann noch eine andere Funktion zu – eine wichtige Funktion, oder wenigstens war sie es für ihn: er durfte die Herdenglocken hinter der Szene «dirigieren».)
Meist handelte es sich bei solchen Änderungen um Fragen der klanglichen Balance: sei es, sie herzustellen, nur um winzige Details der Instrumentierung. Dem Dirigenten Mahler, und hier also dem Dirigenten seines eigenen Werks, war es vor allem immer um die Erzielung maximaler Deutlichkeit zu tun; sie war ihm wichtiger als Kolorit und Klangreiz. Während einer Probe zur Sechsten Symphonie, an einer Stelle im Finale, klopfte er ab und rief den Trompetern zu: «Können Sie das nicht stärker blasen?» Im leeren Saal hörte sich's schon an wie unbeherrschter Lärm, aber: die Trompeten noch stärker? Er unterbrach ein zweites Mal, und wieder zu den Trompeten gewandt, jetzt mit einer Geste der linken Hand, deren Befehlsgewalt unwiderstehlich war: «Können Sie das nicht noch stärker blasen?!» Sie bliesen noch stärker, alles andere übertönend, und was eben noch bloßer Lärm schien, gewann jetzt – jetzt erst den musikalischen Sinn, den er verhüllte. Nach der Generalprobe bemerkte Strauss, wie obenhin, er finde die Symphonie teilweise «überinstrumentiert». Überinstrumentiert? Die Fünfte war es, in den orchestralen Proportionen, wirklich gewesen, nach Mahlers eigener Erfahrung bei der Uraufführung in Köln, und er hat später die Partitur stark «retouchiert», das heißt auf manchen Seiten das Orchester wesentlich verdünnt. Nicht aber die Partitur der Sechsten mit ihrer weit größeren Bläserbesetzung. Überinstrumentiert: das Wort, weil es von Strauss kam – das Ereignis der Dresdener «Salome»-Premiere lag ein halbes Jahr zurück –, ging ihm lange nach. In diesem Zusammenhang, ich habe es nie vergessen, tat Mahler eine Äußerung, die wohl mehr besagt, als darin unmittelbar ausgesagt war. Es sei doch merkwürdig, sagte er, Strauss sei imstande, mit ein paar Proben auszukommen, und immer «klingt es»; er aber mühe sich in zahllosen Proben mit dem Orchester, um alles herauszubringen, wie er es haben wolle, aber wann könne er nach der Aufführung dann wirklich sagen, daß ihm nichts gefehlt habe. [...]
Die erste Oper, deren Neueinstudierung unter Mahler ich mitmachte, war die Shakespeare-Oper «Der Widerspenstigen Zähmung» von Hermann Goetz. (Wer kennt sie heute noch?) Er ließ den vierten Akt ohne das musikalisch schwache Finale, also vor diesem, enden und wollte, so erklärte er mir, als Abschluß der Oper nur ein kurzes Nachspiel für Orchester haben; es mußte neu geschrieben werden, und er gab mir den Auftrag, es zu schreiben. Am nächsten

---

[34] Premiere am 27. Mai 1906.

GUSTAV MAHLER
Karikatur von Oscar Garvens

Tag kam ich mit einer ausgeführten Komposition, drei Partitursei-
ten lang. Nein, so war es nicht gemeint. Höchstens acht Takte
sollten es sein. Zur nächsten Probe brachte ich meine acht Takte,
sie wurden in die Orchesterstimmen kopiert und gespielt: zweimal,
um das Zusammengehen mit dem langsam fallenden Vorhang
auszuprobieren. Mahler schien befriedigt, dann aber überlegte er
sich's wieder anders, die Szene sollte nun auch ohne angehängtes
Nachspiel schließen. «Aber», fügte er scherzend hinzu, «jetzt können Sie den Leuten erzählen, daß Sie in der Wiener Oper gespielt
worden sind.» [. . .]

Im engen Freundeskreis sprach er über alles mögliche, nur nicht
vom Theater. Ich erinnere mich, wie eine kurze Zeitungsnotiz über
einen Selbstmord auf den Schienen ihm lange Zeit nachging und ihn
zu Betrachtungen veranlaßte, was wohl in dem Unglücklichen vor-
gehen mochte, der imstande war, nachts sich an der Stelle, die er für
sein Ende ausgesucht hatte, hinzulegen und dann stundenlang auf
den Frühzug zu warten, von dem er sich überfahren lassen wollte
(und pünktlich überfahren wurde). – Einmal fragte er mich, ob ich
schon «Die Brüder Karamasoff» von Dostojewski, die eben in einer
neuen deutschen Übersetzung erschienen waren, gelesen habe. Als
ich verneinte, sagte er, dann stehe mir noch ein bedeutendes Erlebnis bevor. Der größte Psychologe der Weltliteratur hatte ihm unendlich viel mehr zu sagen, als irgendwelche theoretische Abhand-
lungen auf psychologischem Gebiet vermocht hätten. Abstraktes
Theoretisieren war ihm fremd. Das überzeugendste Argument blieb
für ihn das Gleichnis.

. . . Er stand im Mantel, als ich bei ihm eintrat eines Mittags nach
der Probe. «Kommen Sie mit, ich fahre nach Hause», sagte er. Er
fuhr nicht, kein Wagen wartete unten auf ihn, er ging, ein weiter
Weg war es ja nicht von der Oper, eine Entfernung, bequem zu Fuß
zurückzulegen. Als ich mich vor seinem Hause von ihm trennte,
schlug er vor, daß ich morgen um die selbe Zeit wieder ihn abholen
käme. Und wieder den nächsten Tag, und so wurde daraus eine
Gewohnheit und für mich ein tägliches Ereignis. Er sprach von
musikalischen Dingen, ich ging neben ihm her und hörte ihm zu in
der Aufgeschlossenheit des staunend Lernenden, aber ich war es
auch, der Fragen stellen durfte. Keine Frge, auf die er nicht einging,
kein Problem, das ich aufwarf, das er nicht ausführlich mit mir
diskutierte. Öfters wurden es, wie unversehens, längere Wanderungen, und es mochte wohl auch geschehen, daß er, sein Wort mit
einer Geste illustrierend, im Reden stehenblieb – nicht gerade auf
der Ringstraße, aber im Belvedere-Park, in dem er sich gern aufhielt, oder wo sonst man wenig Menschen traf. Ich habe die unge-
zählten Gespräche nicht aufgezeichnet, die er mit mir führte, aber
ich weiß, daß mir mehr davon geblieben ist, als sich hätte aufzeichnen lassen. Das war nicht «Unterricht», es waren nicht «Stunden»,
die ein Lehrer gibt, es war viel, viel mehr: immer von neuem war
es spontan persönliche Mitteilung des Musikers Gustav Mahler.
Ihm verdanke ich, was ich, jenseits technischer Fertigkeiten und
fachlicher Kenntnisse, als innere Grundlage meines Berufes an

höherer Einsicht und tieferem Einblick in Dinge der Musik zu
erwerben vermochte.

In der zwanglosen Intimität improvisierter Spaziergänge offenbar-
ten sich die liebenswürdigsten Seiten, die zartesten Züge seines
Charakters – sie taten es auf unscheinbare Weise, die allemal die
sprechendste ist. Eines Mittags, wir gingen die Kärntnerstraße
hinauf, kam ihm in den Sinn, daß er seiner Gattin etwas Teegebäck
mitbringen könnte oder eine spezielle Sorte von «Zuckerln», mit
denen er ihr eine kleine Freude bereiten wollte. Er trat in einen
Laden und besorgte seinen Einkauf. Als er wieder herauskam,
wollte ich ihm das Päckchen abnehmen, aber er ließ es nicht zu.
«Warum», erklärte er, «wenn ich es mir aus der Hand schlüpfen
lasse und es fällt in den Dreck» – er sagte auf gut Wienerisch
«Dreck» und zeigte dabei auf die Straße, die einen dem Wiener
vertrauten Anblick bot –, «so ist das kein großes Malheur. Wenn
das selbe Ihnen passierte, würden Sie sich furchtbar verlegen fühlen.»

Von meinem letzten Abend bei Mahlers, Spätsommer 1907 ist mir
eine Unterhaltung in lebhafter Erinnerung, in deren Verlauf der
Name Freud fiel, oder, um genau zu sein, ich war es, der ihn in
einem gegebenen Zusammenhang erwähnte. Mahlers Reaktion war
ein augenblickliches Schweigen; das Thema Psychoanalyse interessierte ihn nicht, und dann hatte er nur eine abschließende Bemerkung, begleitet von einer ablehnenden Handbewegung: «Freud . . .
er versucht alles von einem bestimmten Punkt aus zu kurieren.»
Von einem bestimmten Punkt: er benannte ihn nicht, offenbar
scheute er sich, mich in Gegenwart seiner Gattin das bezeichnende
Wort hören zu lassen. Er sprach nicht aus eigener Erfahrung, drei
Jahre vor seiner eigenen Begegnung mit Professor Freud (in Leyden,
August 1910). [. . .]

Ich sah ihn wieder bei der Premiere der Siebenten Symphonie in
Prag, 1908. Doch dann in den großen Tagen der Achten in München. Damals hatte sich um den Musikschriftsteller und Kritiker
der «Münchner Neuesten Nachrichten», Dr. Rudolf Louis, ein
Kreis von traurigen Leuten gesammelt, die es darauf anlegten, das
Ereignis der Uraufführung im voraus zu diskreditieren. Aus zwei so
ungleichen Hälften wie der alten Kirchenhymne «Veni creator
spiritus» und der Schlußszene aus Goethes «Faust», beide in Musik
gesetzt, könne nie und nimmer ein symphonisches Ganzes werden:
kein Ganzes und keine Symphonie – der Einwand lag auf der Hand,
und das ist genau der Platz, wo er heute noch liegt, denn wer hätte
sich wohl die Mühe genommen, ihn wegzuräumen? Kein Einwand
besteht vor dem kategorischen Imperativ des schöpferischen Genies. Bei einem letzten Wiedersehen auf dem Münchner Haupt-
bahnhof sprach er – mit keinem Wort von dem beispiellosen Triumph, den er gestern in der eben noch mahlerfeindlichsten Stadt
errungen; er sprach von zwei neuen Werken, deren Partituren in
einer Lade seines Schreibtisches in Wien lagen, der Neunten Symphonie und dem «Lied von der Erde».

Erinnerungen an Gustav Mahler, «Neue Zürcher Zeitung», 7. 7. 1960

William Ritter
(1867–1955)

Einer der unbekanntesten, aber interessantesten Freunde Mahlers war der homosexuelle Schweizer Schriftsteller, Maler und Kritiker William Ritter, der mit seinem tschechischen Freund Janko Càdra zusammenlebte. Mahler, dem häufig Prüderie nachgesagt wurde, war sich über ihre Beziehung im klaren, denn er ließ regelmäßig Grüße ausrichten «an Ihren Freund».[35]
Vierzehn Jahre lang war Ritter in München als Französisch-Vorleser für den Kronprinzen Ruprecht von Bayern, den Sohn Ludwig III., engagiert. Ritter war im Oktober 1900 nach München gekommen, als Mahler dort gerade seine Zweite Symphonie aufführte. Zur Premiere der Vierten kehrte Mahler im November 1901 zurück. Ritter, progressiv in Fragen der Kunst, aber zugleich reaktionär antisemitisch, ging mit gemischten Gefühlen in die Generalprobe.

> Weingartner[36] probt noch seinen Teil des Konzertes, als Mahler, begleitet von seinen Freunden Pringsheim,[37] das Parterre betritt und sich in der ersten Reihe in einem der schwarzen, mit rotem Samt bezogenen Sitze niederläßt. Ein magerer, kleiner Mann mit Brille, dunkler Teint, krauses Haar, gelb, sehr spitzer Schädel, ganz in Schwarz, im Gehrock, mit dem Aussehen eines Geistlichen, ganz versunken.
>
> Weingartner ist fertig und verläßt das Pult. Mahler erklimmt auf der Stelle das Podium und flößt uns sofort Vertrauen ein: große Ruhe, absolute Schlichtheit, selbstbewußt und ohne jede Effekthascherei. Von Weingartner konnte man das gleiche zu dieser Zeit nicht behaupten.
>
> Das Orchester murrt nicht, aber man merkt ihm jene gewohnheitsmäßige Passivität an, die sich einstellt, wenn Musiker sich nicht voll und ganz für die Musik begeistern können. Offensichtlich birgt diese Symphonie einige Gefahr.

Ritter ist von dem Werk entsetzt. «Was für eine unschickliche Musik», urteilt auch einer der Freunde; und der jüdische Dichter und Anhänger des Stefan George-Kreises Karl Wolfskehl: «Wiener Dekadenz, Kaffeehaus-Musik.» Beim Buh-Rufen am Ende des Konzerts fühlte sich Ritter, als habe er soeben an einer musikalischen Schwarzen Messe teilgenommen. Aber «diese Musik wird uns nicht mehr ruhig schlafen lassen.»
Bis ins Tiefste aufgewühlt schrieb er an Mahler, der ihm Proben der Partitur übersandte. Während eines Aufenthalts in Prag – der Smetana-Biograph Ritter war eine Autorität in Sachen tschechischer Kunst – wohnte er einer Aufführung der Dritten Symphonie bei, wiederum von Mahler selbst dirigiert. Diesmal war er von der Musik völlig überwältigt, der Komponist selber aber war ihm gleichgültig: «Wir wollten nur sein Werk kennenlernen, der Mann selbst war nicht aus unserer Welt.» Ritter begann, begeisterte Artikel über Mahler zu schreiben, aber er vermied es nach wie vor, ihm zu begegnen.

---

[35] Siehe GMUB, S. 143 ff.
[36] Felix Weingartner (1863–1942) war ständiger Dirigent des Kaim-Orchesters. Er kannte Mahler seit 1885, leitete 1897 in Berlin die Uraufführung der ersten drei Sätze der Dritten Symphonie und wurde 1907 Mahlers Nachfolger an der Wiener Hofoper.
[37] Alfred Pringsheim (1850–1941), war Mathematik-Professor in München und ein treuer Wagnerianer. Sein Sohn Klaus wurde Dirigent, Sohn Heinz (1882–1974) Musikkritiker; Tochter Katia (1883–1980) heiratete 1905 Thomas Mann.

Dieses fatale, unausweichliche Zusammentreffen fand also am Dienstag, dem 6. November 1906 morgens um 10 Uhr im Kaim-Saal in München statt.

Ich werde niemals den Blick vergessen, mit dem er mich musterte – vom Kopf bis zu den Füßen, denn er war viel kleiner als ich –, als ich zusammen mit Marcel Montandon und Janko Càdra vor den Meister trat. Es war nur ein Blick, aber ein entschlossener Feldherrenblick, der den Menschen maß und der besitzergreifend war. Von dieser Stunde an versuchte ich nicht einmal mehr, gegen diese über uns herrschende Faszination zu kämpfen, die von einem wunderbaren und in mancherlei Hinsicht absolut fantastischen Wesen ausging.

Wir hatten dann vier Proben voll kleiner Episoden, die uns einen nachhaltigen Eindruck seiner Meisterschaft gaben. Am Abend des 8. November fand das Konzert statt (acht Tage später wurde es von Stavenhegen wiederholt). Aber kaum hatte sich Mahler vor seinem Publikum verbeugt, [. . .] schwang er sich auch schon wieder in sein Automobil und kehrte noch in derselben Nacht nach Wien zurück.

Zwei Jahre später reiste Ritter mit seinem Freund nach Prag, um die Tschechische Philharmonie bei den Vorbereitungen zu Mahlers Siebter Symphonie zu erleben.

Die Proben waren sehr chaotisch. Der Festsaal diente zugleich als Bankettsaal, und während der Meister und sein Orchester auf der Bühne ihr Bestes gaben, deckten die Kellner unbeeindruckt die Tische. Die meisten von ihnen waren sehr junge Burschen, die sich weder für Musik noch für Disziplin interessierten. [. . .]

Am Dienstag, dem 15. September war Madame Mahler aus Wien angekommen. Nachdem das Orchester ausführlich am ersten Satz gearbeitet hatte, fiel Mahler plötzlich ein, daß weder seine Frau noch ich bis jetzt auch nur eine Note des Finales gehört hatten, und er rief unvermittelt: «Jetzt bitte das Finale! Ohne Unterbrechung, zum ersten Mal!» Madame Mahler saß mitten zwischen den Celli in der letzten Reihe auf dem letzten freien Stuhl, den man nach längerer Suche in der Halle noch gefunden hatte. Janko Càdra und mich hatte der Meister zu Füßen seines Pults ins Zentrum des Orchesters plaziert. Dort haben wir zum erstenmal den unsterblichen Sonnenaufgang dieses ruhmreichen Finales erlebt, das mit einem an die ersten Takte der Meistersinger gemahnenden Paukenwirbel beginnt. Beflügelt von der Anwesenheit der Frau, deren Schönheit und Wiener Grazie er verehrte, führte sich der Meister wie ein Verrückter auf: er saß, stand auf, tanzte und hüpfte wie ein Springteufelchen, dirigierte in alle Richtungen gleichzeitig, rechts, links, nach vorne, nach hinten und versetzte mir dabei ein paar heftige Fußtritte in die Nieren, weil er meine Anwesenheit im Eifer völlig vergessen hatte. Aber was für ein Enthusiasmus, welches Delirium! Und wie riß es uns mit! Selbst das Orchester, sonst dem deutschen Dirigenten gegenüber ganz tschechisch unbeugsam, war besiegt, total überwältigt.

Revue Musicale Suisse, Nr. 1, Januar/Februar 1961

Mahler probt mit der Tschechischen Philharmonie für die Uraufführung seiner Siebten Symphonie, Prag, September 1908.

Ossip Gabrilowitsch
(1878–1936)

Der russische Pianist kam 1894 nach Wien, um bei Leschetitzky zu studieren; 1905 begann er auch zu dirigieren. Im folgenden Jahr durfte er in Essen Mahlers Proben zur Sechsten Symphonie als Beobachter beiwohnen, und als sie sich im November 1907 in St. Petersburg trafen, fand Mahler einen Gabrilowitsch vor, der bereit war, ihm «das Blaue vom Himmel»[38] zu holen. Wochen später in Paris gestand Gabrilowitsch Alma, daß er sich in sie verliebt habe. Er bat sie, ihm darüber hinwegzuhelfen, um Mahler nicht zu verletzen.
1909 heiratete Gabrilowitsch die Sopranistin Clara Clements, die Tochter Mark Twains. Von 1910 bis 1914 leitete er das Orchester des Münchner Konzertvereins, 1918 gründete er das Detroit Symphony Orchestra. In der Zeit seiner Verbindung mit Mahler soll er ausgesehen haben «wie ein Kishinewer Jude nach dem Pogrom».[39]

> Mahler ist für mich der Inbegriff des höchsten Ideals, künstlerisch wie menschlich. Bis ich ihn traf, habe ich nicht geglaubt, daß es möglich sei, solche Ideale zu verwirklichen. Ihn gekannt zu haben, läßt das Leben edler erscheinen – lebenswerter. Er war zu jener grenzenlosen Hingabe an eine große Sache fähig, die nur einem Heiligen eigen ist. Er war der einzige Künstler, den ich je gekannt habe, dem persönlicher Erfolg nichts bedeutete. Er besaß nicht die kleinste Spur von Eitelkeit. Er verkörperte die kindliche Naivität des wahren Genies.

[38] AME, S. 401. Der Gabrilowitsch, den Mahler in Moskau traf, war allerdings nicht Ossip, sondern dessen Bruder.
[39] In den Worten Emil Zuckerkandls, zitiert nach: AML, S. 30.

Er, dem Erfolg gleichgültig war, war unfähig, jene zu verstehen,
denen der Erfolg alles bedeutete. Niemand hat je ein derart mitfüh-
lendes und wahrhaft liebendes Herz besessen wie Mahler – aber mit
denjenigen, die die Kunst ihrem Ego unterordneten, hatte er keine
Geduld.
Es ist einem großen Geist nicht oft gegeben, von seinen Zeitgenossen verstanden und geschätzt zu werden...
Man könnte Mahler beschreiben als den unpersönlichsten Künstler,
den es je gegeben hat. Er erzählte mir einmal, wie er es als Junge
unter vielen Entbehrungen geschafft hatte, in eines der Konzerte zu
gelangen, die Richard Wagner in Wien dirigierte. Die Wirkung der
Musik auf den kleinen Kerl war überwältigend. Aber als Wagner
am Ende des Konzerts mit Ovationen überschüttet wurde, blieb der
junge Mahler nicht, um dieses Schauspiel zu erleben. Er unternahm
erst recht keinen Versuch, sich ans Podium zu drängen, um aus der
Nähe einen Blick auf den verehrten Meister werfen zu können. Die
Musik war gespielt, und damit war das Konzert für Mahler beendet. Der persönliche Aspekt interessierte ihn nicht, deshalb verließ
er den Saal.

Private Aufzeichnungen, zitiert nach: Clara Clemens, *My Husband Gabrilowitsch*,
New York 1938, S. 128ff.

Ossip Gabrilowitsch.

Clara Clemens
(1874–1962)

Mark Twains Tochter war ausgebildete Sängerin. Nach 1909 gab sie, begleitet von ihrem Mann Ossip Gabrilowitsch, zahlreiche Liederabende in Europa und den Vereinigten Staaten.

Mahler erfüllte einen mit jener ehrfürchtigen Scheu, die einen angesichts überwältigender Persönlichkeiten zu überkommen pflegt. Ich könnte mir vorstellen, daß Beethoven, Savonarola oder Caesar einen ähnlichen Eindruck auf ihre Mitmenschen gemacht haben müssen. Er erschien furchterregend in seiner Strenge und alles Menschliche verachtend. Aber diesen Eindruck erweckte er nur auf den allerersten Blick; sobald er zu lächeln begann, spürte man, daß eine geradezu kindliche Reinheit und Liebenswürdigkeit unter der rauhen Schale verborgen lag.
Er war niemand, mit dem man auf die gewöhnliche Art und Weise Bekanntschaft schließen konnte. Entweder brannte er vor Eifer, wenn er über etwas sprach, das ihn wirklich interessierte (und dann sprach er mit der Wortgewandtheit und der Brillanz eines großen Geistes), oder er hüllte sich gleich einer ägyptischen Sphinx in edles Schweigen. Instinktiv begann man in sich selbst nach verborgenen Qualitäten zu suchen, die ihm entgegenzusetzen würdig gewesen wären. Ich habe nie eine stärkere Persönlichkeit kennengelernt.

Gustav Mahler – The Composer, the Conductor, the Man; Appreciations by Distinguished Contemporary Musicians, New York (The Society of the Friends of Music), 9.4.1916, S. 8f.

Otto Klemperer
(1885–1973)

Es sagt viel über Mahlers Anziehungskraft aus, daß so unterschiedliche Charaktere wie der ergebene Zemlinsky und der kampflustige Schönberg, der nette Walter und der unterwürfige Fried ebenso wie der widerborstige und eigenwillige Klemperer zu seinen Anhängern wurden. Die Faszination von Macht und Einfluß war es nicht, was sie anzog. Die jungen Rebellen wie Schönberg und Klemperer neigten eher dazu, sich den Mächtigen zu verweigern, als sich ihnen anzuschließen.
Klemperer war noch ein Kind, als er Mahler in Hamburg zum erstenmal sah:

Als ich eines Tages von der Schule nach Hause ging, sah ich einen seltsamen Mann neben mir. Er hielt seinen Hut in der Hand und schien nicht ordentlich gehen zu können. Er zuckte beim Gehen, blieb plötzlich stehen und schien einen Klumpfuß zu haben. Ich betrachtete ihn mit außerordentlicher Neugierde und wußte in mir: Das ist der Kapellmeister Mahler vom Stadttheater.

Erinnerungen an Gustav Mahler, Zürich 1960, S. 5

Zu dieser Zeit hatte er die Angewohnheit, Fratzen zu schneiden, was einen enormen Eindruck auf mich machte. Bestimmt zehn Minuten lang lief ich schüchtern hinter ihm her und starrte ihn an, als wäre er ein Tiefsee-Ungeheuer.

Brief an Alma, November 1911, zitiert nach: Peter Heyworth, *Otto Klemperer, his Life and Times*, Cambridge 1983, Band 1

Obwohl er Mahler als Erwachsener dann nicht mehr als fünf- oder sechsmal sah, waren dies für Klemperer entscheidende Begegnungen. Mahlers Referenz brachte seine Karriere in Gang, und Mahlers Vorbild als Dirigent fühlte sich Klemperer verpflichtet. Fünfzig Jahre nach Mahlers Tod beschreibt Klemperer – in einem bisher unveröffentlichten Brief –, daß bei Mahler Dirigieren und Persönlichkeit nicht zu trennen war.

Ich habe Mahler als Dirigenten nur wenige Male gehört – in der Oper «Walküre» und «Iphigenie in Aulis» –, im Konzert ein gemischtes Programm mit den Vorspielen zu «Tristan» und «Meistersinger», die Ouvertüre «Verkaufte Braut», und die siebte Sinfonie von Beethoven. Außerdem hörte ich ihn in einer Probe zu seiner eigenen achten Sinfonie. [. . .]
Es ist sehr schwer darüber einzelnes zu sagen, da seine Kunst eng mit seiner Persönlichkeit zusammenhing. Die Hauptsache schien mir die Einfachheit seines Musizierens. Seine Tempi waren absolut selbstverständlich und entsprechend überzeugend. Das Selbe gilt für seine äußere Gestik. [. . .]
Er war als Mensch und Musiker ohne Eitelkeit – also unbestechlich. Mehr kann ich Ihnen nicht sagen – beim besten Willen.

Unveröffentlichter Brief an Jean Matter vom 29. 4. 1972, Original im Besitz von Lotte Klemperer

Klemperer war zwanzig Jahre alt, als er zum erstenmal beruflich mit Mahler zusammentraf. Bei Oskar Frieds Aufführung von Mahlers Zweiter Symphonie am 8. November 1905 in Berlin, wo Mahler zehn Jahre zuvor die Premiere selbst geleitet hatte, war Klemperer für die Instrumente hinter der Bühne verantwortlich:

Mahler war bei der Generalprobe zugegen. Ich lief zu ihm und fragte ihn, ob das Fernorchester richtig gewesen sei. Er antwortete: «Nein, es war schrecklich. Viel zu laut!» Ich erlaubte mir zu sagen, da stände doch «Sehr schmetternd». «Ja», antwortete er, «aber in allergrößter Entfernung.» Ich ließ mir das gesagt sein und veranlaßte die Musiker, in der Aufführung ganz leise zu spielen (da wir viel zu nahe standen). Wie gesagt, der Erfolg war beispiellos. Mahler mußte sich unzählige Male verneigen und kam endlich ins Künstlerzimmer herunter. Als er mich dort sah, gab er mir sofort die Hand und sagte: «Sehr gut.» Ich war überglücklich.
Von diesem Tage an hatte ich nur einen Wunsch: zu Mahler zu kommen, der Direktor der Hofoper in Wien war. Ich fragte Fried um Rat, wie ich wohl sein Interesse erregen könnte. Er sagte: «Es gibt nur ein Ding in der Welt, das Mahler interessiert, das sind seine Kompositionen.» Darauf setzte ich mich hin und machte einen

zweihändigen Klavierauszug der Zweiten Sinfonie. (Dieser Auszug ist nie veröffentlicht worden.)

Einige Monate nach der erwähnten Aufführung der Zweiten Sinfonie dirigierte Mahler selber in Vertretung Arthur Nikischs seine Dritte. Auch hier bekam ich eine kleine Aufgabe: die kleine Trommel hinter der Szene. Eine größere Aufgabe aber erhielt ich dadurch, daß ich Mahler nach einer Probe von der Köpenicker nach der Augsburger Straße begleiten durfte. Er war dort von Richard Strauss zum Essen eingeladen. Wir mußten mit der Hochbahn fahren, die ganz neu war, aber bei Mahler kein großes Interesse fand. Plötzlich sagte er zu mir: «Sie komponieren, nicht wahr?» Ich betrachtete meine Schulaufgaben nicht als Kompositionen und wehrte ab. «Nein, nein», sagte er lachend, «Sie komponieren, das sehe ich Ihnen an!» Die Dritte war in Berlin wieder ein ungeheurer Erfolg, namentlich der erste Satz. [. . .]

Mein dritter Besuch in Wien brachte die Entscheidung für mich. Ich ging zu Mahler, bewaffnet mit einem Klavierauszug der Zweiten Sinfonie. Ich spielte ihm das «Scherzo» daraus auswendig vor. Als ich fertig war, sagte er: «Wozu wollen Sie Dirigent werden? Sie sind doch ein fertiger Pianist.» Ich gestand ihm meinen unerschütterlichen Wunsch, Dirigent zu werden. Ich bat ihn um eine Empfehlung. Er lehnte ab und sagte: «So eine Empfehlung kann gefälscht sein. Aber gehen Sie morgen früh zu Rainer-Simons, dem Direktor der Volksoper, und sagen Sie ihm, ich schickte Sie.» Ich tat es ohne jeden Erfolg.

Ich ging zurück zu Mahler und sagte ihm: «Es geht nicht ohne Empfehlung.» Er zog eine Visitenkarte von sich aus der Tasche und schrieb darauf eine Empfehlung, die ich noch heute besitze, und die mir alle Türen öffnete. Sie lautet:

«Gustav Mahler empfiehlt Herrn Klemperer als einen hervorragend guten und trotz seiner Jugend schon routinierten Musiker, der zur Dirigentenlaufbahn prädestiniert ist. – Er verbürgt sich für den guten Ausfall eines Versuches mit ihm als Kapellmeister und ist gerne bereit, persönlich nähere Auskunft über ihn zu ertheilen.» Er war wirklich mein «Creator spiritus».

Ich schickte diese Empfehlung als Photostat an alle größeren Theater Deutschlands; doch die meisten antworteten überhaupt nicht, einige wenige schrieben, daß nur eine Volontärstellung in Frage käme, die ich aus naheliegenden Gründen nicht annehmen konnte. Nur in Wien bei Mahler hätte ich dies unter allen Umständen ermöglicht, doch die Hofoper nahm keine Volontäre.

Mit Hilfe der Empfehlung Mahlers kam es schließlich doch zu meinem ersten Engagement, und ich wurde von 1907 bis 1910 bei Angelo Neumann in Prag als Chordirektor und Kapellmeister engagiert. [. . .]

1909 kam er nach Prag, um die Uraufführung seiner Siebenten Sinfonie selbst zu dirigieren. Er machte ungefähr vierundzwanzig Proben. Seine Arbeitsweise war erstaunlich. Jeden Tag nach der Probe nahm er das ganze Orchestermaterial mit nach Hause, verbesserte, feilte, retuschierte. Wir anwesenden jüngeren Musiker, Bruno Wal-

ter, Bodanzky,[40] von Keußler[41] und ich, wollten ihm gerne helfen.
Er duldete es nicht und machte alles allein.

Am Abend waren wir gewöhnlich mit ihm in seinem Hotel. Da war
er entspannt und sehr lustig. Er sprach ungezwungen und ziemlich
laut über seinen Nachfolger in Wien und sagte, daß dieser Wagner
noch ferner stünde als ihm. Weingartner, den er meinte, hatte
nämlich ungeheure Striche in der «Walküre» gemacht, die von den
Besuchern der Vierten Galerie in der Hofoper durch Zischen und
Lärmen quittiert wurden.

Sehr lange sprach Mahler über Hugo Wolf, den er gar nicht mochte.
Ich als junger Dachs hatte die Keckheit, ihm zu widersprechen, das
Mörike-Gebet «Herr, schicke was Du willst» wäre doch sehr schön.
Er warf mir einen bösen Blick zu. Ich wußte nichts anderes zu sagen
als «Halten zu Gnaden, das war nur so meine Meinung.»

Die Siebente Sinfonie war kein Erfolg. Namentlich der Berliner
Kritiker Leopold Schmidt sprach durchaus gegen das Werk, das
auch heute noch namentlich im ersten und letzten Teil sehr proble-
matisch ist, aber die drei Mittelsätze wirken hinreißend in ihrer
Einfachheit.

Im Winter 1909 kam es zu einem Streit zwischen dem Direktor
Angelo Neumann und mir, der damit endete, daß ich mit Abschluß
der Spielzeit Prag verließ. (Ich war eigentlich für fünf Jahre enga-
giert.) In meiner Not kabelte ich an Mahler, der in New York war,
und bat ihn um ein empfehlendes Wort für Hamburg, wo eine
Vakanz war. Ich hörte später, daß er ein kurzes Kabel an den
Direktor von Hamburg geschickt hatte: «Klemperer zugreifen».
Man hat zugegriffen, und ich wurde in Hamburg engagiert.

Nun kam der schöne Sommer 1910, in dem Mahler seine Achte
Sinfonie in München mit den Münchner Sinfonikern probierte. Ich
gestehe, daß ich zum ersten Mal die Mahlersche Musik soweit
begriff, daß ich mir sagte: «Hier steht ein großer Komponist vor
Dir.» Ich hörte leider nur die Proben mit Orchester, Solisten und
Kinderchor. Auch bei der Uraufführung im September war ich nicht
zugegen, weil ich am Hamburger Stadttheater zu dirigieren hatte.
[...]

Bei den Proben zu seiner Achten Sinfonie war Mahler mit dem
Konzertmeister der Münchner Philharmoniker (ich glaube, so hieß
das Orchester) nicht einverstanden. Er wollte einen durchaus erst-
klassigen Geiger, der mit seinem Stil vertraut war. Er ließ also
Arnold Rosé kommen. Dieser nahm natürlich den Konzertmeister-
platz ein. Im selben Augenblick erhob sich das gesamte andere
Personal und verließ das Podium. Mahler und Rosé blieben allein
zurück. Erst als Mahler sich einverstanden erklärte, daß der Konzertmeister des Orchesters alle künftigen Proben und Aufführungen
spielen würde, kehrte das Orchester zurück. Dies geschah 1910, als
wir noch Monarchien hatten, als noch ein gewisser Respekt vor der
Autorität da war. Was würde Mahler erst heute sagen? [...]

---

[40] Arthur Bodanzky (1877–1939) war in Wien Mahlers Assistent, später Dirigent in Berlin,
      Prag, Mannheim und von 1915 bis zu seinem Tode an der Met in New York.
[41] Gerhard von Keußler (1874–1949), Dirigent und Komponist.

Als Oskar Fried um 1906 in Berlin Mahlers Zweite Sinfonie aufführte, war Mahler bei der Generalprobe anwesend. Er saß im
Parkett. Fried hatte drei Werke auf dem Programm: eine Kantate
von Max Reger, Orchesterlieder von Franz Liszt und eben die
Zweite Sinfonie. Da Fried sich viel zu lange bei der Reger-Kantate
aufgehalten hatte, war er erst beim zweiten Satz der Mahler-Sinfo-
nie angelangt, als die dreistündige Probe schon beendet war. Als er
hörte, daß er aufhören müsse, geriet er in einen fürchterlichen
Zorn, packte einen ihm zunächst stehenden Stuhl und schleuderte
ihn mit aller Kraft ins Publikum. (Es ist ein Zufall, daß niemand
verletzt wurde.) Mahler blieb ganz ruhig und gelassen, nahm Fried
mit in sein Hotel und besprach dort alles mit ihm.
Am nächsten Abend ging Fried vor Anfang des Konzertes zu den
Orchestermusikern und sagte zu ihnen: «Meine Herren, es war alles
falsch, was ich gemacht und probiert habe. Ich werde heute abend
ganz andere Tempi nehmen, bitte gehen Sie mit mir.» [...]
Er verglich mich oft mit seinem Bruder Otto, der zufällig denselben
Vornamen hatte wie ich und später durch Selbstmord endete. Mah-
ler hielt große Stücke auf ihn und sagte immer, er sei viel talentvol-
ler gewesen als er selber.
Wie Mahler Schönberg und Zemlinsky behandelte, ist beispielge-
bend. Er machte Schönberg, den er für ein ganz großes Talent hielt,
das Komponieren möglich, indem er ihn finanziell unterstützte.
Zemlinsky engagierte er an die Hofoper und half ihm auf jede
Weise, an dem Repertoire teilzunehmen. Er nahm auch seine Oper
«Der Traumjörg» an.[42] [...]
Mahler sagte immer, man sei mit einem kurzen Arm auf die Welt
gekommen, wenn man Jude sei. Mit anderen Worten, man muß
also viel mehr leisten. Er hatte die Wahl, entweder Direktor der
Wiener Hofoper zu werden, oder Jude zu bleiben. Er wählte das
erstere und trat zum Katholizismus über, dem er sowieso sehr nahe
stand. Dafür zeugen der letzte Satz der Vierten Sinfonie, das Wun-
derhornlied in der Dritten Sinfonie «Es singen drei Engel einen
süßen Gesang» und der alt-lateinische Hymnus «Veni Creator Spiritus», der erste Satz der Achten Sinfonie. Aber als Alfred Roller ihn
einmal bat, eine Messe zu schreiben, lehnte er ab mit der Begründung, er könne kein Credo komponieren.
Er war ein hundertprozentiges Kind des 19. Jahrhunderts, ein Anhänger Nietzsches, – also typisch irreligiös. Trotzdem war er – wie
es alle seine Kompositionen aussprechen – im höchsten Sinne
fromm. Seine Frömmigkeit stand nicht im Gebetbuch einer Kirche.
Er wurde zeit seines Lebens sowohl von den Antisemiten wie von
den Philosemiten angegriffen. Keine der Parteien war mit ihm
einverstanden. Er war halt ein Außenstehender.

Erinnerungen an Gustav Mahler, Zürich 1960, S. 6–20

---

[42] Mahler war aber nicht mehr lange genug Hofoperndirektor, um die Aufführung noch
zustande zu bringen. Die Oper kam dann erst 1980 in Nürnberg erstmals auf die Bühne.

Zweites Intermezzo:
Interview

Obwohl ungewöhnlich geschickt im Umgang mit zumindest Teilen der Presse, gab Mahler nur sehr selten richtige Interviews. Seine Methode war es, sich einen kleinen Kreis von wohlgesonnenen Kritikern zu kultivieren, um dann, wenn er eine Information streuen wollte, scheinbar beiläufig die entsprechenden Bemerkungen fallen zu lassen.

Das folgende Gespräch fand im August 1906 statt, als Mahler auf der Reise nach Salzburg sein Abteil mit Bernard Scharlitt, einem Wiener Musiker und Kritiker des *Musikalischen Wochenblattes*, teilte. Fünf Jahre später, eine Woche nach Mahlers Tod, erschien eine gekürzte Fassung dieser Unterhaltung in der *Neuen Freien Presse*.

«Ich scheide» – so begann Mahler – «im nächsten Jahre von der Hofoper, denn ich bin im Laufe der Zeit zur Überzeugung gelangt, daß die ‹ständige Opernbühne› eine unseren modernen Kunstprinzipien geradezu widersprechende Einrichtung bedeutet. Das ist nur zu begreiflich. Rührt sie doch aus einer Zeit her, deren Kunstbegriffe ganz andere waren als die unsrigen. Für die Epoche des ‹alten Opernschlendrians› war es eine leichte Sache, einige hundert Aufführungen im Jahre zustande zu bringen, weil sie alle auf dem gleichen künstlerischen, richtiger gesprochen unkünstlerischen Niveau standen. Ein moderner Operndirektor, und wäre er ein Genie wie Wagner, vermag jedoch unmöglich eine solche Riesenzahl zu bewältigen, wenn er unseren heutigen Begriffen von künstlerischer Vollendung gerecht werden will. Die ‹Musteraufführungen› haben aber den berechtigten Vorwurf zur Folge, daß alle übrigen Aufführungen viel zu wünschen übrig lassen. An eine Trennung der künstlerischen von der administrativen Leitung ist auch nicht zu denken. Denn eine solche ‹Arbeitsteilung› ist überall möglich, nur nicht bei einer Opernbühne. Hier muß, um ein Beispiel aus dem Alltagsleben zu nehmen, der ‹Koch› nicht nur die ‹Speisen zubereiten›, sondern auch die ‹Einkäufe selber besorgen›. Etwas anderes wäre eine moderne Musikbühne in Wien – Wagner- und Mozart-Theater nebeneinander – etwa auf dem Kahlenberg erbaut, mit kurzer Spielzeit wärend der Sommermonate, mithin also kein ‹Konkurrenzunternehmen› der Hofoper gegenüber. Doch das ist für Wien auf lange Zeit hinaus noch ‹Zukunftsmusik›. Übrigens, alles überlebt sich mit der Zeit, so auch ich und meine Leistungen. Ich bin für Wien nichts ‹Neues› mehr. So will ich denn zu einem Zeitpunkt scheiden, wo ich erwarten darf, daß die Wiener das, was ich geleistet, noch in späteren Tagen zu schätzen wissen werden. Ich will mich nunmehr ruhig meiner musikschöpferischen Tätigkeit hingeben. Wohl bin ich mir dessen bewußt, als Komponist bei Lebzeiten keine Anerkennung zu finden. Diese kann mir nur über meinem Grabe erblühen. ‹Die Jenseitsdistanz› ist für eine gerechte Beurteilung einer Erscheinung, wie die meinige ist, die conditio sine qua non. Solange ich der Mahler bin, der unter euch wandelt, ‹ein Mensch mit Menschen›, muß ich auch als Schaffender auf allzu ‹menschliche› Behandlung gefaßt sein. Erst wenn ich den Erdenstaub von mir abgeschüttelt haben werde, wird man mir Gerechtigkeit widerfahren lassen. Ich bin eben, um mit Nietzsche zu sprechen, ein ‹Unzeitgemäßer›. Dies hängt vor allem auch mit der Art meines Schaffens zusammen. Der wahre ‹Zeitgemäße› ist Richard Strauß. Darum genießt er die Unsterblichkeit schon hienieden. Ich schätze auch sein musikdramatisches Schaffen höher denn sein symphonisches und glaube, daß die Nachwelt es ebenso tun wird.» Auf meine Bemerkung, daß er mit Strauß dennoch einen Berührungspunkt habe, die Vertonung Nietzsches, entgegnete Mahler: «Das erklärt sich einfach daraus, daß wir beide als Musiker die sozusagen ‹latente Musik› in dem gewaltigsten Werke Nietzsches herausgeführt haben. Nicht mit Unrecht haben Sie Nietzsche einen ‹nicht zustande gekommenen Komponisten› genannt. Denn der war er in der Tat. Sein ‹Zarathustra› ist ganz aus dem Geiste der Musik geboren, ja geradezu ‹symphonisch› aufgebaut. Übrigens war Nietzsches kompositorische Begabung eine viel größere, als allgemein angenommen wird.»

«Neue Freie Presse», 25. 5. 1911

Dr. Richard Horn
(Daten unbekannt)

Zu Beginn der Spielzeit 1906/07 wohnte Mahler im September für einige Zeit außerhalb von Wien in der Dornbacher Villa von Ilse Conrat, einer Freundin von Almas Familie. Hier genoß er die Spaziergänge und die wissenschaftlichen Diskussionen mit dem Rechtsanwalt Richard Horn.

Aber der gefürchtete Gast machte gar nicht so viele Umstände, wie man geglaubt hatte. Wenn er seine Äpfel beim Frühstück, Mittag- und Abendmahl vorfand, wenn in Dornbach der erste, in der Walfischgasse[43] der zweite Band von Bielschowsky's Goethe-Biographie lag, da war er beseligt; Goethe und Äpfel sind beinahe das einzige, was er konstant zu sich nimmt.
Viele philosophische Spaziergänge gab es in diesen Tagen; nur mit Mühe konnte ich mir meine Nachmittagssiesta erobern. Mahler denkt bekanntlich, wie es sein impetuoses Wesen mich sich bringt, zwar meist sehr tief, oft genial, aber, was mich übrigens nicht im geringsten stört, meistens sprunghaft.

AME, 131 f.

---

[43] Ilse Conrats Stadtadresse.

Berta Szeps-Zuckerkandl
(1864–1945)

Im Hause von Berta und Emil Zuckerkandl hatte sich Mahler in Alma Schindler verliebt. Berta, Kunst-Mäzenin und Tochter des Zeitungsverlegers Moritz Szeps, war Almas engste Freundin. Mahler hatte in Paris bereits ihre Schwester Sophie kennengelernt, die dort mit Paul Clemenceau verheiratet war, dessen Bruder im Oktober 1906 französischer Premierminister wurde. Auch mit Bertas Ehemann, dem bekannten Anatom Emil Zuckerkandl (1849–1910), freundete Mahler sich an. In Bertas Autobiographie[44] finden sich unterhaltsame Erinnerungen an Mahlers französische Anhänger. In dem folgenden Brief an ihre Schwester berichtet sie über Mahlers Abschied von Wien.

Ein Altwiener Garten. Große Nußbäume beschatten einen Kiesweg, den Rosenstöcke umsäumen. Es ist Emil Zuckerkandls Garten. Und Gustav Mahler geht mit ihm auf und ab. Mahler wirft hie und da einen Blick auf die Nußbäume, denn er weiß, daß Beethoven unter ihnen geweilt und gearbeitet hat.
«Mir ist bewußt (sagt Mahler wehmütig), daß ich nur ein Stückwerk hinterlasse. Das werde ich auch in meinem Abschiedsbrief an die Philharmoniker betonen. Sie sind trotz allem eine künstlerische Potenz. Sie werden mich verstehen.»
Das bezweifle ich (entgegnet Emil) Lieber Freund, Sie sind zu sehr geneigt, auch bei anderen Idealität des Künstlers vorauszusetzen. Und Sie vergessen die Barrikaden, die gerade das Orchester Ihrem Wirken errichtet hat. Daß Ihre Strenge ein künstlerisches Prinzip ist, werden sie alle nie verstehen. Sie haben erreicht, was kein Zweiter erreicht hat. Und nur, weil Sie unerbitterlich waren.
«Jedenfalls ist mir wie Ihnen . . . und das bindet mich so fest an Sie . . . Lüge etwas Unsinniges, Unbegreifliches. Die Wissenschaft und die Kunst können nicht ohne Gewissen bestehen. Doch leugne ich nicht, daß es mich traurig stimmt, wenn ich mich erinnere, wie ich vor zehn Jahren felsenfest geglaubt habe, Vollkommenes zu erreichen.»
Sie haben begriffen, was ich längst zu verstehen gelernt habe. Daß alles Irdische nur ein Gleichnis ist. Gewiß! Dieses Begreifen ist Tragik.
«Wie liebe ich Ihren Garten (sagt Mahler). Dieses leise Wiegen der Nußbäume, dieses heilige Erinnern an Beethoven. Vollkommenheit . . . Sie ist überhaupt und im Besonderen, wenn es sich um die Wiedergabe eines Kunstwerkes handelt, nur für ein kurzes Aufleuchten erreichbar. Denn Vollkommenheit bedeutet: Erfüllung! . . . Und beides ein Atemholen der Ewigkeit. Mein Streben ist, so oft ich eine Oper einstudiere und dirigiere, Vollkommenheit zu erreichen. Doch wird mir dieser Segen, so nur wie ein Blitz, der die Seele durchfährt. Aufflammend und schon verlöschend.
Deshalb bitte ich Euch, der Erstaufführung von Glucks ‹Iphigenie› übermorgen beizuwohnen. Ich bringe hier eine Loge. Es ist mein letztes Bekennen. Ich habe alles was ich bin und was ich vermag der

---

‹Iphigenie› dargebracht. Vielleicht wird uns deshalb zum Abschied das Glück, Vollkommenes, Einmaliges erleben zu dürfen.»

Wien 1907.
Liebste, Dich, der ich es verdanke, Mahler vor Jahren kennenge- lernt zu haben ... hast Du ihn doch als er in Paris dirigierte gebeten, uns in Wien aufzusuchen ... will ich fortlaufend über alle Vorgän- ge unterrichten, die Mahlers Weggang von Wien eine symbolische Bedeutung geben. Er hat sein ganzes Wesen noch einmal in Glucks «Iphigenie» offenbart. Und es war, als hätte auch sonst alles mitge- wirkt, um Mahlers Sehnsucht nach Vollkommenheit zu erfüllen. Die Besetzung ist ihm restlos geglückt. Das Orchester gab sich willig einer zähen Probenarbeit hin. Die szenische Lösung des Bühnenbildes, das hinter einem hauchdünnen Schleier ein Grie- chentum ins Traumhafte rückt. Und wirkte so als erhöhte Realität. Durch diese Verschleierung bewegten sich die Gestalten um so bildhafter. ... Wir stellen uns gewiß trotz aller Kunstschätze, die Griechenland hinterließ, die Antike nicht so vor, wie sie in Wahr- heit gewesen. Mahler gelang es, seiner Vision der griechischen Iphigenie eine wunderbare Einheit zu geben. Er vermählte sie mit Glucks Musik, deren gezügelte Leidenschaft unter Mahlers Stab zu ehern tragischen Akzenten sich steigerte.

Emil Zuckerkandl.

Wie tief hat sich vor seinem Scheiden Mahler in dieses Werk versenkt. Daß er in einer Art Trance lebte, bezeugt folgende Geschichte:
Emil geht am Tag der Erstaufführung über die Ringstraße. Da sieht er Mahler vor einer Litfaßsäule stehen, an der die Theaterprogramme plakatiert sind, Mahler starrt mit entzücktem Lächeln auf das Programm der «Iphigenie». . . . Emil ihn ansprechend frägt: Was lesen Sie so andachtsvoll?
Und Mahler erwidert ganz naiv, ja kindlich: «Ich kann mich an dem Programm der «Iphigenie» nicht satt sehen. Bei jeder Plakatsäule bleibe ich stehen, ich kann gar nicht glauben, daß es nun Wirklichkeit wird, daß mir heute Abend diese Sänger, dieses Orchester folgen werden. Es ist für mich so ein großes Glück!» . . .
Emil kam ganz erregt nach Hause. Er sagte, es sei etwas Heiliges um Mahler gewesen.

Mahlers Abschied, Manuskript, Wien 1907, Kopie der Bibliothèque
Gustav Mahler, Paris

Lilli Lehmann[45]

Lilli Lehmann berichtet über eine Begebenheit vom 19. Mai 1907:

Im Begriffe, eines abends nach meinem Gastspiel abzureisen, hielt mich's wie mit höherer Macht zurück, noch einen Tag zuzugeben, um am Abend den Tristan mit Mildenburg und Mahler sowie Rollers Dekorationen in aller Ruhe zu genießen. Den ganzen Tag über hatte ich Menschen gesprochen und war abends so abgespannt, daß ich nicht mehr hören noch sehen konnte und mich nur mit Anspannung aller Kräfte in die Oper schleppte, wo mir Mahlers Loge zur Verfügung stand, in der ich seine Gattin und Schwester anwesend fand. Beide Damen beeilten sich, nach dem II. Akt Mahler aufzusuchen, und forderten mich auf, sie zu begleiten. Da meine Abspannung aber aufs höchste gestiegen und ich außerdem fürchtete, Mahler nach seiner Riesenarbeit und der ihm noch bevorstehenden, lästig zu fallen, bat ich die Damen dringend, mich meinem Schicksal allein in der Loge zu überlassen. All meine Bitten schienen vergebens, sie ruhten nicht eher, bis ich mich ihnen anschloß und nun in einem großen Zimmer mit Mahler und mindestens dreißig anderen Menschen zusammensaß, wo er etwas Thee nahm und sich aufs heiterste unterhielt. Ich hörte stille zu, wunderte mich nur, wie er es möglich machte, in einem solchen Wust von Geschwätz seinen Kopf frei zu halten für seine so schwierige Aufgabe, als plötzlich der Inspizient in die Versammlung stürzte, um anzuzeigen, daß Herr Schmedes-Tristan heiser geworden und nicht weiter singen wolle. Hier bewunderte ich Mahlers Fassung, der sich die Partitur kom-

---

men ließ, um alles Erdenklich-mögliche zu streichen, und Schmedes sagen ließ, daß er die Oper zu Ende bringen müsse. Wie lange dehnte sich doch die Debatte hin und her und war noch lange nicht geregelt, als der Inspizient zum zweitenmal mit der Hiobsbotschaft erschien, daß Frl. von Mildenburg ebenfalls heiser, auch nicht weiter zu singen wünschte. Das gab den Effekt einer brennenden Fackel ins Pulverfaß geschleudert, denn nun explodierte Mahler aus seiner Ruhe, wie ein Springteufel aus seiner Schachtel, hopste wie besessen im Zimmer herum und wußte sich vor Wut und Aufregung nicht zu lassen. Es war unterdessen weit über eine Stunde vergangen, und nachdem Schmedes weiter zu singen erklärt hatte, schrie Mahler: «Die Mildenburg soll gar nicht singen, soll schweigen; die Klage werde ich streichen und den Liebestod allein vom Orchester spielen lassen!» worauf sich die ganze Gesellschaft auf die Bühne verfügte, um im Orchester der Verabredung gemäß die Striche einzurichten. Frau Mahler und ich waren allein im Theezimmer zurückgeblieben; ich schüttelte stumm den Kopf, denn so etwas hatte ich noch nicht erlebt. Als wir auch im Begriffe waren, hinunter zu gehen, sagte ich zu Alma, die ich schon als jüngste Schindlertochter und Stieftocher Carl Molls kannte: «Wenn ich geahnt, daß das solche Wirtschaft macht, hätte ich die paar Takte der Isolde auch gesungen.» «Ja, Lilli, möchtest du das wirklich tun?» «Ja, wenn du meinst, daß Mahler ein Gefallen damit geschieht?» Fort war sie und brachte Mahler strahlend zurück, der mich frug, ob ich wirklich singen wolle? «Holen Sie mich aus dem Grabe, wenn Sie mich brauchen, Lilli, ich dirigiere alles, wo und was Sie wollen.»

Mein Weg, Leipzig 1913, S. 245 f.

Julius Korngold[46]

Der folgende Abschnitt aus Julius Korngolds unveröffentlichten Memoiren ist überschrieben: *Die Mahlerhetze.*

Im Winter 1906 auf 1907 hatten sich die Angriffe gegen den Operndirektor bedrohlich verdichtet. Der intransigente Kunstfanatiker, taub für alle Mächte der Protektion, stand auch bei Hof in Ungnade. «Um Gottes Willen kommen Sie mir ja nicht mit Demissionsabsichten», warnte ihn der ihm wohlgewogene Obersthofmeister Fürst Montenuovo; «wenn die Erzherzöge davon hören, rennen sie mir die Türen ein!» Aber diese Demission wurde schließlich unvermeidlich; Ehre und Würde geboten sie als Abbruch einer Mission. Wer die Zeit der Wiener Mahlerhetze mitgemacht hat, weiß ein beschämendes Lied von menschlicher Niedrigkeit zu singen. Tag für Tag fand in gefärbten Zeitungsinterviews jede armselige Sängerbeschwerde Widerhall, wurde jede kurze Abwesenheit des Direk-

---

[46] Siehe Seite 175.

tors, jedes Versagen eines Gastes gehässig aufgebauscht, eine schwächere Vorstellung inmitten so vieler unvergleichlicher Musteraufführungen als Verfall des Hauses ausgeschrieen. Abgewiesene Reporter brüllten Rachearien in ihren Blättern, in einer verbreiteten Zeitung holte sich ein zu Musikkritiken zugelassener Operettenkomponist aus systematischer Herabsetzung des Direktors und Symphonikers seine Schlager. Man hatte für die gewöhnlichsten Zufälle im Bühnenleben gegen Mahler eine ständige Bezeichnung erfunden. Man nannte sie «Affairen», ein suggestives Wort, das einmal von einer Angelegenheit, sei es der nichtigsten, gebraucht, die Macht zeigte, ihr schon darum den Anschein von Wichtigkeit zu geben. So machte man die Affairen und schlug dann über das eigene Produkt die Hände über dem Kopf zusammen. Mahler war vogelfrei. Er stand mit seinem Künstlerstolz, seinem unbeugsamen Gerechtigkeitsgefühl da – und er war fast immer im Recht –, vertraute einzig und allein auf die künstlerische Tat und wehrte sich nicht, hatte ja auch keine Zeit dazu, wie er mir entgegnete, wenn ich ihm doch endliches Zurückschlagen nahelegte. Unerbittlich strenge in seinen Anforderungen gegen sich selbst, war er es auch – stets nur den künstlerischen Zweck vor Augen – gegen seine Mitarbeiter.

Gleichwohl schätzte·sich jeder Bessergeartete unter ihnen glücklich, mit Mahler zu studieren, von ihm zu lernen. Er wußte zu höchster Leistungsfähigkeit anzuspornen, und so mancher Liebling war es nur durch ihn geworden. Der Gehaßte schuf die Geliebten. Mit bewundernder Angst schrieb Theodor Reichmann in sein Tagebuch: «Mahler ist ein Vampyr, so holt er einem das Blut aus den Adern.» Wo war das kunstsinnige Wien geblieben, sträubte es sich nicht gegen diese unwürdigen Treibereien? Gewiß, aber nicht allzu heftig. Sich über Unrecht zu entrüsten, ist nicht Wiener Art, eher eine Neigung, es lässig gewähren, zumal sich die Starken und Bedeutenden nicht zu sehr über den Kopf wachsen zu lassen. Eine bedenkliche Komplikation erwuchs daraus, daß das Opernorchester mit seiner weitreichenden Einflußsphäre nicht für den Direktor, sondern eher gegen ihn gestimmt war. Es hatte sich bald seiner Führung in den philharmonischen Konzerten entledigt: Vergeltung für die rücksichtslosen Erneuerungs- und Erziehungstendenzen des Direktors. Einmal entfuhr es ihm zu mir, er hätte schon längst sein Bündel schnüren müssen, wenn er nicht einen Brief in seinen Akten aufgefunden hätte, der ihm gegen einen andringenden Orchestervorstand Recht gab. Die Philharmoniker waren damals recht kleinlich geleitet, mehr vereinsmeierisch, denn als die hochstehende Künstlergemeinschaft, die sie vorstellten. Das ist eigentlich erst in jüngster Zeit anders geworden. Besonders diese Unstimmigkeiten nagten an Mahler, der die einzigartige Bedeutung dieses wundervollen Künstlerkörpers wohl zu schätzen wußte. Und schon glaubte er auch einen Abfall des Publikums bemerken zu müssen. Seine große Wiener Gemeinde konnte es nicht verhindern, daß sich im Stehparterre eine feindliche Gruppe festsetzte, die gegen ihn demonstrierte. Kurz, es war durch unwürdige Treibereien das gegeben, was man eine «Krise» nennt.

Freilich, diese Krise schien zunächst nur für die Anderen zu bestehen, nicht für die Hauptperson. Wenn man in die Direktionskanzlei
kam und glaubte, in ein Sterbezimmer zu treten – dem allerdings
von zartfühlenden Händen die Fenster eingeschlagen wurden –,
fand man einen aufrechten Mann, der frisch und rege bei der Arbeit
saß, als ob er noch fünfzig Jahre Direktor bleiben sollte. Einmal traf
ich ihn an einem Tage, da gerade wieder einmal, sei es die gesamte
geistvolle «Walküren»-Aufführung wegen Verfehlung der rechten
Haarfarbe des Siegmund als gescheitert erklärt, sei es wegen unter-
lassener Verhinderung der Erkrankung eines Sängers die Absetzung
des Direktors begehrt worden war. Mahler zeigt sich freudig be-
wegt, sein Gesicht strahlte. «Ich glaube die Lösung des ‹Oberon›-
Problems gefunden zu haben!» rief er ganz glücklich aus. «Denken
Sie, ohne hinzukomponierte Rezitative!» Also er war guter, bester
Dinge, lächelte, und lächelte nicht einmal über die gedruckten
Liebenswürdigkeiten. Nein, Mahler machte es seinen Hassern recht
schwer, sich ungetrübt herostratischen Genugtuungen hinzugeben.
«Wie wenig sie auch nur ahnen, in welcher unzugänglichen Burg
der Mensch wohnt, dem es nur immer ernst um sich und die Sache
ist!» Worte von Goethe. Damals war es, daß ich den Ablauf von
zehn Jahren der Direktionstätigkeit des Angefeindeten zum Anlaß
nahm, die Summe seines Wirkens zu ziehen, bestrebt, ihm, unter
Vermeidung jedes apologetischen Tones, durch gleichmäßiges Abwägen der Vorzüge und Schwächen am besten zu nützen. In Mahlers Sechster Symphonie kehrt das charakteristische Motiv wieder,
daß ein heller, schmetternder A-Dur-Dreiklang descrescendierend,
mit Auflösung der großen Terz den entsprechenden Mollakkord
aus sich entwickelt. Dieses Gebilde nahm ich als Symbol für Mahlers Direktionsführung. Das strahlende Dur seiner Vorzüge berge
das Moll seiner Schwächen in sich, schrieb ich, dieses gehe nur aus
jenem hervor. Hierauf sandte mir Mahler eine Karte, die nichts
enthielt als einen A-Moll-Akkord in den Oboen, der mächtig zu
einem A-Dur-Dreiklang in den Trompeten, Posaunen und Pauken
anwuchs. Darunter die Worte: «In vollem Amusement und dank-
barst Gustav Mahler.»

Lebenserinnerungen, unveröffentlichtes Manuskript im Besitz von
Ernst W. Korngold, Los Angeles, S. 136–139

Josef Bohuslav Foerster[47]

1901 hatte Mahler Berta Foerster-Lauterer, «die beste Sieglinde, die ich je gehört habe»,[48] nach Wien berufen. Es dauerte zwei Jahre, bis ihr Ehemann es sich leisten konnte, nachzukommen. Er fand schließlich eine Stelle als Lehrer und schrieb Musik-Rezensionen für *Die Zeit*.
Foerster, der Mahlers Stabführung und Bühnenregie bewunderte, war bei zahlreichen Proben und Aufführungen anwesend. Die alltägliche Vertrautheit der Hamburger Zeit jedoch war vorbei; ab und an ein paar Worte wechseln – zu mehr war keine Zeit. Mahler hatte inzwischen geheiratet und neue Freunde gefunden; Foersters Name taucht in Almas Memoiren nicht einmal mehr auf.

Gleich zu Beginn des Jahres 1907, des letzten Jahres von Mahlers Vertrag mit der Hofoper, war auch Nichteingeweihten klar, daß Vorbereitungen im Gange waren, Gustav Mahler zu stürzen. Wenn ich nicht irre, brachte das Regierungsorgan *Fremdenblatt,* das bis dahin die bewunderungswürdige Tätigkeit der Hofoper anerkannt hatte, schon am ersten Januar ein gegen ihn gerichtetes Feuilleton. Niemand konnte der Stimmungswandel entgehen. Auch er, über dessen Haupt sich das Sturmgewölk zusammenzog, fühlte ihn heraus. Er kannte sein Wien, die heute liebeglühende, morgen erkaltete Stadt, in der sich jedermann Tag für Tag aufs neue die Anerkennung erkämpfen muß. In der Oper bereitete er eine Neuinszenierung der *Walküre* und der *Iphigenie in Aulis* von *Gluck* vor. Mit nichterlahmender Hingabe. [...]
Am fünfzehnten Oktober nahm Gustav Mahler zum letztenmal am Dirigentenpult der Hofoper Platz. [...]
Wir sprachen einmal von Verlagen und Drucklegungen. Mahler war an dem Tag durch Presseangriffe verstimmt und niedergedrückt. Er sagte: «Hätte ich keine Kinder, so fiele es mir nicht ein, mich um die Veröffentlichung meiner Kompositionen zu kümmern. Wie lange lebt so ein Werk? Fünfzig Jahre. Dann kommen andere Komponisten, eine andere Zeit, ein anderer Geschmack, andere Werke. Was damit? Ich brauche einen großen Apparat, wer gibt sich die Mühe, die Sache gut einzustudieren? Und bringt jemand die Begeisterung und die Zeit auf, kann ich dann sicher sein, daß er erfassen wird, was ich im Sinne hatte? Lieber gar keine Aufführung, als eine schlechte.» [...]
Als ich Gustav Mahler zum letztenmal in der Direktion der Hofoper aufsuchte – es war nicht lange vor seinem Aufbruch nach Amerika – fand ich ihn ernst, ungebrochen, aber in erstaunlich weicher Stimmung. Es versteht sich, daß ich mit keinem Wort seinen Rücktritt streifte, mit keinem Wort den Undank, mit keinem das seltsame und heimtückische Gaukelspiel der öffentlichen Meinung. Aber der Schatten des Unausgesprochenen, die stille Trauer, die sein und mein Herz erfüllte, lag wie eine Last auf unseren Seelen. «Die Entscheidung ist also gefallen... Sie verlassen Wien. Vielleicht für immer. Das ist es, was ich persönlich so sehr bedauere.»

[47]　Siehe Seite 85.
[48]　*Der Pilger,* S. 515.

Aber Mahler lächelte. «Ich reise, aber wissen Sie, ich habe lange Vertragsferien, und einen Teil davon werde ich immer in Wien verleben. Ich behalte hier meine Wohnung, es sind hier einige Familienangehörige, ein paar Freunde. Wir zwei werden im Gegenteil erst jetzt wieder freundschaftlichen Umgang miteinander haben. Unsere Hamburger Tage – erinnern Sie sich? – werden wieder aufleben. Bisher war ich so sehr beschäftigt, daß wir uns nur selten sehen konnten. Nun wird es anders sein und ich freue mich auf unsern Verkehr. Übrigens, haben sie *Giordano Bruno*[49] gelesen?» Von dem Augenblick an war er wie verwandelt. Diederichs in Jena hatte damals mit der Herausgabe von Brunos Schriften begonnen, und Mahler und zufällig auch ich, wir beide hatten den ersten Band gelesen.

«Was für ein Mensch, was für ein Denker!» – schwärmte Mahler – «sind wir weitergekommen? Hat Bruno nicht alles gewußt, was wir heute wissen?»

Das war ganz er. Ein einziger Augenblick machte ihn alles vegessen, was ihn bedrückte, all den Undank, die bitteren Enttäuschungen, die schmerzvollen Eindrücke der letzten Tage und Stunden, den Verrat der «Anhänger und Verehrer», die dem Verlassenen und seiner Macht und Herrschaft Beraubten den Rücken gekehrt hatten. Dieser von unreiner Hand vom Thron gestoßene Held schwang sich auf den Flügeln des Geistes in die Lande der Seligkeit empor, wo alles Irdische dem Vergessen anheimfällt.

Der Pilger, Prag 1955, S. 702–705

Jean Sibelius
(1865–1957)

In Helsinki, wo er im November 1907 ein Programm mit Werken von Beethoven und Wagner dirigieren sollte, hörte Mahler auch Musik von Sibelius. «Gewöhnlicher Kitsch, durch diese gewissen ‹nordischen› Harmonisationsmanieren als nationale Sauce angerichtet», war sein Kommentar zu einem der Stücke. Den Komponisten selbst fand er dann aber bei einem Treffen «sympathisch ... wie alle Finnländer».[50] Sibelius, der gerade seine Dritte Symphonie vollendet hatte, und Mahler stießen in ihren Gesprächen auf grundverschiedene Auffassungen von symphonischer Musik.

Mahler und ich verbrachten viel Zeit in der Gesellschaft des anderen. Sein schweres Herzleiden zwang Mahler zu asketischem Leben, und große Abendessen und Bankette liebte er deshalb überhaupt nicht. Unser Kontakt entwickelte sich vor allem auf Spaziergängen, auf denen wir all die großen Fragen der Musik gründlich diskutierten.

---

[49] Giordano Bruno (1548–1600), italienischer Philosoph, Verfechter des Pantheismus, wurde in Rom auf dem Scheiterhaufen verbrannt, weil er nicht von seiner Behauptung lassen wollte, daß noch andere Welten außerhalb der unsrigen existieren.

[50] AME, S. 397.

Als wir auf das Wesen der Symphonie zu sprechen kamen, sagte ich, daß ich Strenge und Stil, die tiefe Logik, die eine innere Verbindung zwischen allen Motiven schafft, bewunderte. Das entsprach meiner Erfahrung, die ich beim Komponieren gemacht hatte. Mahler war gänzlich anderer Meinung. «Nein, die Symphonie muß sein wie die Welt. Sie muß alles umfassen.»

Persönlich war Mahler sehr bescheiden. Er hatte gehört, daß das Restaurant *Gambrinus* ein beliebter Treffpunkt von Orchestermusikern wäre, und schlug vor, dort zu Abend zu essen. Als ich einwandte, daß ein Mahler doch vielleicht ein besseres Restaurant beehren sollte, antwortete er kurz: «Ich geh', wohin ich will.»

Eine sehr interessante Person. Ich respektierte ihn als Persönlichkeit und seine ethisch erhabenen Qualitäten als Mensch und Künstler, trotz unserer unterschiedlichen Auffassungen von Kunst.

Ich wollte bei ihm nicht den Eindruck erwecken, ich hätte ihn nur aufgesucht, um ihn für meine Kompositionen zu interessieren. Als er mich also in seiner unvermittelten Art fragte: «Was wollen Sie, daß ich von Ihnen dirigiere?» antwortete ich deshalb nur: «Nichts.»[51]

Karl Ekman, *Jean Sibelius, Leben und Persönlichkeit eines Künstlers*, Helsinki 1935

Alban Berg
(1885–1935)

Lange bevor er bei Schönberg zu studieren begann, hatte Berg in seinem Zimmer Portraits von Mahler und Ibsen, seinen «lebenden Vorbildern»,[52] an der Wand hängen. Nach der Wiener Premiere von Mahlers Vierter Symphonie schlich er sich ins Dirigentenzimmer und stahl den Taktstock als Trophäe.

Berg schloß sich zwar dem Gefolge der ‹Meßdiener› an, aber es ist nur ein einziges privates Gespräch mit Mahler in einem Grinzinger Heurigen-Lokal belegt.
Mahler: «Wollen Sie denn auch dirigieren?»
Berg: «Nein.»
Mahler: «Nur Komponieren, das ist das einzig richtige. Wenn Sie komponieren wollen, dürfen Sie nicht ins Theater gehen.»[53]
Berg erinnerte sich an die Umstände, die zu dieser kurzen Begegnung geführt hatten:

Von seiner Döblinger Wohnung ging er eines Abends in das nahe Gasthaus «Zum Schutzengel» und erwartete «die jungen Leute». Er hatte nämlich durch Zemlinsky und Schönberg sagen lassen, daß er gern mit jungen Menschen zusammen sein wolle. Sie kamen, fanden

---

[51] In seiner letzten Saison in New York (1911) hatte Mahler zwei Werke von Sibelius aufs Programm gesetzt. Er wurde jedoch krank, bevor es zu den geplanten Aufführungen kam. In Sibelius Komposition *In Memoriam* (1909, op. 59) klingt noch Mahlers Fünfte Symphonie an, Sibelius' nächste Symphonie, die spröde Vierte, steht dann aber im strengen Gegensatz zu Mahlers Klangwelt.

[52] Brief an Hermann Watznauer vom 1. August 1904.

[53] Berg berichtet über diese Episode in einem Brief an Watznauer und in Gesprächen mit H. F. Redlich (DM1, S. 299) und Willi Reich (W. Reich, *Alban Berg*, Zürich 1963).

ein abgesondertes Zimmer und lauschten. Denn Mahler sprach, sprach fast allein; und kaum traute sich einer, ein Wort einzuwerfen. Es dauerte nicht lange, da war er bei seinem verehrten Dostojewskij. Aber es zeigte sich, daß er nicht recht verstanden wurde, denn die wenigsten kannten Dostojewskij genauer. Und er: «Das müssen Sie ändern, Schönberg! Lassen Sie Ihre Schüler Dostojewskij lesen, das ist wichtiger als Kontrapunkt!» – Stille. – Dann hob Webern die Hand wie ein kleiner Volksschüler und sagte ganz zart: «Bitte, wir haben ja den Strindberg.» Allgemeines Gelächter . . . Aber allmählich wurde es zu laut in dem kleinen Raum. Man trat hinaus. Ein paar Mitläufer sonderten sich ab. Wir anderen gingen über die Hohe Warte in das Casino Zögernitz. Auch dort entdeckte man rasch eine Hinterstube, und man umlagerte Mahler. Er schwärmte von Schumann und erzählte von seinen wiederholten Versuchen, die Symphonien besser klingen zu lassen, indem er an der Instrumentation änderte. Doch hatte ihm das nie genügen können . . . Als wir schieden, sagte er, bewundernden Worten über sein Wirken an der Oper abwehrend: «Das waren nur Versuche. Das Eigentliche sollte erst kommen.» . . .

Willi Reich, *Alban Berg*, Zürich 1963, S. 30f.

Das genaue Datum dieses Treffens ist nicht bekannt; Berg datiert es auf den Frühling von 1908 oder 1909, Specht auf den Mai 1909 und Paul Stefan auf nach 1910. Alma, die ausführlich darüber berichtet, war sich sicher, daß es bereits Ende 1907, kurz vor Mahlers erster Abreise nach Amerika, stattgefunden hatte:

In der letzten Wiener Zeit wollten noch einmal alle Freunde Schönbergs und Zemlinskys mit Mahler zusammen sein. Der Verabredung nach traf man sich beim «Schutzengel», einem Gasthaus in Grinzing. Ich war zu Hause geblieben. Für mich waren solche Massenansammlungen immer anstrengend und öde. Mahler kam um Mitternacht äußerst aufgeräumt in mein Zimmer. Seine Kleider rochen dermaßen nach Rauch, daß er sich erst umzog, ehe er mir berichtete. Und nun erzählte er so lustig, daß wir beide bis tief in die Nacht hinein lachen mußten. Er war also zu den andern gestoßen, ein heiliges Schweigen hatte auf allen gelastet. Er hatte abrupt die Speisekarte gefordert, um Leben in die Menschen zu bringen. Der Kellner kam mit der Suppe, beide Daumen im Teller. Mahler schickte die Suppe zurück. Der Kellner brachte in der Hand eine Semmel, Mahler verlangte eine andere. Der Kellner ging zur Kredenz nach hinten, legte die Semmel auf einen Teller und brachte dieselbe Semmel wieder. Die Schönberg-Schüler, die mit Angst und Bewunderung die Vorgänge betrachtet hatten, begannen zu fühlen, daß Mahler sich amüsiere, und das Eis war gebrochen. Nun wurde es heiter und so laut, daß keiner mehr sein eigenes Wort verstehen konnte.
Mahler wollte nach Hause, denn Lärm vertrug er nun wieder nicht. Er hatte deshalb mit Schönberg und Zemlinsky besprochen, daß er beim Restaurant Zögernitz abspringen werde und die beiden nach ihm, um des lästigen Schülerschwalls ledig zu werden. Aber alle

Schüler sprangen automatisch aus der schnell fahrenden Elektri-
schen heraus, und man saß wieder dicht gedrängt im rauchigen
Lokal, und wieder folgte aus lauter Scheu und Betretenheit heraus
kein Gespräch, und später arger Lärm.

Mahler warf in den Lärm die Frage hinein: «Wie steht es bei euch
mit Dostojewski?» Worauf eine Menge junger Stimmen antworteten: «Den brauchen wir nicht mehr, wir haben Strindberg!» Diese
Antwort, die so viel Vergänglichkeitsfeststellung barg, gab uns in
dieser Nacht viel zu denken. Mahler scheint darauf heftig geantwortet zu haben. Alle jungen Menschen brauchen die Anlehnung an
irgendeine große Zeiterscheinung. Gestern Strindberg, heute Wedekind, morgen Shaw, übermorgen der neuentdeckte Dostojewski
und so ad infinitum. Es kommt ja nicht darauf an, die Mode
wechselt ihre Götter. Die Hauptsache ist, daß überhaupt Götter da
sind.

Das alles erzählte er mir jetzt am Bettrand sitzend; lächelnd, rau-
chend und nachtmahlend, denn er hatte vor Ekel nichts berührt,
und ich hatte ihm schnell einiges bereitet.

AME, S. 154f.

Alexander von Zemlinsky, einer der ergebensten Anhänger
Mahlers.

Das ganze Ausmaß von Bergs Verehrung für Mahler wird in einem Brief deutlich, den er 1907 an seine Verlobte Helene Nahowski schrieb:

> Heute war ich Dir, Teure, zum erstenmal untreu.
> Es geschah im Finale der Mahler-Symphonie, als ich so nach und nach das Gefühl der Weltentrücktheit empfand – als gäbe es auf der ganzen Welt nichts mehr als diese Musik und mich, der sie genoß! Und als es erschütternd und erhebend zu Ende ging, da gab's mir plötzlich einen leisen Stich, und eine Stimme rief in mir: Und Helene? Da gewahrte ich erst, daß ich Dir untreu war, und da bitt' ich Dich inständigst um Verzeihung!! – Gelt, Du begreifst und verzeihst, Einzige?! (. . .)

Alban Berg – Briefe an seine Frau, Wien 1965, S. 21

Egon Wellesz
(1885–1974)

Am Tage nachdem er Webers *Freischütz* unter Mahlers Leitung erlebt hatte, begann der Schuljunge Egon Wellesz zu komponieren.[54] Er studierte bei Guido Adler und seit 1905 bei Schönberg. Diese Beziehungen verschafften ihm das Privileg, Zugang zu Mahlers Proben zu erhalten. Sein Bericht von Mahlers Vorbereitungen zu dessen Wiener Abschiedsvorstellung, die am 24. November 1907 mit der Zweiten Symphonie stattfinden sollte, ist sehr ausführlich.

> Ich war damals bereits ein leidenschaftlicher Anhänger von Mahlers ersten Symphonien und suchte Webern für Mahler zu gewinnen. Es war für mich eine große Freude, zu sehen, wie sich bei Webern langsam eine Wandlung vollzog. Die Größe der Persönlichkeit Mahlers ließ ihn die Größe seiner Musik erkennen.
> Am 14. Dezember 1904 dirigierte Mahler in einem Konzert der Gesellschaft der Musikfreunde zum erstenmal in Wien seine III. Symphonie. Wir besaßen im Musikhistorischen Institut die Partitur des Werkes, und ich hatte zur Vorbereitung auch den vierhändigen Klavierauszug mitgebracht. Webern und ich spielten die Symphonie mehrere Male durch. Besonders beim Beginn des Marsches im ersten Satz, an der Stelle, wo das zweite Thema in Flöte, Oboe und Klarinette «sehr zart» gebracht wird, nahm Webern an der ihm zu «wienerisch» scheinenden Melodie Anstoß. [. . .]
> Ich erkannte noch bei der Generalprobe, daß Schönberg, Zemlinsky und Webern, die nebeneinander saßen, von Mahlers Musik nicht ergriffen waren. [. . .] Schönberg und sein engster Kreis wurde erst wenige Monate später durch eine Aufführung der Lieder aus *Des Knaben Wunderhorn* und Rückerts *Kindertotenlieder* völlig gewonnen. Webern gehörte fortan zu den treuesten Anhängern Mah-

---

[54] Siehe Egon Wellesz, *Erinnerungen an Gustav Mahler und Arnold Schönberg,* «Orbis Musicae» (Universität Tel Aviv), Band 1/1, 1971, S. 72–83.

lers. Als er die Leitung der Arbeiter-Symphoniekonzerte übernahm,
war er es, der in Wien immer wieder Mahlers Symphonien dirigierte. [. . .]
Die letzte Aufführung einer Symphonie Mahlers, dirigiert von ihm
selbst, war die der II. Symphonie am 24. November 1907, als er
bereits seine Demission als Hofoperndirektor gegeben hatte. Die
Aufführung fand in einem Konzert der Gesellschaft der Musikfreunde statt. Ich hatte erfahren, daß die erste Probe am 21. November um 10 Uhr im Großen Musikvereinssaal stattfinden würde und
kam mit meiner Braut, die ich aus ihrer Schule entführen mußte, zur
verschlossenen Tür des Saales. Mahler kam, und ich fragte, ob wir,
wie es uns früher immer gestattet war, zu den Proben kommen
dürften. Mahler sagte: «Ich kann darüber nicht entscheiden. Das ist
nicht mein Konzert. Die Gesellschaftskonzerte stehen unter der
Leitung von Herrn Schalk. Warten Sie. Ich werde mit den Herren
vom Philharmonischen Orchester sprechen.» Wir warteten einige
Minuten lang. Dann kam der Orchesterdiener aus dem Saal und
sagte: «Der Herr Direktor läßt bitten.» Wir folgten ihm in den
leeren Saal, in dem wir die einzigen Zuhörer waren. Mahler stand
bereits auf dem Dirigentenpodium, sah uns hereinkommen und
wartete, bis wir Platz genommen hatten. Dann begann er, mit
kurzem Aufklopfen des Stabes. Knapp vor Ziffer 2 in der Partitur
unterbrach er und ließ die Triller in Violen und Celli weg. Kurz
darauf hörte er bei einem *fortissimo* des vollen Orchesters, daß
etwas nicht richtig war. Er klopfte ab und sagte: «Da stimmt etwas
nicht.» In diesem Augenblick öffnete sich die Tür einer Loge des
Saales und Bruno Walter rief, noch im Hereinkommen: «Die erste
Klarinette hat *b* statt *h* geblasen», und brachte damit Mahler selbst
zum Erstaunen.
Vor dem letzten Satz begab sich etwas Ungewöhnliches. Mahler
suchte den Philharmonikern den Sinn dieses Satzes mit Worten zu
erklären; er habe das Ringen Jakobs mit Gott darstellen wollen. Um
dieses wäre es ihm gegangen: «Ich lasse dich nicht, du segnetest
mich denn.» Diese Interpretation des letzten Satzes, die mir unvergeßlich in der Erinnerung geblieben ist, enthält in wenigen Worten
alles, was Mahler in früheren Jahren seinen Freunden über diesen
Satz geschrieben hatte, ja auch das, was in dem unveröffentlichten
Programm der Erstaufführung der Symphonie im Oktober 1900 in
München stand, Mahler hat das Programm vor der Aufführung
zurückgezogen, so wie er es auch bei der I. Symphonie getan hatte.
In diesem letzten Satz sang den Solo-Sopran Frau Selma Kurz, die
eine schöne, klare, aber nicht starke Stimme hatte. Bei der Stelle «O
Tod! Du Allbezwinger! Nun bist du bezwungen!» haben die Posaunen *pianissimo* Akkorde zu blasen. Trotz mehrfachen Wiederho-
lens der Stelle blieb die Melodie in der Singstimme zu schwach.
Kurz entschlossen, sagte Mahler: «Lassen wir die Posaunen weg»,
und in fast feierlicher Weise rief er aus: «Heil dem Dirigenten, der
meine Partituren so aufführen wird, wie es die Akustik des Saales
erfordert.»

Egon und Emmy Wellesz, *Egon Wellesz. Leben und Werk*, Wien 1981, S. 41–47

Paul Stefan
(1879–1943)

Pseudonym für Dr. Paul Grünfeldt, Musikkritiker, Anhänger und Biograph Mahlers. Zu seinen Büchern gehören eine Streitschrift für Mahler (1908), eine Würdigung zum fünfzigsten Geburtstag (1910), eine umfassende Biographie (1910, sieben Auflagen) und eine Wiener Chronik (*Das Grab in Wien*, 1913), die ausführlich auf die Mahler-Zeit eingeht.

Noch in den ersten Dezembertagen begann Mahler, von seiner Frau begleitet, die Reise. Kurz zuvor war verbreitet worden, man möge ihn bis zum letzten Augenblick, bis in den Bahnhof, in Treuen geleiten. Als wir also endlich den Tag der Abreise erfuhren, schickten einige den Freunden einen kleinen Zettel: «Die Verehrer Gustav

Paul Stefan.

Mahlers versammeln sich zum Abschied am Montag, den 9. Dezember, vor halb neun Uhr vormittags am Perron des Westbahnhofes und laden Sie ein, dort zu erscheinen und Gleichgesinnte davon zu verständigen. Da Mahler mit dieser Kundgebung überrascht werden soll, erscheint es dringend geboten, Personen, die der Presse nahestehen, nicht ins Vertrauen zu ziehen.» – Wer die Begrüßung aller derer, die gekommen waren untereinander gesehen, wer gesehen hat, wie herzlich, wie überschwenglich jeder, jeder Mahler die Hand drückte, wie freundlich und erfreut er es zuließ, wie er, sonst so wortkarg, für diese Getreuen so manches freundliche Wort fand, der mußte ihm oder doch denen, die ihn lieb hatten, diese letzte Freude gönnen. Auch war alles über Nacht angeordnet, waren keine «offiziellen» Persönlichkeiten verständigt worden. Nichts Künstliches mischte sich ein: nur der gebietende Wunsch war in allen rege, den noch zu sehen, dem man so vieles dankte... Der Zug bewegte sich. Und Gustav Klimt sprach aus, was alle bangend und von einer großen Zeit empfanden: «Vorbei!»

Das Grab in Wien, Berlin 1913, S. 51

Und, aus Almas Erinnerungen:

Wir fuhren langsam aus der Halle, ohne Bedauern, ohne Sehnsucht. Zu schwer waren wir getroffen, wollten nur weg, nur in die Ferne. Wir waren sogar fast glücklich, je mehr wir uns von Wien entfernten. Wir sehnten uns nicht einmal nach unserem Kinde, das wir bei meiner Mutter gelassen hatten. Wir wußten: Keine Sorgfalt und Liebe kann das Entsetzliche fernhalten. Man ist nirgends gefeit. Wir waren weißgeglüht. So glaubten wir. Aber eines waren wir trotz allem beide: voll Zukunft!!
Mahler sagte während der Fahrt: «Die Repertoire-Oper ist hin. Ich bin froh, daß ich den Abstieg hier nicht mehr selber miterleben muß. Es ist mir doch bis zum Schluß gelungen, das Publikum darüber hinwegzutäuschen, daß ich mit Wasser gekocht habe.»

AME S. 155 f.

V

Ich bin der Welt abhanden gekommen
1907–11

Zeittafel Gustav Mahler

1908   USA-Debüt mit *Tristan und Isolde* an der Metropolitan Opera in New
        York am 1. Januar.
        Während der Sommerferien in Toblach (Tirol) entsteht *Das Lied von der
        Erde.*
        Am 19. September Aufführung der Siebten Symphonie in Prag.
        Rückkehr nach New York, dort Aufführung der Zweiten Symphonie am
        2. Dezember.

1909   Im Juni Modellsitzen für Auguste Rodin in Paris.
        Komposition der Neunten Symphonie während der Sommerferien in
        Toblach und Göding.
        Im Winter Beginn der ersten Saison mit dem New York Philharmonic
        Orchestra.

1910   Orchester-Tournee im Bundesstaat New York.
        Im April Aufführung der Zweiten Symphonie in Paris.
        Im Sommer in Toblach Arbeit an der Zehnten Symphonie; währenddes-
        sen Almas Affäre mit dem Architekten Walter Gropius in Tobelbad.
        Zum 50sten Geburtstag erscheint eine von Paul Stefan herausgegebene
        Festschrift.
        Mahler entdeckt Almas Untreue und trifft sich am 25. August in Leiden
        mit Sigmund Freud, um seine Eheprobleme zu lösen.
        Am 12. September triumphale Premiere der Achten Symphonie in Mün-
        chen.
        Im Oktober Rückkehr nach New York.

1911   Mahler dirigiert mit der Vierten Symphonie in New York (am 20. 1.) zum
        letztenmal ein Konzert mit eigener Musik.
        Bereits schwerkrank dirigiert Mahler sein letztes Konzert, u. a. mit der
        Uraufführung von Ferruccio Busonis *Berceuse Élégiaque* (21. 2.).
        Im April Behandlung in Paris.
        Rückkehr nach Wien am 11. Mai.
        Gustav Mahler stirbt am 18. Mai im Alter von fünfzig Jahren im Loew-
        Sanatorium in Wien.

Zeitgeschichtlicher Hintergrund

1908   Der Präsident der Vereinigten Staaten, Theodore Roosevelt, zieht sich im
        Alter von 50 Jahren aus der Politik zurück.
        Bulgarien erklärt seine Unabhängigkeit.
        Arthur Schnitzlers *Der Weg ins Freie* problematisiert das Leben assimi-
        lierter Juden im antisemitischen Wien.
        Arnold Schönberg beginnt mit atonalen Formen zu experimentieren.
        William Howard Taft wird zum 27. Präsidenten der Vereinigten Staaten
        gewählt.

1909   Louis Blériot überquert mit einem Flugzeug erstmals den Ärmelkanal.
        Henry Ford baut das erste Automobil der T-Reihe.
        Filippo Marinetti und seine Gruppe veröffentlichen in Mailand das erste
        futuristische Manifest.
        Serge Diaghilew bringt seine *Ballets Russes* nach Paris.
        Marcel Proust beginnt mit der Niederschrift seines Meisterwerks *À la
        recherche du temps perdu.*

1910   Igor Strawinsky, *Der Feuervogel.*
        Arturo Toscanini dirigiert am 10. Dezember in der Metropolitan Opera
        die Premiere von Puccinis *Das Mädchen aus dem goldenen Westen.*
        Mark Twain stirbt am 21. April in Redding (Conn.).
        Leo Tolstoi stirbt am 20. November in Astapowo.

1911   Richard Strauss, *Der Rosenkavalier.*
        Roald Amundsen erreicht den Südpol.
        Walter Gropius entwirft den Neubau der Fagus-Werke in Alfeld.
        Die erste Ausgabe mit Gedichten von Franz Werfel erscheint.
        Thomas Mann schreibt die Novelle *Tod in Venedig.*

Samuel Chotzinoff
(1889–1964)

Samuel Chotzinoff, Pianist und Kritiker russischer Herkunft, wurde 1936 Musikdirektor des Rundfunksenders NBC. Im selben Jahr brachte er Toscanini dazu, das
NBC Symphony Orchestra zu dirigieren.
Rückblickend berichtet Chotzinoff über Mahlers Amerika-Debüt, das am 1. Januar 1908 mit *Tristan und Isolde* in der Metropolitan Opera stattfand.

Mahler kam eiligen Schrittes heraus und kletterte flink auf den
Dirigenten-Stuhl. Sein Profil war hart und markant. Er sah anders
aus und verhielt sich auch ganz anders als Hertz.[1] Seine Gestik war
sparsam und präzise. Auch das Vorspiel klang anders, nicht so
üppig wie bei Hertz, mit weniger Verzögerungen und Beschleuni-
gungen. Die Interpretation war von einer Strenge und Schärfe, die
– erstaunlich genug – sowohl die Spannung erhöhte, als auch die
Sinne ansprach.
Der Vorhang ging hoch, der unsichtbare Seemann sang seine weh-
mütige Weise, und plötzlich tauchten mich Isolde und das Orchester in Wellen kräftiger, schöner, wilder Töne. Zum erstenmal
konnte ich jedes einzelne Wort, das Isolde sang, wirklich verstehen.
Ich schaute zu Mahler hinüber, um den Grund dafür zu finden. Er
«ritt» das Orchester mit der sicheren Berechnung eines meisterhaf-
ten Trainers. In diesem Moment hielt er es noch an der Kandare,
um so ein kluges Gleichgewicht zwischen Orchester und der Stimme auf der Bühne zu erreichen, im nächsten Augenblick gab er ihm
die Sporen, als sei es allein im Rennen. Vielleicht war er bei manchen Höhepunkten zu sehr auf die Stimmen bedacht. Ich hörte zwar
die Worte und die Stimmen, spürte aber auch die Zügel, die er dem
Orchester angelegt hatte. Die Begeisterung und Erregung einer
wahrhaften Verschmelzung beider, wie ich es eigentlich erwartet
hatte, stellte sich bei mir nicht ein. Nichtsdestoweniger war es ein
völlig neuer *Tristan* für mich. Jetzt wenigstens wußte ich, wie
Wagner klingen mußte. Hertz hatte uns in die Irre geführt. Wagner
konnte genauso klar, verständlich und leicht sein wie *Aida*. [. . .]
Bei Mahlers Debüt sang die schwedische Sopranistin Olive Frem-
stad (1871–1951) die Isolde zum erstenmal. [. . .]
Tatsächlich war Fremstads Isolde so lebendig und so klar, daß jedes
Detail ihrer Charakterisierung sofort begriffen und zur Gesamtheit
des Dramas in Bezug gesetzt werden konnte, weil Mahler auf die
Verständlichkeit und die Aussprache der Sänger besonders achtete.
Nicht eine falsche Bewegung, Geste oder Nuance verdarb den
Eindruck dieser außergewöhnlichen Verkörperung. [. . .]
Mahler wurde mein Idol. Ich besuchte alle seine Vorstellungen. Zu
Hertz, der immer noch viele Wagner-Opern dirigierte, ging ich
nicht mehr. Unter Mahlers Leitung hörte ich zum erstenmal *Fidelio*,
Don Giovanni, *Die Hochzeit des Figaro*, *Die verkaufte Braut* und
Pique Dame. Von *Fidelio* war ich überwältigt. Ich hatte mich dem

---

[1]   Alfred Hertz (1872–1942) war von 1902 bis 1915 erster Dirigent der deutschen Sektion an
der Metropolitan Opera, danach übernahm er das San Francisco Symphony Orchestra.

Das alte Haus der Metropolitan Opera in New York.

weitverbreiteten Vorurteil angeschlossen, daß Beethovens Genie
nicht für die Oper tauge, und daß *Fidelio* ein zwar ernstgemeinter,
aber erfolgloser Versuch in dieser Richtung sei. Und dann war ich
ergriffen wie bei keinem Musikdrama zuvor. [. . .]
Während der ganzen Oper war ich am Rande der Tränen und den
ständigen Angriffen der Musik und der Geschichte auf meine Ge-
fühle hilflos ausgesetzt. Den Moment, in dem die zitternden Gefangenen wie Geister aus ihren Zellen treten und mit Ehrfurcht und
gedämpftem Staunen die Sonne begrüßen, als sähen sie sie zum
erstenmal, konnte ich kaum ertragen. Das Ausheben des Grabes im
hoffnungslosen Kerker; das Gespräch daselbst; Florestans unschul-
diges «Oh, Dank!» für einen Kanten Brot; das erschütternde Trom-
peten-Pianissimo aus weiter Ferne; die vergeistigte Zusammenfassung des ganzen Dramas in der dritten *Leonoren-Ouvertüre*, gespielt zwischen den Szenen des dritten Aktes im dunklen Opernhaus; die Schlußszene im vollen Sonnenglanze, so befreiend wie das
Finale der Neunten Symphonie – all dies ging mir ans Herz und ließ
mich weinen vor Mitgefühl und Freude.
Im folgenden Jahr wurde Mahler Dirigent der Philharmonic Society. Mit nahezu religiösem Eifer besuchte ich alle seine Konzerte.
Selbst im Konzertsaal gelang es Mahler, eine dramatische Erregung
wie in der Oper zu erzeugen. Wie zum Ausgleich für das Fehlen von
Sängern und Handlung trieb er sein Orchester zu dramatischer
Spannung an.
Ich erinnere mich noch gut an seine strenge, aber hochdramatische
Interpretation des ersten und letzten Satzes von Beethovens Fünfter
Symphonie. Obwohl ich es mir selbst kaum eingestehen mochte,
war die Aufführung technisch eher stümperhaft. Aber ihre tragische

Kraft glich diesen Mangel an Raffinesse mehr als aus. Und ich war sehr betroffen von der Einsamkeit dieses Mannes, denn Mahler schien völlig isoliert und allein zu sein. Er wurde vom Publikum nicht geliebt und dirigierte vor immer weniger Zuhörern. Dieser Mangel an öffentlicher Anerkennung ärgerte mich sehr, bereitete mir insgeheim aber auch die Genugtuung, mich als einer der Auserwählten fühlen zu dürfen, als einer der wenigen Kenner, die sich nicht von Virtuosität blenden ließen, sondern die höheren Qualitäten der Interpretationskunst zu schätzen wußten.

Mir war einiges über die Unzufriedenheit des Vorstandes der Philharmonic Society mit Mahlers Programmgestaltung zu Ohren gekommen. Man warf ihm vor, daß seine Programme viel zu karg und streng für die breite Öffentlichkeit seien, und man unternahm vergebliche Versuche, ihn dazu zu bringen, ein populäres Repertoire, wie etwa die stets beliebten Tschaikowsky-Symphonien, zu spielen. Die Standhaftigkeit des Dirigenten steigerte meine Hochachtung für ihn nur noch.

Jedenfalls brach mir schon das Herz, wenn er in der Carnegie Hall aufs Podium kam und einem nur zur Hälfte gefüllten Saal gegenüberstand. An eine Sonntags-Matinée erinnere ich mich noch ganz genau. Das Publikumsinteresse war an diesem Vormittag außergewöhnlich gering. Mahler brachte unter anderem zwei Auszüge aus der Oper *Turandot* von Busoni, der in einer der Logen anwesend

Mahler-Karikatur von Enrico Caruso. Diese Postkarte sandte Mahler seinem Iglauer Lehrer Heinrich Fischer aus Amerika.

war. Die beiden Stücke erhielten so gut wie gar keinen Applaus, so daß Mahler beim besten Willen das Publikum nicht auf den Komponisten hinweisen konnte. Eine Weile stand er unschlüssig in der beängstigenden Stille, dann verließ er niedergeschlagen die Bühne. Nach den Konzerten lief ich meist einmal um den Block zum Bühneneingang und schlüpfte in die Garderobe, um einen bewundernden Blick auf Mahler zu werfen, der sich mit Freunden unterhielt und Verehrern die Hände schüttelte. Ich war viel zu schüchtern, um ihn anzusprechen. Es reichte mir völlig, hier herumzustehen und ihn zu beobachten. Häufig war auch seine Frau da, die für mich das schönste Wesen war, das ich je gesehen hatte. Es hatte fast den Anschein, als ob Mahler, der selber mit seiner dicken Brille eher unansehnlich war, durch seine Kraft und sein Genie auf eine so wunderschöne Frau anziehend wirkte. Wenn sie nicht in der Garderobe erschien, hielten sich Mahlers Freunde nicht lange auf und ließen ihn bald allein – wenn man von mir, der ich mich nahe bei der Tür an der Wand herumdrückte, einmal absieht. Er zog dann seinen Mantel an, setzte den Hut auf, starrte mich abwesend an und machte sich auf den Weg zum Plaza Hotel, wo er wohnte. Ich lief ziemlich dicht hinter ihm her. Wenn er so voranschritt, machte er immer einen sehr beschäftigten Eindruck, den Oberkörper nach vorn geneigt und die Hände auf dem Rücken verschränkt. Er sah aus wie Beethoven auf dem Weg durch die Wiener Vororte. An Straßenkreuzungen war er immer schon ein paar Schritte auf die Fahrbahn gelaufen, ehe er der gefährlich nah an ihm vorbeisausenden Automobile und Kutschen gewahr wurde. Ich hätte am liebsten seinen Arm genommen und ihn sicher auf die andere Seite gebracht; den Mut dazu habe ich aber nie aufbringen können.

Bei diesen nächtlichen ‹Beschattungen› entdeckte ich zu meiner Freude, daß Mahler, genau wie ich, abergläubisch war. Manchmal hielt er ganz plötzlich inne, ließ den rechten Fuß zurückschwingen und berührte mit den Zehenspitzen die Ferse des linken Fußes. Das war gar nicht so einfach, aber diese Bewegung war ihm offenbar geläufig, denn er vollführte sie rasch und geschickt. Einmal war ich so dicht hinter ihm, daß ich bei dem plötzlichen und unvermuteten Halt in ihn hineinlief. Ich stammelte eine Entschuldigung. Er starrte mich nur verständnislos an und ging weiter. Eine Straße weiter wiederholte er das Manöver, nichtsahnend, daß ich ihm immer noch folgte, jetzt allerdings in sicherem Abstand.

Wenn er das Hotel erreicht hatte, lief ich schnell über die Straße in den Central Park und wartete auf einer Bank darauf, daß in einem der Fenster das Licht anging. Das mußte dann sein Zimmer sein. Ich wollte wissen, ob er gleich zu Bett ging, oder noch aufblieb, um an einer seiner langen Symphonien zu arbeiten.

Day's at the Morn, New York 1964, S. 122–127

Fritz Kreisler
(1875–1962)

Der aus Österreich stammende Geiger und Komponist erinnert sich:

> Ich habe mit Mahler zusammen den Ozean überquert und hatte daher Gelegenheit, Stunden um Stunden mit ihm seine bemerkenswerten Partituren durchzugehen und sie mir von dem Komponisten erklären zu lassen. Ich kann wahrlich sagen, daß es niemanden gibt, der Mahler – was bestimmte Effekte der Orchestrierung angeht – überlegen wäre. Und auch niemanden, der ihn an Aufrichtigkeit und in dem Bemühen, ohne bewußte Verwendung äußerlicher und reißerischer Mittel nur das auszudrücken, was in ihm ist, überbieten könnte.
> Die ganze Welt wird in nicht allzu ferner Zeit verpflichtet sein, ihm vorbehaltlose und begeisterte Anerkennung zuteil werden zu lassen ...

Interview in Musical Courier (New York), 9.11.1909

Sergej Rachmaninow
(1873–1943)

Zum Höhepunkt der ersten Amerika-Tournee des russischen Pianisten und Komponisten wurde die Premiere des neuen Klavierkonzerts, Nr. 3 in d-Moll, am 28. November 1909 in New York unter Walter Damrosch. Zwei Tage später wurde das Konzert noch einmal mit Damrosch und am 16. 1. 1910 in der Carnegie Hall mit Mahler wiederholt.

> Zu dieser Zeit war Mahler der einzige Dirigent, der es meiner Meinung nach verdiente, mit Nikisch auf eine Stufe gestellt zu werden. Er eroberte mein Komponistenherz auf der Stelle, als er sich mit Hingabe meines Konzertes annahm, bis die Orchester-Begleitung, die sehr kompliziert ist, wirklich perfekt eingeübt war. Und das, obwohl er bereits eine andere lange Probe hinter sich hatte. Mahler nahm jedes Detail der Partitur ganz genau – eine Haltung, die bei Dirigenten leider sehr selten ist.
> Die Probe begann um zehn Uhr. Ich sollte um elf dazustoßen und erschien auch rechtzeitig. Und dann war Mahler erst um zwölf so weit, daß wir mit der Arbeit beginnen konnten. Jetzt blieb nur noch eine halbe Stunde, in der ich mein möglichstes tat, eine Komposition durchzuspielen, die normalerweise 36 Minuten dauert. Wir spielten und spielten ... Die halbe Stunde war längst vergangen, aber Mahler kümmerte sich nicht im mindesten darum.
> Ich erinnere mich noch an einen Zwischenfall, der sehr charakteristisch für ihn ist. Mahler achtete außergewöhnlich streng auf Disziplin, was ich persönlich für eine der unverzichtbaren Tugenden eines guten Dirigenten halte.

Wir waren im dritten Satz an einer äußerst vertrakten Violin-Passage angekommen, die eine sehr schwierige Bogenführung erfordert. Plötzlich klopfte Mahler, der diese Passage a tempo angegeben hatte, ab:
«Halt, kümmern Sie sich nicht um die in ihren Noten angegebene Bogenführung, spielen Sie es so!», und er machte eine andere Version vor. Nachdem er die ersten Violinen diese Passage dreimal hatte alleine spielen lassen, setzte der Nachbar des Konzertmeisters seine Geige ab:
«Mit dieser Bogenführung kann ich die Passage nicht spielen.»
Mahler, unerschütterlich: «Welche Bogenführung würden Sie bevorzugen?»
«So wie es in der Partitur angegeben ist.»
Mahler wandte sich mit fragendem Blick dem Konzertmeister zu und schlug nach dessen Einverständnis auf sein Pult:
«Spielen Sie es bitte so, wie es notiert ist!»
Dieser Zwischenfall bedeutete eine eindeutige Abfuhr für den Dirigenten, zumal mir der ausgezeichnete Konzertmeister der Moskauer Philharmoniker diese umstrittene Methode der Bogenführung als die einzig mögliche für dieses schwierige Stück bestätigt hatte. Ich war neugierig, wie Mahler auf diese kleine Szene reagieren würde. Er nahm es sehr würdevoll auf.
Wenig später wollte er in einer anderen Passage die Kontrabässe ein wenig abgeschwächt haben. Er unterbrach das Orchester und wandte sich an die Bassisten:
«Ich möchte die Herren um mehr diminuendo in dieser Passage bitten», und mit einem kaum wahrnehmbaren Lächeln an den streitlustigen Nachbarn des Konzertmeisters gewandt:
«Ich hoffe, Sie haben nichts dagegen.»
Eine dreiviertel Stunde später verkündete Mahler:
«Wir werden jetzt den ersten Satz wiederholen!»
Mir blieb fast das Herz stehen. Ich erwartete einen furchtbaren Streit oder zumindest hitzigen Protest des Orchesters. Aber ich entdeckte nicht das kleinste Zeichen von Unzufriedenheit. Die Musiker spielten den ersten Satz sogar mit fast größerem Eifer als vorher. Endlich waren wir fertig. Ich ging zum Pult, und zusammen studierten wir die Partitur. Die Musiker in den hinteren Reihen begannen leise ihre Instrumente einzupacken und den Saal zu verlassen. Mahler brauste auf: «Was hat das zu bedeuten?»
Konzertmeister: «Es ist schon halb zwei, Maestro.»
«Das ist egal, so lange ich sitze, hat kein Musiker das Recht aufzustehen!»

Rachmaninov's Recollections, told to Oscar von Riesemann, übersetzt nach Dolly Rutherford, London 1934[2]

---

[2] Nach Riesemanns Tod distanzierte sich Rachmaninow von diesen Erinnerungen; die hier abgedruckte Episode wird aber von Mitgliedern des Orchesters bestätigt.

Olga Samaroff-Stokowski
(1882–1948)

Olga Hickenlooper aus San Antonio, Texas, begann 1905 ihre Karriere als Piani-
stin und heiratete sechs Jahre später den jungen Dirigenten Leopold Stokowski.
Diese Verbindung hielt zwölf Jahre. In New Haven spielte sie am 23. Februar 1910
unter Mahler das Klavierkonzert von Grieg. Zwei Wochen später sollte sie mit ihm
auch das 4. Klavierkonzert von Beethoven (G-Dur) in New York aufführen, mußte
aber wegen einer Blinddarmentzündung absagen.

Die Jahre, in denen Mahler Dirigent der Philharmonic Society in
New York war, sind kein Ruhmesblatt für die musikalische Geschichte der Stadt. Zweifellos war er reizbar und schwierig, aber er
war ein großer Mann, und New York zollte ihm nie den gebührenden Respekt. Er war noch nicht lange in Amerika, als die Steinways
mich einluden, mit ihm und seiner Frau zu Abend zu essen. Ich war
so aufgeregt, daß ich eine geschlagene halbe Stunde zu früh ankam.
Charles Steinway begrüßte mich mit den Worten:
«Sie werden heute abend bei Tisch neben Mahler sitzen, aber
erwarten Sie nicht, daß er sich mit Ihnen unterhält. Auf Dinner-
Parties ist er nicht zum Sprechen zu bewegen.»
Ich wollte die Herausforderung annehmen, aber als Mahler dann
eintraf, verließ mich mein ganzer Mut. Er hatte auf den ersten Blick
etwas Unnahbares, und ich konnte mir kaum vorstellen, daß er sich
an einer gewöhnlichen Unterhaltung beteiligen würde. Als wir uns
zu Tisch setzten, hatte er mich noch keines Blickes gewürdigt. Seine
Aufmerksamkeit gehörte allein den Austern. Da er an der Suppe
nicht ganz so interessiert zu sein schien, nutzte ich diesen Gang zu
dem schüchternen Versuch, ein Gespräch in Gang zu setzen. Ohne
mich anzusehen sagte er nur «Ja» und schwieg hartnäckig weiter.
Ich zerbrach mir den Kopf über ein provokantes Thema, aber keine
Fragestellung aus dem Reich der Tiere, Pflanzen oder Mineralien
konnte ihm eine Antwort entlocken. . .
Schließlich fiel mir ein, daß Mahler, der überhaupt keine Notiz von
den Anwesenden zu nehmen schien, vor dem Essen *Die Brüder
Karamasow* aus dem Bücherschrank genommen und darin geblät-
tert hatte, als suchte er eine bestimmte Stelle. Ich beschloß also, das
Meisterwerk Dostojewskis zu meiner letzten Hoffnung zu machen.
Aber ich wußte auch, daß ich, falls es mir nicht gelingen sollte, ihn
zum Widerspruch zu reizen, wieder nur ein karges «Ja» zu hören
bekäme. So fragte ich ihn kühn, ob er *Die Brüder Karamasow* nicht
auch für ein weit überschätztes Werk halte.
«Nein, überhaupt nicht», antwortete Mahler heftig und legte Messer und Gabel zur Seite. «Das können Sie nur fragen, weil Sie das
Buch nicht verstehen.» Und er setzte zu einem langen Vortrag über
das Wesen der russischen Psyche und Dostojewskis tiefem Wissen
davon an. Ich lehnte mich unterdessen befriedigt zurück, genoß
mein Essen und meinen Triumph und beschränkte mich auf kurze
provokative Einwürfe, wenn Mahler unterbrach, um einen Happen
zu essen. [. . .]
Mahler folgte mir nach dem Essen in den Salon und verbrachte den

Rest des Abends damit, in den *Brüdern Karamasow* nach Stellen zu suchen, die seine Thesen stützen und meine Einwände widerlegen sollten. Ich habe oft überlegt, was wohl passiert wäre, wenn Mahler erfahren hätte, daß wir in Wahrheit über eines meiner Lieblingsbücher debattierten. [. . .]

An einem Philharmoniker-Konzert unter Mahlers Leitung mitzuwirken, bedeutete ein Privileg, das ich wiederholt genießen durfte.[3] Das erste Mal, daß ich als Solistin in einem seiner Tournee-Konzerte auftrat, war in New Haven. Von da an wurden wir gute Freunde. Auch für seine wunderbare Frau, die eine der schönsten Frauen war, die ich je gesehen habe, empfand ich tiefe Zuneigung. An diesem Abend war sie aber nicht bei ihm, und deshalb sollte ich ihm nach dem Konzert beim Essen Gesellschaft leisten. Ich hatte meine Freundin Maria Dehon[4] überredet, mich nach New Haven zu begleiten. Es machte ihr manchmal Spaß, mit mir auf Tournee zu gehen, wenn ich in Nachbarstädten von New York Auftritte hatte. Mahler lud uns beide zum Essen ein. Maria gab jedoch vor, müde zu sein, und ging zurück ins Hotel. Ich nehme an, daß sie mich allein ließ, weil sie keine Lust auf Fachsimpeleien in deutscher Sprache hatte, denn Mahler sprach in der Tat nur sehr schlecht Englisch.

Da wir uns in einer Universitätsstadt befanden, erwartete Mahler, fröhliche Cafés voller Studenten mit bunten Mützen zu finden. Nachdem wir vergeblich nach etwas Verlockenderem als einem Drugstore an der Ecke Ausschau gehalten hatten, und auch unser Hotel sich weigerte, uns das zu servieren, wonach uns zu dieser späten Stunde der Sinn stand, nahm seine Enttäuschung pathetische Züge an: «Was für eine Stadt! Was für Studenten sollen das denn sein? Kein Wein, keine Lieder, und dabei ist es noch nicht einmal Mitternacht!»

Es schien ihn nicht zu überzeugen, als ich ihm versicherte, daß Yale-Studenten zu anderen Zeiten singen und bei Gelegenheit durchaus auch zu trinken verstehen. [. . .]

Es sollte sich später auszahlen, daß Mahler und Miss Dehon an diesem Abend in New Haven bei Milch und Crackern Bekanntschaft schlossen. Kurz vor seiner endgültigen Abreise aus Amerika ging es mit seiner Gesundheit steil bergab, und er mußte wochenlang im Netherlands Hotel das Bett hüten. Die ständigen Auseinandersetzungen mit verständnislosen Leuten, die widrigen Bedingungen und die Feindseligkeit der New Yorker Presse hatten ihn geschwächt und verletzt. Als seine Kraft nachließ und er spürte, daß es möglicherweise bald zu Ende ging, bemühte er sich verzweifelt, seine letzte Symphonie zu beenden. So saß er aufrecht im Bett, sein Manuskript vor sich, und sah aus wie sein eigener Geist.

---

[3]   Das stimmt nicht. Sie hat nur ein Konzert unter Mahler gegeben. Möglicherweise hatte sie bei der Niederschrift die Proben in Erinnerung.

[4]   Maria Dehon Polk, eine Dame der New Yorker Gesellschaft, machte Olga Samaroff mit ihrem späteren Ehemann Leopold Stokowski bekannt.

Amerikanisches Hotel-Essen hatte er immer gehaßt, und während dieser anstrengenden Wochen war es fast unmöglich, ihn dazu zu bringen, irgendwelche Nahrung zu sich zu nehmen. Seine Frau, außer sich vor Angst, erzählte mir davon, und ich gab diese Nachricht an Miss Dehon weiter, die sich nach seinem Gesundheitszustand erkundigt hatte. Von da an ließ Miss Dehon ihm regelmäßig Suppe und ausgesuchte Speisen bringen, die ihr eigener, ausgezeichneter schwedischer Koch zubereitet hatte.

An American Musician's Story, New York 1939, S. 158–162

Olga Samaroff-Stokowski.

Henry Theophilus Finck
(1854–1926)

Henry Theophilus Finck, der von 1888 bis 1924 Musikredakteur der *Evening Post* war, zählte während Mahlers Aufenthalt in New York neben Krehbiel und Huneker zu den führenden Musikkritikern. Finck nannte Mahler einen «Riesen unter den Dirigenten», und Mahler erklärte seinerseits in seinem Abschiedsbrief, daß Fincks Sympathie und Unterstützung zu den wenigen angenehmen Erfahrungen in New York gehört hätten.

Ein unvergeßliches Erlebnis bescherte Mahler mir mit dem Trauermarsch von Beethovens *Eroica*. Ich hatte dieses Stück schon von einem Dutzend der weltbesten Dirigenten gehört, aber so wie jetzt Mahler hatte es bisher keiner von ihnen geschafft, mir zu vergegenwärtigen, zu welchen erhabenen Höhen überwältigenden tragischen Schmerzes Beethovens kolossales Genie emporzusteigen vermochte. Mahler war in der Tat der größte der Beethoven-Dirigenten und in Europa als solcher auch anerkannt. In New York dagegen wurde er beharrlich geschmäht, und zwar – merkwürdig, aber wahr – am heftigsten von Krehbiel, dem amerikanischen Beethoven-Papst.
Krehbiel verbrachte Jahre seines Lebens mit der Herausgabe, Vervollständigung und Drucklegung von Thayers wunderbarer Beethoven-Biographie,[5] und das ohne jede Aussicht auf jegliche finanzielle Belohnung. Dafür ziehe ich meinen Hut vor ihm. Aber auf Mahler stürzte er sich mit wütendem Gebrüll, nur weil der es gewagt hatte, hier und da ein paar Änderungen in Beethovens veralteter Orchestrierung vorzunehmen – Änderungen, die Beethoven selbst, hätte er nur ein Jahrhundert später gelebt, zweifellos auch vorgenommen hätte.

My Adventures in the Golden Age of Music, New York 1926, S. 425

Henry Edward Krehbiel
(1854–1923)

Mahlers schärfster Kritiker in Amerika begann seine Laufbahn als Reporter bei der *Gazette* in Cincinnati. 1880 kam er zur *Daily Tribune* nach New York, um über Musik, Segelregatten und gelegentlich auch über Politik zu berichten. Er hatte sich Brahms, Dvořák, Wagner und allen voran Beethoven verschrieben.
«Er besaß in Amerika richtungweisenden Einfluß und Autorität. Er hat dem Beruf des Musikkritikers auf den Grundlagen von Wissen und Kompetenz zu einem Ansehen verholfen, den er vor seiner Zeit in Amerika nie hatte.»[6]
Wie auch immer, Mahler jedenfalls war ihm ein Greuel. Sein Nachruf in der *Tribune* ist ein Paradebeispiel sowohl für unverfrorenen Rufmord als auch für Mahlers Fähigkeit, bei ansonsten ehrbaren und gut informierten Musik-Anhängern heftigste Feindschaft hervorzurufen.

---

[5]   Alexander Wheelock Thayer, *The Life of Ludwig van Beethoven*, hrsg. von Henry Edward Krehbiel, New York 1921.
[6]   Richard Aldrich, zitiert nach: Max Graf, *Composer and Critic*, New York 1946, S. 315 f.

Seine Freunde hatten sich zu einer Partei, oder besser Clique, zusammengeschlossen und trachteten danach, die Welt im Bewußtsein seiner Größe als Dirigent und Komponist zu beeindrucken. . .

Es war ein einzigartiger Widerspruch in Mahlers künstlerischem Wesen, daß er seine melodischen Eingebungen zwar aus dem Bereich des Volksliedes bezog, bei der Bearbeitung dann aber harmonisch wie orchestral höchst extravagante Methoden anwandte. In der Theorie versuchte er, die Extreme miteinander in Einklang zu bringen, indem er darauf beharrte, daß das Volkslied der Lebensfunke der Kunstmusik sei. Aber im Umgang mit den einfachen Melodien seiner Symphonien (von denen einige ohne Quellenangaben übernommen wurden) nahm er überhaupt keine Rücksicht auf deren Charakter, beraubte sie ihrer Wesensmerkmale und bearbeitete sie zu Tode. Er hätte ein genialer Musiker sein können – Musiker, wohlgemerkt –, wenn er eine Begabung gehabt hätte, wie etwa Dvořák. Stattdessen versuchte er, straussiger als Strauss und regerer als Reger zu sein, ohne allerdings die ursprüngliche Kraft des einen oder des anderen zu besitzen. Es ist nicht abzusehen, daß irgendetwas seiner Musik ihn lange überleben wird. Weder in der alten noch in der neuen Schule ist für sie Platz.

Es bleibt noch einiges über seine Aktivitäten während der zweijährigen Verbindung mit der Philharmonic Society zu sagen. Vor allem in der gerade abgelaufenen Spielzeit hat die Leitung der Philharmonic Society große Anstrengungen unternommen, das öffentliche Interesse für die Konzerte der ehrwürdigen Gesellschaft wieder zu wecken. Das mißlang. Nicht nur das gewöhnliche Publikum sprach auf den lauten Appell nicht an, auch die Zahl der Abonnenten nahm langsam, aber sicher ab. Dafür ist niemand anders verantwortlich als Herr Mahler.

Es ist ein albernes Vorurteil von Ausländern, daß Amerikaner nichts von Musik in ihrer höheren Form verstehen. Erst in den allerletzten Jahren haben europäische Zeitungen damit begonnen, ihre Leser davon in Kenntnis zu setzen, daß die Oper in New York einige Bedeutung hat. Wenn ihre Musik-Schreiberlinge studiert hätten, wüßten sie, daß die New Yorker seit fast einem Jahrhundert Sänger einer Güteklasse hören können, die der Zuhörerschaft der europäischen Musik-Metropolen bisher vorenthalten blieb. Herr Mahler hat seine Lektion in der Oper zwar hinreichend gelernt, leider aber nicht die im Konzertsaal. Er hat nie begriffen, daß es Philharmonic-Abonnenten gibt, die von ihren Eltern und Großeltern nicht nur ihre Plätze im Konzertsaal, sondern auch ihre Wertschätzung für gute Musik geerbt haben.

Er hat nie kapiert – oder wenn, dann weigerte er sich, es zur Kenntnis zu nehmen –, daß das philharmonische Publikum ein Vergehen an den musikalischen Klassikern genauso schnell übelnimmt wie einen Frevel an der Bibel oder Shakespeare. Entweder war er sich dessen nicht bewußt, oder er wollte ihren Geschmack mutwillig beleidigen, wenn er etwa die Stimmen in Beethoven-Symphonien vervielfachte (zum Beispiel eine zusätzliche Kesselpauke in der *Pastorale*); weniger Streicher, aber doppelte Flöten in

Mozarts g-Moll einsetzte; das Blech in Schuberts C-Dur verstärkte,
bis die süße Wiener Sängerin eines vergangenen Jahrhunderts sich
wie ein amoklaufender Malaie anhörte. Die allerschrecklichste
seiner Untaten war, Schumanns höchst poetische und in sich ge-
kehrte *Manfred*-Ouvertüre mit einem Beckenschlag zu beginnen,
ähnlich dem, der in Liszts musikalischem Gedicht Mazeppas Pferd
in Galopp versetzt. Und wer wird je die Handhabung der Kessel-
pauken vergessen, die er seinen Musikern abverlangte! Schlegel mit
hölzernen Köpfen, nicht nur bei Beethovens Neunter, sondern
sogar bei Webers *Oberon*-Ouvertüre! Aber der Mann ist tot, und
deshalb wollen wir die Liste hier nicht weiter verlängern.
Eigentlich wäre es noch unsere Pflicht, über das unglückliche Verhältnis zwischen Mahler und den Veranstaltern der Philharmonic
Society zu sprechen, aber das Thema ist unangenehm, und diejenigen, die sich dafür wirklich interessieren, kennen die Tatsachen
sowieso. Die Kränkungen und Verletzungen kann man nicht mehr
ungeschehen machen. Wenn es notwendig werden sollte, mag man
die Geschichte in ihrer Gesamtheit noch einmal ausbreiten. Am
besten wäre es jedoch, man könnte sie schnell vergessen.

Death of Mr. Mahler; His Influence on Music in New York, «New York Daily
Tribune», 21.5.1911

Krehbiels Tirade forderte Ossip Gabrilowitsch dazu heraus, seine Karriere in
Amerika aufs Spiel zu setzen: Sein scharfer persönlicher Angriff auf den mächtigen
Kritiker ging durch die gesamte Presse.

Offener Brief an den Musikkritiker der *New York Tribune*:
Mein Herr,
Als Gustav Mahler nach einem langen Leidensweg in Wien gestorben war, veröffentlichten Sie in der *New York Tribune* einen
Artikel, der in haßerfüllter Sprache das Andenken dieses großen
Künstlers in den Schmutz zog.
Die Zeit ist jetzt gekommen, den wahren Charakter Ihrer Haltung
gegenüber dem letzten Dirigenten der Philharmonic Society zu
enthüllen.
Als sie zu Mahlers Lebzeiten jede Gelegenheit nutzten, ihn anzugreifen und zu beschimpfen, wollten Sie die Leute glauben machen
(und vielleicht haben Ihnen einige schlichte Geister das tatsächlich
abgenommen), daß es sich um Kritik ‹bona fide› handelte, die von
keinerlei persönlicher Abneigung gelenkt sei. Jetzt aber haben Sie
nur einen Tag nach Mahlers Tod alle nur erdenklichen Schmähun-
gen gegen den Menschen und den Künstler aus Ihren Unterlagen
hervorgewühlt und damit Ihre Karten offen auf den Tisch gelegt.
Kein «Kritiker» wäre so erpicht darauf, einen Kübel Dreck über
einem frischen Grab auszuleeren. Das bringt nur ein Feind fertig.
[. . .]
Als Mahler starb, widmeten ihm die Zeitungen und Zeitschriften
soviel Platz und Aufmerksamkeit wie sonst nur Königen. Er wurde
anerkannt als Herrscher im Reich der Kunst. Mit den glühenden
Ehrungen, die Mahler nach seinem Tode zuteil wurden, ließen sich

leicht zwei Bände füllen. Den Schlüsselsatz all dieser Ehrerbietun-
gen lieferte die Schlagzeile des führenden europäischen Musik-
Periodikums, *Die Musik*:
«Die Welt hat ihren größten Künstler verloren. Gustav Mahler ist
tot.»
Es war dieser Künstler, von dem Herr Krehbiel behauptete, «er sei
dem guten Geschmack der Amerikaner abträglich», und dem er sich
Unterricht in der Interpretation musikalischer Klassiker zu erteilen
anmaßte!

Clara Clemens, *My Husband Gabrilowitsch*, New York 1938, S. 131f.

Anonym

«Amerika», sagte er uns eines Tages nach seiner Rückkehr, «ist
doch ganz was anderes als Europa. Man fühlt sich erst dort als
Mensch, keinen Herrn über sich. Wenn Sie wollen, so grüßen Sie
den Präsidenten: Guten Morgen Mister Roosevelt! wenn nicht,
nicht!» «Ganz gut», erwiderten wir, «aber haben wir auch musikalische Kultur drüben?» «Kultur, nein das nicht. Aber was wollen Sie,
man kann nicht alles verlangen. Man geht ein paar Monate im
Jahre hinüber, Geld zu verdienen, und dann kommt man wieder
nach Europa zurück zur Musik.»

Nicht gezeichneter Artikel aus der «Frankfurter Zeitung», vom 19. 5. 1911

Marianna Trenker
(Daten unbekannt)

Beunruhigt von seiner eigenen Krankheit und voller Schmerz über den Tod seiner
Tochter verließ Mahler im Sommer 1907 mit seiner Frau das Haus in Maiernigg
und zog sich nach Toblach zurück. Seit 1897 hatte er sich in Südtirol immer wieder
inspirieren lassen. Diesmal kam er, um Trost zu suchen. Beides wurde ihm in der
Lektüre von Hans Bethges *Die chinesische Flöte* zuteil. Diese Sammlung chinesi-
scher Gedichte, die ihm ein Freund gegeben hatte, lieferte ihm den Text zu *Das
Lied von der Erde*.
Im folgenden Jahr mietete Alma eine Sommerwohnung in einem einsamen Gast-
haus zwischen Toblach und Altschluderbach an der Bahnstrecke von Wien nach
München. In einiger Entfernung vom Haus stand mitten im Wald eine einfache
Hütte, wo Mahler Ruhe zum Komponieren fand. Es sollte der letzte seiner Som-
mer-Aufenthalte werden: Ursprung von *Das Lied von der Erde*, der Neunten und
Zehnten Symphonie sowie Schauplatz der großen Krise seiner Ehe.
Mahler bewohnte mit seinem Haushalt das obere Stockwerk des weitläufigen
Gebäudes aus dem 15. Jahrhundert. Die Familie Trenker, in deren Besitz das
Anwesen immer noch ist, wohnte im Erdgeschoß und verfolgte seine Aktivitäten
mit unverhohlenem Erstaunen. Die kurze Erinnerung aus dem Jahre 1938 stammt
von der Stieftochter Marianna.

Mahlers Komponierhäuschen bei Altschluderbach, Zeichnung von Carl Moll.

Drei Klaviere kamen jedes Frühjahr und mußten ins Häuschen geschafft werden.[7] Dort verbrachte er den größten Teil des Tages und durfte von niemandem, selbst von seiner Frau nicht, gestört werden. Schon frühmorgens mußten die Sachen zum Frühstück bereit stehen: also Tee, Kaffee, Butter, Honig, Eier, Gebäck, Obst und Geflügel.

Direktor Mahler ging schon um sechs Uhr früh an die Arbeit. Ein Ofen vervollständigte die Einrichtung des Häuschens, den er selber anfeuerte und sich das Frühstück bereitete. Das Häuschen mußte in einem Umkreis von 1 km von einem 1 und ½ m hohen Zaun umgeben sein. Nun stiegen trotzdem einmal zwei Handwerksburschen über den Zaun und belästigten den berühmten Komponisten mit Betteln. Nun mußte der Zaun noch mit Spitzendraht versehen werden. Einmal verfolgte ein Geier einen Raben und der flog schutzsuchend in das Arbeitskabinett Mahlers. Der Herr Direktor kam ganz aufgeregt zum alten Trenker, Besitzer von Altschluderbach, und beklagte sich bitter über den frechen Eindringling. Herr

---

[7]   Da im Komponierhäuschen allenfalls für einen Divan, einen Tisch mit Stuhl und ein Klavier Platz war, sind die anderen Klaviere vermutlich in Mahlers Zimmer im Haupthaus aufgestellt worden.

Trenker lachte ihm ins Gesicht und nun mußte Gustav Mahler mitlachen.[8] Ein anderes Mal brachte ihn der Haushahn aus der Fassung, weil er ihn mit seinem Kikeriki aus dem Morgenschlummer weckte. «Wie könnte man es dem Hahn beibringen, daß er am Morgen nicht kräht?» fragte der Herr Direktor. O ja, sagte darauf Herr Trenker, man dreht ihm einfach den Kragen um; doch davon wollte Gustav Mahler auch nichts wissen. Im Verkehr mit den Leuten war er herzensgut und recht gemütlich. Oft erzählte er uns, wie er als Kind einer armen kinderreichen Familie beim Studium tagelang nur von einem Stück Brot lebte, damit er die Kosten aufbrachte. Arme Handwerksburschen sammelte er auf der Straße, kleidete sie und versorgte sie mit Geld, damit sie so leichter eine Arbeit fanden.

Der Aufenthalt Gustav Mahlers in Altschluderbach, in: *Gustav Mahler in Toblach*, Wien/Dobbiaco 1980, S. 7f.

Ernst Decsey
(1871–1941)

Ebenso wie für Natalie Bauer-Lechner war es auch Ernst Decsey, dem Musikkritiker der *Grazer Tagespost* (seit 1908 auch deren Herausgeber), ein Bedürfnis, Mahlers Lebensäußerungen der Nachwelt zu überliefern. Im Gegensatz zu Natalie brachte er Mahlers Bemerkungen nicht sofort zu Papier. Erst kurz nach Mahlers Tod bemühte er sich darum, sie in zwei langen Aufsätzen zusammenzufassen. Obwohl er ein gewandter Schriftsteller war – er veröffentlichte Biographien von Wolf, Bruckner, Lehár, Strauss und Debussy und schrieb Libretti für Salmhofer und Korngold –, machte er keine Anstalten, seine Mahler-Erinnerungen professionell zu verwerten oder auch nur chronologisch zu ordnen. Er betrachtete seine Aufzeichnungen als Rohmaterial, das nicht mehr weiterverarbeitet werden könne, weil die Persönlichkeit, die ihm Leben einzuhauchen vermochte, tot sei. Trotzdem ist es eines der ehrlichsten und zugleich unbekanntesten Portraits Gustav Mahlers, das nach seinem Erscheinen in der Zeitschrift *Die Musik* (Juni und August 1911) offenbar nie wieder abgedruckt worden ist.
Ernst Decsey wurde 1871 in Hamburg geboren und machte 1894 in Wien seinen Universitätsabschluß als Jurist. Während des Studiums hatte er nebenher bereits Unterricht bei Robert Fuchs und Anton Bruckner am Konservatorium genommen. Gehört hatte er von Mahler schon, bevor er 1899 als Musikkritiker nach Graz ging; er traf ihn aller Wahrscheinlichkeit nach aber erstmals im Juni 1905, als Mahler verschiedene seiner Lieder in der steirischen Stadt dirigierte. Später besuchte er Mahler auch in dessen beiden Sommer-Residenzen.
Decsey kehrte 1920 als Kritiker nach Wien zurück. 1938, nach Österreichs «Anschluß» ans Deutsche Reich, wurde er vom Dienst suspendiert.
Seine Erinnerungen beginnen im Juni 1909 in Toblach:

---

[8] «. . . gleich darauf stürzte etwas ‹fürchterliches Dunkles› zum Fenster herein, und entsetzt aufspringend, sah er sich einem Adler gegenüber, der den kleinen Raum mit seinem Ungestüm erfüllte. Die erschreckende Begegnung nahm ein schnelles Ende, der Adler verschwand stürmisch, wie er gekommen war. Als Mahler sich, erschöpft von dem Schrecken, hinsetzte, flatterte eine Krähe unter dem Sofa hervor und flog hinaus.» Bruno Walter in: Walter GM, S. 53 f. Roller, der die Geschichte von Mahler auch erzählt bekam, berichtet etwas glaubwürdiger von einer Dohle, die von einem Habicht verfolgt wurde.

«Vita fugax» . . . noch höre ich die tiefe metallene Stimme, die es aussprach, als die Abendsonne über den rotleuchtenden Schneefeldern von Toblach hinunterstieg . . . es war eines seiner Lieblingsworte und wird mir unvergeßlich bleiben, denn wenn er es aussprach . . . vita fugax . . . zitterte darin etwas von der Furcht, dieses flüchtige, rennende Leben nicht halten zu können, nicht jede seiner Stunden mit dem Gehalt eines Imperatorenwillens zu füllen, nicht jede Stunde zur Stunde der Tat zu machen. Er war ein Mensch, der sich selbst verzehrte. In seinem Innern loderte es immer, und es gab keine Stunde bei Gustav Mahler, wo sein Inneres nicht Gedanken herausschleuderte, wo man nicht von ihm empfing. Dieses Sich-Hinwerfen an die Sache, das sein Leben zu einem vollendeten macht, sei sein Werk auch unvollendet, war nicht eine Stimmung, es war sein Grundwesen; und darum war jede Stunde bei ihm ein Gewinn. Ich habe einiges wenige davon aufgezeichnet, ohne es zu formen oder in einen Zusammenhang zu zwingen: eine gewisse Pietät hält mich davon ab, mehr zu geben als Rohmaterial; mit einer schweren Rührung aber muß ich gestehen: es wird, auch verarbeitet, Rohmaterial bleiben, denn das Beste daran, der Ton, das Persönlich-Musikalische ist dahin, und keine Kunst kann es je wiederbeleben.

Die Junitage in Toblach waren regennaß. Die Wolken stiegen von den Bergen ins Pustertal hinab, trotzdem ging er jeden Nachmittag spazieren. Eines Abends sagte er: «Wie freu' ich mich über die Welt! Wie schön ist die Welt! Welcher Kerl darf sagen: mir ist alles gleichgültig. Der das sagt, ist nur ein Lehmhaufen. Der Mensch ist ja eine wunderbare Maschine, aber wer das sagt, ist doch nur ein Dreckhaufen.» Am Abend stand er dann noch am Fenster der Veranda und sah hinüber auf einen Feldweg, der sich, in der Dämmerung weiß, durch die Wiesen nach Alt-Toblach hinaufwand: «Was dieser Weg nicht alles erzählt!» sagte er, und sah ihn an, wie man einem Volkslied zuhört. «Glücklichsein ist eine Begabung», fuhr er später fort. Ein Berliner Musiker [Oskar Fried] war damals bei ihm, den er sehr schätzte. Dieser Musiker erzählte, daß in einem Konzert auf Mendelssohn geschimpft wurde und er ruhig zugehört habe: «Mein Gott, sie sollen auf Mendelssohn schimpfen, was geht mich das an.» Da fuhr Mahler auf: «Natürlich geht Sie das an! Das ist das europäische Laster, daß alle sagen: das geht mich nix an. Die Welt geht mich was an . . .» und er putzte den Musiker, der sich um ihn sehr verdient gemacht hatte, zornig herunter; je gleichgültiger der Angefahrene war, desto wütender Mahler, bis er mit den heftigen Worten schloß: «Und nur, wer mit uns mitleidet, gehört zu uns!» –
An einem anderen Tage entwickelte er die Gründe für den Gottesglauben. Er empfahl dringend eine gute Schrift des russischen Physikers Choolson[9] «Hegel, Haeckel und Kossuth», worin dem Haeckelschen Materialismus zuleibe gerückt werde. «Nicht wahr, wenn Sie eine komplizierte Maschine sehen, ein Automobil, werden Sie annehmen, daß keine treibende Kraft vorhanden sei, weil Sie sie

---

[9] Oreste Danilovich Choolson (1852–1934).

Ernst Decsey.

nicht sehen? Und beim Menschen glauben Sie nicht, daß eine unsichtbare zeugende Kraft vorhanden ist?» In seinem Wohnzimmer waren viele Bücher gestapelt, alle Bände von Brehms Tierleben lagen auf einem Tische, hauptsächlich sah ich philosophische Literatur. Am Abend legte er sich öfter hin und ließ sich vorlesen. Ich wählte einige Stellen aus dem damals neuen «Tagebuch» von Hermann Bahr, und er freute sich, daß Bahr seiner sympathisch gedachte, obwohl er ihn nur flüchtig kenne; als ich ihm mitteilte, Bahr beabsichtige, in einem seiner nächsten Romane, ihn, Mahler, als Figur einzuführen, wurde er ängstlich: «Um Gottes willen, da werden die Leute wieder an eine Verschwörung glauben.»[10] Meistens verlangte er aber, daß ich Goethe vorlese. Faust zweiten Teil. Er kostete dann die Stellen, die er schon auswendig wußte, von neuem aus. Als ich eines Abends schon über eine Stunde gelesen hatte, hatte ich ein seltsames Erlebnis mit seinem Antlitz. Mahler lag im Halbschatten auf dem breiten Divan, die Augen waren geschlossen, er schien zu träumen, und während ich die Verse las und ihn in Goethe wiegte, schien sich sein teuflisch ingrimmiger schwarzer Kopf zu verändern: ich glaubte mir selbst nicht, als ich sagen mußte, er sieht aus wie Goethe. Das Sinnen verschönte seine

---

[10] Mahler war sehr darum bemüht, Bahr der mit seiner Frau Anna von Mildenburg ganz in der Nähe seinen Urlaub verbrachte, aus dem Weg zu gehen.

Züge, die Nase trat wuchtig hervor, ich sah ihn lange an und behielt den Eindruck: wie Goethe. Hans Rudolf Partsch, dem ich die Sache später erzählte, meinte: «O ja, das ist die auffallende Familienähnlichkeit aller Hochbegabten, von der Schopenhauer spricht.» Nach einem solchen Goethe-Abend erzählte Mahler auch ein eigentümliches Erlebnis, das er hatte, als er mit der Komposition der «Achten» – er schrieb an ihr in einem Gartenhäuschen unweit des Hauses Alt-Schluderbach – begann.[11]

Er setzte den alten Hymnus «Veni creator spiritus» in Musik, dessen Text er sich von irgend woher verschafft hatte. Mitten in der Arbeit merkt er, die Musik quillt über den Text hinaus, läuft über, wie das Wasser aus einer vollen Schüssel, oder mit anderen Worten: der Konstruktionsgedanke der Musik deckte sich nicht mit den Versen. Er klagte einem Freunde seine Not, und dieser Freund, ein Philologe [Friedrich Löhr], machte ihn darauf aufmerksam: das ist natürlich, denn in dieser Form ist der Text unvollständig, da fehlen etwa anderthalb Strophen. Mahler ließ sich nun den vollständigen Text eiligst vom Hofkapellmeister Luze in Wien besorgen. Als der Hymnus ankam, merkte er nun zu seiner grenzenlosen Überraschung, daß die Worte sich genau mit der Musik decken, daß er aus Formgefühl zu viel gemacht hatte: jedes der neuen Worte paßte zwanglos in das Ganze.[12]

Ein andermal sprach er von der Entwicklung der Musik. Jemand hatte bemerkt, Delius[13] sei ein Künstler, der wenig gelten lasse; Bach halte er z. B. für verstaubt. «Da hat er Recht», fuhr Mahler auf, «er ist verstaubt, aber das ändert an seiner Größe nichts. Jede Zeit hat ihren Ausdruck, und eine spätere Zeit kann die frühere nicht naiv genießen, sie muß die Bildung zu Hilfe nehmen, redet sich dann freilich oft ein, sie genieße naiv Bach! Die 200 Kantaten möcht ich aufführen, aber alles andere . . .? Seine Arien sind zu lang, und überhaupt, es fehlt bei ihm noch das Gesetz des Gegensatzes, wie es Haydn einführt. Haydn erfindet zwei Themen, ebenso Beethoven, nein Beethoven – zwei Welten! Die Musik ist noch sehr jung. In Bach hat sich die Polyphonie zur Höhe entwickelt, dann riß der Faden plötzlich ab. Die Volksmusik drang ein, Haydn und Beethoven öffneten ihr die Tür; aber sie waren, cum grano salis betrachtet, nicht solche Könner wie Bach. Das Ideal der Zukunft wären Künstler, die die Bachsche Polyphonie ebenso ‹könnten›, wie sie Volksmusik sängen.»

Fesselnd, auch in ihrer Einseitigkeit, waren seine Urteile überhaupt. Wiederholt schwärmte er von Schumanns Es-dur Symphonie, es sei das größte Werk Schumanns. Nur müsse man sie uminstrumentie-

---

[11] Die Achte wurde bereits 1906 in Maiernigg komponiert.
[12] Alma berichtet: «Er schrieb den ganzen Anfangschor mit dem halbvergessenen Text aus dem Gedächtnis nieder. Es wollten sich aber Text und Musik nicht ineinander fügen; die Musik war breiter geworden als die Worte. Mahler, in rasender Aufregung, depeschierte nach Wien und ließ sich den ganzen alten lateinischen Hymnus telegraphieren. Der vollständige Text paßte genau in die Musik. Er hatte intuitiv die vollen Strophen auskomponiert.» AME, S. 129 f.
[13] Frederick Delius (1862–1934), englischer Komponist, der in Frankreich lebte. Mahler hat nie etwas von ihm dirigiert.

ren, aber mit Ehrfurcht. Nicht roh zugreifend, sondern nachfühlend – mit einem Wort, in solchen Fällen setzte die Regie der Kapellmeister ein. – Der «Parsifal», äußerte er bei anderer Gelegenheit, sei kein Werk von Wagner, das sei das Werk eines – Wagnerianers. – Zu Reger fand er kein rechtes Verhältnis, ebenso erklärte er – wenigstens damals – er vermöge die Partitur eines Quartettes von A. Schönberg nicht zu «lesen», war aber später aufgebracht, als er hörte, man habe Schönberg in Wien ausgepfiffen.[14] Von einem modernen Musikschriftsteller,[15] der sich äußerst verdienstvoll um die Reform des Konzertwesens bemühte, wollte er gar nichts wissen. Er stampfte mit dem linken Fuß auf, es riß ihn plötzlich und er sagte: «Hören Sie mir nur damit auf, Konzertsäle verdunkeln! Man muß so Musik machen, daß den Leuten Hören und Sehen vergeht . . . wenigstens das Sehen», fügte er vorsichtig lächelnd hinzu. – Eines Tages erklärte er für den bedeutendsten Dichter der Gegenwart Peter Rosegger: «Das ist der größte! Bei allen anderen gibt's nur mehr oder weniger Geburtskrämpfe . . . cum grano salis natürlich, cum grano salis . . .» sagte er wieder, sein Gewissen rasch beruhigend. – In Tobelbad (wo er sich ein Jahr später aufhielt) war er ganz von Richard Strauß eingenommen. Er kam vom Straußfest in München und erklärte, beinahe mit Begeisterung: «Don Quixote» ist ein Meisterwerk. «Die Zeichnung steht freilich in zweiter Linie, das Ganze ist in erster Linie Klangphantasie, aber durchaus künstlerisch. – Alles ist in Klang gelöst, es gibt da keine Materie mehr!» – Bei einer Orchesterprobe in Graz fiel ihm auf, daß die Streicher im Adagio seiner Dritten Symphonie keinen gleichmäßig starken lang gehaltenen Ton hervorbrachten. Er klopfte ab und erklärte den Musikern: «Das kommt davon her, daß Sie akademisch Violinspielen. Man soll aber niemals akademisch musizieren! Streichen Sie bei langgehaltenen *ff*-Noten nur ruhig hin und her, je öfter der Bogen über die Saiten geht, desto schöner. Die Schule lehrt freilich: anstreichen, ausstreichen! Aber dann hat der Bogen an der Spitze keine Kraft mehr – Sie machen es richtig, wenn Sie nicht den Professoren, sondern dem Leben, der Erfahrung folgen!» – Bei derselben Probe sagte er in seiner eindringlichen Art zum Frauenchor, mit dem er anfangs nicht ganz zufrieden war: «Nehmen Sie sich ein Beispiel an den Kindern! Kinder sprechen immer deutlich aus, denn sie legen allen Wert auf das Wort, auf den Konsonanten! Der Sänger natürlich hat zuerst den Ton im Kopf: er will den Leuten weniger etwas sagen, als eben vorsingen; das Kind will ausdrücken, kennt noch nicht die Koketterie mit der Stimme.» Nach dieser plastischen Auseinandersetzung – das überzeugendste daran war vielleicht seine Stimme, und er wirkte auch hier als echter Musiker durch den Ton – ging die Sache mit dem Frauenchor zu seiner vollen Zufriedenheit: es klang schön, und die «wonnigen Laller» wurden nun, ein seltener Fall bei Frauenchören, wirklich verstanden.

---

[14] Schönbergs Zweites Streichquartett (op. 10) wurde im Juli 1908 vollendet und am 21. Dezember desselben Jahres unter heftigen Tumulten im Publikum uraufgeführt.
[15] Paul Marsop aus München.

Eigentümlich sprach er über sein «Klagendes Lied». Das war ursprünglich als Märchenspiel für die Bühne gedacht, er wollte damit
«eine Studie machen», reichte das Werk beim Allgemeinen Deutschen Musikverein ein, wo es aber abgelehnt wurde. «Das nehm'
ich den Herren gar nicht übel. Ich bitte Sie, wenn heut einer über
mich hinausginge – weiß Gott, wie ich mich dazu stellen würde!»
Das Werk aber, das er 1878 begonnen hatte, habe eine geradezu
Straussische Polyphonie gehabt. In Hamburg besah er es mit den
Augen des Kapellmeisters, kürzte, vereinfachte es, und gab ihm
seine heutige Gestalt. Wenn er nicht zum Theater gegangen wäre,
wäre vielleicht ein Bühnenwerk daraus geworden, so aber, als
Mann des Theaters, wandte er sich immer mehr der symphonischen
Kunst zu. – Von seinen Hofopern-Jahren sprach er auch einmal in
wehmütiger Erinnerung. Er hätte noch gern, sagte er, den «Ring»
vollständig neu aufgeführt, dann «Tannhäuser» und die «Meistersinger» neu inszeniert, und endlich seinen Lieblingsgedanken ausgeführt: den «Barbier» von Cornelius in seiner Art, als phantastisches
Märchen auf die Bühne gebracht, ja für den zweiten Akt habe er
schon ganz eigene Regiegedanken, die das Werk zu vollem Verständnis gebracht hätten. Hauptsächlich wollte er den singenden
Abu Hassan auf dem Dache eines Hauses sichtbar machen, während Nurreddin bei Margiana weilte. «Nach diesen Inszenierungen
– von selbst gehen, das hätte ich noch gewünscht. Und überhaupt
– ich hätte gerne ein kleines Hofoperntheater in Wien gegründet,
ein kleines Hoftheater für Mozart und die Spieloper, um das große
zu entlasten. Das hätte nur eine Million gekostet. Glauben Sie, ich
hätte diese Million in Wien zusammengebracht?»

Vielleicht darf ich auch noch erwähnen, wie ich dazu gelangt bin,
mich des freundschaftlichen Umganges Mahlers zu erfreuen, und
zwar deshalb, weil es für Mahler bezeichnend ist. Ich hatte in einem
Aufsatz über seine Dritte Symphonie die Bemerkung gemacht,
wenn man die Trompetenstelle im c-moll Satz verstehen wolle,
müsse man an Lenaus Gedicht denken: «Lieblich war die Maien-
nacht, Silberwölkchen flogen»; so wie dort durch den Wald der
einsame Klang ziehe, so auch hier. Davon war Mahler ganz überrascht. Er bat mich zu sich: «Das hab' ich mir auch gedacht, an
dasselbe Gedicht, dieselbe Stimmung hab' ich gedacht – woher
wissen Sie das?» Seit dieser Stunde war ich aufgenommen, auch als
ein Socius malorum. [Verbündeter der Bösen; damit sind hier wohl
die Musikkritiker gemeint]. Und als ich einmal in später Nachtstun-
de an die Tür seines Hauses in Toblach klopfte, um guten Abend
zu sagen, ließ er mich nicht wieder weg, er selbst servierte bei Tisch
– er war damals ganz allein – warf die Wassergläser um, während
er «die Sauce» anbot, richtete das Bett her – bis er plötzlich innehielt
und nachdenklich sagte: «Ja, ich muß doch erst das Stubenmädchen
fragen» . . . ganz pianissimo, lächelnd wie ein Schalk und doch von
Besorgnis erfüllt, fügte er hinzu: «Ich muß sie fragen, mit ihr darf
man sich's nicht verderben.» Und der König fürchtete sich wieder
einmal vor dem Kammerdiener. [. . .]
Der freundlichen Aufforderung des Herausgebers folgend, setze ich

meine Notizen fort, die nur insoweit ein «Bild» Gustav Mahlers geben, als man es von einer Amateuraufnahme verlangen kann. Die Stunden mit Mahler waren Stunden so reich, wie ich sie mit keinem Künstler erlebte, denn er war ein Gebender, er sprach nie leere Quinten, sondern war produktiv auch im freundschaftlichen Verkehr, man ging nie von ihm, ohne auf eine wundersame, starke Art erregt zu sein, und hatte hinterher, ach wie oft, Eckermannsche Anwandlungen. Die Beziehungen, deren ich mich erfreuen durfte, begannen mit einem Streit, einem heftigen Streit über Hugo Wolf, genauer: Mahler stritt mit sich selbst über Wolf, während ich mehr oder weniger Zuhörer blieb.

Mahler war zum Tonkünstlerfest nach Graz gekommen. Das Publikum weidete sich an ihm halb widerspenstig, halb scheu wie am höllenentfahrenen Satan der Musik, die Orchesterleute schlugen vor der Probe Witze über ihn; als er zum Pult trat, geschah eine Sterbensstille: der Lehrer trat vor die Klasse . . . Er probierte im Stefaniensaal sein Orchesterlied «Ich bin der Welt abhanden gekommen».[16] Mir fiel sein ganz versunkenes Gesicht auf, er hatte die Augen geschlossen, er war wie weggetragen, abhanden gekommen, untergegangen in seiner eigenen Tonwelt . . . aquis submersus . . . oder wie Goethe: «so schmilzt man an seinen eigenen Kohlen . . .». Ich hatte ihn mir als das Raffinement selbst vorgestellt, und nun schien er sein eigenes Lied zu leben, seine Not zu leiden? Mit meinem Freund Julius v. Weis-Ostborn,[17] den er dann überaus lieb gewann, suchte ich ihn in Meierling[18] auf, die Seele voll Zweifel und gedrängt, sein Wesen zu erfahren, bevor ich rufen wollte: Galiläer, du hast gesiegt!

Das Gespräch kam gleich auf Hugo Wolf, und Mahler wurde gleich auffallend heftig, so zwar, daß ich dachte: «Hallo, Feuer am Dach! Wolf beschäftigt ihn!» Er sprach in wegwerfendem Ton von Weylas Gesang: «das sei gar kein Lied im künstlerischen Sinn, diese geharften Viertel, darüber ein Melodiefaden, wo ist das ein Lied?» Er fühlte wahrscheinlich das Große und wollte sich's nicht eingestehen: die natürliche Ichsucht der Genialen lag im harten Kampf mit seiner Intelligenz. Bevor ich aufstand und wegging, wollte ich ihn doch auf das Impressionistische, auf die Böcklinsche Phantastik des absichtlich einfach rhythmisierten Stückes verweisen. Da brannte das Dachfeuer erst recht. Er ließ mich gar nicht ausreden: «Ach was, ich weiß! Tonmalen kann jeder! Aber ich verlange von einem Lied nicht, daß es klingelt, wenn ein Vogel vorkommt und im Baß herumbrummt, wenn der Wind geht – ich verlange: Thema, Durchführung des Themas, thematische Arbeit, Gesang, nicht De-kla-ma-tion!» Und jedes Wort schlug er mit dem Handrücken in die hohle Hand hinein. Ich hatte das Gefühl: – jetzt explodiert er. Sein

[16] Eines der fünf Rückert-Lieder, die am 29. 1. 1905 in Wien uraufgeführt wurden.
[17] Julius von Weis-Ostborn (1862–1927), Kapellmeister in Graz.
[18] Hier ist Decsey ein kleiner, aber amüsanter Fehler unterlaufen: In Mayerling hatte 1889 Kronprinz Rudolf sich und seine Geliebte erschossen; Mahlers Sommerhaus stand in Maiernigg am Wörthersee.

Naturell ist wie Jod-Stickstoff; wenn man es nur mit einem Pfauen-wedel anrührt, so geht's in die Luft. Die Stimmung wurde schwül. Er saß mit aufgebrachtem Schweigen in seinem Sessel, die Sonnen-Widerscheine vom Wörthersee blitzten blendend ins Zimmer her-ein. Aber mir gefiel, daß er unbekümmert gesagt hatte, was er für wahr hielt, und seinem Besuch in keiner Weise huldigen wollte, wo doch selbst große Leute vor dem kleinsten Kritiker zu wedeln anfangen. So blieb ich denn. Mir gefiel dieser Mann, der so naiv mit sich stritt und dabei sehr Unrecht hatte. Denn daß es bei Wolf geradeso wie bei ihm thematisch gearbeitete und nicht thematisch gearbeitete Lieder gebe, schien er nicht zu wissen oder nicht wissen zu wollen. Kurz: Wolf war seine Wunde . . . Aber seit dieser Explo-sion wurde zwischen uns davon nie mehr gesprochen, es war wie eine stillschweigende Verabredung, und er hat mit schönem Takt an diesem modus vivendi festgehalten. Das Gespräch wurde etwas ruhiger und wandte sich der künstlerischen Technik zu. Nach einer Weile sagte Mahler: «Ein Werdender wird niemals fertig . . . dieses Wort Goethes paßt auf niemanden besser als auf Goethe selbst. Er wurde niemals fertig, er blieb ein Lehrling bis ans Ende. Das ist sein bekanntes Geheimnis.» Er lächelte ingrimmig, einige Satane fuhren über seine Züge: «Goethes Lebenswerk, den Faust, den kennt der Durchschnittsmensch, der Operndeutsche allerdings nur aus – Gounod's ‹Margarethe› . . . In dieser Form ist es ihm geläufig. Und das Gefährlichste dieser ‹Margarethe› ist – daß sie so geschickt gemacht ist!» Von seinen eigenen Werken sprach er damals nicht gern. «Ich bin der Welt abhanden gekommen», dieses einsame Stück war, wie er sagte, tatsächlich in der tiefsten Einsamkeit «vor sechs Jahren» oben im Tannenwald von Meierling[19] entstanden. Als ich einige harmonische Feinheiten heraushob und dann meinte, in dem Lied «Der Schildwache Nachtlied» sei am Schluß ein merk-würdiges Weiter- und Umbilden der Dominante und dadurch eine immer erhöhte Spannung erreicht, wollte er es nicht wahrhaben. «Ach, was! Dominante! Nehmen Sie die Sachen so naiv wie sie gemeint sind.» Auch als ich ihn einmal (viel später) Julius v. Weis auf den Septensprung bei der Stelle Tu septiformis munere in der Achten Symphonie und auf die zurückkehrende Haupttonart D-dur bei der Stelle «Er kehrt zurück» aufmerksam machte – wußte er es tatsächlich nicht und lachte über den Eifer des Freundes. Mahler bekannte übrigens, daß er gar kein Gefühl dafür habe, was die Musiker «banal» nennen. «Was ist das: banal?» fragte er, ohne eine Antwort zu erwarten. «Man soll nur unbekümmert schreiben, wie man's empfindet!» Dann war auch von seinen Erfolgen in Graz die Rede, von dem tiefen Eindruck der Kindertotenlieder. «45 Jahre», sagte er da, «bin ich alt geworden, bevor ich meine ersten Erfolge hatte. Und nun finden gewisse Wiener Blätter, daß das zu früh ist, daß diese Erfolge beim Publikum – nachdenklich machen müssen: wer so viel Erfolg hat, macht sich verdächtig. Das ist nur Blende-rei . . . Und wehe, wenn einmal einer in einem Konzert zischt! Dann

---

[19] Maiernigg, siehe Anmerkung 18.

heißt es gleich: das Werk ist ausgezischt worden. Das kenn' ich aber. Ich habe so viel Freunde, die sind ‹vornehm› und wagen nicht zu klatschen; aber meine Feinde, die sind nicht ‹vornehm›, die zischen schon!»

Mahler litt an einer unheilbaren Krankheit. Sie hieß: Idealismus. Und aus der Krankheitsgeschichte erzählte er auch ein «Stückel», das in das erste Jahr seiner Wiener Tätigkeit fällt und zugleich zeigt, wieviel Nervenkraft ihn die notwendige «Säuberungsarbeit» kostete. Er studierte mit dem Hofopernorchester die «Walküre» neu und fand, daß ein Solobläser (ich weiß nicht mehr, welcher) im dritten Akt seine Stimme ausdruckslos und schleuderhaft spiele. Er probierte mit dem Mann die Stelle, nahm sie mit ihm allein durch, und zwar so lange, bis sie zur Zufriedenheit ging. Der Abend kommt, Mahler freut sich ganz besonders auf den dritten Akt – die probierte Stelle kommt, er gibt das Zeichen zum Einsatz, aber kein Ton – ohn' Antwort ist der Ruf verhallt . . . Der Platz des Bläsers ist leer. Mahler kann das Ende vor zitternder Aufregung nicht erwarten. Kaum ist der Akt zu Ende, stürzt er auf die Bühne: «wo ist dieser . . .?» «Ja», entgegnete man ihm unter verlegenem Achselwurf, «da kann man nichts machen, Herr Direktor, der Mann wohnt nämlich in Baden (bei Wien), der letzte Zug geht um ¾ 10 Uhr hinaus, und da hat der Herr halt das Recht, um ½ 10 Uhr wegzugehen. Das hat er schon lang.» Mahler verlor beinahe die Sprache. Er sendet ein Expreßtelegramm nach Baden: «Sie haben morgen früh 7 Uhr bei mir in der Hofoper zu sein.» Um 7 Uhr erscheint der Bläser denn auch, versuchte aber zuerst «aufzudrahn», d. h. er wurde keck und bestand auf seinem Schein. Aber er kannte den neuen Direktor nicht. «Entweder die Wohnung in Baden aufgeben» donnerte Mahler, «oder die Hofoper aufgeben» – das wirkte. Darauf war der Bläser, der ruhig hatte mit sich umsonst probieren lassen, nicht gefaßt, er wurde kleinlaut und versprach – ich glaube gegen eine Geldentschädigung – die Badner Wohnung aufzugeben. «Das unangenehmste dabei war», erzählte Mahler, der von diesem Auftritt noch in der Erinnerung erschöpft schien, «daß auch ich» – er lächelte mit ironischem Selbstbedauern – «um sechs in der Früh aufstehen mußte.»[20] Dann erzählte er viele Geschichten von Johannes Brahms, für den er eine besondere Verehrung hatte, darunter auch folgende lustige Sache: Mahler war einmal in Hallstadt und fuhr zu Rad nach Ischl, um Brahms zu besuchen. (Für die Richtigkeit der Orte übernehme ich keine Verantwortung.)[21] Brahms hatte damals gerade seinen schlechten Tag und schimpfte in einem fort auf die modernen Musiker. «Was wollen sie auch? Man kann nichts mehr erfinden, die Musik ist schon zu Ende! Es gibt keine Weiterentwicklung mehr!» Mahler hörte schweigend zu. Dann gingen sie

---

[20]   Auch Natalie Bauer-Lechner berichtet von diesem Zwischenfall (NBL, S. 99 f). In ihrer Version handelte es sich bei dem aufsässigen Musiker allerdings um einen Pauker, der in Brünn wohnte. Er entschuldigte sich damit, daß er es sich bei seinem niedrigen Lohn von 63 Gulden im Monat nicht leisten könne, mit seiner Familie in Wien zu wohnen (siehe auch Seite 147).

[21]   Mahler wohnte etwa 30 km von Ischl entfernt in Steinbach am Attersee.

spazieren, und als sie über eine Brücke kamen, blieb Mahler plötz-
lich stehen, deutete erregt mit dem Finger ins Wasser und rief:
«Schauen Sie, Herr Doktor! Schauen Sie . . .» «Was ist denn . . .?»
fragte Brahms. «. . . Dort, dort!» rief Mahler und beugte sich übers
Geländer – «sehen Sie – das ist die letzte Welle . . .!» Mit sauerm
Lächeln sah Brahms der «letzten Welle» nach.

Noch eine Anekdote möge hier Platz finden. An Mahler wurde einst
ein junger Musiker empfohlen: der Mann, der eine Anstellung in
der Hofoper wünschte, sei zwar ein Anfänger, aber riesig bescheiden. «Worauf ist er bescheiden?» fragte Mahler, der Bescheidenheit
nur bei Könnern gelten ließ.

Ich verließ Mahler damals mit einem beschämenden Gefühl: Man
soll über die Sache eines Künstlers nie öffentlich etwas aussagen,
bevor man sich seiner Person nicht ganz bemächtigt hat. Die Welt
gibt von Persönlichkeiten in der Regel kein Bild, sondern ein Zerrbild weiter und wenn sie von einem Menschen zwei Züge weiß, so
weiß sie immer den Charakter draus ins Abträgliche, nicht ins
Merkwürdige hinüberzudeuten. Der alte Jesuitenspruch: Quilibet
habetur malus, donec probatur bonus! [Jeder wird für schlecht
erachtet, solange er sich nicht als gut erwiesen hat.] Kommt da
nicht ungewollt unser, der Durchschnittscharakter der Welt zum
Vorschein? Kurz, ich glaubte Mahlern, der naiv auch in den täglichen Dingen des Lebens war, seine Kinderlieder, seine Waldhornse-
ligkeiten im c-moll Satz der Dritten Symphonie, ich glaubte ihm
sein Volkslied. «Galiläer, du hast gesiegt!»

Einige Jahre vorher war ich einmal im Café Parsifal gewesen, wo
viele Wiener Musiker und Musikliebhaber, Kunstfreunde, Opern-
besucher zu verkehren pflegten. Gesprächsthema: Mahler. Schauer-
liche Entlassungen, entsetzliche Auftritte mit Sängern. Die Völker
waren der Hofoper wegen entbrannt. Ein Kritiker hatte ein Wort
geprägt: «Mahler – der Meyerbeer der modernen Musik.» Und die
andern prägten es nach: «der Meyerbeer der modernen Musik . . .
Überspitzung des Ausdrucks . . .» und Tod und Teufel. Der «ver-
fallende» Spielplan verfiel immer mehr, das «leere» Hofoperntheater wurde immer leerer, kurz sie zausten an Mahler, und seine
Fehler hatten die sonderbare Eigenschaft: je mehr man von ihnen
sprach, desto größer wurden sie. Ja, das sonderbarste: man konnte
von ihnen stundenlang sprechen – sie waren immer anregend. Man
sagte gar nicht mehr: der Mahler, sondern nur: der Kerl! . . . In
diesem Augenblick schrie jemand: «dort geht er!» Alles erhob sich
und rannte aus dem Hintergrund ans Fenster. Dichtgepreßt starrten
sie hinaus. Auf der andern Seite der Walfischgasse ging Mahler mit
seiner Frau. Er schwang den Hut in der Rechten hin und her,
stampfte zu Zeiten mit dem linken Fuß, als wollte er den Erdboden
ruhig machen, lachte halbkindlich-vertraut, halb teufelhaft-froh
und focht mit dem Hut weiter. Alle starrten den barhäuptigen
kleinen Menschen an. Als er vorüber war, erwachten sie gleichsam
aus dem Anstarren, sahen einander an; sie wollten es wohl aus
ihrem Gesicht weglächeln, daß der «Pfuscher», der «Kerl», den alle
beim Jausenkipfel eben in der Arbeit gehabt hatten, Eindruck

machen konnte, ja vielleicht der Größere war, und jeder nahm
sozusagen ein Stück der Persönlichkeit mit sich an den Caféhaus-
tisch zurück, schwieg, oder sprach von anderem, während es sichtlich in ihm fortarbeitete: Mahler . . . So war es immer. Hinter ihm
geballte Fäuste, vor ihm, vor seinem Aug – ein Schauer die Haut
hinunter. Oder sie waren wie die Schreier in Auerbachs Keller, die
sich hinterher verblüfft die Nasen halten, während sie glaubten,
Mephisto gefaßt zu haben. Diesmal war Mephisto nur am Café-
haus, vorbeigegangen.

Um diese Zeit war es wohl auch, daß Mahler einen Kritiker ver-
blüffte, als er ihm sagte: «Rienzi ist die größte Oper von Wagner,
doch die größte . . .» Das Geheimnis löste sich sehr einfach: Mahler
hatte begonnen die Partitur des Werkes zu studieren, denn er wollte
es an der Hofoper neu herausbringen. So versank er im «Rienzi»,
und seiner Aufgabe ganz hingegeben, hielt er sie für die größte.

Bei einer Aufführung von «Tristan und Isolde» in der Wiener
Hofoper, Dezember 1906, beobachtete ich Mahler als Dirigent. Ich
saß in der zweiten Reihe des Parketts, schräg hinter ihm und konnte
jeder seiner Bewegungen folgen. Das Werk war kurz vorher von
Roller neu ausgestattet worden, und ich möchte sagen, ich habe nie
eine so «dramatische» Ausstattung gesehen, denn die Ausstattung
erklärte geradezu das Werk. Der erste Aufzug zeigte das schief in
die Bühne gestellte Schiff, das sich in zwei Stockwerken aufbaute:
unten die Gemächer der Isolde, fürstliche Gemächer, durch deren
Luken die grüne See hereinblitzte, oben der Bordraum, von den
Gemächern durch gelbe Vorhänge getrennt, welche Farbe das ganze
Bild bestimmte. Ganz hinten im Raum und hoch am Steuerruder –
Tristan. Isolde konnte ihn sehen, aber nicht hören (wenigstens hatte
man den Eindruck davon); dagegen konnte sie Kurwenal sehr wohl
vernehmen, denn als er sein Spottlied anstimmte, trat er vor und
sang es von einer Art Kommandobrücke zu Isolde in die Schiffstiefe
hinab. Mehr als schön, nämlich sinnvoll schön waren die zarten
Lichtübergänge im zweiten Akt: weiß beschienen glänzte der hohe
Burgturm durch die dunkelviolette Mondnacht, im Hintergrund
verlor sich das Licht in ein unabsehbares, sterndurchblitztes Dunkel; dort mochte ein unermeßliches Heide- und Jagdland sein,
dorthin verhallten auch Markes Hörner. Das Licht war förmlich ein
mithandelndes, beseeltes Ding, denn getreu den Vorgängen wandelte es sich, unmerklich spielend und verfließend, und als Marke
zurückkehrte und Isolde in Tristans Armen fand, bedeckte nicht
das sinnlose Theater-Morgenrot den Himmel, sondern ein katzen-
jämmerliches Grau: man fröstelte beinah im Anblick dieser Mißfar-
be. Vielleicht war der dritte Akt zu gewagt: der Baum, worunter
Tristan leidet, stand auf einem meterhohen Hügelaufbau und beherrschte die Szene, während vom Meer, das die Stimmung dieses
Aktes bestimmen soll, nur wenig zu sehen war. Die neue Ausstattung ist denn auch deshalb stark angegriffen worden; aber sie war
ein Versuch, und selbst der Fehler eines Künstlers, der auf Neues
aus ist, ist wertvoller als das sichere Gelingen des auf alten Wegen
gehenden Routiniers.

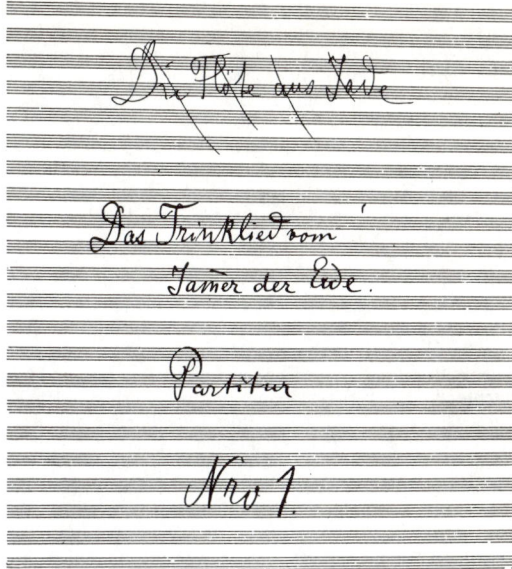

Erstes Blatt von *Das Lied von der Erde* mit dem ursprünglichen Titel *Die Flöte aus Jade*.

Mahler erzählte mir später, dieser neue Tristan sei eigentlich – beim schwarzen Café entstanden. Er habe in einer Gesellschaft den schweigsamen Roller kennen gelernt, sei mit ihm in ein Gespräch über Wagners Werke gekommen, Roller habe, wie er ihm in ein Gespräch sich schon längere Zeit mit Entwürfen dazu beschäftigt, und am Schluß der Tafel zeichnete er gleich einen Entwurf zu neuen Tri- stan-Dekorationen im Rohen auf. Kurze Zeit später habe er ein Modell gebracht, Mahler war von dem Sinn und der Schönheit des Ganzen entzückt, und die Ausstattung wurde beschlossen, obwohl sie viel Geld kostete und ein Wagnis war. – Ich erzählte davon Siegfried Wagner, als er in Graz zu Besuch war; aber ich griff auf Eis. Er schüttelte den Kopf und zeigte sich gar nicht einverstanden: «Mein Vater hat den Tristan in München selbst inszeniert, und dabei wird es wohl ein für allemal bleiben müssen», sagte er, womit er insofern Recht hatte, als er die Sache rein gefühlsmäßig betrach- tete. Aber Richard Wagner hatte 1865 gewiß nicht die technischen Behelfe zur Hand, die man vierzig Jahre später hatte; er mußte sich behelfen so gut er konnte, und er hatte keinen Roller zur Hand, den ich als den persönlichen Ausdruck einer neuen Theaterzeit, einer das Musikdrama empfindenden Zeit betrachten möchte. Aber ich muß von Mahler erzählen. Ich hatte nie einen so durch- empfundenen Vortrag, solche Freiheit verbunden mit solcher Ge-

setzmäßigkeit gehört: er erfüllte den Willen Wagners, indem er vom
starren Notenbuchstaben ausging und ihn nach dem Geist des
Werkes auslegte. Wie das Licht sich der Szene gemäß wandelte, so
wandelte sich der Ausdruck der Szene gemäß. Mahler – ich darf das
Wort wohl wagen, denn ich hatte den bestimmten Eindruck davon
– instrumentierte das Werk um, während er es leitete, er balancierte
das Kräfteverhältnis des Orchesters aus, er improvisierte, d. h. er
winkte manchmal zwei ersten Violinpulten ab, um die zweiten
hervorzulassen, dann hieß er diese Pulte wieder einsetzen, er dämpf-
te die Bratschen auf die Hälfte ab, ließ ihre Farbe dann wieder
stärker einwirken, kurz, es war ein Musizieren aus den Nerven
heraus: die Reizsamkeit einer modernen Seele wollte auch nicht die
Halbtöne der Empfindung missen, während eine überlegene Intelligenz immer auf die große Linie bedacht war. Bei Hans Richter und
seiner breiten Pinselführung hatte man das Gefühl, daß die große
Linie aus Strichen besteht, bei Mahler, daß sie aus Punkten besteht.
Sein Körper war von Bewegung ganz durchwühlt, und im Halbdun-
kel machte er den Eindruck eines mystisch arbeitenden Zwerg-
Fabelwesens. Im grellen Schlaglicht des Kapellmeisterpultes erschien
sein haarumwirrtes, anziehend häßliches Gesicht gespensterhaft
blaß, jede flüchtige Erscheinung im Orchester warf ihre Wirkung
auf das empfindliche Gesicht: bald wehrte er etwas ab, wobei sich
die Haut um die Augen ingrimmig verfaltete und er die Nase
hochzog, bald gab es eine Konsonanz zwischen seinem Lächeln und
dem Wohllaut des Orchesters, den er billigend mitgenoß, kurz die
Engel und die Teufel fuhren über dieses Gesicht, Blitze zuckten bei
dem stoßhaften Rucken des Kopfes in die Brillengläser, hinter
denen die Augen spähten oder anherrschten oder zur Beteiligung
forderten – sein ganzes Wesen war Werkzeug und Ausdruck zugleich. In einer Karikatur, die Girardi[22] in der Posse «Er und seine
Schwester» von einem Dirigenten dieser Art gab, der aus den
Musikern Tonwellen mit weit ausgestreckter Hand heranwinkte
und heranfächelte oder einen Dolchstich nach der Pauke führte, lag
(wie in jedem Zerrbild) etwas Zutreffendes. Später allerdings wurde
Mahler immer ruhiger; aber der Dämonie seiner Gegenwart konnte
sich niemand entziehen.
Ganz groß wurde das Hofopernorchester bei Brangänens Gesang:
es strotzte von Klang und Farbe, und ich dachte damals, das ist ein
«Akkordatmen», denn wie die Atemzüge einer leidenschaftlich
bewegten Brust, so strömte es aus dem Orchester in mächtigen
Vorhalts-Akkorden; die Musiker und Mahler selbst waren so hin-
genommen vom eigenen Spiel, daß sie fast den Eindruck von Prie-
stern beim Gottesdienst machten. Und wie hatte ich einmal dasselbe
Orchester bei einer Aufführung von «Lakmé» unter einem andern
Kapellmeister gesehen! Ein Bratschist bleibt mir unvergeßlich, denn
er sah gar nicht nach dem Dirigenten, sondern strich sein Instrument mit abgewendetem Kopf und plauderte dabei mit einem
Kollegen, der ihm irgend etwas zeigte.

---

[22] Alexander Girardi (1850–1918), beliebter Burgschauspieler, Spezialist für volkstümliche
      Wiener Typen.

Mahler aber, der bei diesem «Tristan» eine Probe davon gab, was
er unter «Regie des Kapellmeisters» verstand und der alle mit dem
Auge zwang, schien dabei mehr die Leiter der Szene als der des
Orchesters zu sein. Fortwährend erhob er den Kopf und bedeutete
die Sänger, führte sie mit dem Blick, hielt sie im Takt mit dem Blick
– es ist rätselhaft, wohin er seine beiden Augen überall senden
konnte! Am Schluß des zweiten Aufzuges hörte ich ihn, wie er dem
Sänger des Tristan vorsprach: «O König, das kann ich dir nicht
sagen!» Scharf belautete er jede Silbe, seine Kinnladen rissen sich
auseinander, er drängte dem Sänger die Worte förmlich in den
Mund, und der Sänger konnte unter diesem Zwange nicht anders,
als klar und deutlich nachzusprechen: «O König, das kann ich dir
nicht sagen.» Dieses Vorsprechen Mahlers – und er wiederholte es
bei wichtigen Stellen – verdiente im höchsten Sinne Dirigieren,
Wagner-Dirigieren genannt zu werden; man fühlte, welchen Wert
das Wort hat, man sah die Wirkung. So war er des Gesamtkunst-
werks Gesamtleiter.
Wenn man das jetzt auf dem Papier liest, mag man die Vorteile und
Nachteile dieser Direktionsart ausdeuten und abwägen: der Zuhörer, der dabei war, kam ganz über sich hinaus, es war eine Ekstasis,
obwohl ja die Sänger, als Stimmen angehört, nicht ideal waren, ja
vielfach zu tief kamen. Im Zwischenakt konnte ich zu Hermann
Bahr, der erregt umherging, nichts anderes sagen als ein gestotter-
tes: «wunderbar . . .». Ich fing Mahler zu lieben an, Wien wurde
mein Bayreuth.
Mahler erzählte danach, welche eigentümliche Mühe er mit den
Sängern habe. «Die Herrschaften wollen immer ‹spielen›. Alle machen sie große Gebärden. Gleich im ersten Akt schwingen sie die
Arme und arbeiten mit allen Vieren – was können sie dann im
dritten Akt machen, wenn die Steigerung kommt? Ruhig stehen!
sag' ich immer zum Tristan, nicht herumfuchteln, nicht die Arme
schleudern, sondern – singen Sie Dreivierteltakt, Herr Tristan,
singen Sie Dreivierteltakt – eins – zwei – drei!» Und um den
gehörigen Nachdruck zu geben, stampfte er den Takt auf dem
Boden: eins – zwei – drei! Mit andern Worten: sein Ideal war ein
gewisser Haushalt mit der Gebärde, die Wirkung mit dem kleinsten
mimischen Kraftaufwand, da ja die kleinste Bewegung auf der
Bühne einen Auffälligkeitswert hat, und dann – aufsparen der
großen Gebärde für die wenigen Höhenpunkte. Nur dann wirkt ja
eine große Geste, wenn sie in einer Umgebung von kleineren, oder
gar keinen steht.
Endlich aber verlangt Mahler wie ein alter Musikmeister: taktstren-
ges Singen, da nur bei genauer Einhaltung der Notenwerte der vom
Tondichter erwünschte musikalische Ausdruck erreicht wird. Das
lebte in ihm, das suchte er mit seinem ganzen Ich auf Orchester und
Sänger zu übertragen und damit wurde er oft unangenehm. Aber
auf diesem Wege erschloß er in Wien den Sinn Wagners, wie er in
Salzburg in der «Figaro»-Aufführung den Sinn Mozarts erschloß.

Im vorigen Sommer [1910] sah ich ihn zuletzt in Tobelbad. Damals
war das Gerücht gegangen, man wolle ihn wieder an der Wiener
Hofoper haben; aber er hatte dafür nur ein Lächeln. Er war aus
Amerika zurückgekommen und sprach viel über die amerikanischen Orchesterverhältnisse. Im allgemeinen, meinte er, habe die
englische Nation zu wenig Temperament, zu wenig künstlerische
Beanlagung; 96 Musiker aber, die er zu dirigieren hatte, hätten ihm
besser gefolgt als irgendein Orchester vorher, weil er sie allein in der
Hand gehabt habe. Von Paris, wo er auf der Rückreise seine Zweite
Symphonie aufgeführt hatte, war er begeistert: «Diese Leichtigkeit
des Lebens! Diese feine Kultur!» Die Symphonie sei sehr warm
aufgenommen worden, ein Chor von 100 Berufssängern, ganz ausgezeichnete Leute, viel besser als in Wien, stand ihm zur Verfügung.
Man war überhaupt sehr entgegenkommend, nur die Künstler – er
nannte auch einen Namen – waren neidisch und suchten ihm
Schwierigkeiten zu machen. Die Aufführung, wie gesagt, sehr gut,
die Leute warm, obwohl plötzlich jemand in den Saal schrie: «A bas
la musique allemande!» «Aber», fügte er hinzu, «meine Zweite
Symphonie nimmt eine Sonderstellung unter meinen Werken ein:
wenn sie irgendwo einschlägt, so ist für die anderen Werke damit

Umschlag von Ernst Decseys Roman *Du liebes Wien*,
der in Mahlers Todesjahr erschien.

gar nichts erreicht!» Dann sprach er von München und den Vorpro-
ben zur Achten Symphonie. «Die Leipziger Sänger überbieten die
Wiener weitaus an Disziplin und Pflichttreue. Es sind die verläß-
lichsten Leute; ein Vergnügen, mit ihnen zu arbeiten. Das war ich
in Wien gar nicht gewohnt. Aber die Wiener singen schöner!» Von
Straußens «Don Quixote» sprach er mit einer wahrhaften Musik-
freude. Er erinnerte auch an die «Salome», deren Aufführung er in
Wien nicht durchsetzen konnte. Nirgends habe er mehr Widerstand
gefunden, die Aufführung sei so gut wie gesichert gewesen. Da war
es mit einemmal aus. «Ich weiß, wer es hintertrieben hat: – Kutten!»[23]
In einer Regennacht kam er nach Graz herüber. Er weilte gern in
dieser Stadt, die ihn ihrer altertümlichen Bauten wegen fesselte. Wir
waren stundenlang an einem Winterabend über den tiefverschnei-
ten Schloßberg geklettert und hatten alte Häuser besucht. Als er die
reizende italienische Renaissance des Krebsenkellers sah, war er
ganz entzückt. «Schade, daß ich ‹Der Widerspenstigen Zähmung›
schon inszeniert habe! Schade! Da müßte Petruccio stehen, dort
Kätchen, Bianca . . .» und er fing mitten im Hof zu inszenieren an,
belebte alles mit Menschen der Goetzischen Oper und war nicht
wegzubringen. Damals, als er von Tobelbad herüberkam, fuhr er in
der Nacht noch nach München. Er war ganz mild, ganz verklärt, ja
mit Weis-Ostborn und mir ganz zärtlich. Er erzählte von Amerika,
seinen gräßlichen Zollplackereien und ließ die Hoffnung durch-
schimmern, daß Vertragsschwierigkeiten ihn abhalten könnten,
noch einmal hinüberzugehen: er kam uns etwas müde, amerikamü-
de vor, war auch besorgter um seine Gesundheit als sonst, er zeigte
Zigaretten, die entnikotinisiert waren und «dem Herzen nicht schaden», er verlangte Kaffee ohne Koffein. Ich erzählte ihm von dem
jungen Komponisten Josef Marx[24] und von seiner Verehrung für
Mahler. «Namentlich das Lied des Gefangenen im Turm hat es ihm
angetan», sagte ich. «Das ist merkwürdig», entgegnete Mahler, vor
Freude fast gerührt. «Dieses Lied ist früher in Berlin durchgefallen.
Aber der Künstler ist wie der Schütze in der Nacht. Er sendet seine
Pfeile ins Dunkel, er weiß nicht, ob sie treffen, aber sie treffen
schon . . .»
Er ging doch noch einmal nach Amerika; ich habe ihn nicht wieder-
gesehen. Wie bedaure ich heute, daß ich nicht jedes Gespräch
aufzeichnete, das ich mit Mahler führen durfte, wie schmerzt es
mich, daß ich nicht eckermannisch verfuhr, denn einen großen Teil
seiner Persönlichkeit verzehrte Mahler im Gespräch. Ich verließ
mich allzusehr auf das Gedächtnis, lernte sogar einige seiner Sätze
auswendig; allein das Gedächtnis ist wie ein innen vermorschter
Balken: es trägt nur einige Zeit, und plötzlich fällt alles in die Tiefe.
Eines nur tröstet mich: viele, ja die meisten Dinge, die Mahler sagte,
mußte man auch von Mahler hören, von ihm selbst, mit seinem
vollpersönlichen Ausdruck, mit seiner tiefen Stimme, die erzern aus
der Brust brach, wie wenn der Wille selbst tönte. An dieser Stimme

---

[23] Eine abfällige Anspielung auf die katholischen Bischöfe.
[24] Josef Marx (1882–1964), österreichischer Komponist und Musikwissenschaftler.

erkannte man den Mann. Wie wir oft enttäuscht sind, wenn helden-
hafte Erscheinungen mit Adlernase und Wotansbart einen dünnen
zweiten Tenor hören lassen, so schaute man auf, war gepackt,
überrascht, wenn man Mahler hörte. Man bekam sofort ein anderes
Bild, und alle Geschichten, die Sänger-Arroganz oder Musikerläs-
sigkeit ausgeheckt hatten, hatten ein anderes Gesicht. Da arbeitete
etwas, da dröhnte es aus der Höhle des Innerlichen. Man verstand
die Persönlichkeit. Wenn von einem neuen Manne die Rede war,
hatte er oft gefragt: «Ist das ein ernster Mensch?» Wenn man
Mahler hörte, brauchte man danach nicht mehr zu fragen. Man
müßte also seinen Vortrag mit allen Vortragszeichen wiedergeben
können, um ihn richtig wiederzugeben, die zutreffende Beschreibung hätte nur das Grammophon liefern können. Und wenn ich
nun alles auf dem Papiere überlese, scheint es mir unlebendig, halb
tot . . . Ein Weltbild ist mit Mahler zerbrochen; aus dem Spiegel
lassen sich nur einige Splitter sammeln.

Nun will mich sein Tod zwingen, zu glauben, daß er gestorben ist:
dieser heiße, gärende, aufgewühlte Mensch, heiß, gärend, aufgewühlt wie das Leben selbst . . . Es ist kindisch, aber ich sage mir oft:
Er ist nicht gestorben, er ist nur «ausgegangen», wie es in seinen
«Kindertotenliedern» heißt. Es gibt Menschen, die ihr Sterben über-
sehen: Ahasver oder Barbarossa oder Capet . . . kurz alle, die in die
Sage kommen, von wannen sie wiederkommen, um ewig unter uns
zu wandeln.

Stunden mit Mahler, in «Die Musik», Heft 18 (Juni 1911), S. 352–356 und
Heft 21 (August 1911), S. 143–153

Anna (Justine) Mahler
(1904–88)

Anna, Mahlers zweites Kind, wurde am 15. Juni 1904 geboren und war noch nicht
einmal sieben Jahre alt, als ihr Vater starb. Sie wuchs in Wien auf und verließ mit
sechzehn Jahren ihr Elternhaus. Nach einer gescheiterten Ehe wurde sie Bildhauerin. Sie war später noch viermal verheiratet: mit dem Komponisten Ernst Krenek,
dem Verleger Paul Zsolnay, dem Dirigenten Anatole Fistoulari und dem Schriftsteller Albrecht Joseph. Sie hatte in den dreißiger Jahren am politischen und
künstlerischen Leben Wiens regen Anteil genommen und mußte nach dem «Anschluß» Österreichs fliehen. In London, Los Angeles und Spoleto konnte sie sich
eine neue Existenz aufbauen. Sie starb am 3. Juni 1988 in London, auf dem Weg
nach Salzburg, wo sie eine große Ausstellung ihrer Skulpturen eröffnen sollte.
Das folgende Interview mit ihr führte der Herausgeber im Dezember 1985 in ihrem
Haus in London.

Sie wurden in ein Leben des Fin-de-siècle hineingeboren. . .

Da habe ich nicht viel von mitbekommen. Ich war nur ein Kind. Ich
haßte andere Kinder und war lieber allein.

Können Sie sich überhaupt an Ihre ältere Schwester erinnern?

Nein. Und ich glaube, das war ein Glück für mich. Sie war nämlich sehr wild und behandelte mich mitunter sehr schlecht. Ich habe nur ein paar ganz flüchtige Erinnerungen an sie. Ich war ja auch erst drei, als sie starb. Auch daran erinnere ich mich nicht.

Was ist denn Ihre am weitesten zurückreichende Erinnerung?

Ich glaube, das war schon Putzi, meine Schwester. Und das Haus in Maiernigg. Man hatte mich auf einen hohen Tisch gesetzt, um mir die Windeln zu wechseln, und diese Schwester, vor der ich Angst hatte, war auf einmal kleiner als ich, und ich konnte auf sie herabschauen. Das hat mich sehr erstaunt.

Taucht Ihre Mutter in dieser Erinnerung nicht auf?

Nein, ein Kindermädchen. Meine Eltern sah ich nur während der Mahlzeiten, was nicht sehr schön war, denn die Mahlzeiten waren kein Vergnügen, weil ich dabei nicht reden durfte. Als Erwachsene kann ich zwar verstehen, daß Kindergeschrei schrecklich sein kann, aber dann hätte man mich lieber in der Küche essen lassen sollen; das wäre wirklich netter gewesen.

War es Ihr Vater, der auf Ruhe bestand?

Allerdings.

Wollte er sich mit Ihrer Mutter unterhalten können?

Nein, er wollte Ruhe. Er war ständig überarbeitet. Aber ein Kind einer solchen Atmosphäre auszusetzen, ist furchtbar.

Haben Sie irgendwelche genauen Erinnerungen an ihn?

Ja, oh ja. Wenn er sich einmal mit mir abgab, war er sehr lieb und verständnisvoll.

Sie haben gesagt, daß Sie sich an sein Lachen, an seine Augen erinnern können.

Schauen Sie sich einige von den Fotos an. Da gibt es ein sehr typisches aus Toblach, mit beiden Kindern.[25] Er hat eine Mütze auf und lächelt. An dieses Lächeln kann ich mich genau erinnern.

Können Sie sich denn an Toblach überhaupt erinnern?

---

[25] Auf dem Foto ist nur ein Kind, Anna, zu sehen (siehe Seite 252).

Anna Mahler mit ihrem Vater in Toblach, 1909.

Ich habe noch ein Bild im Kopf, wie er einen Hügel hochmarschiert und ich hinterher. Aber das sind nur einzelne Bilder, keine Geschichten.

Es gibt viele Beschreibungen seiner merkwürdigen Art zu gehen.

Ja, ich weiß. Das war ein nervöser Tick. Er wechselte bloß die Schrittfolge, rechts und links und wieder zurück. Er hatte das aber unter Kontrolle. Von meiner Mutter wußte ich, daß sie ihm ein bestimmtes Wort sagen mußte, dann hörte er damit auf. Es war ihm offenbar kein unbezwingbares Bedürfnis. Wenn ich mit ihm spazierengehen durfte, ist es mir aber immer sehr aufgefallen.

Haben Sie ihm auch Kinderzeichnungen oder andere Geschenke gemacht?

Gott behüte, nein.

Gab es eine bestimmte Tageszeit, zu der Sie zu ihm gehen durften?

Morgens, wenn er arbeitete, und bevor er wegging. Kinder stehen ja immer früh auf. Und da ich von Natur aus ein sehr ruhiges Kind war, durfte ich ihm bei der Arbeit an seinen Partituren zuschauen. Nicht beim Komponieren natürlich, aber bei der Ausarbeitung der einzelnen Stimmen. Ich erinnere mich noch an New York, an sein

Zimmer, an seinen Schreibtisch. Ich stand links von ihm und sah ihm zu. Ich sehe noch seine Hände vor mir, ihre Form und ihre vom vielen Klavierspielen abgeflachten Finger. Ich sehe noch das Blatt, an dem er arbeitete, und das Messer, mit dem er die Noten ausstach.

Alma erzählt, daß Sie einmal ausgerufen haben sollen, «Papi, ich möchte keine Note sein!» – «Warum nicht?» – «Weil du mich dann auskratzen und wegpusten könntest!»

Ich habe davon auch nur gehört. Ich selber kann mich daran nicht erinnern.

Hat er während der Arbeit mitgesungen oder – gesummt?

Nein, es herrschte völlige Ruhe.

War er ein zärtlicher Vater? Hat er Sie ab und zu in den Arm genommen, oder haben Sie sonst irgendwelche Zuneigung von ihm erfahren?

Wenn ja, dann weiß ich das nicht mehr. In New York durfte ich ein-, zweimal im Central Park mit ihm spazieren gehen. Ich erinnere mich an Schnee und noch etwas. . ., Rollschuhe. Ich hatte Rollschuhe, war aber furchtbar unsportlich. Ich lag dauernd am Boden, und er hob mich immer wieder auf, ohne böse zu werden, wenn ich gleich wieder umfiel. Und er hatte eine Menge damit zu tun, mich immer wieder auf die Beine zu stellen.

Haben Sie sich während der Spaziergänge unterhalten?

Ich glaube nicht.

Waren das lange Spaziergänge?

Nein, er hatte nie viel Zeit. Die meisten meiner Erinnerungen stammen aus seinem letzten Jahr.

Haben Sie jemals eines seiner Konzerte miterlebt?

Ich wurde einmal mit in die Oper genommen, es gab *Die verkaufte Braut*. Ich war ein kränkliches Kind, und meine Eltern wußten genau, daß ich, wenn sie mich irgendwohin mitnahmen, am nächsten Tag hohes Fieber haben würde. Und einen entzündeten Hals. Ich war einfach zu dick, überfüttert und ohne jede körperliche Übung. Wiener Kinderstube eben.

Gab es denn Wiener Essen in New York?

Nein, es gab miserables Essen, weil Mahler ein Hypochonder war.

Er bestellte immer diese gräßlichen, verbratenen Steaks. Er wollte
nicht daran erinnert werden, daß er Fleisch aß. Das war nicht sehr
konsequent. Wenn es einem so zuwider ist, ißt man doch am besten
gar kein Fleisch. Aber er war überzeugt, daß er Fleisch essen müßte,
um arbeiten zu können. Es durfte nur nicht aussehen wie Fleisch.
Er aß es, aber es schmeckte nicht gut, und das erleichterte ihn ein
wenig. Wenn es keinen Spaß macht, kann es ja so schlecht nicht
sein.

Hatte er irgendein Lieblingsessen?

Nein, es mußte nur gesund sein. Bloß kein Vergnügen. Er aß nur,
um so kräftig wie möglich zu bleiben.

*Sie müssen sehr früh ein ehrfürchtiges Bewußtsein für den Tod
bekommen haben?*

Kinder nehmen die Dinge, wie sie kommen, und halten alles für
ganz natürlich.

Wann wurde Ihnen denn klar, daß Mahler ernsthaft krank war?

Das kann ich Ihnen nicht sagen. Ich habe oft davon geträumt, aber
ich weiß nicht einmal mehr, ob vor oder nach seinem Tod.

*Wurden Sie in New York dann Hals über Kopf aus dem Kindergar-
ten geholt, um mit zurück nach Europa zu kommen?*

Das muß wohl so gewesen sein.

*Haben Sie eine plötzliche Verschlechterung in Mahlers Gesund-
heitszustand bemerkt?*

Nein, er war ja sehr oft krank. Und ich selbst hatte ja auch dauernd
diesen entzündeten Hals.

Können Sie sich an die Heimreise erinnern?

Ich kann mich an das Zimmer im Krankenhaus in Paris erinnern,
wo das Bett stand, wo er war – das sind aber nur Bruchstücke.

Hatten Sie Angst?

Das weiß ich nicht.

Sind Sie dann im Zug mit ihm nach Wien zurückgefahren?

Er war in einem speziellen Waggon untergebracht. Ich kann mich
an nichts erinnern. Man erinnert sich an belanglose Details, aber
die wichtigen Dinge sind ausgelöscht. In Wien sollte ich mich dann

von ihm verabschieden. Ich weiß noch, daß ich vor dem Zimmer stand, sonst nichts. Ich bin sicher, daß ich den Rest verdrängt habe, weil es zuviel für mich war, zu stark. Kinder haben einen Schutzschild gegen solche Dinge. Als meine Mutter mir seinen Tod mitteilen wollte, sagte ich jedenfalls: «Laß', ich weiß schon.»

Alfred Rosé
(1902–75)

Mahlers Neffe Alfred Rosé war der Sohn seiner Schwester Justine und des Geigers Arnold Rosé. Das folgende Interview wurde nach einer Tonbandaufnahme der *Bibliothèque Gustav Mahler* (Paris) übersetzt. Herkunft und Gesprächspartner sind unbekannt.

Haben Sie denn noch Erinnerungen an Gustav Mahler?

Ja, aber rein persönliche, keine künstlerischen. Ich war damals noch zu klein, um in die Oper oder ins Konzert mitgenommen zu werden. Ich erinnere mich, daß er mich sehr gern hatte, und mir immer zunächst mit militärischem Gruß salutierte und dann einen Klaps auf die Wange gab, wenn er kam. Das war eins seiner üblichen Begrüßungsrituale.

Ihre Mutter war ihrem Bruder ja sehr verbunden. . .

Ja, sogar sehr eng.

Hat Ihre Mutter Ihnen viel von Mahler erzählt?

Oh ja, sie hat mir viel aus ihrem Leben erzählt. Sie hat ihrem Bruder ja immerhin zwölf Jahre lang, bis 1902, den Haushalt geführt.

Ihr Vater war Konzertmeister der Wiener Philharmoniker und mit Mahler gut befreundet.

Sie hatten ein sehr enges Verhältnis, weil Mahler die Auffassung meines Vaters von Musik sehr gefiel. Mahler brachte ihn mit nach Hause, und so lernten sich meine Eltern dann kennen.

Ihr Vater und Mahler haben zusammen auch Sonaten für Violine und Klavier gespielt.

Das stimmt. Es muß sehr schön gewesen sein. Schade, daß ich das selber nie erlebt habe.

Wissen Sie zufällig, was für Musik da gespielt wurde?

Brahms. Immer und immer wieder Brahms-Sonaten.

Sir Rudolf Bing
(geboren 1902)

Der in Österreich geborene Impresario war von 1951 bis 1972 Intendant der Metropolitan Opera in New York.

Meine Familie verbrachte ihre Sommerurlaube in den Dolomiten, in der gleichen Gegend, in die ich auch heute noch immer fahre. Ich streifte damals sehr oft alleine durch die Wälder. Einmal, als ich noch ein sehr kleiner Junge war, begegnete ich Gustav Mahler, der singend durchs Unterholz brach und einen völlig wirren Eindruck machte. Ich ergriff die Flucht.

5000 Nights at the Opera, London 1972, S. 8

Sigmund Freud
(1856–1939)

Am Nachmittag des 26. August 1910 traf sich Mahler in einem Hotel in Leiden, Holland, mit Sigmund Freud und unterzog sich einer vierstündigen Stegreif-Analyse. Freud hatte seinen Urlaub an der Nordsee unterbrochen, «weil er einen Mann von Mahlers Bedeutung nicht zurückweisen konnte.»[26] Mahler hatte seine Vorbehalte gegen Freud überwunden,[27] nachdem er Almas leidenschaftliche Affäre mit Walter Gropius entdeckt hatte, und nun fürchtete, sie könnte ihn zugunsten ihres jugendlichen Liebhabers verlassen. Der Architekt und spätere Bauhaus-Gründer hatte Alma im Juni/Juli 1910 während eines Kuraufenthalts in Tobelbad kennen- und liebengelernt. Er folgte ihr dann nach Toblach, weil ihm offenbar daran gelegen war, daß Mahler, der dort geblieben war um zu komponieren, von Almas Seitensprung erführe.[28]

Den Kontakt zu Freud stellte ein Vetter Almas her, der Wiener Neurologe Richard Nepallek. Mahler verabredete telegrafisch einen Termin mit Freud, sagte ihn dann aber wieder ab. Dieses Spiel wiederholte sich noch dreimal, bis Freud die Geduld verlor und mit seiner baldigen Abreise nach Sizilien drohte. Freud deutete Mahlers Zögern als «folie de doute seiner Zwangsneurose».[29] In innerem Aufruhr und überzeugt davon, daß dieser Schritt die einzige Möglichkeit sei, seine Ehe zu retten, reiste Mahler mit dem Zug von Toblach nach Leiden. Während der Fahrt schrieb er verzweifelte Briefe an Alma.

Freud und Mahler waren etwa gleichen Alters, gleicher Herkunft und ähnlich liberal eingestellt, ihre persönlichen Interessen lagen dagegen weit auseinander. Freud war Musik gleichgültig. Sein Augenmerk lag auf dem Menschen und der Geschichte. Mahler seinerseits beschäftigte sich nur mit reiner Philosophie und Wissenschaft, fast ohne jede Rücksicht auf konkrete Anwendung. Offenbar haben beide dennoch rasch Verständnis füreinander entwickelt. Freuds Biograph Ernest Jones schreibt: «Obwohl Mahler keinerlei Vorkenntnisse über Psychoanalyse

---

[26] Ernest Jones, *The Life and Work of Sigmund Freud*, Bd. 2, S. 88.
[27] Siehe Seite 190.
[28] Siehe Reginald R. Isaacs, *Walter Gropius, der Mensch und sein Werk*, Berlin 1983. 1915 haben Alma Mahler und Walter Gropius geheiratet; die Ehe wurde aber bereits 1918 wieder geschieden.
[29] Jones, op. cit., Bd. 2, S. 88. Ähnlich unentschlossen war Mahler, als er Rodin für eine Büste Modell stehen sollte.

besaß, bescheinigte ihm Freud, daß er noch niemanden getroffen hätte, der sie so rasch begriffen habe.»

Die Begegnung wird erstmals in Almas Memoiren von 1940 erwähnt. Obwohl man ihrem Bericht aus naheliegenden Gründen nicht vorbehaltlos trauen darf, deckt er sich doch in wesentlichen Punkten mit dem von Ernest Jones:

> Er erkannte, daß er das Leben eines Psychopathen geführt hatte, und entschloß sich plötzlich, zu Sigmund Freud zu fahren (der sich damals in Leyden in Holland aufhielt). Er schilderte Freud seine sonderbaren Zustände und Sorgen, und Freud schien ihn wirklich beruhigt zu haben. Freud hatte ihm nach seiner Beichte die heftigsten Vorwürfe gemacht: «Wie kann man in einem solchen Zustand ein junges Weib an sich ketten?» so fragte er. Zum Schluß sagte er: «Ich kenne Ihre Frau. Sie liebte ihren Vater und kann nur *den* Typus suchen und lieben. Ihr Alter, das Sie so fürchten, ist gerade das, was Sie Ihrer Frau anziehend macht. Seien Sie ohne Sorge! Sie lieben Ihre Mutter, haben in jeder Frau deren Typus gesucht. Ihre Mutter war vergrämt und leidend, dies wollen Sie unbewußt auch von Ihrer Frau!»
>
> Und wie recht hatte er in diesen beiden Fällen! Gustav Mahlers Mutter hieß Marie. Er wollte, als wir uns fanden, mich Marie umnennen,[30] obwohl er das «R» schlecht aussprechen konnte, ihm also der Name Marie Schwierigkeiten machte, und wollte mich, als er mich kennen lernte, «verlittener» haben – dies seine Worte. Meine Mutter hatte ihm damals auf seine Klage, daß ich leider noch wenig Trauriges erlebt habe, geantwortet: »Beruhige Dich, das kommt schon durch das Leben!»
>
> Ich wieder habe wirklich immer den kleinen untersetzten Mann mit Weisheit und geistiger Überlegenheit gesucht, als den ich meinen Vater gekannt und geliebt hatte.
>
> Freuds Darlegungen beruhigten Mahler. Von seiner Mutterfixierung allerdings wollte er nichts wissen. Vor solchen Vorstellungen floh er.

AME, S. 203

Jones wußte zunächst nichts davon, daß Mahler Freud konsultiert hatte, bis es ihm 1955 nach einem Hinweis von Donald Mitchell gelang, einen Brief aus dem Jahre 1925 auszugraben, in dem Freud seiner Freundin und Kollegin Marie Bonaparte von der Analyse berichtet. Der Wortlaut dieses Briefes wurde nie zur Veröffentlichung freigegeben, sein Inhalt wird aber von Jones sinngemäß überliefert:

> Von einer Bemerkung Freuds war Mahler sehr beeindruckt: «Ich nehme an», sagte Freud, «daß Ihre Mutter Marie hieß. Ich möchte es aus verschiedenen Andeutungen in Ihrem Gespräch schließen. Wie kommt es dann, daß Sie jemanden mit einem anderen Namen, Alma, geheiratet haben, wo doch Ihre Mutter offensichtlich eine so dominierende Rolle in ihrem Leben gespielt hat?» Mahler mußte daraufhin zugeben, daß der volle Name seiner Frau Alma Maria

---

30 An keiner Stelle ihrer gesamten Korrespondenz nannte Mahler seine Frau anders als Alma (bzw. mit Diminutiven dieses Namens).

war, und daß er sie sogar Marie nannte! Sie war die Tochter des
bekannten Malers Schindler, dessen Standbild im Wiener Stadtpark
steht, so daß vermutlich auch in ihrem Leben ein bestimmter Name
eine Rolle gespielt hat.
Das Therapie-Gespräch war offenbar erfolgreich, denn Mahler
erlangte seine Potenz wieder, und die Ehe war fortan bis zu seinem
Tode, der allerdings leider schon im folgenden Jahr eintrat, eine
glückliche.
Während des Gesprächs kam Mahler plötzlich die Erkenntnis,
warum es ihm nie gelungen war, mit seiner Musik die höchste
Vollkommenheit zu erreichen. Noch in die edelsten, würdevollsten
und von den tiefsten Gefühlen inspirierten Stellen drängten sich
stets irgendwelche banalen, alltäglichen Melodien. Sein Vater, offenbar ein gewalttätiger Mensch, behandelte seine Frau sehr
schlecht. Zur Schlüsselszene wurde eine schmerzhafte Auseinandersetzung seiner Eltern, die der kleine Junge nicht ertragen konnte. Er
lief deshalb auf die Straße, wo ausgerechnet in diesem Moment ein
Leierkasten die populäre Wiener Melodie *Ach, du lieber Augustin*
dudelte. Nach Mahlers Überzeugung hatte sich von da an die
Verbindung von tiefer Tragik und leichter Unterhaltung unaus-
löschlich in seinem Kopf festgesetzt, und die eine Stimmung zöge
die jeweils andere unausweichlich nach sich.

Ernest Jones, *The Life and Work of Sigmund Freud*,
London 1953–57, Band 2, S. 88f.

Mahler kam als völlig neuer Mensch aus dieser Therapie und war überzeugt, daß
seine intimen Probleme jetzt gelöst wären. «Bin fröhlich. Unterredung interessant,
aus Strohhalm Balken geworden», telegraphierte er an Alma, bevor er nach
Toblach zurückkehrte. Keine zwei Wochen später jedoch traf sich Alma in einem
Münchner Hotelzimmer wieder mit Gropius, während Mahler mit den Proben
seiner Achten Symphonie, die er seiner «geliebten Frau» gewidmet hatte, beschäftigt war. Gleichgültig aus welcher Quelle, der Freud-Schüler Theodor Reik erfuhr
1934 während seines Aufenthaltes in den Niederlanden von der Mahler-Analyse.
Reik, der mit dem Gedanken spielte, eine «Psycho-Geschichte» Mahlers zu verfas-
sen, bat Freud um nähere Informationen. Freuds Brief vom 4. Januar 1935 offenbart zwar keine Einzelheiten, zeugt aber vom bleibenden Eindruck, den Mahler bei
Freud hinterlassen hat.

Ich habe Mahler im Jahr 1912 (oder 13?)[31] einen Nachmittag lang
in Leiden analysiert und wenn ich den Berichten glauben darf, sehr
viel bei ihm ausgerichtet. Sein Besuch erschien ihm notwendig, weil
seine Frau sich damals gegen die Abwendung seiner Libido von ihr
auflehnte. Wir haben in höchst interessanten Streifzügen durch sein
Leben seine Liebesbedingungen, insbesondere seinen Marienkom-
plex (Mutterbindung) aufgedeckt; ich hatte Anlaß, die geniale Ver-
ständnisfähigkeit des Mannes zu bewundern. Auf die symptomati-
sche Fassade seiner Zwangsneurose fiel kein Licht. Es war, wie
wenn man einen einzigen, tiefen Schacht durch ein rätselhaftes
Bauwerk graben würde.

Theodor Reik, *The Haunting Melody; Psychoanalytic Experiences in Life and
Music*, New York 1953, S. 342f.

ICH BIN DER WELT ABHANDEN GEKOMMEN 259

Dieser Brief Freuds ist das einzige Zeugnis dieser Begegnung, das an die Öffentlichkeit gelangt ist. Es hat keinen weiteren Kontakt zwischen Mahler und Freud
gegeben. Am 23. Mai des folgenden Jahres, fünf Tage nach Mahlers Tod, machte
Freud in einem Schreiben an den Testamentsvollstrecker Emil Freund ein Honorar
von 300 Kronen geltend, «für eine mehrstündige Konsultation im August 1910 in
Leiden, wohin ich auf seine Bitte hin aus Noordwijk a.Z. gekommen war.» Das
Honorar wurde in voller Höhe bezahlt; die Quittung ist datiert vom 24. Oktober
1911. Brief und Quittung wurden übrigens am 9. Mai 1985 bei Sotheby's in London
versteigert.

Hugo von Hofmannsthal
(1874–1929)

Hugo von Hofmannsthal.

---

¹¹ Hier hat sich Freud natürlich vertan, denn Mahler starb bereits 1911; es war 1910.

Der Dichter Hugo von Hofmannsthal begann 1902 auch für die Bühne zu schreiben. Stefan Zweig rühmte ihn als «großartigen Genius, der sich mit unverlöschbaren Versen und einer noch heute nicht überbotenen Prosa in die ewigen Annalen der deutschen Sprache eingeschrieben hat.»[32] Hofmannsthal wurde von den meisten Freunden Mahlers verehrt, nur nicht von Mahler selbst, der einen sehr konservativen literarischen Geschmack hatte. Hofmannsthals erste musikalische Unternehmung, Zemlinskys Ballett *Das gläserne Herz*, lehnte Mahler für die Hofoper ab, «weil ich es nicht verstehe».[33] Und über die Zusammenarbeit von Richard Strauss mit Hofmannsthal für *Elektra* machte er sich lustig: «O selig, o selig, modern zu sein!»[34]

Während der Sommerferien am Attersee, 1896, traf er den Schriftsteller dann zum erstenmal. Später sahen sie sich noch zu verschiedenen gesellschaftlichen Anläßen in Wien, obwohl Hofmannsthal selbst nur von einer einzigen wirklichen Unterhaltung berichtete.[35] Seine Bewunderung für Mahler war so groß, daß er über persönliche Kränkungen hinwegsehen konnte.

1910, zu Mahlers fünfzigstem Geburtstag, schrieb er folgende Würdigung:

> Wo Geist ist, dort ist Wirkung. Wo immer er sich festsetzt, er gerät in einen Streit mit der Materie; die Trägheit, der Halbverstand, der Mißverstand setzen sich ihm entgegen, aber er bezwingt sie und die Atmosphäre, um einen solchen Kampf herum ist schon das Interessante: hier braucht es nicht erst hineingetragen zu werden. Ein chaotisches, wahrhaft heterogenes Ganze gliedert sich rhythmisch und wäre es auch unter Zuckungen; die feindseligen oder stumpfen Teile treten zu einander in Verhältnis und Gegenwirkung, die kaum zu ahnen war und der Freund der Künste wird mit Entzücken, der Philister mit staunendem Widerwillen gewahr, daß aus vielen toten Elementen ein Lebendiges zu werden vermöge, aber freilich nur durch das Wunder eines schöpferischen Geistes. Ein solches Schauspiel war die Direktionsführung Gustav Mahlers an der Wiener Oper.

> In: Paul Stefan, *Gustav Mahler: ein Bild seiner Persönlichkeit in Widmungen*, München 1910, S. 16

[32] *Die Welt von Gestern*, Stockholm 1944, S. 62.
[33] AME, S. 11.
[34] Brief an Alma vom 16. 8. 1906, AME, S. 364.
[35] HLG3, S. 991. Unter anderem machte Hofmannsthal Mahler im Mai 1909 mit Edgar Varèse, dem Visionär der elektronischen Musik, bekannt.

Lilli Lehmann[36]

In Mahlers sinfonischen Kompositionen fiel mir sofort die Einfachheit der Melodien als die Wirkung auf, die er allerdings mit einem immensen Apparat in Szene zu setzen wußte. Es schoß mir damals gleichsam durch den Kopf, ob nicht gerade er es sein könnte, der auch bezüglich des Apparates einfache Wege wieder einzuschlagen gewillt wäre, und stellte ihm die Frage, die er höhnisch lachend beantwortete: «Wo denken Sie hin? Meine Sinfonien wird man in 100 Jahren in Riesenhallen aufführen, die 20 000 bis 30 000 Menschen fassen und zu großen Volksfesten werden.» Dazu schwieg ich; mußte aber unwillkürlich denken, daß, je mehr Intimität man der Musik nimmt, je mehr sie des wahren Genius wird entbehren können.[37] [. . .]
Wieder und zum letztenmal sah ich Mahler 1910 in München, als er seine VIII. Sinfonie dirigierte; Riezl[38] und ich waren extra dazu hingefahren. Mahler war sehr gealtert, ich erschrak förmlich. Sein Werk, das mit 1000 Mitwirkenden besetzt war, klang wie aus einem Instrument, aus einer Kehle. Der zweite Teil der Sinfonie, der vom zweiten Faustteil gebildet, berührte mich schmerzlich. War er's, seine Musik, sein Anblick, eine Todesahnung, Goethes Worte, Erinnerungen an Schumann, meine Jugend, ich weiß es nicht; weiß nur, daß ich während des ganzen zweiten Teils in Rührung zerfließend, mich nicht zu fassen vermochte. Als ich am andern Morgen zu ihm ging, ihn zu begrüßen, ihn umringt von so vielen Menschen traf, war er die Liebenswürdigkeit selbst, holte Riezl, die mich unten erwartete, persönlich herauf und wollte uns nicht wieder fortlassen. Und dann sein furchtbares Geschick, seine entsetzliche Krankheit – der Tod! So schmerzlich ergreifend, trostlos.

Mein Weg, Leipzig 1913, S. 160f.

---

[36] Siehe Seite 72.
[37] Zu Max Graf sagte er: «In vierzig, fünfzig Jahren wird man in den Orchesterkonzerten meine Symphonien so spielen, wie man jetzt Symphonien von Beethoven spielt. – Ich habe für mein Komponieren nur im Sommer Zeit. Während dieser kurzen Ferien muß ich große Werke komponieren, wenn ich auf die Nachwelt kommen will.» Max Graf, *Legende einer Musikstadt*, Wien 1949, S. 320.
[38] Spitzname von Lilli Lehmanns jüngerer Schwester Marie (1851–1931), einer ehemaligen Sopranistin.

Alfred (August Ulrich) Kalmus
(1889–1972)

Nach Studien bei Guido Adler trat Kalmus 1909 in die Universal Edition ein. Sein Lebenswerk galt der Neuen Musik; er gab Bartók, Janáček, Schönberg, Boulez, Stockhausen, Birtwistle und viele andere musikalische Visionäre heraus. 1936 gründete Kalmus die englische Filiale der Universal Edition in London. Seine Erinnerungen an Mahler, die kurz vor seinem Tode aufgezeichnet wurden, sind bisher noch nicht im Druck erschienen.

Mahler war sehr kurzsichtig, trug deshalb eine Brille und interessierte sich für alles, für jede Kleinigkeit. Als er einmal bei uns im Büro war, gab es draußen auf der Straße plötzlich einen Riesenkrach, von einem Autounfall oder so, und alle stürzten ans Fenster. Mahler auch. Aber er hatte nicht gesehen, daß das Fenster geschlossen war, und er stieß mit dem Kopf durch die Glasscheibe. Er war natürlich furchtbar erschrocken, aber es war nichts passiert. Er blutete nur ein bißchen. Aber das war typisch für diesen Mann, der immer darauf bedacht war, sich nichts entgehen zu lassen.

Das war kurz nach meinem Eintritt in die Universal Edition, als ich noch für die Kataloge zuständig war. In dem kleinen Nachbarzimmer saß unser Lektor. Mahler kam oft, um mit Wöss[39] die Korrekturen seiner Achten Symphonie zu besprechen. So stand er also ganz in meiner Nähe, aber er konnte nicht stillstehen. Ständig trat er von einem Fuß auf den anderen, denn er war furchtbar nervös und leicht erregbar.

Eines Morgens kam er mit der Straßenbahn zur Universal Edition (man hatte damals noch keine Automobile). Er stand vorne auf der offenen Plattform und trug so eine Art Lodenmantel, unter dem er eine Rolle mit den korrigierten Fahnen der kompletten Achten Symphonie verborgen hatte. Als die Straßenbahn ein paar Häuser vor unserem Verlag Richtung Börse abbog, konnte er es in seiner Ungeduld nicht erwarten, bis die Bahn um die Kurve war, und sprang ab. Dabei flog die Rolle mit den gesamten Fahnen auf die Schienen und wurde mitten durchgeschnitten.

Sie können sich nicht vorstellen, was für ein gebrochener Mann da mit Tränen in den Augen in den Verlag kam: «Alles ist ruiniert! Meine ganze Komposition muß ich nochmal von vorne beginnen, man kann nichts mehr lesen, unmöglich!» Er war so unglücklich, daß ich ihn erstmal trösten mußte. Die Fahnen sahen zwar schlimm aus, aber man konnte alle Blätter wieder kleben, und die Korrekturen waren nur an ganz wenigen Stellen wirklich nicht mehr lesbar. So sagten wir ihm: «Alles kommt wieder in Ordnung, wir kleben's wieder zusammen, und Sie brauchen es nicht nocheinmal zu lesen. Überlassen Sie nur alles uns.»

Er strahlte, es war fabelhaft. Ich erinnere mich noch daran, weil er so naiv war, ein naiver Künstler. Ein wunderbarer Mensch.

Interview mit John Amis, BBC World Service, London, 24.11.1970

Leopold Stokowski
(1882–1977)

Der britische Dirigent Leopold Stokowski übersiedelte 1905 in die Vereinigten Staaten. Im Sommer 1910 verbrachte er seinen Urlaub in Europa. In München hörte er Mahlers Achte, die später auch seinem Philadelphia Orchestra Ruhm und Ehre eintragen sollte: die Aufführung am 2. März 1916 verdrängte sogar die neuesten Nachrichten aus Verdun aus den Schlagzeilen. Im selben Jahr leitete er auch die amerikanische Premiere von *Das Lied von der Erde*. Persönlich ist er Mahler nie begegnet; weder in München, noch in New York.
Das folgende Interview führten Jerry Buck und Gerald S. Fox am 8.4.1970 in New York.

Ich wollte zu den Proben [der Achten] gehen, aber man wollte mich nicht hineinlassen. Sie fanden unter Ausschluß der Öffentlichkeit statt. Ich halte das für falsch; bei uns hier in New York stehen die Proben allen Studenten offen... Aber zu Mahlers Zeiten und in München war das wohl nicht drin.[40]
Ich kannte einige von den Orchestermusikern, sie sagten: «Wir kriegen das schon hin. Komm mit uns, wir gehen einfach zusammen rein – du gehörst dann eben zum Orchester –, und drinnen versteckst du dich in irgendeiner dunklen Ecke.» Das habe ich dann getan, und das war natürlich unrecht. Aber manchmal ist das Verkehrte genau das Richtige.
Auf diese Weise habe ich bei allen Proben zugehört. Dabei fiel mir auf, daß Mahler noch während der Proben beinahe die gesamte Orchestrierung änderte. Es gab sehr viele Proben; er änderte hier ein wenig, da ein wenig, strich hier etwas weg, veränderte diese und jene Note, usw. All diese kleinen Änderungen mußte ich im Kopf nachvollziehen, denn ich hatte natürlich keine Partitur, die war ja noch nicht gedruckt.[41] Ich versuchte also, mir alles zu merken...

Hatten Sie Mahler vor diesen Proben zur Achten schon einmal dirigieren sehen?

Ja, in der Oper. Er hat wunderbar dirigiert, aber das Orchester miserabel gespielt. Sie haben ihn nicht verstanden...

Haben Sie ihn auch hier in New York erlebt?

Ja, als ich zum erstenmal nach Amerika kam. Wie Sie wissen, bin ich ja in Europa geboren. Als ich hierher kam, dirigierte er gerade an der Oper. Die Aufführungen waren nicht besonders, aber er dirigierte meisterhaft.

---

[39]   Josef Venantius von Wöss (1863–1943), Komponist und Mitbegründer der Vereinigung schaffender Tonkünstler in Wien. Wöss bearbeitete Vokal-Partituren verschiedener Symphonien Mahlers, der Wöss vor allem für das «schöne» Arrangement der Achten dankbar war.
[40]   Das stimmt nicht ganz; auch in München durften Musikstudenten hin und wieder bei Mahler-Proben dabei sein.
[41]   Eine Vokal-Partitur hatte die Universal Edition allerdings bereits im April 1910 gedruckt.

Teile des Orchesters arbeiteten gegen ihn. Schlechte Menschen bringen es fertig, absichtlich schlecht zu spielen, wenn sie den Dirigenten nicht mögen. Ich erinnere mich an eine Szene, als Mahler irgendetwas fragte, und einer der Schlagzeuger antwortete: «Ich schlag' Ihnen den Schädel ein!» und sich auf Mahler stürzte. «Beschützen Sie mich!» rief Mahler, und ein paar von den Geigern hielten ihren Kollegen zurück, der danach auch nie wieder gestreikt hat.

Berta Szeps-Zuckerkandl[42]

Liebste! Im Oktober vor der Fahrt nach New York hat mich Mahler besucht. Das erste Mal seitdem Emil nicht mehr ist. Mit dem erlesenen Gefühl, das er meiner Trauer entgegenbringt, vermied er es, ein Wort des Trostes zu sagen. Er weiß, daß es keinen giebt, den mir ein anderer geben kann. Ich muß mir selbst helfen. Im Gegenteil. Mahler suchte mich zu zerstreuen. Lebhaft schilderte er den Eindruck, den er von Amerika hat. Dieses Jungsein eines Volks miterleben zu können (sagt er), ist ein Glück. Da ist noch turbulentes Aufnehmen, ein ungezähmter Enthusiasmus, die Begierde zu lernen, zu bewundern, an sich zu reißen. Dieses Erfassen, das willige Sich-hingeben wird aus Amerika das Eldorado der Kunst, der Wissenschaft machen. Mahler ist entschlossen, in Amerika weiter zu wirken.
Wir kommen natürlich auf Wien zu sprechen. Auf dieses rätselhafte Gebilde, das so anziehend und auch so verstimmend wirkt.
Giebt es nicht (frage ich Mahler) eine Psychologie der Städte? Gerade Wiens Sein und Wesen enthält schwer Entwirrbares: Wien, die geniale Stadt, die Genies hervorbringt, und Wien, die satanische Stadt, die ihre Genies erschlägt?
«Ja (antwortet Mahler). Sie haben recht. Freud sollte eine Psychoanalyse der Städte seinem Werk beifügen. Was müssen im Werden Wiens für innere Kämpfe getobt haben. Widerstreitende Einflüsse, die dem Charakter diese Zwiespaltigkeit geben. Leider kann man aber das Unterbewußtsein einer Stadt nicht aufdecken.

Mahlers Abschied, Manuskript, Wien, undatiert, Kopie der Bibliothèque
Gustav Mahler, Paris

---

[42] Siehe Seite 202.

Drittes Intermezzo:
Interview

Zu Beginn seiner letzten Saison in New York gab Mahler der Zeitschrift *The Etude* ein ausführliches Interview, in dem er sich über die volkstümlichen Wurzeln der Musik, die Aussichten der amerikanischen Musik und seine eigene Entwicklung verbreitete. Sprache und Begrifflichkeit lassen deutlich den Einfluß Sigmund Freuds erkennen, mit dem er sich kurz zuvor getroffen hatte. Über die genauen Umstände des Interviews und Mahlers Gesprächspartner ist nichts bekannt. Es wurde vermutlich in deutscher Sprache geführt und dann übersetzt.

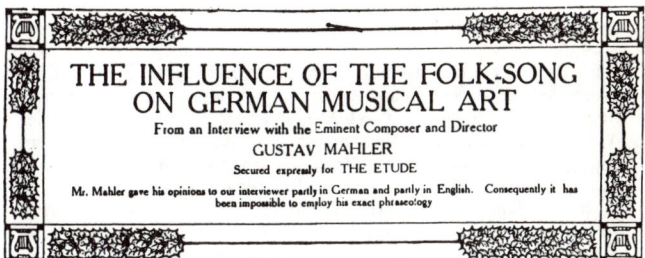

THE ETUDE

THE INFLUENCE OF THE FOLK-SONG ON GERMAN MUSICAL ART

From an Interview with the Eminent Composer and Director

GUSTAV MAHLER

Secured expressly for THE ETUDE

Mr. Mahler gave his opinions to our interviewer partly in German and partly in English. Consequently it has been impossible to employ his exact phraseology

[EDITOR'S NOTE—Gustav Mahler, who is now recognized as one of the very foremost composers and directors of our time, was born at Kalischt, Bohemia, July 7th, 1860. Neither his father nor his mother were musical. Notwithstanding this lack of hereditary influence, he manifested musical talent at a very early age, and started to compose when he was but a mere boy. Mahler now looks lightly upon these juvenile efforts, but they are said to have indicated his very pronounced talent. His first teachers were little known musicians located in small towns in Bohemia. Later he entered the Gymnasium at Iglau and later at Prague, Bohemia. The German Gymnasium corresponds to the high school and college in America. Mahler's academic education was completed at the University of Vienna, and his musical education was continued at the Conservatorium in Vienna, where he came under the influence of Bruckner. In 1880 he started his career as a conductor, which has made him one of the most renowned

PLAGIARISM?

In some cases we find that the great composers have actually taken folk-melodies as themes for some of their works. In most cases of this kind they have given the source of the theme all possible publicity. In some cases where they may not have done this a few critics with limited musical knowledge and no practical ability in composition have happened to find these instances, and being at a loss to write anything more intelligent, they have magnified these deliberate settings of folk-themes into disgraceful thefts. The cry of plagiarism is in most cases both cruel and unjustified.

Der Einfluß des Volksliedes auf die Musik der Völker ist schon mit vielen schlagenden Beispielen nachgewiesen worden. Das Ganze basiert auf einem Prinzip der menschlichen Erziehung, das in seinen Auswirkungen so mächtig und offensichtlich ist, daß sich daraus ein Axiom aufstellen läßt: So wie das Kind ist, wird der Erwachsene sein. Wir können von einer kleinen Eiche nicht erwarten, daß sie zu einem Rosenbusch heranwächst, ebensowenig wie aus einer Wasserlilie je eine Palme werden wird. Kein noch so großer Aufwand an Fürsorge, an landwirtschaftlicher und gärtnerischer Kunst kann Wunder dieser Art vollbringen. Genauso ist es auch mit Kindern. Was einem in der Kindheit widerfährt, hinterläßt unauslöschliche Eindrücke. Die Stärke dieser psychischen Prägung sollte immer der Grundstein für alle Erziehungsmodelle sein. Mit Musik ist das ähnlich; die Lieder und Weisen, die ein Mensch als Kind aufnimmt, prägen auch die musikalische Welt des Erwachsenen.

Die Aufnahme guter Musik in der Kindheit

Die Musik, die die großen Meister in ihrer Kindheit aufgenommen haben, liefert die Substanz für die musikalische Entwicklung in der Reifezeit. Es kann gar nicht anders sein, und es ist mir unbegreiflich, warum die großen Erzieher unserer Zeit dieser ungemein wichtigen Tatsache nicht mehr Beachtung schenken. Ich habe soeben «aufgenommen» und nicht «angeeignet» gesagt. Das ist nämlich ein Unterschied. Musik wird absorbiert und einem Prozeß geistiger Verdauung unterworfen, bis sie zu einem Teil des Menschen geworden ist, wie die Haare auf dem Kopf oder die Haut am Körper. Sie ist irgendwo tief in den Zellen des Gehirns gespeichert und taucht in den Ideen eines schöpferischen Musikers wieder auf, nicht in der gleichen Form, sondern häufig in völlig neuen, wunderbaren Vorstellungen.

Ich habe von Komponisten, die sehr um Individualität bemüht sind, häufig gehört, daß sie es aus Angst um ihre persönliche Originalität absichtlich vermeiden, zuviel Musik anderer Komponisten oder Volksmusik zu hören. Was für ein blühender Unsinn! Wenn ein Mensch ein Beefsteak ißt, ist das noch lange kein Anzeichen dafür, daß dann eine Kuh aus ihm wird. Er holt sich lediglich die Nährstoffe aus dem Essen, und die verwandeln sich in einem wunderbaren physiologischen Prozeß in Fleisch, Stärke und körperliche Kraft. Aber, und da kann er Beefsteaks essen, soviel er will, er wird nie etwas anderes als ein Mensch sein.

Plagiat?

In einigen Fällen haben große Komponisten in der Tat volkstümliche Melodien für Themen ihrer Werke verwendet. In den meisten Fällen dieser Art wurden die Quellen auch gebührend herausgestellt. Wenn dies aber unterlassen wurde, fanden sich sofort ein paar Kritiker mit begrenztem musikalischen Sachverstand und keinerlei Kompositions-Erfahrung, die diese Stelle aufspürten, weil sie offenbar gerade nichts besseres zu tun hatten, und wohlüberlegte Vertonungen zu abscheulichen Diebstählen aufbauschten.

Der Vorwurf des Plagiats ist in den meisten Fällen sowohl grausam als auch ungerechtfertigt. Der Meister, der die Fertigkeit besitzt, ein großes musikalisches Werk zu entwickeln, ist sicher auch in der Lage, eigene Melodien zu erfinden. Wenn er ein volkstümliches Thema zum Gegenstand eines seiner Meisterwerke macht, dann doch zu dem Zweck, die Melodie auszuarbeiten, zu veredeln; ähnlich einem Juwelier, der einen ungeschliffenen Diamanten durch sein Geschick zum Funkeln und Glänzen bringt. Jedenfalls ist die Bearbeitung eines Themas sehr viel aufschlußreicher als seine Herkunft. Führen wir uns doch nur einmal vor Augen, was die Weltliteratur allein den Shakespeareschen Bearbeitungen überlieferter Geschichten zu verdanken hat: *Hamlet*, *König Lear*, *Romeo und Julia*, *Julius Caesar* – allesamt Plagiate, aber was für welche!

Ein ernstes musikalisches Problem für Amerika

Seit ich in Amerika bin, hat mich die hier übernommene Aufgabe so gefordert, daß ich bisher noch nicht die rechte Gelegenheit hatte, die musikalischen Bedingungen dieses Landes eingehend zu untersuchen. Dennoch haben mich meine eigenen Beobachtungen und die Berichte von Experten, die zeitlebens in diesem Land gelebt haben, zu dem Schluß kommen lassen, daß es für die amerikanischen Komponisten unter den gegebenen musikalischen Voraussetzungen fast unmöglich ist, mit dem gleichen angeborenen Gefühl zu arbeiten, das die Werke einiger ihrer europäischen Zeitgenossen auszeichnet.

Ich respektiere die Bemühungen der amerikanischen Komponisten sehr und will gerne alles, was in meiner Macht steht, tun, um ihnen zu helfen. Allerdings muß ich hier noch einmal auf das Thema «Volkslied» zurückkommen, das in direktem Zusammenhang mit diesem Problem steht.

Ich hatte schon von der geradezu axiomatischen Wahrheit gesprochen, daß die musikalischen Einflüsse der Kindheit größte Bedeutung für das spätere Leben haben, und daß die Melodien, die ein Komponist in reifen Jahren hervorbringt, nur die Blüten der Pflanzen sind, die in der Kindheit mit den Volksliedern gesät wurden. Wenn ich deshalb gefragt werde, wann es denn endlich einen großen amerikanischen Komponisten geben wird, muß ich mit der Gegenfrage antworten: Wo ist denn das amerikanische Volkslied? Ich bin zwar kein Fachmann für amerikanische Musik, aber nach den Informationen zuverlässiger Freunde und dem, was ich selbst gehört habe, ist die populäre Musik Amerikas ja gar nicht amerikanisch, sondern beruht eher auf dem, was die auf amerikanische Erde verfrachteten afrikanischen Neger zu ihrer Musik gemacht haben. Man darf nicht vergessen, daß die Musik der afrikanischen Wilden – ob Zulu, Hottentotten, Kaffern oder Abessinier – nur sehr geringfügig über die rhythmischen Grundmuster hinausgeht. Schließlich waren diese Menschen, die Vorfahren der heutigen amerikanischen Neger, als sie aus dem Dschungel des Schwarzen Kontinents zur Reise in die Neue Welt gezwungen wurden, in den meisten Fällen schlicht und einfach Wilde.

Obwohl ich den größten Respekt für die Leistung einiger amerikanischer Neger habe, die es geschafft haben, ihre Umgebung hinter sich zu lassen, und Hervorragendes erreicht haben, kann ich mich der Doktrin, daß alle Menschen gleich sein sollen, nicht anschließen. Es ist doch gegen jede Vernunft anzunehmen, daß eine Rasse innerhalb von nur ein oder zwei Jahrhunderten den Sprung vom Wilden auf eine derart hohe ethnologische Stufe schaffen könnte. Nordeuropa hat fast tausend Jahre gebraucht, um sich den Weg von der Barbarei zur Zivilisation zu erkämpfen. Daß die Neger in Amerika schon so viel erreicht haben, ist in der Tat erstaunlich. In der Musik haben sie aber zweifellos nur die Vorgaben ihrer weißen Herren kopiert und variiert, wobei ihnen ihre Freude am Singen und ihr Sinn für Rhythmus zugute kamen. Aber zu erwarten, daß sie eine neue, eigenständige und originelle Volksmusik hervorbringen könnten, ist grotesk. Sie sollen – wie ich gehört habe – begnadete Nachahmer sein. Das ist aber für amerikanische Komponisten doch noch lange kein Grund, nun ihrerseits die von den Negern verunstalteten europäischen Volkslieder nachzuahmen. Die unter der Bezeichnung ragtime eingeführten Synkopen sind auch nichts neues. Man findet sie auch in den Volksliedern Ungarns und anderer europäischer Länder. Synkopierungen als Merkmal nationaler Volksmusik gab es in Europa bereits lange bevor die ersten Neger nach Amerika transportiert wurden.

Warum ein amerikanischer Komponist, der die Volkslieder der Neger verwendet, das Gefühl haben soll, etwas eigentümlich Amerikanisches zu tun, ist schwer einzusehen. Ungarische Komponisten neigen dazu, Zigeunerweisen zu verwenden, was die Musik Ungarns geprägt hat. So sehr, daß daraus im Grunde Zigeunermusik und nicht ungarische Musik geworden ist. Natürlich ist die amerikanische Musik, die auf den rauhen Tönen der rothäutigen Ureinwohner oder auf dem von den Negern übernommenen europäischen Volksliedtyp fußt, genausowenig repräsentativ für das große amerikanische Volk von heute, wie es die dunkelhäutigen Einwohner der Neuen Welt für alle Amerikaner sind.

Solange sich junge Amerikaner mit diesen minderwertigen populären Liedchen begnügen müssen, die alljährlich zu Tausenden ausgespuckt und in den Music-Halls des Landes gnadenlos heruntergeheult werden, solange wird Amerika wohl noch auf seinen großen Meister der Musik warten müssen.

Ich habe allerdings von Lehrern und Erziehern gehört, daß sich Amerika dieser Situation bewußt ist, und daß den amerikanischen Kindern immer bessere Gelegenheiten geboten werden, gute Musik zu hören. Die Schulmusik baut auf den besten Volkslied-Melodien ganz Europas auf. Die Musik der besseren Kirchen beginnt nun, den besten Vorbildern der Welt zu folgen, anstatt sich weiter an diese nicht weit von derben Negermelodien entfernten Weisen zu binden. Ich selbst weiß aus meiner Tätigkeit als Dirigent, daß sich Amerika jetzt großartige Gelegenheiten bieten, die großen Meisterwerke, dargeboten von bekannten Instrumentalisten und weltberühmten Sängern, zu hören. So lauscht Amerika der Musik aller Länder, die von Musikern aus allen Ländern gespielt wird. Man muß kein Prophet sein, um zu erahnen, zu welchen musikalischen Ergebnissen jenseits der kühnsten Hoffnungen Amerika in der Lage sein könnte, wenn erst einmal diese wunderbare Mischung aus Teutonisch, Keltisch, Lateinisch, Angelsächsisch, Tschechisch, Slawisch und Griechisch zur Reife gelangt ist.

Übersetzt aus dem englischen Original nach einer Kopie der
Bibliothèque Gustav Mahler, Paris

Herman Martonne
(Daten unbekannt)

Als Musikstudent in Wien war Martonne von Mahler so begeistert, daß er ihm nach New York folgte. Kurz nach Mahlers Verpflichtung für die Philharmonic Society gelang es Martonne, in diesem Orchester eine Stelle bei den ersten Geigen zu bekommen.

> Was Mahler nie ausstehen konnte, war Gleichgültigkeit. Er sagte zum Beispiel: «Wo Musik ist, muß auch der Teufel sein!» Das waren seine Worte: «Der Teufel!»
> Einen Klarinettisten, auf den Mahler große Stücke hielt, korrigierte er einmal: «Piano, piano.»
> «Aber gestern war es Ihnen doch zu leise!» erwiderte der Musiker, und Mahler erklärte: «Ja, es hängt eben alles von unserer Stimmung ab. Gestern war es mir zu leise, heute zu laut.» Er sagte nicht etwa «Was ich sage, gilt», er erklärte einfach nur, daß es auf die Stimmung ankäme.
>
> Mahlerthon

Benjamin Kohon
(Daten unbekannt)

Kohon war Fagottist des New York Philharmonic Orchestra.

> Er nahm nicht etwa ein Taxi in die Stadt, oder ließ sich eine Limousine schicken; er nahm immer die U-Bahn. Einmal fuhr ich im selben Wagen mit ihm. Ich hob die Hand zum Gruß. Er schaute umher, aber ich glaube nicht, daß er mich erkannt hat. Er hatte sehr schlechte Augen. Dafür sah er andererseits Dinge, die man ihm nie zugetraut hätte, weit hinten im Orchester etwa.
> Beim ersten Satz von Beethovens Fünfter erreichten wir für sein Empfinden nie genug Klangfülle. Er wollte immer mehr und noch mehr, wie eine Naturkatastrophe, ein Vulkanausbruch. Er forderte etwas, was wir ihm wirklich nicht bieten konnten. Irgendwann hat er dann doch bekommen, was er wollte, und er war hocherfreut. Aufrichtig erfreut. Er lud das gesamte Orchester zu einem kleinen gemeinsamen Imbiß nach dem Konzert ein.
> Dann wurde er krank und konnte etwa eine Woche lang keine Proben abhalten. Ein oder zwei Tage vor dem Konzert kam er dann wieder und sagte: «Wir sind zwar mit dem Stück noch nicht fertig, aber meine Herren, ich will Sie wegen meiner Krankheit nicht länger aufhalten als nötig. Sie sollen darunter nicht zu leiden haben.» Und er setzte nicht eine einzige Überstunde an, obwohl er dazu das Recht gehabt hätte. Eine Woche später wurde er dann ernsthaft krank, und das war dann sowieso das Ende der Geschichte.
>
> Mahlerthon

Maurice Baumfeld
(1868–1913)

Nachdem sich der Wiener Maurice Baumfeld auf verschiedenen Gebieten (unter anderem im Handel, im Eisenbahn-Geschäft und im Journalismus) versucht hatte, emigrierte er 1900 in die USA. In New York wurde er Direktor des deutschsprachigen Irving Place Theaters. Während des ersten einsamen Weihnachtsfestes der Mahlers in New York, 1907, klopfte er an ihre Tür und bestand darauf, mit ihnen fröhlich zu feiern. Alma nennt ihn «diesen guten Schlemihl», was auf jiddisch einen gutmütigen, aber tollpatschigen Narren bezeichnet.[43] In einem Brief an Roller äußerte sich Mahler abfällig über Baumfelds Bühnen-Produktion des *Wilhelm Tell*.[44]
Seine tiefen Einblicke in die eheliche Beziehung der Mahlers lassen vermuten, daß er das Vertrauen Almas genoß.

Uraufführung der «Achten» in München. Als Mahler endlich am Pult erschien, erhob sich wie auf ein geheimes Zeichen das ganze Auditorium zunächst schweigend. Wie man einen König begrüßt. Erst als Mahler sichtlich überrascht dankte, brach ein Jubel los, wie man ihn selten bei solchen Anläßen gehört hat. Dies alles schon vor der Aufführung. Es war ein Triumph des Mannes, dessen außerordentliche Bedeutung als Komponist, Dirigent und Mensch man in Europa von Jahr zu Jahr mehr erkannt hatte. Eine rein persönliche Huldigung von Anhängern aller möglichen Schulen und Arten für den Künstler, dessen stärkste Kraft das Beherrschen gewesen ist. Er ist ein Anreger, wie selten einer gewesen ist. Dabei durchaus nicht ein Überlegener, der neben sich keine Meinung aufkommen lassen wollte. Wenn er an die Ehrlichkeit und die Überzeugung einer Widerrede glauben durfte, hat er sie weit mehr geschätzt, als die gewisse verschwommene Begeisterung, mit der man ihm oft genug das Leben schwer gemacht hat. Sensitiv im höchsten Grade, besaß er eine fast krankhafte Abneigung gegen das Unechte. Die Phrase war für ihn ein physischer Schmerz. Er pflegte sich in solchen Fällen hilfesuchend nach seinen Vertrauten umzusehen, ihnen mit gerungenen Händen Zeichen zu geben, die freilich oft genug auch von jenen, die sie angingen, nicht mitverstanden werden konnten. Darum haben viele Mahler für hochfahrig und launenhaft gehalten. Er war aber die Güte selbst. Von einer geradezu rührenden Freundschaft für alle, die ihm näher kommen konnten. Das ist an sich nicht leicht gewesen. Weil man vor allem verstehen mußte, daß eine gewisse Sprunghaftigkeit seines Wesens sich aus dem unermeßlichen Reichtum ergeben mußte, welchen er mit sich getragen hat. Er ist über seine Musik hinaus einer der belesensten, gebildetsten und originellsten Köpfe gewesen. Fand er nur den richtigen Partner in der Diskussion, so konnte man Schlag auf Schlag Äußerungen hören, die es wert gewesen wären, der Vergessenheit entrissen zu werden. Aber in einer tiefwurzelnden Bescheidenheit, die ihm so oft abgesprochen wurde, erschien ihm alles als selbstverständlich. Er

---

[43] AME, S. 164.
[44] Vom Februar 1909, siehe GMB.

liebte diese Debatten im engeren Freundeskreis über alles. Es waren seine besten Stunden, wenn er nach einem gelungenen Konzert in dem Ecksalon des Hotel Savoy ein paar Menschen um sich versammeln konnte, von denen er wußte, daß sie ihn verstanden und als eine Ursprünglichkeit nahmen. Denen gegenüber er sich geben konnte, wie er war. Mit Vorliebe ist er dann auf dem Divan gelegen, bis die erste Müdigkeit über ihn kam und er sich erhob. «So, meine Herrschaften, jetzt können sie sich unterhalten und lustig sein, dazu tauge ich ja nicht. Wenn sie es zu bunt treiben, werfe ich meine Stiefel gegen die Wand; dann wissen sie, daß sie leiser zu werden haben.» Ein paar herzhafte Händedrücke und Mahler ging schlafen.

Das mit der Lustigkeit, zu der er angeblich nicht taugte, stimmt freilich nicht. Er hatte einen starken Humor, der alle Skalen vom schärfsten Spotte bis zur Kindlichkeit durchlaufen konnte. Wenn er bei bester Laune bekannte Dirigenten und Komponisten nachahmte, konnten wir uns vor Lachen kaum halten, weil er dabei weder vor den stärksten Ausdrücken noch vor den groteskesten mimischen Hilfsmitteln zurückschreckte. Wer ihn anderseits mit seiner kleinen Tochter spielen gesehen hat, der konnte das Weiche, ja direkt Liebenswürdige, dieser an sich verschlossenen Natur voll begreifen. Ob nun Mahler der Zauberer oder die Fee, das wilde Tier oder der treue Hund gewesen ist, ob er seine urkomischen Märchen aus der Gegenwart improvisierte oder durch eine Parabel erzieherisch zu wirken suchte, immer zeigte er jenes schöne Verständnis für die im Erwachen begriffene Kinderseele, dem er auch in so vielen seiner Kompositionen Ausdruck zu geben wußte. Ebenso zarter und inniger Art sind seine Beziehungen zu Frau Alma gewesen. Nicht ohne Kampf und Not freilich geworden. Frau Alma, selbst eine glänzende Musikerin und mehr als gewöhnlich begabte Komponistin, hat es bei aller Liebe, die er der schönen Frau entgegenbrachte, nicht immer leicht gehabt. Es hat manches Jahr gedauert, bevor er die Ebenbürtige in ihr anerkannte. Dann freilich, als er wußte, daß er mehr als eine Gefährtin, daß er den Menschen an seiner Seite hat, der sich selbst im Labyrinthe seiner unausgesprochenen Gedanken zurechtfinden konnte, hat er alles restlos mit ihr geteilt. Gerade im letzten Winter hatte diese Harmonie eine Innigkeit erreicht, die man kaum für möglich halten würde. Für diese Frau vor allem, hat er komponiert, dirigiert, geschaffen und gelebt. Fehlte sie einmal, durch Krankheit verhindert, bei einem Konzerte und konnte er nicht vor Beginn den verstohlenen Blick nach ihrer Loge hinaufschicken, dann schien es ihm nicht das Rechte zu sein. In seiner langen Krankheit wollte er sie keinen Augenblick von seiner Seite lassen. Ich glaube ernstlich, daß er sie für stark genug hielt, selbst den Tod abzuwehren. Um die Weihnachtszeit nahm er mich einmal höchst geheimnisvoll in sein Zimmer: «Sie müssen mir helfen, Geschenke für meine Frau einkaufen, sie kennen ja ihren Geschmack, aber um Himmelswillen, daß sie ja nichts merkt.» Dann haben wir uns ein ganz verschiedenes Rendezvous gegeben. Stundenlang bin ich mit ihm in den Kauf- und Kunstläden New Yorks herumgewandert. Nichts schien ihm schön und gut genug. Und jedem einzelnen Lieferanten schärfte er auf das Nachdrücklichste ein, die gewählten Gegenstände ja nicht vor einem bestimmten Zeitpunkte und ja nicht an jemand anderen als ihn persönlich abzuliefern. Und als alle Schätze beisammen waren, fragte er mich mit der Freudigkeit eines Knaben, der seinen ersten Dollar selbständig ausgeben durfte, immer wieder: «Glauben sie, daß wir das Rechte gefunden haben. Wird sie sehr überrascht sein, sollten wir nicht vielleicht noch etwas dazukaufen?» Dann hat er große Zettel Papier mit Anweisungen auf unerhörte Schätze beschrieben, die erst in Europa, in Paris vor allem, angekauft werden sollten, unter persönlicher Assistenz von Frau Alma selbst. Alles hat er am Weihnachtsabend Stück für Stück aufgebaut, immer noch im Zweifel darüber, ob seine Schatzkammer auch schön und reich genug geworden sei. Seine Anweisungen freilich für die Zukunft sind uneingelöst geblieben, wie seine Pläne, sich auf dem Semmering ein eigenes Haus zu errichten. Wohl an die tausend Mal ist im letzten Winter in New York dieses Haus im Freundeskreis aufgebaut und wieder niedergerissen worden. Pläne lagen von den Wiener Kunstkreise, aus dem Frau Alma hervorgegangen und von amerikanischen Architekten. Denn es sollte etwas ganz Besonderes, vor allem ganz Persönliches werden. Um jeden einzelnen Stuhl, um Tapeten- und Teppichmuster haben wir oft bis zur Erbitterung gestritten. Dieses Haus, das nun nie mehr gebaut werden wird, ist so etwas wie ein gemeinsames Luftschloß von uns allen gewesen.

«Solange ihr mir mein Arbeitszimmer unberührt laßt», pflegte er zu sagen, «könnt ihr ruhig weiter konstruieren. Den Raum aber, wo ich meine nächste Sinfonie schreiben will, bitt' ich mir aus.»
Auch diese Sinfonie wird von keinem irdischen Ohre vernommen werden. Als sich Mahler im Vorjahre zur Abreise rüstete, nahm er mich zum Abschied in sein Zimmer. «Sie haben mich während des Winters oft genug gefragt, womit ich meine freien Stunden verbringe. Nun sollen sie es erfahren.» Dann legte er mir das Manuskript seiner vollkommen fertig gestellten 9. Sinfonie vor, an der nur mehr die letzten orchestralen Retouchen fehlten. Wie er mir damals erzählte, sollte sie etwas ganz Neues werden, den Inhalt seiner Lebensauffassung wiedergeben, an welcher sein Aufenthalt in Amerika nicht wenig mitgearbeitet hat.

Wenn Mahler auch oft genug mit scharfen Worten gegen die Banausen und Snobs von New York gewettert hat, er hat sich weder der Größe noch der Eigenart dieser Stadt verschlossen. Geradezu leidenschaftlich hat er die New Yorker Sonne geliebt. Vom Eckfenster seines Salons im Hotel Savoy hatte er einen weiten Blick ins Grüne des Centralparks hinaus. Ganz verzückt konnte er stundenlang sitzen und in das webende Leben vor sich hinausstarren. «Wo immer ich bin, die Sehnsucht nach diesem blauen Himmel, nach dieser Sonne, diesem pulsierenden Treiben geht mit mir.» Langsam hat er auch an den künstlerischen Ernst von New York glauben gelernt. In der ersten Hälfte des Winters, als man ihm seine Arbeit noch nicht durch kleinliche Eingriffe zu vergällen begann, haben

wir oft von seiner Mission gesprochen, gerade in New York ein
höher geartetes musikalisches Verständnis groß zu ziehen.
Er hat die Möglichkeit dafür lange angezweifelt. Als er aber zu
fühlen begann, wie sich das Publikum für seinen wahrhaft heiligen
Ernst zu erwärmen begann, war er entschlossen, wiederzukommen
und sein Werk hier zu vollenden. Wie man dann später diesen
durchaus großzügigen Mann mit Kleinigkeiten aller Art gemartert
hat, wie eine rechthaberische Verständnislosigkeit, statt seiner letzten Absichten, im Dollar den einzig erstrebenswerten Erfolg zu
sehen begann, wie man ihm – was freilich leicht dementiert, aber
leider nicht aus der Welt geschafft werden kann – seine empfindli-
chen Nerven zerrissen und zerpeitscht hat, bis eines Tages jener
plötzliche Zusammenbruch erfolgte, der gleichzeitig der Ausbruch
seiner Todeskrankheit werden sollte, mag hier nur angedeutet
werden. Kamen Tage der Besserung, so kannte Mahler, der damals
noch nicht ahnte, daß er ein Verlorener war, keinen anderen Gedanken als in den Konzertsaal zurück. Noch 14 Tage vor seiner
Abreise hat er, zum ersten Male außer Bett, eine Probe für den
nächsten Tag angeordnet, mit uns das Programm für das Konzert
festgesetzt, in dem er sich für diese Saison von New York verabschieden wollte. Es war das letzte Aufflackern einer in ihrer Wurzel
zerstörten Kraft. Schon der nächste Tag brachte jenen schweren
Anfall, welcher keine weiteren Zweifel darüber bestehen ließ, daß
seine Wochen gezählt seien. Selbst für seine intimsten Freunde war
er unsichtbar. Was die aufopfernde Kunst des Arztes und Freundes,
der ihm zur Seite stand,[45] was die hingebungsvolle Pflege seiner Frau
und Schwiegermutter[46] versuchen konnte, um dem Entsetzlichen zu
begegnen, geschah. Während aber noch die Notizen die Zeitungen
füllten, daß Mahler an dem oder jenem Tage bestimmt dirigieren
werde, während es Leute in New York gab, die hinter seiner
Krankheit überhaupt nichts mehr als ein Schmollen mit den Ge-
walthabern der Philharmonie sehen wollten, siechte er unrettbar
dem Tode entgegen. Von einem geheimnisvollen, unabwendbaren
Fieber verzehrt. Am Nachmittag vor seiner Abreise[47] habe ich
Abschied von ihm genommen. In warme Decken gehüllt, lag er wie
in früheren Zeiten auf seinem Divan vor dem offenen Fenster, den
Blick auf jenes New York gerichtet, das ihn in der Erinnerung
immer begleitet hat. Die kurze Frist, in der ich ihn nicht gesehen
hatte, genügte, um eine wahre Verwüstung in seinen Zügen anzu-
richten. Der ewig Bewegliche, mit dem reichsten Mienenspiel Begabte lag müde und abgezehrt, fast schon wie auf der Bahre. Ob
Mahler ahnte, daß es ein Abschied für immer war, weiß ich nicht.
Sein kleines Mäderl spielte noch ganz lustig um ihn herum. Wie in
früheren Tagen, mußte ich ihm das Neueste erzählen, ja selbst einen
kleinen Versuch zum Streiten, wie in den guten Tagen, hat er noch
riskiert. Alles aber klang wie aus einer weiten Ferne. Hatte man

---

[45] Dr. Joseph Fränkel (1867–1920), New Yorker Arzt und Physiker Wiener Herkunft.
[46] Anna Moll war aus Wien gekommen, nachdem sie Almas Telegramm («Gustavs Zustand
       verschlechtert. Kann Mutter kommen?») erhalten hatte.
[47] Abfahrt des Schiffes Richtung Europa war am 8. April 1911.

schon früher oft genug den Eindruck, daß Mahler mit seinem Geiste ganz wo anders weilte, «abgereist» war, wie wir es zu nennen pflegten, so fühlte ich in der Abschiedsstunde direkt, wie einer zu mir sprach, der sich mit jeder Stunde weiter von uns entfernte. Seine Hand, die so treukräftig den Druck zu erwidern wußte, war heiß geworden von innerem Verbrennen. Das gebietende Auge, das brennend so oft über uns gelegen, war in brechendem Verglimmen. Nur für Augenblicke war man sich dessen bewußt, daß hier ein Kämpfer liege, der es auch dem Tode nicht leicht machen wird. Denn Mahler hat mit jeder Faser am Leben gehangen.

In der ersten Hälfte des letzten Winters ist er in besonders glücklicher Verfassung gewesen. Voll der großartigsten Pläne, die er, eigentlich ganz gegen seine sonstige Gewohnheit, manchmal verraten hat. Jene geläuterte Lebensfreude, die mit den höheren Jahren kommt, erfüllte ihn ganz. Da er sich und die Seinen für den Rest seiner Tage materiell gesichert wußte, wollte er ein paar Jahre lang – «gar zu lange wird es ohnedies nicht dauern» – das freie Leben eines unabhängig Schaffenden genießen. Nur seinen Kompositionen gewidmet, für die er erst von einer späteren Zeit volle Würdigung erwartet hat, und einer heiteren Beschaulichkeit im Kreise jener Menschen, denen er Stunde um Stunde zu schenken wußte. Unendlich viel hat die Kunst an Gustav Mahler verloren. Mehr aber noch unser ganzes Geschlecht. Denn er ist einer der wenigen Großen gewesen, die aus einem unerschöpflichen Reichtume heraus mit vollen Händen geben konnten. Jetzt aber, wo Gustav Mahlers Mund verstummt ist, werden Tausende zu spüren beginnen, was ihnen fehlt, und was sie nicht zu schätzen wußten, so lange es in der Fülle seiner achtlos verstreuten Reichtümer um sie herum gelegen ist. Seine Töne werden weiter zu uns sprechen, was aber sein Ureigenstes gewesen ist, das titanenhafte Menschentum, die aus Güte und Erkenntnis geborene letzte Weisheit, mit der er über die Grenze unserer Erkenntnis hinaus zu sehen wußte, ist gewesen. Wenige haben ihn wirklich verstanden. Ihnen aber ist mehr als ein genialer Musiker, ist ein wirklich großer Mensch gestorben.

Erinnerung an Gustav Mahler, New Yorker Staatszeitung, 21. 5. 1911,
Typoskript der Bibliothèque Gustav Mahler, Paris

Ferruccio Busoni
(1866–1924)

Ferruccio Busoni war Komponist, Pianist, Philosoph und Büchernarr. Mahler, der sich immer für Musiker interessiert hatte, die sich mit mehr als nur ihrer Musik beschäftigten, mußte sich von dieser vielseitigen Persönlichkeit angezogen fühlen. Fünfmal zwischen 1899 und 1910 dirigierte Mahler Beethoven-Klavierkonzerte mit Busoni als Solisten. Zweimal führte er in New York Busonis Suite *Turandot* und im letzten Konzert seines Lebens, am 21. Februar 1911, die *Berceuse élégiaque* auf. «Ich [. . .] habe auf dem Herzen, Ihnen zu sagen: daß ich Sie als Mensch wie als Musiker gleich hoch verehre und liebe; [. . .] Ihre Nähe hat etwas Reinigendes und verjüngt das Gemüth dessen, der zu Ihnen tritt»[48], schrieb Busoni an Mahler. Auf der letzten Seereise nach Europa versuchte er, den Sterbenden mit «lustigen, verrückten Kontrapunkten»[49] zu zerstreuen.

> Dem Mahler entfuhr ein köstliches Wort bei Tisch. «Ich habe gefunden», sagte er, «daß die Menschen im allgemeinen besser (gütiger) sind, als man annimmt» –
> – «Sie sind ein Optimist» fuhr hier eine dicke Amerikanerin dazwischen –
> – «und *dümmer*» schloß Mahler rasch, zu der Dame.
> Gestern Abend war die erste Aufführung der Berceuse. Toscanini war gekommen. Nach zwei Komplimenten von Mahler, mußte ich mich (aus meiner Loge) noch zwei Mal gegen das Publikum verneigen. «It doesn't like the piece, but it likes me», bemerkte ich.
> Die Art der Berceuse liegt dem Mahler nicht so gut, wie die Rhythmen und Trommeln der Turandot. Aber das Stück wirkt, und fast glaube ich noch immer, daß es eine Art Popularität erreichen wird.

> *Ferruccio Busoni – Briefe an seine Frau*, herausgegeben von
> Friedrich Schnapp, Zürich 1935, S. 221 f.

> Berlin, 25. Mai 1911 [an Irma Bekh]:
> Seit dem 1. Mai habe ich hart für mich selbst gearbeitet. Es ist die schönste Zeit meines Lebens; der Frühling ist gekommen. Ich bin frei und gesund und dem Schicksal zutiefst dankbar.
> Das schien mir fast unrecht, während Mahler doch auf seinem Totenbette lag; ich hatte ein schlechtes Gewissen. Ich reiste auf demselben Schiff wie er von Amerika zurück, und mir war da schon klar, wohin es führen würde. Es wirkte auf unsere kleine Reisegesellschaft (darunter auch Stefan Zweig) sehr niederdrückend, und oft verstummten wir mitten in der Unterhaltung. Nun, da er nicht mehr ist, erscheint er mir erst recht als immer prächtiger. Ein wahrer Künstler und ein goldener Charakter. Welche Reinheit der Seele! – Genug, ich weine.

> Rückübersetzt aus dem Englischen nach: Antony Beaumont (Hrsg.), *Ferruccio
> Busoni, Selected Letters*, London 1986.

---

[48] AME, S. 472.
[49] AME, S. 243.

Stefan Zweig.

Stefan Zweig
(1881–1942)

Auf der letzten Heimreise von Amerika berichtete Busoni Alma von einem «jungen
Österreicher an Bord, der Mahler und mir [Alma] seine Dienste anbieten möch-
te.»[50] Er war ihnen dann aber nicht einmal mit dem Gepäck behilflich und ging
Mahler im Zug nach Paris mit den lauten Geschichten, die er der kleinen Anna
erzählte, auf die Nerven.
Der wenig hilfreiche junge Mann war Stefan Zweig, damals ein aufstrebender
Dichter und Dramatiker, der sich später auch als Biograph historischer Persönlich-
keiten einen Namen machte. Zweig fühlte sich von Berühmtheiten angezogen wie
ein Schmetterling von der Blüte. Freud, Herzl, Rodin, Rilke und Rabindranath
Tagore hatte er bereits kennengelernt, später konnte er seinem Sammelalbum
musikalischer Größen noch Strauss, Bartók, Ravel und Toscanini hinzufügen. Er
trug außerdem eine bedeutende Sammlung von Partituren und musikalischen
Artefakten – unter anderem auch einen Schreibtisch Beethovens – zusammen. Ein
Großteil dieser Stücke aus seinem Nachlaß wurde 1986 der British Library überge-
ben, darunter auch das Manuskript des *Urlicht*-Liedes aus Mahlers Zweiter Symphonie.
Seine flüchtige Begegnung mit Mahler beschrieb er 1915 in einem Zeitungsartikel.

Unbeschreiblich, was uns jungen Leuten, die wir den Willen zur
Kunst in uns gären fühlten, das feurige und hier im Freien der
Öffentlichkeit aufgeschlagene Schauspiel eines solchen Menschen

---

[50] AME, S. 244.

war. Ihm uns unterzuordnen, war unsere Sehnsucht, ihm zu nahen, hemmte uns eine Scheu, rätselhaft und geheimnisvoll, wie man etwa nicht wagt, an den Rand eines Kraters zu treten und in die kochende Glut zu schauen. Nie versuchten wir, uns ihm anzudrängen, sein bloßes Sein, sein Dasein, das Bewußtsein seiner Existenz nahe bei uns, mitten in unserer gemeinsamen äußeren Welt, war uns schon Glück. Ihn gesehen zu haben, auf der Straße, im Kaffeehaus, im Theater, immer von fern, zählte schon als Begebnis, so sehr liebten, so sehr verehrten wir ihn. Noch heute ist sein Bild in mir wach, wie das weniger Menschen, ich weiß jedes einzelne Mal, wenn ich ihm von fern begegnete. Immer war er ein anderer und immer derselbe, weil ständig belebt von der Vehemenz des seelischen Ausdruckes. Ich sehe ihn bei einer Probe: zornig, zuckend, schreiend, gereizt, leidend an allen Unzulänglichkeiten, wie von körperlichem Schmerz, sehe ihn einmal heiter irgendwo auf der Gasse im Gespräch, aber auch da elementar, von einer so naturhaft kindlichen Heiterkeit, wie Grillparzer die Beethovens schildert (und von der in seinen Symphonien manche Seite körnig durchmischt ist). Immer war er irgendwie mitgerissen von einer inneren Kraft, immer im ganzen belebt. Aber unvergeßlich wird mir das eine, das letzte Mal sein, da ich ihn erblickte, weil ich noch nie so tief, so mit allen Sinnen das Heroische eines Menschen gespürt. Ich reiste von Amerika herüber, und auf demselben Schiffe war er, todkrank, ein Sterbender. Vorfrühling lag in der Luft, die Überfahrt ging sanft durch ein blaues, leichtwogiges Meer, ein paar Menschen hatten wir uns zusammengefunden, Busoni schenkte uns, den Freunden, von seiner Musik. Immer lockte es uns, froh zu sein, aber unten, irgendwo im Schacht des Schiffes, dämmerte er, behütet von seiner Frau, und wir fühlten es wie Schatten über unserm leichten Tag. Manchmal, wenn wir lachten, sagte einer: «Mahler! Der arme Mahler!» und wir wurden stumm. Tief unten lag er, ein Verlorener, verbrennend im Fieber, und nur eine kleine, lichte Flamme seines Lebens zuckte oben im Freien am Verdeck: sein Kind, sorglos im Spiel, selig und unbewußt. Wir aber, wir wußten es: wie im Grabe fühlten wir ihn drunten, unter unseren Füßen. Und dann in Cherbourg bei der Landung, im Remorqueur, der uns hinüberfuhr, sah ich ihn endlich: er lag da, bleich wie ein Sterbender, unbewegt, mit geschlossenen Lidern. Der Wind hatte ihm das ergraute Haar zur Seite gelegt, klar und kühn sprang die gewölbte Stirn vor, und unten das harte Kinn, in dem die Stoßkraft seines Willens saß. Die abgezehrten Hände lagen müdegefaltet auf der Decke, zum erstenmal sah ich ihn, den Feurigen, schwach. Aber diese seine Silhouette – unvergeßlich, unvergeßlich! – war gegen eine graue Unendlichkeit gestellt von Himmel und Meer, grenzenlose Trauer war in diesem Anblick, aber auch etwas, das durch Größe verklärte, etwas, das ins Erhabene verklang wie Musik. Ich wußte, daß ich ihn zum letztenmal sah. Ergriffenheit drängte mich nah, Scheu hielt mich zurück, von fern nur mußte ich auf ihn sehen und sehen, als könnte ich in diesem Blick noch von ihm empfangen und dankbar sein.

Gustav Mahlers Wiederkehr, in «Neue Freie Presse», 25. 4. 1915

VI

Meine Zeit wird kommen
Epilog

Zeittafel der Ereignisse nach Mahlers Tod

1911   Am 22. Mai wird Gustav Mahler auf dem Friedhof von Grinzing neben seiner älteren Tochter beigesetzt.
Bruno Walter dirigiert am 20. November die Uraufführung von *Das Lied von der Erde* in München.

1912   Uraufführung der Neunten Symphonie am 26. Juni in München unter der Leitung von Bruno Walter.
Alma beginnt eine Affäre mit dem Maler Oskar Kokoschka.

1915   Am 18. August heiratet Alma in Berlin Walter Gropius; ein Jahr später Geburt der Tochter Manon.

1918   Alma bekommt ein Kind von Franz Werfel (2. 8.); Scheidung von Walter Gropius.

1920   Im Mai internationales Mahler-Festival in Amsterdam.
Im Herbst führt Oskar Fried in Wien einen kompletten Symphonien-Zyklus auf.

1924   Uraufführung der ersten zwei Sätze der Zehnten Symphonie am 12. Oktober in Wien durch Franz Schalk; Teile der Partitur mit Mahlers Randnotizen werden in Faksimile veröffentlicht.
Erste Tonaufnahme eines Mahler-Werkes in Berlin mit der von Oskar Fried dirigierten Zweiten Symphonie.
Die erste Ausgabe mit Briefen Mahlers erscheint.

1929   Am 6. Juli heiratet Alma Franz Werfel.

1935   In diesem Jahr sterben Manon Gropius, Alban Berg und Alfred Roller.

1936   Bruno Walter veröffentlicht seine Mahler-Erinnerungen und spielt *Das Lied von der Erde* auf Schallplatte ein.

1938   Walter nimmt in Wien die Neunte Symphonie auf.
Nach dem «Anschluß» Österreichs müssen Mahlers Familie und viele seiner Freunde fliehen.

1960   Berthold Goldschmidt dirigiert in London eine von Deryck Cooke teilweise vervollständigte Fassung der Zehnten Symphonie. Alma zieht ihr Einverständnis für die Weiterarbeit zurück, gibt aber später nach.

1964   Am 13. August dirigiert Goldschmidt die von Cooke vollendete Zehnte Symphonie.
Alma Mahler-Werfel stirbt am 11. Dezember in New York im Alter von 85 Jahren.

1967   Erste Gesamtaufnahme der Mahler-Symphonien auf Schallplatte (Leonard Bernstein, CBS).

Arthur Schnitzler
(1862–1931)

Wiens führender Schriftsteller Arthur Schnitzler war so fasziniert von Mahler, daß
er sogar von ihm träumte.[1] In einer Reihe von geistreichen Theaterstücken themati-
sierte Schnitzler, Wiener von Geburt und Temperament, Fragen der Sexualität und
des Rassismus. *Reigen* (1900), *Der einsame Weg* (1903) und *Der Weg ins Freie*
(1908) wurden seine größten Erfolge. Während Mahlers letzter Lebenstage notiert
er in seinem Tagebuch:

> 15/5 49. Geburtstag. Schöner Frühsommertag. –
> Blumen von Olga und den Kindern . . . Dr. Abels. Gespräch mit
> ihm, anschließend an den Fall Mahler über Immunitätsfragen . . .
> 16/5 Dictirt. Ins Sanatorium Loew. Im Garten (nach flüchtiger
> Begegnung mit Bahr) J. Bauer und Chiavacci, die in einem Rondeau
> sich eben gegenüber liegen. Sprach mit beiden. Dann auch Frau
> Rosé, die Schwester Mahlers, der verloren scheint.
> 19/5 – Heute Nacht starb Gustav Mahler. Ich habe ihn ein einziges
> Mal gesprochen, Spätherbst 1905 bei Rosé. Gesehn zuletzt voriges
> Jahr Sommer in der Kärntnerstraße, und ging ihm, wenn mich
> meine Erinnerung nicht täuscht, ein paar Schritte nach, weil mich
> sein Gang interessierte. –
> 21/5 Mama zu Tisch. Mit ihr Fünfte Mahler. Welche, Autobiogra-
> phie! –

Tagebücher 1909–1912, Wien 1981

Thomas Mann
(1875–1955)

Thomas Mann verfolgte die täglichen Zeitungsmeldungen über Mahlers letzte
Reise quer durch Europa von Italien aus. Betroffen vom Suizid seiner Schwester,
gereizt und unzufrieden mit seiner Frau und seinem Bruder Heinrich kam er mit
der Arbeit am *Felix Krull* nicht voran. Zusätzlich lähmte ihn die Angst vor einer
drohenden Cholera-Epidemie. In dieser Situation nahmen in Gedanken an den
sterbenden Mahler die Grundzüge seiner berühmten Erzählung *Der Tod in Venedig* Gestalt an. Mahler wurde in vielerlei Hinsicht zum Vorbild für die tragische
Figur des Gustav Aschenbach.
Neun Monate zuvor hatte Mann in München die Achte gehört und Mahler, dem
«Mann, in dem sich. . . der ernsteste und heiligste künstlerische Wille unserer Zeit
verkörpert»,[2] zum Dank sein neuestes Buch übersandt. In einem Brief an Wolfgang
Born, den Illustrator des *Tod in Venedig*, erläutert Mann, wie aus Gustav Mahler
Gustav Aschenbach wurde.

> Noch ein Wort über das letzte, «Tod» betitelte Bild, das mich durch
> eine Ähnlichkeit sonderbar und fast geheimnisvoll anmutet. In die

---

[1]   Siehe Arthur Schnitzler, *Tagebücher*, Eintrag vom 17. 7. 1910.
[2]   AME, S. 474.

Konzeption meiner Erzählung spielte, Frühsommer 1911, die Nachricht vom Tode Gustav Mahlers hinein, dessen Bekanntschaft ich vordem in München hatte machen dürfen, und dessen verzehrend intensive Persönlichkeit den stärksten Eindruck auf mich gemacht hatte. Auf der Insel Brioni, wo ich mich zur Zeit seines Abscheidens aufhielt, verfolgte ich in der Wiener Presse die in fürstlichem Stile gehaltenen Bulletins über seine letzten Stunden, und indem sich später diese Erschütterung mit den Eindrücken und Ideen vermischten, aus denen die Novelle hervorging, gab ich meinem orgiastischer Auflösung verfallenen Helden nicht nur den Vornamen des großen Musikers, sondern verlieh ihm auch bei der Beschreibung seines Äußeren die Maske Mahlers – wobei ich sicher sein mochte, daß bei einem so lockeren und versteckten Zusammenhang der Dinge von einem Erkennen auf seiten der Leserschaft gar nicht würde die Rede sein können. Auch bei Ihnen, dem Illustrator, war nicht die Rede davon. Denn weder hatten Sie Mahler gekannt, noch war Ihnen von mir über jenen heimlich-persönlichen Zusammenhang etwas anvertraut worden. Trotzdem – und dies ist es, worüber ich beim ersten Anblick fast erschrak – zeigt der Kopf Aschenbachs auf Ihrem Bilde unverkennbar den Mahler'schen Typ. Das ist doch merkwürdig.[3]

> Brief an Wolfgang Born vom 18. 3. 1921, in:
> *Tomas Mann, Briefe 1889–1936*, Frankfurt/M. 1961

Als sie von Mahlers Tod erfuhren, schickten Thomas und Katia Mann seiner Witwe folgendes Telegramm:

Auch für uns bedeutet die Nachricht vom Tode Ihres lieben Mannes das schreckliche und endgültige Ende einer langen, täglichen Ungewißheit zwischen Angst und Hoffnung. Auch unser Herz blutet für diesen großen und teuren Menschen... Stärker als all unser Schmerz aber muß der Gedanke sein, daß der Tod eines solchen Mannes für die zivilisierte Welt einen Fall von Unsterblichkeit darstellt.[4]

> Aus dem Englischen, siehe auch HLG3, S. 1053

---

[3]   Luchino Visconti machte 1971 das Adagietto aus Mahlers Fünfter Symphonie zum musikalischen Leitmotiv seiner Verfilmung des *Tod in Venedig*.

[4]   Obwohl Schönberg das eigentliche Vorbild war, hat Thomas Mann auch von Mahler einige Aspekte für seine Figur des Tonsetzers Adrian Leverkühn (*Doktor Faustus*, 1948) entlehnt.

Berta Szeps-Zuckerkandl

An ihre Schwester Sophie Clemenceau:

Liebste, . . . Du hast Mahler vor wenigen Wochen in Paris gesehen, den todkranken Mann, den die tapfere Alma aus Amerika heimführte.
Vor wenigen Tagen ist er in Wien gestorben.
Er hat viel gelitten? Und vielleicht nichts mehr von einem Schauspiel gewußt, das ihm, dem philosophisch klaren Geist, . . . ihm, dem in seinem Werk Gott Suchenden, nur ein resigniertes Kopfschütteln entlockt hätte. Denn: Von dem Augenblick an, da die Presse meldete, Mahler sei schwer krank auf der Heimfahrt begriffen, erfaßte vehemente Trauer diese Stadt. Diese Menschen, die den gesunden, den tätigen, den für sie opfervoll Schaffenden verjagt hatten.
In sensationellen Aufschriften brachte die Presse täglich Bulletins vom Krankenbett. Sentimentale Anekdoten wurden gerührt kolportiert. In den Salons, in den Kaffeehäusern entbrandte ein Feuerwerk von Erinnerungen an die herrliche Opernepoche unter Mahler. Dieser geniale Don-Juan! . . . Dieser herrliche Fidelio: . . . Dieser sprühende Figaro! . . . Nie mehr wird man dergleichen erleben. . . .
Die selben hämischen, jede Mahler-Aufführung bespuckenden Herrschaften, wollten jetzt zu dem intimen Kreis von Mahlerianern gehören.
Und es umstanden das Sanatorium Loew, wo von Alma behütet der Sterbende lag, täglich hunderte Menschen.
Über Wien lagerte eine Atmosphäre angstvoller Erwartung und Trauer. Dann ging ein Blumenregen auf das Totenbett nieder. Aber der an Umfang mächtigste Kranz, der so schwer war, daß ihn zwei Männer tragen mußten, ein Kranz auf dessen breitwallende Schleifen die überschwengliche Liebe für den unvergeßbaren Meister goldgedruckt stand, dem sie in tiefster Dankbarkeit mit ganzer Seele gedient hatten! Den legte das Orchester der Wiener Oper, legten die Philharmoniker als letzten Gruß Mahler auf sein Grab.
Ich wollte dem Begräbnis nicht beiwohnen. Ich hasse von jeher dieses Abschied nehmen, umgeben von einer Horde gleichgültiger Zuschauer. Zu Hause konnte ich viel ungestörter trauern. Aber der gute, liebe Girardi,[5] feinfühlig wie immer, hatte sich eingefunden. Er wollte mich nicht allein wissen. Schweigend folgte ich in Gedanken dem Trauerzug. Mein Stubenmädchen trat ein und brachte das Abendblatt. Girardi begann den sensationell aufgemachten Artikel zu lesen, der ausführlich von den rührenden Zeichen der allgemeinen Trauer berichtete, die die Wiener einem ihrer größten Söhne darbrachten. Zum Schluß wurde der von den Philharmonikern am Grab niedergelegte Kranz besonders erwähnt und die erschütternd verfaßte Widmung seiner Getreuen.
Das konnte ich nicht weiter ertragen. «Hör auf», bat ich Girardi. Es ekelt mich an. Aber mehr noch als diese Charakterlosigkeit, die

---

[5] Siehe Seite 246, Anmerkung 22.

stupende Dummheit. Wenn es eine Komödie wäre, die man sich
selbst und den anderen vorspielt, . . . eine jesuitische Verdrehung,
die dem Zweck dient, sich zu entschulden. Aber nein . . . Sie glauben wirklich an ihre Trauer, sie sind überzeugte Leidtragende! Sie
haben keine Ahnung, daß sie wieder einmal Verbrecher am Geist
gewesen sind.
Da sagt Girardi mit seinem sardonischen Lächeln, das so weise und
so närrisch ist:
«Ja! Im Aufbahren waren die Wiener immer groß.»

Mahlers Abschied, Manuskript, Wien 1911,
Kopie der Bibliothèque Gustav Mahler, Paris

Paul Stefan

Mahler hatte ein einfaches Begräbnis ohne Reden und Musik gewünscht und so kamen die Leute um manches Schauspiel. Es wurde
überhaupt nichts mit der «schönen Leich», dieser bequemsten Form
des «Er war unser», wenn es nur erst zu spät ist. Um die vielen, die
dabei gewesen sein mußten, abzuhalten, aber auch weil der Raum
des winzigen Kirchleins von Grinzing und des kleinen Kirchhofs es
anders gar nicht gestattet hätte, wurden Kirche und Friedhof abge-
sperrt und man durfte sie nur gegen Einlaßkarten betreten. Doch
mußten selbst viele, die Karten hatten, außerhalb der Kirche warten. Von dort wurde die Leiche, während es heftig regnete, nach der
Grabstätte geführt, und sobald man, etwa eine Viertelstunde später,
angelangt war, ohne weitere Feierlichkeit hinabgesenkt. Die immer
noch große Schar des Geleites, mehrere hundert Menschen, wagte
kaum zu sprechen. Der Regen hatte aufgehört, ein siebenfarbiger
Bogen glänzte, durch die Stille sang eine Nachtigall. Dann fielen die
Schollen und alles war vorbei.

Stefan, Studie, S. 137

Julius Korngold

«Mahler ist der Bülow der nachwagnerischen Zeit, ein Bülow mit
schöpferischer Begabung. Er vertrat vielleicht am eigentümlichsten
den Typus des modernen Musikers, bei dem die Nervosität zur
treibenden künstlerischen Macht geworden ist.»

Nachruf, «Neue Freie Presse», 19. 5. 1911

Paul Bekker[6]

«Eine der leidenschaftlichsten Energieen, eine der rücksichtslose-
sten Despotennaturen, eine der stärksten geistigen Potenzen unseres
öffentlichen Lebens ist mit ihm dahingegangen. Ein Wille von
unbeugsamer Härte, von unerweichlicher Widerstandskraft, ein
Temperament von dämonischer Gewalt hat die unscheinbare,
schwächliche Hülle zerstört.»

Nachruf, «Frankfurter Zeitung», 19. 5. 1911

Arnold Schönberg

Gustav Mahler war ein Heiliger.
Jeder der ihn nur einigermaßen kannte, muß das gefühlt haben.
Verstanden haben es vielleicht nur wenige. Und auch von den
Wenigen haben ihn nur die verehrt, die den Willen zum Guten
haben. Die anderen reagierten auf den Heiligen so, wie die ganz
Bösen immer auf das vollkommen Gute und Große reagierten: sie
machten ihn zum Märtyrer. Sie brachten es dahin, daß dieser Große
an seinem Werk zweifelte. Keinen Kelch durfte er an sich vorüber
gehen lassen. Auch diesen bittersten mußte er schlürfen: selbst,
wenn auch vorübergehend, den Glauben an sein Werk zu verlieren.
Wie wollen sie es verantworten, daß Mahler sagen mußte: «Es
scheint, daß ich mich geirrt habe»; wie wollen sie sich rechtfertigen,
wenn man sie anklagt, einen der größten Tondichter aller Zeiten
dahingebracht zu haben, daß er um jenen einzigen und höchsten
Lohn kam, den das Schaffen findet, um die Belohnung, die der
Glaube an sich selbst erteilt, indem er dem Künstler gestattet, sich
zu sagen: «Ich habe mich nicht geirrt.» Man bedenke, der Schaffensdrang geht weiter, die größten Werke werden empfangen, ausgetra-
gen und geboren, aber der Schöpfer, der das hervorbringt, fühlt
nicht die Wonnen der Zeugung, fühlt sich nur als Sklave eines
höheren Auftrages, unter dessen Zwang er rastlos seine Arbeit tut.
«Als ob es mir diktiert worden wäre» sagte Mahler einmal, um die
Schnelligkeit und halbe Unbewußtheit, mit der er seine achte Symphonie in zwei Monaten schuf, zu kennzeichnen.
Das, woran später einmal alle glauben werden, er glaubte nicht
mehr daran. Er hatte resigniert.
Selten hat einem die Mitwelt so arg mitgespielt; keinem vielleicht
ärger. So hoch stand er, daß oft selbst die Besten an ihm versagten.

---

[6] Paul Bekker (1882–1937) war zunächst Violinist im Berliner Philharmonischen Orchester,
dann Kapellmeister und zuletzt Musikkritiker und Biograph. Als fünfzehnjähriger Junge
hatte er Mahler in Berlin einen Satz seiner Dritten Symphonie dirigieren hören. 1921
veröffentlichte Bekker eine ausführliche Studie über Mahlers Symphonien.

Weil selbst die Besten nicht an seine Höhe heranreichen. Weil selbst in den Besten noch so unendlich viel Unreines ist, daß sie in dieser höchsten Region der Reinheit, die schon Mahlers Erdenaufenthalt war, nicht atmen konnten. Was soll man dann von den weniger Guten und von den ganz Unreinen erwarten? Nekrologe! Mit ihren Nekrologen verpesten sie die Luft, wollen wenigstens noch einen Augenblick jenes Dünkels genießen, in dem der Schmutz sich wohlfühlt.

Gustav Mahler, in «Der Merker», Heft 3/5 (März 1912), S. 182 f.

Josef Bohuslav Foerster

Das Leben Gustav Mahlers ist ein schlagender Beweis für die Richtigkeit von Flauberts Ausspruch: «Die Geschichte der Kunst ist ein endloses Martyrium.»

Der Pilger, Prag 1955, S. 350

Hermann Bahr

Früher stand seine Person zwischen seinen Werken und dem Publikum. Er wirkte persönlich so stark, daß die meisten gar nicht über ihn hinweg bis an sein Werk kamen, die einen nicht vor Bewunderung und Liebe, die anderen vor Neid und Grimm und Haß nicht. Er hat erst wegsterben müssen, um sein Werk freizumachen. Jetzt aber wäre es doch bald Zeit, daß wir uns seiner erinnerten. Nicht seinetwegen, sondern um unserer selbst willen. Es ist ein Verbrechen an uns selbst, die ungeheure lebendige Kraft seiner Werke noch länger tot liegen zu lassen. Es ist eine Schande, daß Wien das Werk Mahlers noch immer nicht kennt. Es gibt in Wien einen Verein zur Hebung des Fremdenverkehrs. Zu diesem habe ich das Vertrauen, daß er sich der Werke Mahlers vielleicht einmal annehmen wird.

«Neue Freie Presse», 1. 5. 1914, Nachdruck in:
Hermann Bahr, *Essays*, Wien 1962

Alma Mahler

Mahler hat, wie es mir scheinen will, der Musik einen ganz neuen Wert entdeckt: den ethisch-mystischen Menschen. Er hat die musikalische Darstellungswelt, die bis dahin Liebe, Krieg, Religion, Natur, Humanität zum Inhalt hatte, um den einsamen Menschen bereichert, der unerlöst auf dieser Erde durch das Universum kreist, um das verlassene Kind, das stillversunken im dämmernden Grün seines Vaters harrt. Er hat die Dostojewski-Frage an das Leben musiziert: «Wie kann ich denn glücklich sein, wenn irgendwo ein anderes Geschöpf noch leidet?» . . .

GMB, Vorwort

Richard Specht

Ob er ein Glücklicher war? Im äußeren Lebenssinn war er es gewiß. Er muß von einem berauschenden Machtgefühl getragen worden sein: dieser Sohn einfacher böhmischer Dorfkaufleute, vor dem sich die Größten seiner Zeit dankend neigten. Wer ihn in seinem Heim und der wunderschönen, wahrhaft kameradschaftlichen und beseelten Harmonie seiner Ehe gesehen hat, mußte den Eindruck eines glücklichen Menschen haben. Nur daß Menschen seiner Art schon durch ihre allen Niederungen entrückte Einsamkeit zumeist jenseits von Glück und Unglück leben: er schritt in Traum und Sturm dahin und merkte dabei kaum, wie es ihm selbst erging. Nur wenn sein Schaffen mit dem Alltag zusammenstieß, spürte er, daß ihm Wunden geschlagen wurden. Immer wieder erschrak er aufs tiefste vor der Lieblosigkeit einer Welt, die einem, der eine neue Schönheit oder eine neue Wahrheit zu ihr hintragen wollte, nur mit Hohn begegnet, und immer wieder wechselte das schmerzliche Staunen über die Menschen, die das nicht wollten, was er mit übervoller Seele darbot, mit der Überzeugung, daß seine Zeit kommen werde; eine Zeit, wie er sie – um ein Wagnersches Wort auf ihn anzuwenden – erst durch sein Leiden vorbereiten mußte.
Ob er «gut» war? Ich habe es einmal gewagt, diese Frage an ihn zu richten, und er gab in ruhigem Stolz zur Antwort: «Es gibt keinen großen Menschen ohne Güte.»

Specht, S. 59–62

Personenregister

Abbildungsnachweis